가족복지실천론

가족복지실천론

Collins · Jordan · Coleman 지음
이화여자대학교 사회복지연구회 옮김

사회복지 전문출판 나눔의집

An Introduction to Family Social Work
by Donald Collins · Catheleen Jordan · Heather Coleman

• 저자서문

가족은 사회복지전문직의 출범 이후 사회복지실천의 초점이 되어왔다. Mary Richmond와 같은 사회사업의 개척자들은 현대 가족치료운동이 일어나기 무려 50년 전에 가족에 초점을 둘 것을 강조했다. 그럼에도 불구하고 사회사업에서는 가족에 대한 사회사업의 기여를 알리는데 미흡했었다.

현재 가족에 대한 많은 교재들은 통상적으로 사회복지대학원 수준에서 가르치는 고도로 전문화된 활동인 가족치료를 중심으로 구성되어있다. 미국과 캐나다의 400여 개 학사인정의 사회사업프로그램에서 가족과 일할 수 있도록 학생들을 훈련시키고 있으나, 사회사업학부 학생이 졸업 후 가족을 원조하는 역할을 수행할 수 있도록 특수하게 초점을 맞춘 과정과 교재는 거의 없는 실정이다. 따라서 이 책의 일차적인 목적은 사회사업학부 학생들에게 전통적인 사무실 기반이 아닌 사무실 환경 밖의 다양한 세팅에서 가족을 돕는 일을 하도록 충분한 기초지식과 기술을 제공하려는 것이다.

학부졸업의 사회복지사는 대부분 가족치료 서비스를 제공하지 않는 기관에 입사한다. 전통적인 가족치료(사무실을 기반으로 하는) 세팅에서는 사회사업학사 학생들을 거의 현장에 배치하지 않는다. 그보다는 많은 초년 사회복지사들이 다양한 욕구와 문제를 가진 가족을 지원하고 가르치고, 구체적인 서비스를 제공하는 기관에 고용된다. 가족개입이 필요한 장(場)은 아동복지, 가족지원, 여성 쉼터, 학교 및 교정시설 등이 있다. 많은 가족들은 지역사회 내에서 뿐 아니라 가족 내에서도 유사하게 여러 가지 문제를 경험한다. 사회복지 전공학생과 졸업생들은 그들이 만나는 가족들이 다양한 유형의 수많은 문제를 경험하고 있다는 사실에 압도당할지도 모른다. 과중한 짐을 안고 있는 많은 가족들은 다양한 요인들에서 문제를 갖게 되며, 이는 전통적인 가족치료접근에서 강조하는 역기능의 관계나 붕괴된 항상성(disrupted homeostasis)이 원인인 것만은 아니다. 가족은 여러 형태의 문제를 다루는 폭넓은 영역의 서비스를 필요로 한다.

새롭게 일하는 사회복지사들은, 처음에는 과중한 짐을 안고 있는 가족이 과연 어떠한 가에 대해서 예측하는 것이 어렵다는 깨닫는다. 그리고 첫 번째, 두 번째 또는 세 번째의 만남을 통해 하나의 가족을 알기 위해 무엇을 준비해야 하며, 어떠한 것을 알고 있어야 하는 지 기본적인 의문을 갖게 될 것이다. 더욱이 사회복지사는 가족을 어떻게 참여시키고, 어떻게 가족의 믿음을 얻으며, 또 의미 있는 변화를 어떻게 이룰 것이며 또한 이를 어떻게 지속적으로 지원해야 하는지 잘 모를 수도 있다. 가족사회복지사는 어떤 가족이 어떤 특정한 문제 또는 일련의 문제들을 갖고 있는지, 그리고 이것을 어떻게 다룰 수 있는지, 이에 관한 실질적인 정보와 기술에 접근할 필요가 있다.

이 책은 학부의 사회복지 전공학생, 그리고 처음 가족과 일하는(혹은 곧 일하려고 하는) 사회복지전공 졸업생들을 위해 마련하였다. 이 책에서는 "가족"에 대하여 다시 생각할 수 있는 틀을 제공하며, 또한 가족사회복지실천을 이끄는 실천적인 제안들을 싣고 있다.

대부분의 사회복지프로그램은 흔히 성인 클라이언트와 1:1의 상담에 초점을 맞춘 상담과정이다. 그리고 가족사회사업의 과정은 흔히 가족치료모델을 설명하는 이론서에 의존한다. 이러한 초점은 사회사업교육에서 중요한 측면이기도 하지만, 가족사회사업의 기본을 배우려는 학생들을 돕기에는 너무 추상적이고 사무실 중심적이다. 사회사업 전공학생들은 가족을 돕는데 필요한 실제적이면서 종합적인 기술과 지식을 충분하게 습득할 필요가 있으며, 또한 학생들이 직면하게 될 구체적인 상황을 다룰 수 있도록 충분히 개별적이면서 특수한 가족상황에 대해 배울 필요가 있다.

이 책에서는 가족사회사업 개입에 필요한 지식과 기술을 분명하고 간결한 방법으로 제시하고 있다. 이 책은 기본적인 가족사회복지이론을 담고 있으며, 또한 실천에 대한 개론 교재로서 초기상담이나 가족교과과정에서 활용할 수 있을 것이다. 그리고 가족치료의 이론 모델을 배우기 이전에 학생들이 준비할 수 있는 교재로도 활용할 수 있다.

이 책의 구조는 가족사회사업의 단계별 과정에 맞추어 설명하고 있다. 제 1장과 2장은, 가족사회사업의 철학적 관점과 가족 기능수행에 대한 이해를 제공한다. 가족사회사업을 공부하는 학생은 실천할 장소를 정하고 활동의 틀을 만드는 배경을 가질 필요가 있다. 제 3장과 4장에서는 사정과정에 대해 기술한다. 제 5장부터 10장까지는 클라이언트의 비밀을 보장하는 것과 같은 근본적 이슈들을 논의하고, 가족과 일하는 사회복지실천의 다양한 단계 즉 시작, 사정, 개입, 종결단계를 기술한다. 제 11장과 12장에서는 성인지 및 문화인지적인 가족사회복지실천을 탐색한다. 제 13장에서는 아동을 중심으로 하는 가족사회사업에서 사회복지사가 부딪치기 쉬운 특수한 상황들을 고려해 본다. 마지막으로 제 14장에서는 가족사회복지사가 성인 클라이언트와 일할 때 흔히 겪게 되는 상황들에 대해 논의한다.

이 책은 학생과 초년 가족사회복지사가 가족사회사업의 일반적인 역동성과 원칙들을 이해하는데 도움이 될 것이다. 각 장은 매주 강의할 수 있도록 일정한 구조를 제공하고 있기 때문에, 가족사회복지 교과과정에서 손쉽게 활용할 수 있을 것이다. 각 장에서는 그 장에서 제시하는 개념을 적용할 수 있도록 기회를 제공한다. 학생들은 각 장마다 제시하고 있는 연습문제를 풀 수 있을 것이다. 마지막으로 이 교재는 가족치료의 입문서로도 기여할 수 있다.

저자들을 친절하게도 자신의 가족으로 환영해준 Ted Peacock의 지원에 감사드린다. Dick Welna의 지원과 지도, 리더쉽이 없었더라면 이 책은 출판되지 못했을 것이다. 탁월한 편집인 Janet Tilden과 함께 일한 것은 즐거움이었다. 이 책의 출판을 맡아준 Kim Vander Steen과 Calgary대학교 간사 Carey Scott에게도 감사 드리고 싶다. 마지막으로 가족의 의미를 우리에게 가르쳐준 우리 아이들, Tara, Michael, Ryan, Kate, 그리고 Chris에게 감사한다.

• 역자서문

이사연(이화여자대학교 사회복지연구회)의 두 번째 공동작업으로 Calgary대학교의 D. Collins 및 H. Coleman 두 교수와 Texas대학교의 C. Jordan 교수 공저인 가족사회복지실천론(An Introduction to Family Social Work)을 선택하였다.

이사연의 핵심적인 연구주제 및 관심분야를 가족(family)과 폭력(violence)에 두고, 이 주제와 관련되는 사회복지문제 즉, 가족학대, 가정폭력, 배우자학대, 아동 및 노인학대, 성폭력문제 등을 중점적으로 다루기로 합의했다. 그래서 우리의 첫 작업으로「가족학대 · 가정폭력」을 출간했고, 본 교재를 번역한 것이 두 번째 연구 및 번역작업이 된 것이다.

가족은 저자의 언급처럼 오랜 기간 사회복지실천분야의 초점이 되어왔으며, 가족은 또한 여러 형태의 다양한 문제를 다루는 폭넓은 영역의 서비스를 필요로 하고 있다. 따라서 이사연에서도 가족문제, 가족폭력문제에 대한 각론에 앞서 가족사회복지실천과정에 대한 종합적인 접근을 다룬 교재가 필요하다는데 공감하고 본 교재를 선택하는데 주저하지 않았다.

이 책은 학부과정의 사회복지 전공학생들과 처음으로 가족과 일하고 있거나 일하려는 초년사회복지사들의 교육훈련을 위해 마련되었다고 한다. 따라서 본 교재에서는 우선 가족사회복지의 철학적 관점과 가족기능수행을 다룸으로써 가족에 대한 이해를 도와준다. 가족문제사정과정을 기술하고 가족사회복지실천의 단계별 과정에 대해서 쉽게 설명하고 있다. 가족사회복지사들이 처음으로 가족사회사업에 개입할 때 필요한 지식과 기술을 종합적으로 제시하고 있어 본 교재는 "기본적인 가족사회복지이론과 실천에 대한 개론서"로서 유용할 것이라 확신한다.

최근 각 대학교 사회복지학과의 교과과정으로 "가족복지론"이 채택되고 있으나 마땅한 교재가 없어 고민하는 담당교수들을 자주 만났다. 본 교재는 사회복지전공 학부학생을 위한 "가족복지론" 과정 중에 실천론 쪽의 교재로서 가장 적절할 것이라 생각된다.

이사연의 두 번째 노력이 가족을 공부하는 학생들과 가족을 돕는 일에 종사하는 가족사회복지사들에게 실질적으로 유용한 교재로서 활용되어 가족을 돕는 일이 보다 체계적이고 효과적으로 이루어지기를 진심으로 바란다.

번역을 허락해 주신 세 교수께 감사 드리고, 이 책이 세상에 나올 수 있도록 바쁜 시간 쪼개어 힘과 뜻을 모아준 이사연 가족들에게 감사 드린다. 출판을 기꺼이 맡아주신 사회복지전문출판 나눔의집의 류보열 사장님과 정유진 편집장의 세밀하고 친절한 업무추진에 이사연가족들과 함께 감사 드립니다.

2001년 4월

이사연 회장 김 정 자

Contents 차 례

contents

제6장 초기단계

제7장 사정단계

제8장 개입단계

제13장 아동에 대한 가족사회사업

제14장 가족사회사업의 특수상황

제 1 장

가족사회사업 개관

가족사회사업을 처음 접하는 학생들이라면 누구든지 제일 먼저 다음과 같은 질문을 할 것이다.

- 가족사회사업의 목적은 무엇인가?
- 가족사회사업은 가족치료와 어떻게 다른가?
- 가족사회복지사로서 나의 역할은 무엇인가?
- 나는 내 가족과 다른 유형의 가족들과 과연 효과적으로 일할 수 있는가?
- 나는 가족구성원 모두와 동시에 어떻게 일할 수 있을 것인가?
- 나는 가족구성원들에게 무슨 질문을 해야하는지 어떻게 알 것인가?
- 가족구성원들이 저항한다면 그들이 참여하도록 어떻게 고무할 수 있는가?
- 가족구성원들이 화를 낸다면 나는 무엇을 해야 하는가?
- 가족의 문제는 어떻게 우선순위를 정하는가?
- 가정방문시 내가 알아야 할 것은 무엇인가?
- 위험한 이웃이 있는 지역에 가정 방문할 때 내 자신의 안전을 어떻게 지킬 것인가?
- 나는 가족을 실질적으로 돕는데 필요한 것들을 충분히 알고 있는가?
- 아동과 상담할 때 유념해야 할 것은 무엇인가?
- 가족 스스로가 그들이 처해있는 위기를 다루도록 어떻게 도울 수 있는가?
- 가족사회사업은 다양한 인종 또는 민족적인 배경을 가진 가족들을 다르게 대할 수 있는가?

이 책에서는 가족사회사업에 관한 이러한 질문들에 대해 다룰 것이다. 이 책의 목적은, 가족을 가능한 효과적으로 도울 수 있도록 돕는 것이다.

1. 가족사회사업은 무엇인가?

가족사회사업의 일차 목적은, 모든 가족구성원들이 각자의 발달적 정서적 욕구를 충족하면서, 한편 가족들이 보다 유능하게 기능하는 것을 배울 수 있도록 돕는 것이다. 가족사회사업은 가족치료와는 다르다. 가족치료는 가족이 체계적으로 변화할 수 있도록 도우며, 주로 사무실을 기반으로 하여 개입(office-based intervention)한다.

가족사회사업은 다음의 목표를 지향한다.

1. 가족이 변화(또는 개입)를 위해 준비 하도록 가족의 강점을 강화하는 것
2. 가족치료 후 추가의 지원을 제공함으로써 가족이 효과적으로 가족기능을 수행하고 유지하는 것
3. 효과적이고 만족할 수 있는 일상 생활을 지속하도록 가족기능 수행에서 구체적인 변화를 창출하는 것

가족사회사업은 가족의 일상생활과 보통의 환경 속에서 일어나는 가정과 지역사회 양측 면에 기반을 두고 있다. 가족사회복지사(Family Social Worker/FSW)가 때로는 사무실에서 가족을 상담할 수 있으나 대부분은 그 가족의 집에서 이루어진다. 가정을 기반으로 하는 개입은, 가족사회복지사가 가족의 일상생활에 보다 친근하도록 돕는다. 이는 위기발생 시 특히 도움이 된다. 위기가 많은 여러 가족의 욕구와 기대를 결합시키는데 초점을 맞추는 변화표적으로서 클라이언트 가족의 구체적인 욕구와 일상의 기능수행에 가족사회복지사는 집중한다.(Wood & Geismar, 1986).

가족사회복지사가 즉석에서 구체적으로 도움을 제공할 수 있는 여러 가지 방법이 있다. 예를 들면, 10대와 부모가 갈등에 빠지게 되었을 때, 가족사회복지사는 문제를 규명하고 개입하는 기회를 얻는다. 가족사회복지사는 이러한 갈등을 유발하게된 요인이 무엇인지 발견하고 계속 싸우게 되는 반복적이고 문제 있는 상호작용패턴을 규명하도록 도울 수 있다. 한 번 이러한 과업이 성취되면, 가족사회복지사는 부모와 자녀가 이전의 역기능적인 행동을 보다 더 보상이 될 수 있는 행동으로 대체하도록 도울 수 있게 된다. 어린 아이가 고약하게 성질을 부릴 때(분노발작: temper tantrum) 가족사회복지사는 그 자리에서 당

장 문제 행동을 다루는 보다 효과적 방법을 부모에게 가르칠 수 있다. 또한 가족사회복지사는 가족원이 자살하겠다고 위협할 때 도울 수 있어야하며 따라서 위기 시점에 개입할 수 있을 것이다. 부모가 실직하거나 임대차계약이 갱신되지 않을 때 가족은 가족사회복지사와 이러한 경험에 대해서 나눈다. 사무실 중심의 가족치료는 사건이 발생된 후에 가족시나리오를 다루지만, 가족 내에서 이루어지는 일상적인 사건들은 사무실에서 쉽게 재현되지 않는다. 궁극적으로 가족사회복지사는 문제가 언제 어디에서 발생하든 가족을 지원하고 가르친다.

가정이 문제를 일으키는 곳이기 때문에 가정은 또한 해결책이 마련되고 수행될 수 있는 세팅(setting)이기도 하다. 가족사회복지사는 일차적으로 가정 또는 지역사회 내에서 일하기 때문에 문제가 있는 가족의 일상 환경(natural environment)내에서 그들의 생활 속에 즉각적으로 변화를 만들 수 있는 것이다.

가족사회사업은 약한 노인과 정신질환자가 직면하고 있는 문제를 포함하여, 가정에서의 개인과 가족의 폭넓은 범주들을 다루고는 있으나, 이 책에서는 아동을 포함하는 가족사회사업에 초점을 둘 것이다. 이는 아동에 가치를 두는 관점으로, 이 책에서 소개하는 가족사회사업의 주도적 철학은 아동의 안녕을 증진하는 것이다. 아동은 건강하고 지지적이며 성장을 촉진하는 환경에서 성장할 권리를 가진다고 믿는다. 부모는 아동양육을 위해 도움을 받을 권리가 있다고도 믿는다. 결과적으로 가족사회사업의 기반은 "가족이 잘 기능할 때 그 가족구성원인 아동에게도 도움이 된다"는 원칙이다. 부모역할은 어렵고 강력한 사회적 지원체계와 함께 폭 넓은 기술이 요구된다. 부모역할 기술은 본능적인 것도 직관적인 것도 아니다. 이 기술은 반드시 배워야하고 교육받아야 한다. 간단히 말하면, "부모가 되는 데 따르는 문제는, 부모가 되기 전 까지는 결코 경험할 수 없는 것이다"(Efron & Rowe, 1987). 즉 실제 경험하지 않고는 부모가 되는 것은 어렵다는 것이다. 가족사회복지사는 부모되기 학습과정에 속도가 붙도록 도울 수 있을 것이다.

역사적으로 사회는 '부모되기'를 본능적인 것이라 생각했고, 더구나 부모는 외부의 도움 없이 기능해야한다는 신화가 이를 더욱 부추겼다. 환언하면, 사회는 모든 부모가 국가나 다른 외부기관에서 최소한도만 지원하는 것으로 아동을 양육하기 기대한다. 이 불행한 가설은 "나쁘고" "실패했거나" "무능력한" 부모에게만 지원이 필요하다는 믿음에 기여하고 있다.

부모는 필요한 지원을 받는데 확신하지 못하는 반면, 사회는 부모에게 높은 기대를 갖고 있다는 것은 당혹스러운 일이다. 부모가 어려움이 있을 때 사회제도는 흔히 처벌적이거나 오히려 방해가 된다. 예를 들면, 아동복지체계는 위기에 처한 아동의 문제를 해결할 때, 그들의 가정에서 가족의 문제를 해결하거나 가족을 그대로 유지시키기 위한 적절한 자원을 제공하기보다는 아동들을 가정에서 분리시킨다(Fraser, Pecora, & Haapala, 1991).

사회는 적기에 부모에게 원조를 제공하는 대신 부모가 실패할 때까지 기다린다. 처벌적인 개입은 부모나 아동의 문제를 변화시키는데 실패한다. 따라서 많은 기관들은, 문제가 확인된 후에 가족을 모니터하고 교정하고 또는 평가하는 기능만 하게 된다. 최악의 경우, 기관은 우선적으로 아동이 가정에서 분리되는 것을 막기 위한 지원과 도움을 적극적으로 제공하지 않고 가정에서 아동을 옮겨버리는 것이다. "도움을 주는 것" 보다 지시한다는 모토로 임해온 것 같다.

전문직으로서 가족사회사업은 부모, 아동 및 하나의 단위로서 가족은 더 늦은(흔히 더 심각한) "교정"을 피하기 위해서는 당연히 지원할 가치가 있다는 사상 위에 구축된 것이다. 가족은 동료, 이웃, 지역사회 그리고 기관에서 지원을 필요로 한다. 그들은 가족중심의 접근을 하는 가족기관에서 원조를 받을 권리가 있다. 전체 철학을 유지하면서 가족사회사업은 가족원을 가족단위에서 분리하고 사회적 맥락에서 격리시켜 개별적으로 상담하는 전통적인 접근과는 차이가 있다.

이러한 가설을 기반으로 할 때, 가족사회사업은 가족중심 접근을 지향하고 실천하게 되는 것이다. 가족사회복지사는 다양한 원조체계에서 오래 동안 여러 가지 개입을 받아왔던 가족과 일해야 한다. 이전의 치료경험 때문에 상처받기 쉬운 가족은 빈번하게 치료를 수치스럽게 여기거나, 또는 강제로 치료받게 되는 경우도 있다. 그 가족들은 자신의 자연스러운 생활경험에서 떨어져 있는 사무실과 같이 분리된 환경에서 일하는 전문가와 가족문제를 상의하는 것을 주저할 수 있다.

❖ 가족에 대한 사회의 태도

1. 당신은 오늘날의 가족이 '가족을 찬성하는(profamily) 사회' 에서 살고 있다고 믿는 가 또는 '가족을 반대하는 사회(antifamily)에서 살고 있다고 믿는가? 특정한 예를 들어 당신의 의견을 뒷받침해 보시오.
2. 오늘날의 가족은 10년 전 가족과 비교할 때 생활이 어떻게 다른가? 긍정적 그리고 부정적인 변화는 무엇인가?

가족사회복지사는 도움을 받는 것조차 어렵거나 도움을 원하지 않는 가족을 돕는데 유리한 위치에 있다. 가족은 보통 자기 자신의 환경에서 더 안전하다고 느끼며 자기가정에서 사회복지사와 상호작용 하기를 더 원할 수 있다. 그들 자신의 터전에서 도움을 받는 것이 동반관계에 들어가기 쉬우며 돕는 과정에 가족이 적극적으로 참여하게 한다. 가족 자신의 장소에서 만나는 것이 개입을 현실화하고 그들의 생활을 형성하는 변화를 가져오도록 클라이언트의 힘을 강화하게 된다.

지역사회의 공식, 비공식 양 측면의 지원망을 확인하고 발달시켜서 가족을 돕는 것은, 가족의 기능이 향상된 이후에 이를 지속적으로 유지할 수 있도록 하는데 중요하다. 가족사회사업의 궁극적인 목적은 지원, 교육 및 새로운 기술 개발을 통하여 가족 구성원을 위한 건강하고 만족할 수 있는 환경을 발전시키는 것이다. 가족사회사업은 복잡하다. 그러나 어떠한 가족원의 개별적인 욕구도 다른 구성원의 욕구에 우선하지 않아야 한다(Johnson, 1986). 이 어려운 균형을 유지하는 활동은 모든 가족사회복지사에게는 하나의 도전이다. 가족사회복지사는 많은 가치 있는 기능들을 완수하는 한편 가족과 더불어 일하고 모든 가족 구성원의 권리와 욕구가 충족되는 것을 확신한다.

가족사회복지사의 과업은 아동이 안전하게 가정에 남아있게 해야하고 가족이 지역사회의 기능적 단위임을 확신하게 해서 결국 가족 지원의 절정에 이르게 하는 것이다. 때때로 가족사회사업은 위탁보호 후 아동이 가족과 재결합되는데 관여한다. 대안적으로 가족은 위탁 또는 입양에 배치되기 전 또는 배치기간 동안 도움을 받을 수 있다.

2. 가족사회사업의 역사적 배경

사회사업전문직은 19C말 많은 빈곤자와 혜택을 입지 못하는 사람들을 개선하려는 운동의 일환으로 부상되었다(Nichols & Schwartz, 1998). 가족사화사업의 실천은 우애방문의 시기와 사회사업전문직의 태동으로 시작된다(Richmond, 1917). 초기부터 Mary Richmond는 가족의 관점을 주장했다. 사회사업은 빈곤, 범죄, 정신 및 신체장애와 같은 산업혁명과 연관된 문제들을 다루기 위해 부각되었다. 1800년대 초까지 초기 사회복지기관들은 산업화 사회의 풍경의 일부가 되었다. 성직자, 종교기관에 의해 시작된 이들 기관들은 사적으로 운영되었으며 자선가들이 재정을 지원했다. 1900년대 초까지 원조자와 부유한 자선가들이 거의 훈련받지 않고 기능을 담당했으며 인간행동에 대한 이론적 이해 없이 운영했다. 돕는 사람에 대한 과학적 이론은 발달하지 못했다. 초기 민간서비스는 음식과 주거와 같은 생필품을 제공함으로서 기본적인 신체적 욕구를 다루는데 초점을 두었다. 정서적이고 개인적인 문제들은 종교 적으로 상담하는 것을 통해 잘 다룰 수 있다고 생각했다. 사회문제는 곧 도덕의 문제라고 생각했기 때문이었다. 가족은 우애방문자의 도덕적인 생활 방식을 따라 "도덕적" 생활을 하도록 기대되었다.

초기 사회복지사는 빈곤, 문맹, 질병, 노동착취, 슬럼주거와 밀집화 그리고 실업과 관련된 문제들을 제거하기 위해 투쟁했다. 사회개혁의 발달과 병행해서 자선조직협회(Charity Organization Societies/ COS)가 발족되었다. COS는 자선(현재는 복지로 알려진)을 상향시키기 위한 욕구에서 과학적이고, 효율적이며, 예방적인 수준으로까지 발달했다. COS운동은 현대 임상사회사업의 선구자였다(Ledbetter Hancock & Pelton, 1989). COS의 사회복지사들은, 구호를 제공하기보다는 빈곤자 개인의 재활을 통해서 빈곤이 보다 효과적으로 감소될 수 있다고 믿었다. COS운동의 주도적 목적은 빈곤가족의 특성을 조사하고 그들을 교육시킴으로서 빈곤을 제거하는 것이었다. 사례회의와 우애방문은 빈곤자의 문제에 대해 조명했고 재활방법을 명확히 했다. 실제 초기 개별사회복지사는 가족이 전체 단위로서 고려되어야 한다는 것을 알았는데, 정신의학은 이것을 이해하는 데에 50년이 걸린 것이다(Nichols & Schwartz, 1998; Richmond, 1917).

1877년 COS의 시작에서부터 이 운동은 미국 전역으로 번져나갔다. 민간기관은 COS를 형성하기 위해 힘을 연합했다. 그들은 다음 기능들을 완수하기 위해 계획을 세웠다.

- 개인과 가족에게 직접서비스 제공하기(개별사회사업과 가족상담의 선두주자들)
- 사회문제 완화를 위한 민간기관의 시도들을 조정하기(COS와 사회계획의 선구자들)

자선기관들은 서비스와 재정지원을 원하는 이용자들에게 대해 조사했고, 서비스의 중복을 피하기 위해 클라이언트 중앙등록제를 유지했으며, 빈곤가족을 집중적으로 돕기 위해 일할 자원봉사자 우애방문자를 활용했다(Ledbetter Hancock & Pelton, 1989). 우애방문자들은 돈이 아니라 동감(sympathy)을 제공했고, 가난한 사람들이 검소하게 살고 직업을 구하도록 격려했다. 우애방문자는 대부분 여성이었고 빈곤을 개인의 모자람과 도덕적 결핍의 증거로 인식했다.

1950년대와 1960년대에 사회사업전문직은 다중문제를 가진 가족에 다시 초점을 두었다. Geismar와 그의 동료들의 연구에 따르면, 사회적으로 기대하는 기능과 관련된 과업을 성취하기 위해 가족원들(특히 부모)의 사회적 능력을 조사 연구함으로서 사회복지사들이 가족을 이해하도록 돕는데 영향을 미쳤다. 가족원들이 일정한 과업을 어떻게 효과적으로 수행하느냐는 것이 개별가족원의 안녕을 결정한다고 생각했다(Wood & Geismar, 1986).

3. 가족사회사업과 가족치료

현대 가족사회사업은 초기 우애방문자 운동에 뿌리를 두고 있으며 다중문제를 가진 가족을 위해 일한다(Wood and Geismar, 1986). 오늘날 훈련된 전문가들은 구체적인 지원과 교육적인 원조를 제공하기 위해 가족을 방문한다. 사회사업은 때로 가족이 처음 원조망에 들어올 때 먼저 시작되고, 나중에 가족치료로 유도될 수 있다. 다른 상황에서 가족사회사업은, 가족치료기간 동안이나 가족치료 후에 개입하게 된다.

가족사회사업은 가족치료와 여러 방법에서 다르다. 가족사회사업의 폭넓은 초점은 개인의 인성과 사회체계의 복잡한 상호관계성을 강조한다. 또한 가족사회사업은 한가족의 일상생활에서 명확히 정의된 구체적인 사건들과 상호작용에 초점을 둔다. 반면 가족치료는 더 공식적이며 사무실에서 행해지고 관계와 가족기능수행의 추상적 패턴과 구조에 관심을 갖는다.

가족치료자는 보다 효과적으로 가족의 기능을 수행하기 위해 가족 구성원의 역할과 구성원간의 관계를 변화시키고 결과적으로는 현재 나타나고 있는 문제를 제거할 것이라는 가설에 기초해서 그 가족의 역할과 관계를 재 구조화한다. 가족치료자는 흔히, 개인의 문제는 가족단위의 역기능에 연유한다고 믿는다. 가족치료자에게 가족단위가 변화의 표적이며 따라서 개별가족원에게는 거의 집중하지 않는다. 이에 비해 가족사회복지사는 부모-자녀갈등 또는 학교생활과 관련된 문제와 같은 특정 문제가 있는 이슈에 집중하는데 보다 자유롭다. 그러므로 가족사회복지사는 가족원의 욕구와 관계의 종류에 따라 대응할 수 있다. 이러한 대응은, 가족 구성원 개인이나 두 사람 또는 전체가족에게 구체적으로 문제를 해결해 주거나, 지원해 주는 것, 그리고 기술과 능력을 가르치는 것 등으로 구체화된다. 또한 가족사회복지사는 직업훈련 또는 약물남용 문제와 같은 구체적인 서비스, 그리고 지역사회에서 이용할 수 있는 자원에 접근할 수 있도록 가족을 돕는다.

가족치료와 가족사회사업은 모두 중요하고 별개의 역할을 완수한다. 그러므로 각자의 역할 을 혼돈하지 않도록, 가족사회복지사의 역할과 가족치료의 역할을 명확히 이해하는 것은 중요하다. 역할을 명확히 하는 것은, 가족치료자와 가족사회복지사가 같은 가족에게 동시에 관여했을 때 특별히 중요하다. 이러한 예에서는 가족치료자와 가족사회복지사는 그 가족을 위해 서로의 개입을 강화하는데 함께 협력해서 일해야 한다.

❖ 가족사회업과 가족치료

가족치료와 가족사회사업을 구별하는 것은 중요하다. 두 가지 접근방법 모두 중요한 역할을 하지만 가족을 돕는데 있어서 서로 다른 역할을 한다. 각기 다른 분야에서의 사회복지사의 역할과 목적에 대해 각각 4개씩 적으시오.

4. 가족사회사업 실천의 현실

가족사회사업은 전통 가족치료모델과는 다르다. 가족치료는 치료자의 사무실에서 50분간, 주 1회 상담하는 것이 전형적이다. 반면 가족사회복지사는 흔히 그 가족의 가정환경에서 매일의 상호작용 구조에 맞추어 일한다. 도움이 가장 위급하게 필요할 때, 가족이 개입과 변화에 가장 수용적일 때, 가족과 더불어 이루어지는 작업이다. 이는 가족사회복지사는 가족치료가 전통적으로 제공하는 주 1회 세션(session)을 넘어서 그 가정에 직접 관여하게 된다는 것을 의미한다. 위기 때에 가족이 가족사회복자사의 도움을 받는 것은 흔히 있는 일이다. 이렇듯 시간상의 요구를 충족시키는 것은 가족사회복지사에게는 큰 스트레스가 된다.

매일 일어나는 사건의 영향을 직접 목격하고 가족의 생활을 함께 경험하는 가족사회복지사는 그들의 개입 특성을 숙지하고 있다. 가족사회복지사는 "지금 여기(here-and-now)" 에서 지원하고 지식과 기술을 제공한다. 가족사회복지사는 매일 가족안에서 일어나는 일과 기능수행에 친근하기 때문에 가족은 가족문제를 상담하기 위해 주 단위 약속을 기다릴 필요가 없다. 가족사회복지사가 그 장소에 없을 때 중요한 가족사건이 발생하면, 전화로 연락할 수 있다. 그러므로 가족사회사업은 "실제적(hands-on)" 이고, 실천적이며 활동 중심적이다.

가족들이 가족사회사업을 가족치료보다 더 비공식적이며 덜 위협적인 것으로 인식하고 있다는 것은 놀랄만한 일은 아니다. 이는 사회복지사와 가족 간의 유대를 발전시키는데 중점을 두고 있기 때문일 것이다. 가족사회복지사는, 가족과 문제해결 및 성장 중심의 동반자 관계를 만들기 위해 관여와 관계기술(engagement and relationship skills)을 사용한다. 가족사회복지사는 가족과 함께 하고, 한 번에 여러 시간동안 매일 매일의 사건에 참여하기 때문에 가족과 동반자 관계를 발전시키는 기회를 이용 할 수 있다. 그러나 사회복지사와 가족 간의 동반자 관계는 관여 이상으로 확장되어야 한다. 가족사회사업의 강점 중 하나는, 가족사회복지사는 가족원이 새로운 또는 다른 문제해결기술을 실천하도록 돕는 원조과정동안, 그리고 그 이후에도 적용할 수 있는 대안의 일상생활기술을 발전시키도록 가족을 격려한다는 사실에 있다.

따라서 사회복지사는 격리되고 억압된 어머니를 위해 정서적인 지지를 제공할 수 있고, 10세 아동이 자신의 욕구와 감정을 보다 더 적절하게 표현할 수 있도록 가르침으로서 다른 사람들이 그 아동을 보다 잘 이해할 수 있게 만든다. 이 외에도 해체된 가족구조를 도와줄 수 있다. 이러한 역할을 함으로서, 가족들이 이전 보다 더 조화롭게 기능할 수 있게 하고, 한편 스트레스와 불유쾌함을 만드는 일상을 제거하게 한다. 기관과 지역사회 수준에서 가족사회복지사는 지역사회의 다른 원조체계에 접근함으로서 가족을 옹호할 수도 있다. 지역사회 내에서 가족사회사업의 최우선의 목적은 가족원들이 달성할 수 있는 환경을 발전시키는 것이며, 한편 지역사회의 기대와 기준을 동시에 충족시키는 것이다.

가족과 일하는 동안 가족사회복지사는 가족문제영역과 관련되는 구체적 이슈를 다룬다. 가족 특히 빈곤하고 과중한 짐을 지고 있는 가족은 실질적인 욕구를 충족하는데 가장 관심을 갖고 있으며 정직하고 솔직한 접근에 보다 반응적이다(Wood & Geismar,1986). 본질적으로 가족사회복지사는 가족체계의 건물을 구축하는데 한 번에 한 블럭씩 구축한다. 가족사회사업은, 역기능 영역이 변화될 수만 있다면 가족원은 이후 욕구를 충족하기에 충분한 능력을 갖게 될 것이라 가정에 근거한다. 이러한 측면에서 가족사회사업은 더 강한 가족, 더 건강한 개별가족원이 되게 한다. 능력이 향상되면, 가족은 자신이 처해있는 직접적인 환경을 개선할 수 있고, 이러한 환경 속에서 자녀들은 효과적인 부모의 역할을 배우게 되고, 성장하여 보다 효과적인 부모가 될 수 있게 된다. 효과적 가족사회사업은 그러므로 여러 세대간 영향을 미칠 수 있다.

5. 가족사회복지사의 역할과 목표

역사적으로 전문 원조자들은 "전문가"라는 유리한 점에서 가족과 개인 클라이언트에게 접근했다. 아마도 전문가들은 클라이언트보다 더 많은 지식과 경험을 갖고 가족의 문제를 해결하는 결정들을 내려왔고 또 효과적인 부모역할의 길을 가족에게 제시하는 일들을 해왔다. 전문가로서 원조자는 가족 외부에 존재하는 하나의 권위로 이러한 역할을 수행했다. 가족들은 변화과정에서 동반자로 고려되지 않았다. 권력과 지식은 전문 원조자의 손안에 있었다. 이러한 과정에서 원조자가 무언가를 제공하면 가족은 받는 입장이었다.

사회복지사의 전문가로서의 역할과 기대에 대한 변화는, 가족에게 어떻게 효과적으로 도움을 줄 수 있는 가에 대한 인식의 변화와 함께 한다. 가족은 더 이상 수동적인 수혜자가 아니고 전체 변화과정에서 적극적인 동반자와 참여자로서 인식되었다. 가족사회복지사가 가족 원들 보다 그 가족에 대해 보다 더 잘 아는 것은 아니다(Wood & Geismar, 1986). 사회에 의해 결정한 한계 내에서, 가족은 서비스의 우선순위를 정하고 서비스의 선호도를 언급함으로서 가족 자신의 욕구를 정의해야만 한다. 결과적으로 가족사회복지사는 협력자, 촉진자, 협상가로 활동한다. 따라서 사회복지사는 이러한 다양한 역할들을 수행하기 위해 훈련되어야 한다. 사실 이들 역할을 완수하기 위해서 가족사회복지사는 다양한 돕는 기술을 사용해야 하고 프로그램과 전문직에 수반하는 폭 넓은 영역에서 유능해야만 한다. 가족의 협력자와 동반자로서의 역할에서 가족사회복지사는, 미리 규정된 문제 목록에 따라 기존의 전문가적인 해결책을 단지 적용하는 식의 개입은 할 수 없다. 가족은 그들의 가족상황과 관련된 특수한 관심과 목표를 정하고 문제해결에서 적극적인 역할을 하는 권리와 책임을 가지고 있다.

가족을 더 잘 돕기 위해서는, 특정한 가족과의 상호존중과 동반자 관계를 이해하는 과정에서 가족사회복지사 자신의 가족과 대인관계 상호작용을 스스로 검증해야 한다. 전체 가족을 포괄하기 위해서 개인 이상에 초점을 넓혀 가는 것이 많은 전문가들에게 심오한 변화인 것이다. 개인에서 가족으로의 관점의 변화는, 가족 능력에 대한 믿음을 의사결정과 문제해결 과정에서도 갖을 수 있어야 함을 요구한다.

가족의 동반자로서 가족사회복지사는 변화를 자극하는 뗨틀로서 다음의 일곱 가지 역할을 활용한다. 그 역할은 다음과 같다.

① 감정이입적 지지자(empathic supporter)의 역할

가족사회복지사의 주도적인 철학은 가족의 강점을 규명해서 강화하는 것이며, 한편 가족의 제한점 또는 자원의 결핍을 재조직하는 것이다. 강점을 알리는 것은, 가족사회복지사가 가족과 동참할 수 있게 하고 변화를 향한 동기와 낙관주의를 창출할 수 있는 유대를 발달시킬 수 있게 한다. 모든 가족은 강점을 갖고 있다. 그럼에도 불구하고 흔히 사회복지사는 일차적으로 가족 문제에 초점을 둠으로써 역기능을 강화하게 될 수도 있는 역기능과 병리문제에 사로잡혀 왔다. 예를 들면, 현재 부정적인 부모역할을 하고 있음에도 불구하고 모든 부모는 자기 자녀에 대해 깊은 관심을 갖고 있다. 그러한 관심은 강조되어야 하고 표적이 된 문제를 다루는데 바탕이 되어야 한다.

② 교사/훈련자(teacher/trainer)의 역할

가족이 결핍되어 있거나 기술 또는 지식에서 부족한 영역을 가족사회복지사가 배양하도록 돕는 것이다. 가족 문제를 병리문제의 징후로서보다는 기술 결핍의 결과로 보는 관점은 유용하다. 가족은 더욱 개방적이 될 수 있으며 방어하지 않으면서 문제를 다룰 수 있게 된다. 문제의 영역은 의사소통, 부모역할기

술, 문제 해결, 분노 조절, 갈등 해결, 가치 명료화, 금전 관리, 일상생활기술 등에서의 결핍을 포함한다. 때때로 교사의 역할은 부모가 자녀에게 언어로 징계하는 것을 긍정적이고 건설적인 부모-자녀 상호작용으로 대체하도록 돕는데 관여한다. 또 어느 경우에는, 가족사회복지사는 부모가 긍정적인 행동을 강화하고 부정적이고 비난받는 행동을 못하게 함으로서 아동의 문제행동을 효과적으로 다룰 수 있도록 부모를 교육한다. 이러한 교육을 통해 부모는 자기 자녀에게 최선의 치료자가 될 수 있다.

③ 자문을 해주는 자(consultant)의 역할

가족사회복지사는 현재 진행되는 특정 문제에 대해서 가족에게 조언을 할 수 있다. 예를 들면, 가족은 일반적으로 잘 기능해왔지만, 청소년기에 들어서면 특별한 도움이 필요한 어려운 시기가 될 수 있다. 이러한 경우 가족사회복지사는 상담자로서, 부모에게 전형적이고 또는 정상적인 십대행동에 관한 가치 있는 정보를 제공할 수 있다. 이러한 과정을 통해, 부모는 청소년기에 있는 그들 자녀의 욕구에 대해 더 깊은 통찰력을 얻게 되고 앞으로 자녀와의 상호작용에서 문제가 있을 것이라는 생각을 덜 갖게 된다. 가족사회복지사는 사회복지사 이외에 다른 곳에서 전혀 이러한 피드백을 받을 수 없는 부모와 자녀들에게 지속적으로 피드백을 제공할 수도 있다.

④ 가능하게 하는 자(enabler)의 역할

가족사회복지사는 가족이 다른 방식으로 접근할 수 있도록 기회를 확장해 줄 수 있다. 예를 들면, 이민가족은 그들의 특수한 욕구에 적절한 다양한 서비스와 친근하지 않을 수 있다. 이용할 수 있는 서비스를 가족에게 알려주고 이들 서비스를 활용할 수 있도록 돕는 것은 그 가족의 능력과 힘을 강화시켜줄 것이다. 과업을 완성하면서 그 가족은 스스로 자신의 능력이 강화된 것을 알 수 있으며, 이는 이후 성공할 수 있는 길을 만들어 줄 수 있다.

⑤ 동원자(mobilizer)의 역할

가족사회복지사는 돕는 자원의 사회관계망에서 사회복지사의 고유한 위치를 점한다. 사회복지사는 원조체계와 지원망에 관해 많은 것을 알고 있다. 따라서 가족을 도울 수 있는 다양한 지역집단과 자원들에 관여하면서 이를 활성화하고 관리한다. 가족사회복지사는 가족과 함께 일하도록 지역복지관을 동원할 수 있다. 예를 들면, 학교에서 학생의 문제를 제기할 때, 가족사회복지사는 그 학생에게 특별한 기회를 마련해 주기 위해 학교와 가족 양쪽 모두를 조정할 수 있다.

⑥ 중재자(mediator)의 역할

가족사회복지사는 갈등이 일어나는 양편 사이에서 스트레스와 갈등을 다룬다. 중재는 체계의 여러 수준에서 일어날 수 있다. 가족사회복지사는 가족이 지역사회와 갈등에 직면할 때 해결을 중재할 수 있고, 또는 더 좁은 수준에서 갈등 관계에 있는 가족 구성원간을 중재할 수도 있다. 가족원들이 집주인 또는 이웃과 대립관계에 놓일 때 가족사회복지사는 갈등을 해결하려는 시도를 할 수 있다.

⑦ 옹호자(advodate)의 역할

사회복지사는 이 역할을 할 때 클라이언트 가족을 위해 행동을 취할 필요가 있다. 가족사회복지사는 가족문제가 보다 넓은 사회 맥락에서 어떤 조건에 근거하고 있는지를 이해하는데 고유한 위치에 있다. 결과적으로 가족사회복지사는 지역사회 행동주의와 정치적으로 행동함으로서 클라이언트에게 혜택을 줄 수 있는 사회적이고 입법적인 부분을 개혁하게 된다.

❖ 가족사회복지사의 역할

가족사회복지사가 가족을 도울 수 있는 여러 가지 상황이 있다. 가족사회복지사가 고려해야 하는 일곱 가지 역할에 대하여 각각 생각해 보자. 각 역할이 활용되어야 할 상황의 예를 제시하고, 가족사회복지사가 그 역할을 완수 할 수 있는 예를 제시하라.

가족사회복지사의 역할을 수행함에 있어 일곱 가지의 일차적인 개입목표가 있다. 앞에서 논의한 역할들은 이 목표를 성취하기 위한 수단이다. 목표와 그 목표의 유용성은 가족에 따라 다르고 개별 가족의 욕구 범위 안에서 고려해야 한다. 목표는 다음과 같다.

1. 가족원이 매일의 일상활동과 상호작용을 더 효과적으로 관리하도록 돕는 것. 그럼으로써 스트레스는 감소하고 가족간의 조화는 증가한다.
2. 가족이 더 효과적인 문제해결기술을 습득하여 문제가 일어나는 횟수 또는 위기를 줄이고, 피할 수 없는 위기를 보다 능력 있게 관리할 수 있도록 돕는 것.
3. 부모가 자녀의 고유한 욕구에 따라 아동관리기술을 발달시키고, 부모-자녀 및 부모-부모관계의 개선에 기여하도록 돕는 것.
4. 스트레스와 의견이 일치되지 않는 피할 수 없는 순간들을 건설적이고 성장을 도모하는 태도로 다루도록 지원함으로서, 가족이 효과적으로 갈등을 해결할 수 있는 기술을 배우도록 돕는 것.
5. 가족원간의 고통, 상처, 실망의 감정뿐 아니라 개인이 원하는 것, 욕구, 소망들을 명료하게, 직접적으로, 그리고 정직하게 전달할 수 있도록 도와 파괴적인 가족상호작용 보다는 지지적으로 기능할 수 있도록 돕는 것.
6. 스트레스 기간동안 개인, 가족 그리고 지역사회간의 연계망을 넓혀서 가족들이 구체적인 사회자원에 접근하도록 돕는 것. 문제해결을 위한 기술을 개발하도록 돕는 것.
7. 가족이 각 구성원의 고유한 가치와 잠재력에 대해 인정하도록 도와서 성장과 발달의 기회가 확대되도록 돕는 것.

즉, 가족사회복지사의 역할은, 가족이 사회기능을 보다 향상할 수 있도록 돕는 것이다. 수행하는 일의 대부분은 직접적이고 구체적이다. 가족사회복지사는 장애물을 제거하여 부정적 인 역기능 행동을 소멸시키기 위해 가족과 일한다. 가족사회복지사는 가족과 동반자 관계로 더욱 건강하게 사회기능을 수행할 수 있도록 하고, 가족을 둘러싸고 있는 사회환경과 지속적으로 관계를 유지할 수 있도록 하며, 필요시 자원을 활용할 수 있는 능력을 증진시킨다.

6. 가족사회사업의 가설들

가족사회사업은 가족과 효과적으로 일하는데 관심을 두는 근본의 가설들이 있다. 이들 가설들은 위기개입의 유용성에 대한 인식과 연결되는 가족중심 및 가정기반의 실천에 높은 가치를 둔다. 또 하나 강조점은 가족과 아동에게 새로운 행동을 촉진하고 가족관계를 관리하는 보다 효과적인 방법을 창출하는 기술을 가르치는데 있다. 이러한 인식은 생태학적 접근에 바탕을 두고 있다. 가족사회사업 가설에 대한 논의는 다음과 같다.

1) 가족을 위한 가정기반의 지원

가정기반의 가족사회사업에의 관심은 과거 10년 간, 특히 아동보호분야에서 발전되었다. 가족사회사업을 가정에서 실천하는 것은 어떤 고유한 이점을 제공한다. 예를 들면, 가정기반에 근거하여 가족의 기능 수행정도를 사정하는 것은 사무실기반의 사정보다 보다 정확하게 평가할 수 있도록 한다(Ledbetter Hancock & Pelton, 1989). 사회복지사는 가정에서 가족기능 수행에 대한 직접적인 정보를 얻을 수 있다. 또한 가족원들이 친근한 환경에서 상호작용하기 때문에 가족원간의 관계를 지도(map)로 그릴 수 있다. 부모는 가정을 기반으로 하는 개입을 선호한다. 예를 들면, 어떤 프로그램에 참여한 한 부모는 다음과 같이 언급했다. "나는 가정기반의 서비스를 좋아한다. 그런 경우 내 아이를 일상의 정상적인 분위기에서 관찰할 수 있었다"(Coleman & Collins, 1997).

가정에서 제공하는 가족사회사업의 이점은 단지 사정하는 것만으로 끝나지 않는다. 사무실에서의 치료는, 사무실 상담동안에 일어나는 클라이언트의 변화가 사무실 밖의 장소와 상황에까지, 특히 가정과 지역사회에까지 즉시 전환될 수 있다 가설에 기반 한다. 그러나 변화는 쉽게 또는 지속적으로 사무실에서 가정으로 전환되지 않는다는 것을 우리는 알고 있다(Sanders & James, 1983). 예를 들면, 부모훈련프로그램에서 학대하는 부모는 교실에서 배운 기술을 가정에 쉽게 전환하지 못했다(Issacs, 1982). 어머니와 청소년들을 대상으로 했던 어떤 프로그램에서 유사한 두 집단을 비교했을 때, 가정기반의 서비스를 받았던 집단보다 사무실 중심의 개입이 있었던 집단이 가정 내에서 향상된 부분은 더 적게 평가되었다(Foster, Printz & O'Leary, 1983). 문제가 발생되는 세팅에 동시에 개입하는 것이 더 생산적이다. 대부분 클라이언트를 가정에서 접촉하게 될 때 사무실 대 가정이라는 개괄적인 문제는 제거된다.

가정기반의 서비스는 교통수단부족, 약속을 어기는 또 다른 이유들과 같은 치료의 장애요인을 제거할 수 있다. 가정에서 서비스를 제공하는 것은 이 외에도 몇 가지 추가적인 이점을 제공한다 : ㉠서비스가 보다 폭 넓은 클라이언트 범위까지 특히 사회의 불리한 위치에 있는 사람들 또는 장애인인 경우도 접근가능하다; ㉡중도 탈락하는 사람이나 약속한 후에 나타나지 않는 사람이 줄어든다; ㉢모든 가족원이 더 쉽게 참여하게 된다; ㉣가정은 쉽게 개입할 수 있는 자연스러운 세팅이라는 점 등 이다(Fraser, Pecora, & Haapala, 1991 ; Kinney, Haapala, & Booth, 1991).

가정과 가족은 아동의 후기 적응문제를 위한 훈련장으로 인식되어 왔다(Patterson, Debaryshe, & Ramsey, 1989). 융통성 있는 일정을 갖고 가정 내에서 서비스를 제공하는 것은, 가족사회복지사의 중요한 이슈인 '침묵하는 가족원들' 을 더 쉽게 치료에 관여할 수 있게 만든다. 더욱이 문제가 자연스럽게 표출되는 클라이언트의 세계로 들어가는 것이, 가르칠 수 있는 순간을 포착하는 기회를 얻을 수 있으며, 가족사회복지사가 클라이언트 문제에 즉각적으로 대응할 수 있게 한다(Kinney, Haapala, & Booth, 1991). 가족은 또한 가정에서 서비스를 받을 가치가 있다. 예를 들면, 가정기반의 서비스에 대한 클라이언트의 수용도를 나타내는 어떤 프로그램에서, 부모는 다른 서비스에 비해 집까지 찾아오는 치료자에 대하여 더욱 소중하게 생각하고 있었다(Fraser, Pecora, &

Haapala, 1991).

가정에서 서비스를 제공하는 가족사회복지사는 모든 가족원과 직접 접촉하는 것을 최대한 이용하는데, 특히 양쪽 부모를 포함하여 모든 가족원들이 참여하는 것이 성공에 결정적인 요인일 때에는 더욱 중요하다. 가족 전체가 항상 모두 관여해야 하는 것은 아니다. 그러나 가족들이 사회복지사를 만나기 위해 먼 거리에서 약속장소(사무실)로 와야 하는 불편함은 자주 있다. 가정기반의 가족사회사업은 고립되어 있거나 빈곤한 가족, 그리고 전문가 개입에 대해 저항하거나 서비스를 의심하는 가족과의 접촉을 유지하는데 특히 효과적이다. 가정중심의 가족사회사업이 사회복지사에게 모든 가족원을 만나는 더 좋은 기회를 제공한다 할지라도 어떤 가족원은 사회복지사가 가정방문을 할 때 집에 있지 않아 만나는 것을 피할 수도 있다. 이러한 가능성은 여전히 남아 있다. 다음 장에서는 도움을 주는 과정에서 가족원을 개입하게 하는 실질적 전략들에 대해 논의할 것이다.

불행하게도 가족의 이동 가능성에 대한 이슈와 가족변화의 전이 가능성은 "양날의 검"과 같다. 이는 가정에서 조성된 행동상의 변화는 학교와 같은 가정 밖의 세팅에서 적용할 때 유사한 장애물과 만나게되기 때문이다(Forehand, Sturgis, McMahon, Aguar, Green, Wells & Breiner, 1979). 특히 비행청소년들은 또래와 가족 밖의 세팅에서 영향을 받게되는데, 그들은 나이가 들어감에 따라 가족과 치료적 영향으로부터 격리되어 더 독립적이 된다. 그러므로 가족사회복지사는 청소년이 공부하고 노는 학교와 오락기관과 같은 세팅에도 관여하게 된다. 더구나 문제가 더 진행되지 않은 상황에서 조기에 개입하는 것은 이후에 더 심각한 문제로 발전되는 것을 막을 수 있다.

2) 가족중심의 철학

가족사회사업의 중심 신념은, 가족은 치료가 시작되는 뼈틀이라는 것이다. 이러한 의미에서 가족은 아동복지의 중심 축이다. 가족사회사업은 보호적인 환경에서 양육되고 자라나는 것이 모든 아동의 권리라는 신념에 기반한다. 나아가, 가족중심의 사회사업은 사람의 행동을 자연스러운 맥락 속에서 이해하는 것이 중요하다고 강조한다.

치료의 초점으로 가족을 고려하는 것은, 여러 가지 이점을 제공한다. 부모는 같은 가족 내에서 몇몇 아동이 가진 문제를 경험할 수도 있고, 또는 한 번 표적이 된 아동이 치료를 받은 또 다른 아동에게 관심을 가질 수도 있다. 가족기반의 개입은 표적 아동이 나타내는 문제 외의 다른 문제들도 다룰 수도 있다. 전체 가족과 작업을 하면서 부모는 표적이 된 자녀의 개입과정에서 알게된 사실을 적용하여 다른 자녀에게는 같은 잘못을 반복하지 않도록 배운다. 그러므로 가족사회사업은 예방의 역할을 제공한다.

다음은 가족사회사업에 참여했던 부모의 말이다. 이러한 실제 예를 통해 가족사회사업이 가족중심 철학에 가치를 두고 있다는 것을 알 수 있다. "사회복지사는 계약에 전체가족을 포함했다." 그리고 "사회복지사는 모든 가족에게 주의를 기울였다. 전체가족이라는 관점을 유지하면서 하나의 단위로서 가족을 존중하는 것은 유용했다"(Coleman & Collins, 1997).

❖ 개인과 가족에 대한 관점

당신이 현재 직면하고 있는 문제를 선택하고, 당신과 다른 사람에게 미치는 문제의 영향에 관점을 두고 문제를 기술하라. 먼저 개인적 관점에서, 그 다음은 가족의 관점에서 문제를 이해하도록 한다. 이렇게 다른 이해에서 검토할 때 관점은 어떻게 변화하는지 비교하자.

표적이 된 아동이 변화하는 것 이상의 변화는 가족사회가업의 중요한 측면이다. "형제 일반화(sibling generalization)"는 개입의 초점을 측정하는 것이 아닌 형제들의 행동에서 변화가 일어난 것에 관심을 갖는다. 가족사회사업의 핵심요소가 부모에게 아동관리기술을 훈련하는 것이라면, 다른 형제에게 미치는 영향을 기대하는 것은 합리적이다. 논리적으로 부모가 배운 기술은 가족 내 모든 아동에게 활용될 수 있다. 대부분 아동의 행동문제를 더 효과적으로 다루기 위한 부모교육은, 문제가 다시 쉽게 반복되지 않도록 전체 가족에 변화를 준다. 예를 들면, 어떤 프로그램에서 부적절한 행동을 하는 자녀에 대해 어머니가 벌을 주는 태도를 줄일 때 곧 아버지가 훈육역할을 시작하는 것을 발견할 수 있다(Patterson & Fleischman, 1979). 이는 습득한 새로운 행동이 가족구조에 영향을 미친다는 것을 제시한다.

전체 가족단위와 일하는 것은 비행에 개입하는데 유용하다. 프로그램은 치료중에 있는 사회적으로 공격적인 소년들의 형제에게 치료효과의 일반화를 보여주었다(Arnold, Levine, & Patterson, 1975; Baum & Forehand, 1981; Klein, Alexander, & Parsons, 1977). 가족개입은, 부모는 자기자녀에게 효과적이고 선호되는 치료자이며 가족체계의 변화는 형제의 행동도 변화시킬 것이라는 신념을 전제로 한다. 이러한 프로그램에서 치료 전 행동과 비교할 때 2/3 이상까지 형제의 일탈행동은 감소하는 것으로 드러났으면, 긍정적 변화는 서비스가 종료된 후에도 여러 해 동안 지속될 수 있음을 보였다. 표적아동이 개선(변화)되는 것 외에 문제 있는 형제의 행동이 감소되는 것 역시 가족중심 사회사업의 중요한 측면이다.

3) 위기개입의 중요성

가족사회사업은 스트레스와 다양한 가족사건이 있는 기간 동안 위기개입을 하게된다. 위기개입은 학대 또는 자살위협과 같이 가족원이 위험상황에 놓였을 때 개입하게 됨으로 특별히 중요하다. 따라서 가족사회복지사가 신속하게 현장에 나타날 수 있는 것은 취약한 가족원의 위험을 줄이기 위해 필요하다. 적어도 이러한 것은 가족들이 건강하게 기능을 수행하고 각 구성원의 안전이 회복될 때까지 지속되어야 한다.

위기개입은 시간 제한적이다. 따라서 위기개입이 중요한 측면이 되는 가족사회사업은 위급할 때 "즉석에서 원조"를 제공해야 한다. 위기동안 사회복지사는, 가족들이 위기를 해결하고 이 상황을 극복하고 적응할 수 있도록 기술을 발달시키는 데 목표를 두게 된다. 그리고 문제해결과 의사결정에 초점을 두면서 가족에게 개입하게 된다. 위기개입을 통해서 가족사회사업은 가족원이 자신들의 집합의 고통을 넘어서 새로운 성장과 더 나은 극복의 지점까지 움직이도록 돕는다. 이러한 결과를 얻기 위해서 개입은 가족이 경험한 구체적이고 실질적인 문제를 표적으로 할 수 있다.

위기개입은 여러 가지 문제를 가진 가족과 일할 때 효과적이며, 어떤 상황에서는 전통적인 장기치료와 같은 효과를 기대할 수 있다(Powers, 1990). 위기개입의 두 가지 목적은, 닥친 문제를 즉각적으로 해결하고 예상치 못한 생활중의 사건들에 적응할 수 있도록 하는 것이다. 그렇게 하기 위해서는 장기적으로 미래의 위기에 적응할 수 있는 능력과 기술을 극대화해야 한다. 때로는 위기개입 동안 만들어진 변화가 서비스가 끝난 후 오랫동안 그대로 지속된다. 가족위기개입은 어떤 아동에게는 입원을 예방하고 다른 아동에게는 정신과 병원에 머무는 것을 더 단축하는데 효과적이었다(Langsley, Pittman, Machotka, & Flomenhaft, 1968).

불행하게도 사회복지사는 자주 특정한 문제에 기여하는 시간과 관련하여, "더 많은 것이 더 좋다"라고 믿고 있다. 어떤 개입은 "출발점 효과(threshold effect)"를 가지기 때문에 항상 그런 것은 아니다. 예를 들면, 어떤 문제에 적은 시간을 할애하는 것이 항상 적은 성공을 갖게 하는 것은 아니다. 35시간의 전통적인 가족치료 결과와 4시간의 위기개입으로 성취된 결과를 비교할 때(Ewing, 1978), 두 가지 경우 모두 아동의 증상이 감소되었고, 아동의 적응은 향상되었으며, 가족의 극복능력도 개선되었다. 만성의 문제를 가진 클라이언트를 대상으로 한 위기개입의 효과에 대해서는 아직 해결되지 않은 문제가 있다. 한편(Ewing, 1978), 가족사회복지사는 특수한 가족과 일하는 동안 몇 가지 가족위기와 만나게 될 것을 예측한다. 가족사회복지사는 가족위기를 다룰 뿐 아니라 그 위기가 가족기능 수행에 장기적으로 미치게 될 영향에 대해서도 주시해야 하며, 특수한 위기에서 유발되는 것은 무엇인지 주목할 필요가 있다.

4) 가족의 교육가능성

가족사회복지사는 가족원 스스로 가족원간의 조화를 증진시킬 수 있는 기술이 향상되도록 돕는다. 부모역할과 아동관리기술은 가족사회복지사가 부모를 돕는데 필요한 기술이다. 이러한 기술은 다음과 같은 다양한 방법에 관여할 수 있다. ㉠효과적인 행동을 강화하는 것; ㉡분노를 다루도록 가족원을 돕는 것; ㉢아동의 행동을 어떻게 추적하는지 부모를 교육하는 것; ㉣가족 갈등 또는 아동행동을 다룰 수 없거나 너무 스트레스가 많을 때 타임아웃(time-out)을 사용하는 것; ㉤역할극과 같은 기술을 사용해서 긍정적인 행동을 실행하는 것; ㉥부모와 아동의 사회기술을 개발하는 것; ㉦부모가 스트레스를 극복하기 위해 이완기술과 더 효과적인 자기조절 방법을 배우는 것; 마지막으로 ㉧부모역할기술과 아동관리기술 개발하는 것이다.

많은 연구에서, 학대를 없애고 아동의 행동을 긍정적인 방법으로 변화시키는데 있어서 부모역할기술교육의 효과성을 이야기한다(Baum & Forehand, 1981; Foster, Prinz, & O'Leary, 1983; Wolfe, Sandler, & Kaufman, 1981). 특히 학대와 행동문제는 가족사회사업이 가족에게 개입하게 되는 두 가지 중요한 이유이다. 부모를 위한 행동훈련은 자기통제기술을 배우고(Issacs, 1982) 비행아동의 행동을 변화시키는데 효과적이었다(Webster-Stratton & Hammond, 1990).

학대와 아동행동문제를 없애기 위한 부모훈련은 순간순간의 가족상호작용을 관찰함으로서 구축된다. 가족사회복지사는 부모-아동 상호작용 패턴에 면밀한 주의를 기울일 필요가 있으며 확실한 방법으로 이들 패턴을 변화시키도록 가족을 도울 필요가 있다. 학대받고 행동장애가 있는 아동이 있는 가족들이 유사한 상호작용 모형을 나타내는 것은 언급할 만 하다. 부모-자녀 상호작용에 대한 관찰은 가족 내에서 계속되는 상호작용패턴 특히 부모와 아동간의 반복적인 행동패턴을 노출한다. 이러한 패턴에서는 학대하는 부모와 문제행동을 가진 아동의 부모는 다른 부모들 보다 의사소통이 빈번하지 않고, 더 부정적이며, 친 사회적인 아동행동을 무시하는 혐오스러운 부모역할 방식을 사용한다(Patterson, DeBaryshe & Ramsey, 1989). 부모기술훈련은 아동의 친 사회적 행동에 대해 긍정적으로 반응하도록 하는 것을 포함한다. 처음에는 단기적인 틀로 후에는 더 긴 기간으로 연장해서 부모를 가르침으로서 역기능적인 "분자적 패턴(molecular pattern)" 을 변화시키는 것이다.

5) 생태학적 접근

사회복지사와 그 외 전문가들이 사회적 맥락에서 행동을 이해하는 것이 중요함을 인식하기 시작했다. 생태학적 접근은 특히 사회의 주변화된 가족과 일할 때 관계가 있다(Okun, 1996). 한 가족의 사회적 맥락은 '위험' 과 '기회' 라는 양면을 제공할 수 있다. 대표적으로 예를 들면, 가족이 친한 이웃 없이 범죄 가능성이 높은 지역에 사는 것은 생태적으로 위험하다. 그러한 이웃에서 이웃사람들은 서로 돌보아 줄 수 없으며 스트레스가 많은 시기동안 지원을 제공할 수 없다. 대조적으로 생태적 기회는 긴밀하게 짜여진 이웃에서 나타난다. 이웃이 서로 알고 지원할 때 요구가 있는 가족에게 도움을 제공하기가 더 쉽다. 가족을 보다 더 종합적으로 이해하기 위해서는, 사회복지사는 생태적 위험과 기회의 잠재적인 근원을 확인할 필요가 있다. 그들은 가족 안에서 가족원이 수행한 역할과 가족 밖에서의 역할이 유사하게 되기 쉽다는 것을 인식할 필요가 있다(Geismar & Ayres, 1959).

사회복지사가 공통적으로 저지를 수 있는 잘못은, 가족의 내적인 기능에만 초점을 맞추거나 또는 가족의 사회적인 환경에만 초점을 맞추어 복잡한 문제를 지나치게 단순화한다는 데 있다(Wood & Geismar, 1986). 사실 모든 가족문제는 가족상호작용 패턴의 탓으로 돌리기 때문에 일부 가족을 돕는 데에는 제한적일 수 있다. 이는 가족 상호작용만 변화하면 된다는 제한된 생각을 갖게 한다. 반대로 효과적인 가족사회사업은, 가족과 사회환경 양측 면에서 강점과 자원을 규명한다. 가족사회사업은 가족의 경계선을 넘어 존재하는 요소들도 고려하고, 관계와 의사소통 이상의 가족기능수행의 다양한 측면에 초점을 둔다. 예를 들면, 부모역할의 효과성은 부모가 아동을 양육하는 사회환경의 질과 밀접하게 연계되어 있다(Garbarino, 1982).

❖ 가족이 만나는 장애요소들

사회로부터 격리되어 살고 있는 가족은 없다. 일부 가족에게 있어서 때때로 사회는 생존과 관련된 문제들을 유발한다. 가족이 잠재력을 최대한 발휘하는 것을 방해하는 사회의 장애요소들을 열거하라.

가족사회사업은 이웃, 지역사회 그리고 더 큰 사회에서 가족을 위한 물질적 사회적 지원의 범위를 넓히기 위하여 가족과 일하는 것을 옹호한다. 가족을 격리되어 있는 분리되어 있는 사회 단위로 보는 관점은 정확하지 않다. 효과적으로 개입하기 위해 사회복지사는 모든 가족은 일련의 중복되는 체계 속에 묻혀 있는 체계이며, 따라서 가족은 어느 주어진 시간에 직장, 학교, 그리고 더 큰 체계와의 상호작용함으로 영향을 받는다는 것을 인식할 필요가 있다. 가족의 사회환경은 복잡하고 상호작용적이며 영향력이 있다. 가족과 그들의 사회적 맥락간의 상호작용의 복잡성을 인식하는 것은, 서술하고 분석하고 개입할 때 사용할 새로운 배경의 개념적인 렌즈를 사회복지사에게 제공한다. 가족사회복지사는 각 가족원의 사회환경에서 사정하고 상담하는 것에 익숙해야 한다. 이것은, 가족의 강점과 자원 그리고 환경의 강점과 자원 두 체계간의 부조화를 조사해서 균형을 잡는 것이다. 가족사회복지사는 가족이 극복하는 방법을 사정하고 가족이 기능을 수행하는데 환경이 어떻게 장애가 되는 지 알아야한다.

건강한 가족일지라도, 억압이거나 지지적이지 못한 환경에서 살고 있다면 결국 그 가족의 능력과 강점에도 불구하고 긴장의 증상을 보이게 될 것이다. 가족사회사업의 개입은, 가정, 학교 및 지역사회를 연계하고 체계간의 상호지원을 증진하기 위해 필요하다. 가족과 환경간에 적절한 사회지원체계의 교량을 구축하는 것은 가족사회사업의 필수적인 요소이다.

사회환경 내에서 많은 자원을 활용할 수 있다. 여기에는 사회 자원뿐 아니라 물질 또는 금전적인 지원도 포함된다(Berry, 1997). 사회의 지원이 활용 가능한지 검토함으로서 그 사회환경을 이해할 수 있게 된다. 사회에서 지원하는 것이 바로 의존성의 근원이 된다고 잘못 규정되어 왔다. 사회의 지원이 없는 것이 일부 사람에게는 독립성을 의미할지 모르나 더 많은 사람에게는 취약성과 소외를 가져온다. 미국 사회에서, 가족에 대한 프라이버시, 그리고 지리적으로 이동이 가능한 것들이 가치 있는 사회의 지원으로부터 가족을 격리시켜 왔다.

가족의 환경에서 중요한 사람들은 가족원과 전체로서 가족에게 지원과 피드백을 제공할 수 있다. 사회의 지원이 적절할 때 위기는 막을 수 있으며(Berry, 1997), 이러한 자원이 부적절할 때 가족원은 정서적으로 고통을 받거나 또는 신체적으로 질병에 걸릴 확률은 높다. 예를 들면, 사회의 지원이 거의 없는 여성의 경우, 보다 넓은 범위의 지원을 받는 여성보다 임신기간동안 어려움을 더 많이 경험한다. 임신기간동안 충분한 정서적 신체적 지원을 받은 여성은 더 건강한 아기를 출산하게 된다. 이러한 경우 사회의 지원은 여성뿐만 아니라 그 태아에게도 혜택이 되는 것이다. 가족이 새로운 지원망을 육성하도록 돕는 것은 경쟁력을 최적화 할 뿐 아니라 가족이 사회복지사에게 의존하게 되는 것을 피하도록 도울 것이다. 사회복지사가 어떤 특정한 가족과 종결할 때까지는 가족원은 종결 후에 꺼내어 쓸 기술과 자원을 확립해야만 한다.

❖ 가족의 사회환경

가족과의 작업을 준비하기 위해서, 가족이 그들의 사회환경에서 또는 지역사회에서 어떻게 기능하는 지에 대해 생각할 필요가 있다. 이 연습문제를 완성하기 위해 당신 자신의 가족과 당신이 아는 다른 가족에 대해 생각해 보자. 가족원이 생활하고, 일하고, 즐기는 것에 관해 각각 네 가지의 사회환경을 목록화하라. 그 다음 이들 각 사회환경과 연관되는 가족원의 역할과 책임을 기술하라. 다음은 하나의 예시이다.

사회 환경	가족원의 역할	책임
이웃	부모	
	• 성인	이웃아동의 아동의 안전과 안녕을 돌보기
	• 코치	9 -10세의 아동의 배구팀 코치하기
	• 이웃	이웃과 사귀고 필요시 지원하기
	아동	
	• 가족원 및 놀이친구	부모에게 자기 친구가 누구인지 알리고 가려는 곳 알리기
	• 팀 구성원	규칙을 지키고 팀 동료 돕기

가족의 환경을 고려하는 것은 가족사회복지사에게는 직접실천의 의미를 갖는다. 전통적으로 가족서비스는, 아동과 가족에 대한 피상적으로 미리 정의된 욕구에 따라 한정적으로 개입하여 왔다. 공중보건, 학교 또는 아동보호공무원과 같은 외부의 관계기관당국은 가족이 필요로 하는 것이 무엇인지를 결정하고 그 문제를 조정하기 위한 치료적 개입을 추진했다. 이러한 개입은 사회복지사가 문제가 일어나는 맥락을 고려하지 않았기 때문에 자주 실패해 왔다.

종합적인 준거틀 안에서 일하는 것은 모든 사람의 욕구에 충분하게 대응할 수 있도록 한다. 서비스를 받는 가족은 흔히 스트레스에 놓여 있는 가족이다. 스트레스의 원인에 대응하기 위해서는 자원이 요구된다(Berry, 1997). 사회복지사와 가족이 효과적으로 동반자관계를 갖게 되었을 때, 가족의 욕구와 우선순위, 그리고 어떤 서비스를 선택할 지 결정할 때 가족의 관심사에 집중할 수 있게 된다. 각 가족의 고유한 상황에 맞추어 개별화된 서비스를 개발하는 것은, 가족들이 그저 따라야만 하는 표준화된 개입과 분명 차이가 있으며, 가족사회사업에서는 이러한 개별화된 서비스로 대체하고 있다. 이 접근방법에서는 가족원이 필요로 하는 서비스를 얻기 위해 스스로 생각해야하는 자기 책임감을 존중한다. 반대로, 그저 가족들이 행동하도록 명령하는 과정은 자기 만족을 격려하지도 못하고 모든 가족에게 표준화된 일괄적인 서비스를 처방하지도 못한다. 하나의 크기가 모든 사람에게 들어맞는 것은 아니다.

보다 종합적인 서비스를 제공하려는 추세에도 불구하고, 서비스를 가족에 맞게 협상하고 개입을 개별화하고자 하는 가족의 권리개념에는, 모든 가족이 종합적인 접근을 원하거나 요구하는 것만은 아니라는 의미도 내포한다. 종종 가족사회복지사와 가족은 제공받을 서비스에 대해 분류하는 계약을 협상한다. 사회복지사는, 어떤 가족은 보다 폭넓게 개입하기보다는 하나의 특정 문제(학습부진 아동에 대한 치료적 교육적 원조와 같은)에만 도움을 원한다는 것을 인식하고 있어야만 한다. 폭 넓은 서비스가 그 가족의 고유한 욕구와 기대에 맞지 않는다면 좋은 서비스가 될 수 없다. 특수한 목적을 갖고 상호수용 가능한 계약을 형성하는 것은 아무리 강조해도 지나치지 않는다. 가족과 계약을 협상하는 과정은 가족사회사업의 핵심적인 부분으로, 제 5장에서 더 세부적으로 논의할 것이다.

상황이 폭발적이거나 파괴적이 된 후에 개입하는 대신, 그리고 문제가 완전히 터지거나 처리할 수 없게 되기 전에 문제해결을 위해 조기에 개입하는 것에 대한 관심이 점증하고 있다. 후에 수습하는 것보다 예방을 선호한다. 아동을 학대하기 이전에 부모역할기술을 배우도록 돕는 것이 더 효과적이다. 예방에 대한 관심은, 학령기 아동에 대한 뒤늦은 치료적 프로그램에 대한 반대로, 조기 아동자극 프로그램에 대해 점점 더 많은 관심을 갖는 것에서 반영되고 있다. 조기개입은 두 가지 형태를 가정한다: 생활주기에의 조기개입과 문제주기에의 조기개입이 그것이다. 가족사회복지사는 양자의 개입형태 모두를 생각한다.

가족사회사업의 또 다른 변화의 방향은 결핍과 문제에만 대응하는 것 보다 가족의 강점을 구축하는 것에 대한 신념이다. 예를 들면, 특수한 요구가 있는 아동을 위한 프로그램은 아동의 의료 요구 뿐 만 아니라 계속되는 가족의 활동에서 사회적 발달적 장애를 가진 아동의 전체 가족원을 포함하여 그 가족을 돕는데도 초점을 둔다. 이러한 원칙들은 성장을 촉진하고 가족을 더 큰 지역사회의 확대된 자원의 일부로 생각할 수 있게 한다.

가족사회복지사가 넓은 초점을 가질 때, 서비스의 우선순위를 정해야 하거나 가족 내에서 갈등하는 요구를 다루는데 있어서 보다 심사숙고하게 된다. 폭넓은 초점은 모든 가족원의 욕구를 고려할 수 있게 한다. 그래서 서비스를 시작하게 한 요인인 문제 있는 아동에게만 집중하지 않는다. 이러한 생각을 바탕으로 가족사회복지사는 가족원의 욕구를 규명해야하고 특정한 문제를 어떻게 최선으로 다룰 것인지 결정해야 하며, 활용할 수 있는 가족 내외의 자원 소재를 밝혀야만 한다. 가능한 한 언제나 이러한 생각들은 가족과의 협력 속에 이루어져야 한다.

7. 요약

가족사회사업은 가족과 일하는데 수많은 이점을 제공한다. 이는 서비스를 이용하는데 장애를 줄일 수 있고, 더 늦고 더 갑자기 침입하는 것 같은 개입의 필요성을 감소시키며, 가족의 사회적 기능수행을 향상시킨다. 가족사회복지사는, 가족이 성장을 촉진하는 능력을 개발하도록 노력하고 각 가족과 가족원들이 그들의 잠재력을 최대한 발휘하도록 도우려고 애쓴다. 가족사회사업은 연계, 지원, 자원개발을 고무하고, 가족의 사회환경에 기여하는 구성원으로 가족원들이 통합되도록 격려한다.

제 2 장

다양한 가족 구조들

가족에 대한 단 하나의 정의는 존재하지 않는다. 그러므로 가족사회복지사는 구조, 역할, 그리고 기능의 다양성을 포괄하는 가족에 대한 분명한 개념을 발전시켜야 한다. 많은 경우, 신임 가족사회복지사는 가족 기능에 대한 실제 경험으로 유일하게 자신의 원가족(family of origin)의 경험을 기억한다(Munson, 1983). 그러나 이런 단 하나의 유일한 경험이 다양한 유형의 가족들을 접하게 되는 사회복지사의 인식에 걸림돌이 될 수도 있다.

이 장에서는 가계도(genograms)와 그 외의 도표작성 기술을 사용하여 상이한 가족구조를 설명하고, 가족구조와 기능을 가시화 할 수 있는 몇 가지 방법들을 제안할 것이다. 그리고 가족에 대한 핵심가정들과 가족사회사업에 대한 신념을 제시하는 것으로 이 장을 마무리한다.

1. 가족이란 무엇인가?

가족에 관한 서적에서 가장 까다로운 이슈 중 하나는 “가족이란 무엇인가?”라는 믿을 수 없을 정도로 단순한 질문에서 시작된다. 이러한 질문에 답하는 것은 여성다움, 부권, 혹은 사랑에 대한 보편적 정의를 찾는 것과 유사하다. 모든 사람은 개인적으로 이런 각각의 용어에 대해 정의하지만, 보편적으로 합의된 정의에 도달하는 것은 매우 어려운 일이다. 그럼에도 불구하고 사회복지사들이 서비스 수혜 자격조건(eligibility)을 결정하려고 한다면 무엇이 가족을 구성하는 것인가를 이해해야 한다.

가족구성원 자격을 정의하는 방법은 개입에 포함되어야 할 사람을 확인하는 데 도움을 줄 수 있다(Hartman & Laird, 1983). 가족에 대한 명확한 정의(definition)는 가족사회정책에 의해 보호되고 출산 · 육아 휴가, 탁아(day care) 서비스보조금, 공적부조, 혹은 건강보호와 같은 혜택을 받을 자격이 있는 사람을 결정할 것이다.

❖ 가족의 목적

가족이 제공하는 목적(이익)은 무엇인가? 가족이 가족원을 위해 제공하는 다섯 가지 목적(이익)과 가족이 사회를 위해 제공하는 목적(이익)을 적어보자.

어떤 종류의 집단이 친구나 동거인과 비교하여 하나의 가족으로 칭할 수 있는가? 확대가족원들은 어디에 속할 것인가? 관습법적(common-law)관계는 어떠한가? 동성애자 관계는 가족의 정의에 어떻게 부합하는가? 마찬가지로 군혼관계나 일부다처제(혹은 일처다부제)관계는 가족의 범주에 어떻게 부합하는가?

가족을 정의하는 것은 복잡한 과업이지만, 가족을 정의해 나가는 일은 가족사회사업에서 중요하다. 만일 가족이 정의되고 개념화되지 않는다면 사회복지사는 개인적인 가정과 신념, 고정관념에 의존할 수밖에 없게 된다. 적절한 개입을 계획하기 위해서는 클라이언트 집단을 정의할 수 있어야 한다. 이 장에서 첫째 과업은 가족에 대한 보편적 편견과 신념을 검토하는 것이다.

2. 핵가족에 대한 신화

역사상 서로 다른 문화에 걸쳐 가족은 다양한 형태를 취해왔다. 그럼에도 불구하고 모든 사람들은 핵가족에서 태어난다. 핵가족은 결혼, 혈연, 사회적 재가(sanction) 혹은 본인 의사에 따라 연결된 동일가구에 거주하는 한 사람 이상의 친족집단이다.

이렇게 정의하는 것은 너무 광범위하기 때문에 "가족으로 간주할 수 없는 집단은 어떤 것인가?"라고 질문을 하게 된다. 이 정의는 광범위하여 현재 핵가족의 구성원 혹은 핵가족이었던 적이 있는 모든 사람들을 포함시키게 된다. 사실 일생동안 한 번 이상 핵가족의 구성원이 될 수 있다.

일반적으로 사람들은 핵가족을 일컬어 "전통적인 가족"으로 생각한다. 가족에 대한 엄격한 정의는 혈연(생물학적 부모와 자녀)관계나 법적으로 인정된 결혼으로 관련된 구성원들로 제한된다. 가족에 대한 이런 엄격한 관점은 가족에 포함되는 많은 사람을 배제할 가능성이 있다. 전통 가족은 어머니는 집에 있고 아버지가 일을 하며 평균 2.2명의 자녀가 있는 가족 형태를 떠올리게 한다. 가족의 현 상태에 대한 고민은 심각한 사회문제를 해결하는 최선의 방법이 이런 "전통적" 형태로 되돌아가는 것이라는 신념과 함께 한다.

실제로, 전통적인 핵가족은 사실보다 허구로 존재하였다. 북미의 가족구조는 항상 다양하였다. 남성이 생계를 맡고 여성이 전업주부인 가정은 단지 특정 시기에만 보편적이었고 또한 대부분 백인 중산층 가정이었다(Coontz, 1996). 1920년대 동안 일부 아동만이 아버지가 생계책임자이고 어머니는 가정주부인 가정에서 성장하였다. 오늘날 이런 가족유형은 전체가구의 단지 7%에 불과하다(Gavin & Bramble, 1996). 현재 이상화된 "전통적인 핵가족"은 1950년대 보수 정치인들이 지지한 것이었다(Coontz, 1996).

식민지 시대에 부유한 정착자들은 가난한 이민노동자와 노예들의 노동력을 착취하여 독립적인 가정을 이루었다. 아프리칸 미국인들은 결혼과 친권에 대한 법의 보호를 거부하였고 결국 확대된 친족관계망을 발달시켰다(Coontz, 1996). 노동계층여성들의 노동력에 힘입어 중산층 백인여성들은 가정생활을 사치스럽게 할 수 있었다(중산계층여성들이 노동계층여성들을 가정부로 사용하였기 때문이다).

사망, 유기, 이혼과 별거는 가족생활의 일상 모습을 혼합가족으로 만들었다. 혼합가족에서 이혼이나 홀로된 부모들은 재혼하고 이전 결혼에서 생긴 자녀들을 데리고 온다. 출산시 산모의 높은 사망률로 인해 혼합가족은 과거에 더욱 보편적이었다. 역사적으로 질병과 전쟁은 수많은 생명을 앗아갔고, 살아남은 성인들은 성인기동안 몇 차례 홀로 남는다. 가난한 여성과 그들의 어린 자녀들은 산업혁명 이전에도 사회적 노동을 하였다. 원래 전통적인 핵가족은 유럽 혈통의 중·상류계층에서만 볼 수 있는 형태였다.

가족구조가 변화하기 때문에 사회문제가 유발된다고 비난하는 사람들은 "말 앞에 마차"를 두는 격이다. 오히려 경제적 불평등과 인종, 성, 계층차별과 같은 사회문제들은 모두 가족붕괴의 원인이 된다. Coontz는 이와 관련하여 다음과 같이 언급했다.

> 원인과의 혼돈스러운 상관관계를 주장하는 공론가들의 말과는 달리, 이런 불평등은 가족형태의 변화에 의해 일어난 것이 아니다. 불평등은 확실히 그러한 변화를 더 악화시켰고 모든 가족들에 있어 '최악'을 나타내는 경향이 있다. 그 결과는 개인적 선택의 중대한 확대와 더불어 가족에게 스트레스를 누적시켜왔다. 자녀가 있는 맞벌이 부부는 고용주와 학교가 모든 근로자에게 가족의 일을 돌보는 "가정 주부"가 있다고 전제하는 정책에 집착하는 것처럼 세 가지의 전일제 일(full-time jobs)에 균형을 맞추려고 노력한다(가사일, 남편직장, 아내직장간의 균형 유지를 의미한다). 이혼과 재혼은 많은 성인과 아동들을 유해한 가족환경으로부터 해방시켜준다. 그러나 사회적 지지망의 부족과 계속되는 세대간 의무로 인해 새로운 가치를 갖게 되는 것은 실패하게 되고, 많은 아동들은 이 과정에서 보호받지 못하게 된다(1996, p47).

서구사회의 가족에 대해 역사적으로 살펴보는 것을 통해, 가족은 단 하나의 획일적인 형태라는 일반적인 견해에서 벗어나 다양한 형태의 가족이 있을 수 있음을 알 수 있게 되었다. 과거의 구조를 살펴보는 것은 사회에서 모든 가족단위의 공통 욕구뿐 아니라 독특한 가족경험을 정확히 이해하는데 필수적이다. 자녀가 없는 부부, 친자녀, 입양 혹은 위탁아동이 두 명(혹은 그 이상) 있는 부부, 자녀가 있는 편모, 혹은 자녀가 있는 동성애 부부는 상이한 가족구조를 갖는 대표적인 사례들이다. 그럼에도 불구하고 이들 역시 가족이다.

미국과 캐나다의 가족구조는 특히 다양하다. 가족들은 생활양식과 인종적 전통이라는 측면에서 상이하다. 예를 들어 미국의 일부 도시에는 독특한 민족 지역이 있다. 게다가 다양한 인종집단들은 차별과 사회 서비스의 결핍을 경험해왔다. 캐나다와 미국에서 토착민 혹은 원주민들은 여전히 사회 서비스를 받지 못하는 집단으로 남아있다.

가족사회복지사는 광범위한 가족형태를 인식하고 수용해야 한다. 불행하게도, 많은 사람들은 그들의 원가족이 엄격하게 전통적인 가족 형태에 들어맞지 않기 때문에 자신들이 비정상적이거나 역기능적인 가족에서 성장하였다고 믿는다. 이것은 중산층이나 백인이 아닌 가족들에게 특히 그러하다. 예를 들어 비

미국계 출신의(non-American descent) 많은 사람들은 가족에 대한 이타적인 충성심을 신봉한다. 그러나 다른 문화권의 구성원들은 그런 충성심을 과잉관여(overinvolvement)라고 부른다(Nichols & Schwartz, 1998).

많은 사람들, 특히 아동들은 자신의 가족이 주류와 다르다고 여기기 때문에 오명을 입었다고 느끼거나 수치스럽다고 느껴왔다. 가족에 대한 정의는 규범을 실행하는데 기여한다. 그리고 만일 가족사회사업이 엄격하게 "이상적" 가족을 고수한다면 이상적인 가족을 닮지 못한 사람들은 주변인이 된다(Hartman & Laird, 1983).

정상이 무엇인가에 대한 개념조차도 모호하고 명료하게 정의 내리기 어렵다. 가족사회복지사가 많은 형태의 가족이 존재하고 확산되어 있다는 지식으로 무장한다면, 정형(stereotype)을 고수하지 못한 가정에서 성장한 사람들이 비정상이거나 역기능적이라고 느끼지 않도록 하기 위해 장애물과 태도를 극복할 수 있다.

3. 1990년대와 그 이후의 가족변화

이미 언급한 바대로 오늘날 전통적인 핵가족 형태에 들어맞는 가족은 10%에도 못 미친다. 사실, 모든 아동의 60%이상이 18세쯤에 편부모(single-parent)가정에서 최소한 아동기의 일부를 보낼 것이다. 그리고 편부모의 대다수는 어머니이다(Gavin & Bramble, 1996). 현재 자녀가 있는 가족 중 4분의 1이 편부모가구이고 이들의 다수는 직장에 고용되어 있다. 그러나 편부모 가족은 가난할 가능성이 크다. 평균적으로 오늘날 가족은 과거보다 자녀의 수가 적으며 늦게 결혼하고 있다. 이혼율은 대략 50%이고 이혼한 사람들의 70%가 결국 재혼할 것이다.

사회의 문화적 다양성 또한 급속하게 퍼져가고 있고 백인들은 서서히 인구의 소수가 되어가고 있다(McGoldrick, Giordano, & Pearce, 1996). 소수민족 가족의 가치는 지배적 문화와 다를 수 있고(Lum, 1992), 때때로 주류(mainstream)

가족사회사업을 이끌어 가는 믿음이나 가정(assumptions)과는 비슷한 점이 거의 없을 수도 있다.

문화나 사회경제적 지위와 무관하게 가족은 일정 범위의 구조들을 포함하고 있다. 아동을 포함하는 가장 보편적인 가족구조는 아래에서 설명되고 있다. 동일한 가족이 둘 혹은 그 이상의 카테고리에 들어갈 수 있다.

① 주 가족(Family of Orientation)

대다수 사람들은 생애에서 최소한 두 개의 가족체계에 속한다. 모든 사람들은 보통 원가족이라고 부르는 주 가족에 속한다. 이것은 그 사람이 출생한 혹은 성장한 가족을 말한다.

어떤 사람들은 둘 혹은 그 이상의 주 가족에서 성장할 수도 있다. 예를 들어 유아기에 입양된 아동은 적어도 짧게나마 생모의 가족이 주 가족이었다. 그러나 아마도 그 아동에게 있어서 입양부모의 가족이 더 오랜 기간 주 가족이 될 것이다.

② 생식 가족(Family of Procreation)

생식에 의한 가족은 본인이나 국가의 재가를 통해 관계를 발전시키고 자녀를 갖는 부부로 구성된다. 생식 가족에서 부부는 이성 혹은 동성일 수 있으며, 생식은 이성간의 성관계 혹은 인공수정이나 대리모와 같은 보조적인 생식기술을 통해 형성된다.

③ 확대가족(Extended Family)

확대가족은 둘 혹은 그 이상의 가족단위를 포함한다. 예를 들어 확대가족은 결혼한 아들, 며느리, 그리고 손자와 함께 사는 할머니가 있는 가구로 구성될 수 있다. 조부모가 가장 일반적인 확대가족이지만, 이모, 삼촌, 사촌들도 확대가족에 포함된다. 일부 민족에게 있어서 확대가족은 특히 중요한 역할을 한다(Lum, 1992). 조부모 양육은 7장에서 더 자세하게 논의할 것이다.

④ 혼합가족(Blended Family)

혼합가족 혹은 재혼 가족은 적어도 이전 결혼관계에서 생긴 최소 한 명의 자녀와 함께 사는 두 사람으로 구성된다. 재혼한 부부는 이 전의 자녀 외에 둘 사이에서 얻게된 새로운 자녀를 가질 수 있다.

⑤ 입양가족(Adoptive family)

입양은 타인이 출생한 아동을 키우려는 법적인 위임을 말한다.

⑥ 위탁가족(Foster Family)

위탁가족의 부모는 일정 기간동안 다른 사람의 자녀를 양육한다. 위탁아동이 그 가정에서 지내는 기간은 며칠에서 아동기 대부분에 이르기까지 다양하다. 대부분의 위탁가정은 아동복지국과 공식적으로 협의하여 이루어지지만, 친구나 친척 등 비공식의 관계에서 이루어질 수도 있다.

⑦ 편부모 가족(Single-Parent Family)

편부모 가족은 한쪽 부모와 한 명 혹은 그 이상의 아동으로 구성된다. 부모는 남성 혹은 여성일 수 있으며 배우자의 죽음, 이혼, 유기, 혹은 결혼을 하지 않은 결과로 편부모가 될 수 있다. 편부모의 수가 늘어나는 것은 선택에 의한 독신이 증가하기 때문이다(Okun, 1996).

4. 가족에 대한 포괄적인 정의

가족에 대한 Eichler(1988)의 정의는 가족 정의에 기초가 된다.

> 가족은 한 명 혹은 그 이상의 자녀를 포함하거나 포함하지 않을 수 있는 사회 집단(예: 자녀 없는 부부)이며, 자녀는 결혼생활에서 탄생할 수 도 있고 그렇지 않을 수도 있다(예: 입양 아동, 배우자가 이전 결혼에서 낳은 자녀). 성인들의 관계는 결혼에 의한 것일 수도 있고 그렇지 않을 수도 있다(예: 법적 부부). 그들은 같은 거주지에 살 수도 있고 그

렇지 않을 수도 있다(예: 주말 부부). 성인들은 성관계를 가질 수도 있고 그렇지 않을 수도 있으며, 관계는 사랑, 매력, 경건함, 두려움처럼 사회적으로 패턴화된 감정을 가질 수도 있고 그렇지 않을 수도 있다 (p.4).

문화에 따라 가족을 정의하는 방식은 다르다. 다수 문화권에서는 핵가족에 초점을 두고 정의하는 반면 아프리칸 미국인 가족은 확대된 친족 관계망을 포함하고, 중국인들은 조상에 초점을 두고 있고, 이탈리아인들은 몇 세대의 확대 친족을 포함한다(McGoldrick, Giordano, Pearce, 1996). 소수민족 가족들에게 있어서 확대가족과 친족 관계망과의 관계는 상호의존, 집단 지향, 서로에 대한 신뢰의 원칙에 기초를 둔다(Lum, 1992). 다른 문화권의 누군가가 '이상한' 혹은 '건강하지 않은' 것으로 부를 지도 모르는 가족관습에 대한 문화적 가치들이 사람들을 이끌어간다. 가족활동들은 주류문화에서 극적으로 벗어날 지도 모른다. 예를 들어 푸에르토리코인들은 가족구성원의 이익을 위해서는, 관공서를 사용하는 것을 용납할 정도로 가족의무를 매우 중요하게 여긴다(Lum, 1992).

결론적으로 소수민족 가족은 종종 "권위의 수직적 위계"에 따라 구조화되며 (Lum, 1992), 그 권위는 종종 남성이나 연장자가 갖게된다. 소수민족 가족의 아동이나 여성이 지배문화에서 차이(differences)에 접했을 때 문화적 충격이 일어날 수 있다. 문화적으로 미묘한 관습은 12장에서 보다 자세히 논의하게 될 것이다.

❖ 가족에 대한 정의

당신의 주 가족에 기초하여 가족에 대한 정의를 발전시켜 보세요. 여러 해에 걸쳐 당신의 가족은 어떻게 변화해 왔는가, 그리고 당신의 가족이 전통적인 핵가족에 부합한다면 언제 그러했는가?

인식의 부족은 가족사회복지사가 자신의 가족과 매우 흡사하거나 또는 매우 다른 배경을 가진 가족에 대해 객관적이지 못하도록 이끌 수 있다. 어느 경우이든, 사회복지사는 덜 열심히 일하거나, 부모들을 잘못 이해할지도 모르고 또는 의사소통과 언어적인 장애, 그리고 종교적인 차이, 다양한 양육방식과 같은 문화적 장애를 극복할 수 없게 될 수도 있다. 또 다른 위험은 사회복지사가 부모의 강점과 약점을 잘못 사정하게 되는 것에 있다. 그러므로 가족사회복지사는 자신의 동기, 편견, 맹점에 대해 스스로 정직해야 한다. 그럴 때만이 상이한 배경의 부모와 감정 이입하여 일할 수 있을 것이다.

현대가족의 생활양식과 구조는 유동적이고 발달해 가고 있다. 그러므로 가족에 대한 광범위한 정의가 요구된다. 가족에 대한 명확하고 간결한 정의를 발전시키기 어려움에도 불구하고 다수의 사람들은 자신의 가족에 알맞은 설명을 명확하게 할 수 있고, 작업되고 있는 가족에 대한 정의는 대부분 상황에서 성립될 수 있다.

가장 기초적인 개념화로서 가족은 '한 가족안에 한 사람' 이라고 말하는 것이다. 정태적이고 경직된 정의를 엄격하게 고수하는 것보다는 "가족" 현실을 경험하는 것이 가족사회사업에 중요하다. 그것이 가족과 함께 수행하는 일의 본질을 결정한다. 가족구조에 대한 사회적 판단은 가족이 그들의 욕구를 충족시킬 때 만나게되는 자원들과 장애물들이 무엇인가를 결정하는데 중요한 역할을 한다.

❖ 다양한 가족 구조와 일하기

당신이 일하고 있는 가족사회복지기관에서 다음의 가족들을 담당 사례로 맡게 되었다고 가정하자. 각 가족이 당신의 원가족과 유사한가 혹은 그렇지 않은가? 당신이 가족과 함께 일하면서 직면하게 될 특별한 도전이 있다면 무엇일까?

• Sims가족은, 고등학교에 다니는 자녀들 때문에 학교에서 직접 의뢰한 사례이다. Sims의 자녀는 성적도 좋지 않을 뿐 아니라 출석률도 형편없다. Jeanne Sims는 42세의 코카서스인으로 전업주부이다. Jeanne의 남편 Dick은 43세로 미국 원주민이며 주유소에서 정비공으로 일하고 있다. 당신이 Jeanne와 그녀의 10대의 딸 Lisa와 첫 상담을 하는 중 Lisa가 아버지의 음주, 나쁜 성질과 아내학대에서 기인한 많은 가족문제를 당신에게 말한다. Jeanne는 자신의 종교적 신념—아내가 남편에게 순종할 것을 요구—때문에 남편과 함께

살고 있다고 말한다.

• Thompson가족은 개인정신과의원에서 의뢰한 사례인데, Diane Thompson은 정신분열증으로 그 병원에서 약물을 처방받고 있었다. Diane은 아프리칸 미국인으로 20대의 독신 여성이며 그녀의 부모인 Jim과 Stella와 살고 있다. 부모는 Diane이 불규칙적으로 약을 복용하고 약이 떨어져 먹지 않을 때면 한 번에 몇 주 동안 가출하는 것 때문에 걱정한다. Thompson가족은 Diane이 이 기간동안 거리에서 지낸다는 것을 알게되었다. 그들은 Diane의 안전을 염려하고 있었다.

• 23세의 코카서스 여성인 Liz Frank와 그녀의 네 살된 딸 Tina가 아동보호서비스(Child Protective Services)에 의해 당신에게 의뢰되었다. Tina의 보육원 교사는 Liz가 최근 이혼한 후 Tina와 함께 그녀의 새로운 파트너인 Sylvia에게로 이사갔을 때 이 가족을 아동보호서비스(CPS)에 보고하였다. 교사는 Tina가 학교에서 자주 배고파하고, 씻지 않아 지저분하고, 잠자다 나온 옷차림으로 나타난다고 신고하였다.

• Joy Jimenez는 39세의 히스패닉 여성으로 자신과 가족을 기관에 의뢰하였다. Joy는 여섯 아이의 엄마로 16살의 Alicia, 13살의 Joe, 11살의 Maria, 7살인 쌍둥이 Carlos와 Juan, 그리고 4살 난 Dora가 있으며 최근 이혼하였다. Joy의 남자친구 Tom, 그리고 아이들은 지난 주 Joy의 엄마와 계부가 사는 집으로 이사하였다. Joy는 직업상 매일 몇 시간 동안 집에서 나가야 하므로 Joy의 부모는 아이들을 돌봐주겠다고 자원하였다.

5. 가족구성 그리기: 가계도(Genogram)

가족구조와 가족문제는 복잡할 수 있기 때문에 도표는 세부적인 자료를 요약할 수 있는 유용한 도구가 된다. 가시적인 기록기술들은 가족사회복지사가 정보를 효율적으로 조직화하고 개입을 위한 일관성 있는 계획을 개발하도록 돕는다. 사회복지사는 종종 복잡한 사례에서 도표도구가 중요한 세부항목을 기록하기 위해 유용하다는 것을 깨닫게 된다. 도표도구의 세부사항은 많은 문제들과 이슈를 알 수 있게 한다. 가족사회복지사와 그의 클라이언트는 긍정적인 효과를 가져올 수 있는 최대한 잠재력이 있는 개입을 선택하도록 고무될 것이다.

가족에 대한 하나의 도표 묘사에 포함되는 자료의 양은 사회복지사의 정의된 역할에 달려있다. 챠트는 가족의 복잡성을 포착할 정도로 충분히 세부적인 사항을 포함해야 하지만 동시에 쉽게 이해될 수 있도록 단순해야한다.

가계도는 가족에 포함되는 사람들과 가족관계의 본질에 대해 인식하도록 가족사회복지사를 도와줄 수 있는 "나무" 도식이다. 이런 가족 도식은 몇 세대에 걸친 관계의 본질과 구조를 묘사하는데 활용될 수 있다. 가족의 도움으로 가계도를 함께 작성하면서 가족들은 이러한 과정이 유익하다는 것을 알게된다. 왜냐하면 사회복지사와 클라이언트 모두가 가족유형과 상호작용에 대한 통찰력을 얻을 수 있기 때문이다.

가계도는 복잡한 가족유형에 대한 신속한 개관을 가능케 하는 가족정보를 나타낸다. 그것은 탄생, 결혼, 별거, 죽음과 같은 중요한 가족사건들의 세부적인 그림을 제공한다. 가계도는 또한 인종집단, 사회계층, 종교와 같은 사회적 정보를 전달할 수 있다(Holman, 1983). 결과적으로 가계도는 사회복지사가 과거와 현재의 가족유형에 대해 이해하고 가족 이슈를 재구성하고 해결할 수 있도록 돕는다(Kaslow & Celano, 1995).

가계도는 가족을 구체적으로 나타내기 때문에 가족사회복지사에게 호소력이 있다. 그것은 가족사회복지사가 가족구조를 명확하게 그리도록 하고 그 진전에 따라 가족그림을 새롭게 고치도록 한다. 가족의 가계도는 사회복지사와 가족구성원들이 새로운 정보를 알게 되면서 변화하게 한다. 임상 기록으로서 가계도는 효율적으로 가족 개요를 제공하고 가족에 익숙하지 않은 사람들에게 중요한 이슈와 관심사를 포함한 가족에 대한 많은 정보를 재빠르게 얻을 수 있도록 해준다.

가계도는 개입을 계획하기 전에 모든 의미 있는 사람들을 포함하도록 확실하게 도와 준다. 특히 세부적인 가족정보가 필요할 때 유용하다(Hartman & Laird, 1983). 가계도를 통해 가족사회복지사는 가족이 경험하고 있는 반복되는 유형들(repetitive patterns)을 확인할 수 있다. 정보가 누락되거나 간과될 수 있는 다량의 사례 기록과는 대조적으로 가계도에서는 정보를 찾기 쉽다. 단일 가계도는 여러 장에 걸쳐 서술하고 있는 정보를 한 장에 압축하는 효과가 있다.

가계도를 그리는 과정은 가족사회복지사와 가족 간에 라포를 형성할 기회를 제공한다. 그리고 이후 수행하게 될 일들에 가족이 신속하게 관여할 수 있도록 이끈다. 가계도를 함께 구성하는 것은 사회복지사-가족의 협력관계를 형성하는 장(場)을 마련하고 참여민주주의 방식으로 가족들이 문제를 확인하고 해결할 수 있도록 이끈다.

1) 가계도 그리는 방법

가계도가 널리 사용됨에도 불구하고 가계도를 그리는 표준화된 방식은 없다(참조 예: Hartman & Laird, 1983; McGoldrick & Gerson, 1985; Wright & Leahey, 1994). 포함되어야 할 특정한 정보가 무엇이고 그것을 어떻게 기록하고 어떻게 해석할 지에 대한 어느 정도의 합의만 있을 뿐이다. 다행스럽게도 가계도의 일반적 구조는 양식화된 가계 도표를 따른다. 가계도는 최소한 3세대를 포함하는 것이 표준이다(다시 말해 조부모, 부모, 자녀들을 포함한다). 가계도의 핵심정보는 속기(shorthand)로 전달되므로 많은 상징들을 사용한다. 가계도에서 전형적으로 사용하는 상징들은 다음과 같다.

□ = 남성
○ = 여성
-M:- = 기혼
│ = 자손
D¦ = 이혼
S: = 별거
X = 사망

가계도는 서로 관련되어 있는 가족구성원을 보여준다. 〈그림2-1〉은 가계도의 예이다. 모든 가족구성원은 성에 따라 네모 혹은 원으로 표시한다. 네모나 동그라미 밖에 이중 테두리는 개인 클라이언트(혹은 확인된 환자)를 표시한다. 동일세대의 가족구성원은 세대 선을 의미하는 수평의 열로 확인한다. 예를 들어 수평선은 결혼이나 관습법적 관계를 표시한다. 결혼하여 생긴 자녀는 부모 바로 밑의 수평선상에 지정되고 수직선으로 부모 선과 연결한다. 아동은 연장자부터 연소자로 나이 순서에 따라 왼쪽에서 오른쪽으로 서열한다.

가족의 각 개인은 현재 그 가정에서 살고 있는가 혹은 생존자인가 여부와는 무관하게 가계도상에서 명확하고 필요한 지점에 표시되어야 한다. 만일 한 가족원이 그 가정에서 이전에 살았다 하더라도 가계도에 포함된다. 포함되는 구성원과 관계의 수에 따라 가계도 구성은 매우 복잡하게 될 수 있다.

각 가족 구성원의 이름과 연령은 네모나 원 안에 표기해야 한다. 각 상징 바깥쪽에 중요한 정보(예: "잦은 이동", 혹은 "학교 중퇴")들을 기록한다. 만일 가족 구성원이 사망하였다면 사망한 연도, 사망한 연령과 사망 원인을 기록한다.

가계도에서 가족원간의 선들은 관계의 본질과 특성을 나타낸다. 예를 들어 사회복지사는 "갈등"과 같은 서술적인 단어나 문구를 선 바로 옆에 써놓을 수 있다. "당신 부모와의 관계는 어떠한가?" 혹은 "가족 중 당신에게 가장 가깝게 느껴지는 사람은 누구인가?" 등의 질문은 가족관계의 특성을 포착하는데 도움을 줄 수 있다. 사회복지사는 한 번에 하나의 원가족과 작업하는 것이 바람직하다. 이 후에 사회복지사는 부모에게 그들의 원가족이 현재의 가족단위, 특히 결혼생활에 어떻게 영향을 주는가를 해석하여 보라고 할 수 있다(Brock & Barnard, 1992). 사회복지사는 부부와 함께 원가족에 대해 작업하면서 현재의 가족에서 재현되고 있는 주제와 반복적인 유형을 확인해야 한다. 예를 들어 "가족에서 남성은 가족에 영향을 주는 주요한 최종 의사결정을 한다"는 주제가 있을 지도 모른다.

〈그림 2-1〉 보니타 테일러 가족의 가계도

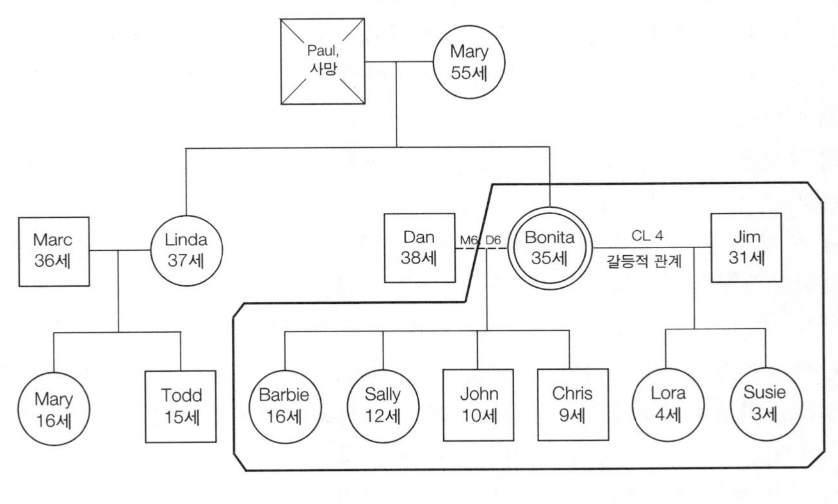

6. 생태체계와 가족의 관계 그리기: 생태도(The Ecomap)

가계도는 가족의 내적 역동을 드러내는 반면 가족의 외적 역동과 관계는 생태도에서 나타난다. 생태도는 외부 세계(생태체계)와 가족과의 관계를 묘사하고, 가족과 생태체계간의 외부적 연계로부터의 강점(strength)과 질(quality), 그리고 갈등의 영역을 포착한다. 생태도는 환경으로부터 가족에 대한 자원의 흐름을 보여준다. 또한 박탈과 충족되지 않은 욕구도 잘 나타낸다(Holman, 1983). 생태도는 클라이언트의 환경과의 교류를 설명하기 때문에 전체적이고 상황적으로 가족을 사정하고 개념화하는데 유용하다. 가족-지역사회와의 의미있는 관계는 생태도를 통해 확인할 수 있다. 가계도와 마찬가지로 생태도의 우선이 되는 이점은 단 한 페이지에 많은 양의 정보를 실을 수 있는 가시적이고 개념적인 효과에 있다. 생태도는 가족지지체계에 대해 보기 쉽게 묘사한다. 욕구와 지역사회 자원들은 가족사회사업에서 중추적인 것이기 때문에 가족사회사업은 생태도에서 묘사한 정보에 많이 의존하게 된다.

가족의 생태도를 작성하는 과정은 경계(boundary) 이슈나 사회 관계에서의 상호성과 같은 중요한 정보에 주의를 기울이면서 사정과 계획을 세우는 과정에서 이루어 질 수 있다. 생태도를 작성하는 것은 사례기록에서 요구하는 이야기의 분량을 줄이기는 하지만, 필요한 세부사항의 수준과 그림을 완성하는데 드는 시간 간의 균형을 취해야 할 지도 모른다. 이제 생태도는 기관에서 사용하는 표준 기록 중 한 형태가 되었다. 더욱이 직원이 자주 교체되고 충족되지 못한 사회적 욕구를 많이 갖고 있는 클라이언트가 있는 기관에서는 특히 필요하다.

가계도와 마찬가지로 생태도를 작성하는 데 참여하는 것은, 특히 계약 초기 단계에서 가족에게 이득이 될 수 있다. 유색인종 가족이 사회적으로 차별을 경험하고 있고 이런 차별의 영향을 생태도에 기록하는 것은 중요하다.

가계도가 가족내의 교류를 확인하는 반면 생태도는 가족외부 체계와의 교류를 포착한다. 만일 초점이 전체가족과 사회환경간의 상호작용에 있다면 생태도는 가계도를 포함할 것이다. 만일 초점이 개인과 사회환경간의 상호작용에 있다면 생태도는 단 한 사람을 주요테마로 삼는다. 사회복지사와 클라이언트 모두 이런 도구들의 유용함을 깨닫게 된다. 이렇듯 추상적인 개념들을 그림으로 구체적으로 묘사함으로써 생태도와 가계도는 보다 많은 정보들을 얻고 이해하는데 유용하다.

1) 생태도를 그리는 방법

생태도는 가족 외부에 위치한 다양한 체계들을 표시하는 일련의 상호연결된 원으로 구성된다. 생태도를 그리는 첫 단계는 가족으로 명명된 중심원 안에 이미 구성된 가계도를 놓는다. 그리고 이 중심 밖에 가족 구성원들의 삶에 의미있는 사람들, 기관들, 또는 조직들을 원으로 표시한다. 원들의 크기는 중요하지 않다. 내부와 외부의 원들 사이에 그려진 선은 존재하는 관계의 성질을 나타낸다. 직선(—)은 강한 관계, 점선(---)은 미약한 관계, 그리고 사선(-/-/-/-)은 긴장이 많거나 갈등적인 관계를 보여준다.

❖ 당신가족의 가계도와 생태도

먼저 당신의 원가족에 대해 기술한다. 당신 원가족에 대한 가계도를 완성해보자. 이 연습문제를 완성해가면서 당신은 당신 원가족의 유형에 대해 보다 명확하게 알게 될 것이다. 여기에는 가족 구성원 각자에 대한 다음과 같은 정보를 포함해야 할 것이다(알고 있는 내용만을 기술한다): 연령, 직업, 생사(죽음의 원인), 건강, 성격 유형/설명. 다음으로 가족의 생태도를 그려본다; 당신이 성장하면서 당신 가족의 삶에서 중요했던 가족 외부의 체계들을 확인해 본다.

〈그림 2-2〉 Bonita Taylor 가족의 생태도

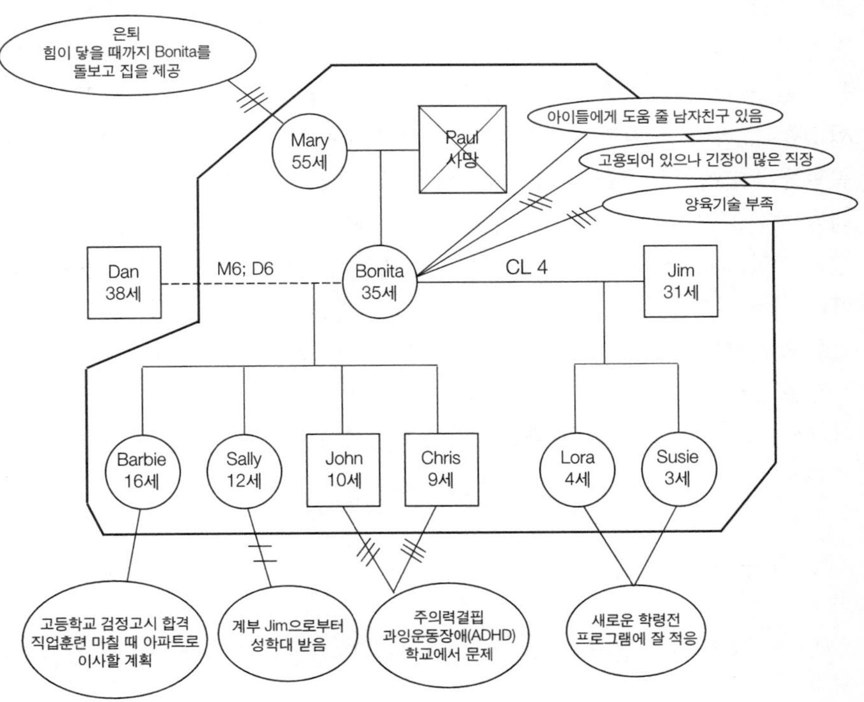

선이 굵을수록 관계가 강하다. 의미 있는 접촉의 수효에 따라 필요할 때 원들이 추가적으로 그려질 수 있다. 생태도는 가족이 변화할 때 또는 가족사회복지사와 정보를 추가적으로 공유하게 될 때 수정될 수 있다. 생태도의 예는 〈그림 2- 2〉에 나와 있다.

7. 다른 시각적 기술들

가족관계를 묘사하는 다른 관련 기술들은 가족들에게 가족구성원 모두를 나타내는 그림을 그리도록 하는 것이다. 가족구성원들은 그들 가족을 따로따로 그릴 수도 있으며, 가족 성원 각자에 대한 묘사는 이후에 함께 논의하고 비교할 수 있다. 대안적으로 한 가족성원에게 그들 가족을 "조각" 해보라고 요청할 수 있다(Satir & Baldwin, 1983). 즉, 방안에 있는 가족원들로 하여금 그들 관계의 성질을 묘사하는 방식으로 자세를 취하게 하는 것이다. 서로간의 관계속에 있는 가족구성원들을 가족원이 차례대로 돌아가면서 자세를 배치한다. 다시 말해 제스츄어, 거리, 신체적 행동은 조각의 의미를 전달한다. 각 가족원은 다른 가족원들에게 어떤 자세를 취할것인가를 지시하면서 자신의 특별한 가족 조각에 대한 책임을 맡는다. 조각가는 가족구성원들이 마치 진흙으로 된 것처럼 다룰 필요가 있다(Holman, 1983). 동일 가족에 대한 조각도 조각하는 사람의 인식에 따라 다를 것이다. '조각하기' 는 말이 없이도 다른 사람의 관점을 이해하는 수단을 제공하므로 특히 말이 서투른 가족에게 유용하다(Holman, 1983).

다른 유사한 기술로는 가족사진을 찍기 위해 자세를 취해보라고 하는 것이다. 사람들이 어떻게 자세를 취하는 가는 가족관계에 대한 정보를 제공한다.

8. 가족에 대한 신념

가족의 삶에 대한 신념은 가족에 대한 사회복지사 태도의 토대를 형성한다.

가족 삶의 현실에 대한 인지적(sensitive)관점은 가족에 대한 윤리적이고 인간적인 실천으로 이끌어 줄 것이며 사회복지사-가족간의 관계를 위한 안내도를 제공할 것이다. 반대로 가족에 대한 부정적 태도는 사회복지사가 가족사회사업에서 개발해야만 하는 협력관계를 방해한다.

가족에 대한 다음과 같은 신념은 가족사회사업에 지침이 될 수 있을 것이다.

• **신념 I**: 가족은 건강하기를 원한다

전통적으로 친밀한 관계에 있는 사람들은 함께 남아있기를 바란다. 그리고 아이를 갖게 되었다면 유능한 부모가 되길 희망한다. 그러나 불행하게도 결혼생활에 종지부를 찍고 아이들은 부적절한 환경에서 성장하게 된다. 이것은 가족이 어려움을 해결하려고 시도하지 않았음을 의미하는 것이 아니다. 이는 아마도 그들이 자신의 문제를 이겨내기 어려운 것으로 생각했음을 의미한다. 가족사회복지사는 사람들이 건강하고자 하는 타고난 동기가 있다고 가정하기 때문에 조기의 적절한 개입으로 변화를 위한 가능한 기회를 만들 수 있다고 믿는다.

• **신념 II**: 가족은 함께 있으면서 자신들의 어려움을 극복하기를 원한다

일반적인 생각과는 달리 대부분의 사람들은 혼자 지내는 것 보다 여러 사람들의 관계속에서 지내는 것을 좋아한다. 그리고 대부분은 각자의 차이점을 해결하고 함께 남고자 한다. 사람들은 갑자기 가족을 해체하려고 결정하기보다는 차이점을 해결하고 고통을 극복하기 위해 이용 가능한 자원을 활용하려고 노력한다. 그러나 많은 가족들은 문제를 해결하는데 어려움을 경험하고 있기 때문에 건설적이고 상호간에 만족하는 방식으로 그 문제를 해결하기 위한 도움이 필요하다. 가족사회복지사는 실제적이고 지지적이며 구체적으로 도움을 제공할 수 있다. 조기에 개입하는 것은 가족들 스스로가 지속적 변화를 하는 방식으로 자신들의 어려움을 다룰 수 있도록 돕는데 중요한 역할을 한다.

• **신념 III**: 부모는 관계를 유지하고 자녀를 양육하는 일로 인한 도전을 이해

하고 지지 받을 필요가 있다

효과적인 배우자와 부모가 되는 방법에 대한 훈련과정이 있다하더라도 이것을 훈련받는 사람은 거의 없다. 이런 중요한 사회적 역할은 지식, 인내, 일관성, 그리고 이타성을 요구한다. 사람들은 이해와 지지 모두를 필요로 한다. 사람들은 종종 결혼에 실패하거나 부모로서 일관성이 없거나 효과적으로 역할하지 못할 때 비난받는다. 가족 관계가 해체될 때, 이를 지켜보는 관찰자 입장에서는 그 가족이 겪는 고통을 이해하지 못한 채 성급하게 판단할 지도 모른다. 비난하는 것은 방어와 분노를 일으킬 수 있다. 그러나 이해와 지지는 새로운 깨달음과 건설적인 변화, 그리고 재화합을 위한 기회를 제공한다.

- **신념 IV: 부모가 지지, 지식, 기술을 제공받는다면 그들 자녀에 대한 긍정적이고 효과적인 반응 양식을 배울 수 있다**

모든 부모들은 친구, 친척, 지역사회의 지지로부터 혜택을 받을 수 있다. 사실, 이런 지지는 적절한 사회적 기능을 위해 필수적이다. 그러나 어떤 부모는 부모양육 역할 모델과 지식에 대해 거의 접하지 못하여 왔다. 부모를 돕는 일은 누구에게나 이익이 되는 적절한 지식과 기술을 습득하게 하는 것이다. 이 가정은 모든 사람들이 긍정적인 양육기술을 배우게 될 때 스스로 최선을 다하려고 하고 자신의 기술을 개선시킬 수 있다는 것을 역설한다.

- **신념 V: 부모는 기본적인 자신의 욕구를 충족하고 난 후에 자녀의 욕구에 효과적이고 긍정적으로 반응할 수 있다**

실직한 부모, 주거나 식량으로 인해 고통받는 부모 또는 다른 형태의 고민을 경험하는 부모들은 다른 가족원을 보호해야 함에도 불구하고 가족원들의 욕구를 충족시키는 데 종종 어려움을 체험한다. 그러므로 가족사회사업의 목적이 부모가 자녀의 발달을 강화하는 보다 효과적인 방식을 개발하도록 돕는 것이라 하더라도 부모 또한 자신의 욕구를 충족하도록 돕는 방향으로 관심을 기울여야 한다. 스트레스를 해소하도록 부모를 돕는 것은 그들이 보다 긍정적인 방식으로 자신의 자녀들을 다룰 수 있도록 해준다.

• 신념 VI: **모든 가족원들은 보살핌을 필요로 한다**

사람들은 다른 사람과의 사랑과 유대를 느끼는 것이 필요하다. 때때로 화가 나서 다른 사람을 비난하는 것이 사랑과 보실핌을 나누는 것 보다 쉬운 것처럼 보인다. 모든 가족은 각 구성원이 보살핌과 사랑을 경험할 수 있는 안식처가 될 필요가 있다. 만일 단 한 사람이 다른 사람을 희생하여 자신의 욕구를 충족한다면 가족은 적절하게 기능하지 못한다.

• 신념 VII: 가족원은 성(gender)이나 연령에 상관없이 서로에게 존경받을 만한 가치가 있다

상이한 문화에서 가족사회복지사는 단순히 한 사람이 가족의 '우두머리' 라고 가정하기보다는 가족내에 현존하는 힘의 구조를 검토해야 한다. 이것은 가족원간의 차이점과 결혼, 양육, 그리고 가족에 대한 독특한 기여도에 대한 존중을 의미한다. 아동은 존중되어야 하고 인간으로서 당연한 권리가 허용되어야 한다. 성별의 차이 역시 존중되어야 한다. 그러므로 연령과 성에 상관없이 성장과 참여의 동등한 기회는 모든 가족원에게 보장되어야 한다. 동시에 사회복지사는 상이한 문화에 따라 성과 연령에 관한 역할이 다양할 수 있음을 이해해야 한다.

• 신념 VIII: 아동의 정서적, 행동적 어려움은 가족 상황 밖에서는 보이지 않을 수 있다

아동을 이해하기 위해 가족을 이해할 필요가 있다. 나아가 아동과 효과적으로 일하기 위해 그 가족과 효과적으로 작업해야 한다. 가족이 경험한 문제는 일반적으로 부모나 아동 어느 한쪽에 있는 것이 아니라 오히려 일상적 가족 상호작용 유형의 본질적인 부분이다.

• 신념 IX: **모든 사람들은 가족을 필요로 한다**

모든 아동은 자신을 보호하는 누군가와 유대감을 느낄 필요가 있다. 다른 사람으로부터 이런 무조건적인 긍정적 관심과 수용은 청소년 발달에 중요하다.

• **신념 X**: 가족내의 대부분의 문제들은 하루 밤사이에 갑자기 나타난 것이 아니다. 해를 거듭하면서 점차 전개된 것이다

흔히 상황에서 오는 위기는 가족이 도움을 구하도록 하는 촉매제이지만, 대부분 가족 문제들은 오랜 기간에 걸쳐 발전한 것이다. 결론적으로 변화 역시 하룻밤 내에 이루어지지는 않을 것이다. 가족은 변화 과정 동안 장기간 지지가 필요하다는 것을 이해해야 한다.

• **신념 XI**: 양육에 있어 사고와 행동간의 차이가 존재한다. 부모는 자녀를 다룰 때 이따금씩 압도당할 정도로 좌절감을 느낄 수 있다

부모들은 심지어 자녀를 버리거나 가족으로부터 도망치려고 생각할 수도 있다. 가족으로부터 도망치고 싶은 부모의 환상은 가족사회복지사로 하여금 부모가 자녀를 사랑하거나 보호하지 않는다고 믿도록 만들지도 모른다. 그러나 아마도 이런 환상이 현실화되는 것은 아니다. 어떤 것을 말하거나 어떤 것을 생각하는 것은 그것을 행하는 것과는 다르다.

• **신념 XII**: 완벽한 부모가 되는 것과 "충분히 좋은" 부모가 되는 것과는 차이가 있다

부모는 일관성 있게 적시에 옳은 일을 하지는 못한다. 부모는 자녀에게 욕할지도 모르고, 혹은 때때로 자신의 욕구를 충족시키지 못할 지도 모른다. 이런 행동들은 간혹 아동을 파괴시킬 것이다. 완벽한 부모가 되기보다 즉, 어린 자녀의 욕구를 '모두' 보다는 '충분하게' 충족시키는 것을 목표로 하는 것이 더 낫다. '충분하게' 에 대한 정의는 아동의 발달 욕구와 함께 시간에 따라 수정될 것이다.

• **신념 XIII**: 가족은 환경체계로부터 공정하고 공평한 대우를받기 원한다

많은 소수민족 가족들은 사회에서 정당한 대우를 받지 못해 왔다. 역사적으로 상이한 집단 구성원들은 동일한 원조와 체계에 공평하게 접근하지 못해 왔다. 그러므로 어떤 집단을 '혜택받지 못한(underserved)' 인구 집단이라고 말

한다. 사회복지사는 모든 가족에게 사회 정의를 증진하고 집단 간의 불균형을 공평하게 하고자 한다. 마찬가지로 편부모 가족이나 규정된 규범에 동조하지 않는 가족들은 자원과 지지가 부족할 때 고통을 겪는다.

❖ 가족원들의 갈등하는 욕구

때때로 가족은 한 구성원이 충족해야 하는 욕구가 있을 때 스트레스를 경험한다. 예를 들어 신체적인 어려움이 있는 아동은 특별한 주의를 요한다. 한 가족원이 가지고 있을 욕구 유형에 관한 목록을 작성하라. 가족구성원 한 명의 욕구 충족이 다른 가족원과 전체로서의 가족의 욕구 충족과 어떻게 갈등을 일으키는 가를 결정하라.

9. 가족사회사업에 지침이 되는 원칙들

다음의 원칙들은 가족사회사업에서 사회복지사가 가족의 강점과 적극적인 선택의 자유를 강조하도록 준비시킨다. 그것들은 사회사업의 토대가 긍정적 변화를 일으킬 수 있는 가족의 능력에 대한 믿음을 전달하는 것이라는 점을 확실하게 해준다.

• **원칙 I**: 가족을 돕는 가장 좋은 장소는 그 가족의 집이다

집은 가족에게 자연스러운 환경이다. 집안에서 가족이 상호작용하는 것을 관찰함으로써 가족사회복지사는 가족에게 가장 잘 접근할 수 있다. 가족의 사회적 상황 내에서 가족에 대한 정확한 지식을 바탕으로 한 개입은 성공을 위한 최적의 기회를 제공한다. 가족들은 날마다 발생하는 문제들과 상호작용에 초점을 두면서 일 주일에 여러 시간 동안 가족사회복지사가 집에 있기를 요구할 수도 있다. 집에서 가족사회복지사는 상호작용과 문제해결의 대안에 관해 즉각적인 피드백을 제공할 수 있다.

• **원칙 II**: 가족사회사업은 가족이 스스로의 문제를 해결하도록 가족의 역량

을 강화한다

가족사회사업에 대한 한가지 목적은 가족이 보다 더 유능하게 되도록 돕는 것이다. 즉각적 해결책을 제공하는 것은 현재의 스트레스를 줄일 수 있을지 모른다. 그러나 제공되어진 해결책은 가족이 미래의 이슈들을 더 잘 다루도록 준비시키는 것은 아닐 것이다. 가족은 새로운 기술을 배우고 실천함으로써 변화한다. 개입의 주요 목표는 가족들이 자신에 대해 신뢰를 갖고 독립을 촉진하는 방식으로 변화에 적극 참여하게 하는 것이다. 가족사회복지사가 이것을 명확하게 인식하는 것은 중요하다.

가족이 스트레스에 대처하는 능력은 다양하다. 어떤 가족은 강한 대처기술을 가지고 있긴 하지만 특히 스트레스가 많은 기간 동안에는 추가적인 원조를 필요로 한다. 반면 또 다른 가족은 아마도 한 기관 이상에서 지속적인 원조를 필요로 할 수 있다. 모든 가족은 독특한 강점과 약점을 갖고 있다. 그리고 어떠한 가족도 능력이나 강점에서 전적으로 부족한 것은 아니다. 가족의 능력에 대해 구체적으로 정확하게 사정하는 것은 개입을 계획하는 것보다 선행되어야 한다.

• **원칙 III**: 개입은 개별화되어야 한다. 특정 가족의 사회, 심리, 문화, 교육, 경제, 신체적 특성에 대한 사정에 토대를 두어야 한다

가족사회사업은 "특정 가족이 있는 곳" 에서 시작한다. 이 원칙은 사회복지사가 첫 번째 방문이든 스물 한 번째 방문이든 간에 동일하게 적용된다. 가족의 강점과 이슈는 적절하고 알맞은 개입을 보장하기 위해 지속적으로 사정해야 하고 평가되어야 한다. 한 가족에게 효과적인 것은 유사한 문제를 가진 다른 가족에게도 적용되는 것은 아니다.

미리 결정된 공식에 기초하여 개입하게 되면 특정 가족의 특별한 욕구에 맞추어 수정할 수가 없다. 가족사회사업의 이점 중 하나는 가족의 독특성을 반영하는 개입을 계획하는 능력에 있다. 사실, 1980년대에 가족사회복지사는 각 가족의 다양한 문화를 민감하게 인지해야 된다는 도전을 받았다. 확대된 친족관계망과 같은 민족적인 특성은 전통적인 가족치료 기준에 따르면 역기능적으로 생각되기 때문이다(Nichols & Schwartz, 1998).

• **원칙 IV**: 가족사회복지사는 우선 가족의 즉각적인 욕구에 반응하고 그리고 장기적인 목표를 추구해야 한다

배고픈 아동은 음식을 필요로 한다. 이 아이들은 자신의 부모가 직업교육을 받거나 직장을 찾고 있는 동안 제대로 성장할 수 없고, 미래에도 필요한 음식을 보장받을 수 있는 것이 아니다. 가족사회복지사는 가족의 즉각적인 욕구를 사정해야 하고 이러한 욕구가 충족되는 것을 확인해야한다.

Maslow의 욕구 위계구조는 아동과 가족의 욕구를 사정하고 충족시키기 위한 유용한 지도이다. Maslow(1967)는 음식과 주거를 위한 욕구와 같은 기본적인 신체적 욕구에서 출발하여 욕구의 위계구조에 대한 윤곽을 그렸다. 욕구의 두 번째 수준은 안전에 대한 것이다. 이런 욕구를 만족시키는 것은 안전한 주거지역에서 사는 것을 포함하여 신체적 해악으로부터의 보호를 내포한다. 세 번째 욕구는 소속에 관련된 욕구를 포함한다. 소속 욕구는 집단에서 수용되고 가치를 인정받을 때 충족되며, 가족은 최초의 사회 집단이다. 다음 수준은 자존감의 욕구를 내포하고 마지막 수준은 자아실현에 대한 욕구이다. 가족사회복지사는 일차적으로 가족구성원의 기본적인 신체적 욕구와 안전 욕구가 충족되도록 보장하고, 다음으로 다른 욕구를 위해 가족과 일한다.

❖ 욕구의 위계구조

이 장에서 기술하였듯이 Maslow(1967)의 욕구 위계구조를 사용하는 것은 가족내의 개인을 위한 욕구, 욕구를 충족시키는 방식, 그리고 욕구가 충족되지 않은 채 남아 있는 방식의 실례를 제공한다.

개인	욕구	욕구충족 방법	욕구충족에 대한 위협
실례:			
걸음마기	1. 신체적	부모는 아동을 먹이고 기저귀를 갈아준다.	음식이나 기저귀를 살 돈 부족

가족의 변화하는 욕구는 우선 순위와 원조의 초점을 좌우한다. 변화하는 우선 순위에 대해 가족사회복지사가 유연하게 반응하는 능력이 없다면 함께 일하는 관계는 방해받을 것이다. 예를 들어 방금 집을 비우라는 통보를 받은 부모에게 아동 발달에 대해 계속해서 말하는 가족사회복지사는 부모의 신뢰를 유지하기 어려울 것이다. 왜냐하면 부모의 마음에 아동발달은 맨 마지막 관심사이기 때문이다. 만일 사회복지사가 부적절한 협의사항을 지속한다면 부모는 더 이상 방문하고자 하는 마음이 들지 않을 지도 모른다. 가족사회복지사가 가족의 즉각적인 욕구를 따라가지 못함으로써 가족은 멀어지게 될 수도 있다.

• **원칙 V**: 가족은 하나의 사회체계이다. 그러므로 한 가족원에게 향한 개입 노력은 전체가족에게 영향을 줄 수 있다

가족은 모빌과 비슷하다. 한 가족원의 행동은 다른 가족원에게 영향을 준다. 이것은 가족사회복지사가 각각의 가족원을 위해 제안한 변화로 인해 가능한 결과를 지속적으로 평가해야 한다는 것을 의미한다. 제기되어야 할 중요한 이슈는 특정한 변화로 인해 누가 혜택을 입고 누가 고통받을 것인가와 같은 질문이다. 이익은 개별 가족원과 하나의 단위로서의 전체가족이 치르는 대가를 능가할 것인가? 가능한 반대의 결과를 예상하는 것이 가족사회복지사에게 도움이 되며 가족이 그것을 다루도록 도움을 준다.

• **원칙 VI**: 협력적인 원조관계가 가족사회복지사와 가족간에 존재해야 한다.

이런 협력관계는 협조와 상호의존을 통해 얻는 이득을 강조한다. 가족은 변화과정을 통해 치료팀의 일부분이 된다. 가족사회복지사는 가족문제를 해결하기 위해 계획 방향에서 전문적 지식을 제공하지만, 가족사회복지사와 가족은 문제를 정의하고 해결하는데 협력한다. 이런 협력적인 동반관계는 공통 문제를 확인하고, 목표를 설정하고, 해결책을 계획할 수 있다.

• **원칙 VII**: 가족사회사업의 목표는 인종, 신념, 국가에 상관없이 모든 집단을 위한 사회정의를 증진하는 것이다.

역사적으로 '혜택받지 못한' 가족에 대한 문제는 편견, 선입관, 특수한 환경에 대한 적응 부족(예, 사회서비스 기관으로 가는 교통수단의 결핍) 때문에 무시되어왔다. 문화적 규범, 가치, 기대는 가족 문제에 영향을 미친다. 이것이 사회기능에 어떻게 영향을 주는가를 이해하는 것은 중요하다(Okun, 1996). 가족사회사업에 대한 목표는 가족에게 효과적인 서비스를 제공하는 것이다. 따라서 가족사회복지사는 옹호자, 교육자, 사회변화매개인의 역할을 할 수 있어야 한다. 가족사회복지사는 모든 역할 형태에서 다원주의(pluralism)에 헌신해야 한다. 전문직이란 협소한 가족 구조에 의해 속박될 수도 없고, 하나의 가족 형태에만 적합한 가치에 의존할 수도 없다. 가족사회복지사는 어떤 문화적 관점으로 다른 문화적 관점을 강요하는 것을 피해야 하고 대신에 가족의 문화적 유산으로부터 강점을 평가하려고 노력해야 한다(Garbarnino, 1982).

10. 요약

가족은 변화하는 구성원 자격(membership)을 반영하고자 성장하고 계약하는 사회집단이다. 어떠한 가족도 정태적으로 남아있지 않다. 가족역동은 경직되고 미리 결정된 공식에 의한다기 보다 가족원이 정의하는 것에 따라 형성된다. 가계도와 생태도는 가족사회복지사로 하여금 가족역동을 이해하도록 원조하고 가족구성원, 관계, 환경적 유대에 관한 시각적 개요를 제공한다.

효과적인 가족사회사업은 가족과 가족사회사업의 가치를 주장하는 일련의 핵심적인 신념과 가정들의 적용을 조건으로 한다. 이런 신념들은 사회복지사에게 기초가 되는 능력, 가족과의 협력 관계를 증진하기 위해 고안된 사려 깊은 개입을 전개하는데 도움이 된다. 이러한 팀웍을 통해 가족사회복지사는 가족이 그들 자신의 특별한 강점을 사용하도록 도울 수 있다.

제 3 장

가족체계

가족체계 접근방법은 거의 모든 가족 연구의 기초가 된다. 생물학에서 응용된 체계이론은 일반적인 유기적이고(organizing) 활동상의(operating) 원칙들이 생물 개체들을 지배한다는 명제를 전제로 하고 있다. 체계 개념은 가족을 대상으로 한 연구에서 매우 유용한 틀을 제공하기 때문에 최근 가족사회사업에서 주목받게 되었다. 체계이론은 가족이 어떻게 기능하고 주위 환경과 어떻게 관련되어 있는가를 이해하도록 돕는다.

체계적인 가족 연구는 다음의 3가지 주요 개념에 근거하고 있다.

1. 문제는 가족내의 지속적인 의사소통 패턴의 결과로 일어난다.
2. 가족위기는 불안정성과 아울러 변화를 위한 기회를 동시에 제공한다.
3. 가족은 문제가 해결되기 위해서 꼭 바뀌어야 할 기존의 규칙에 따라 움직인다.

가족체계이론은 가족역동을 이해하는데는 유용하지만, 아내학대나 성 학대와 같은 심각한 문제를 설명하는 데에는 한계가 있다. 또한 페미니스트들은 성 편견이 내재되어있다는 이유로 가족체계이론을 비난하고 있다. 이러한 내용들은 다음 장에서 소개할 것이다.

1. 가족체계는 무엇인가?

가족체계이론은 모든 가족이 사회적 체계라는 사고에 근거한다. 이러한 관점은 개인의 탓으로 돌려져 왔던 문제들을, 관계와 사회 상호작용이라는 측면에서 파악할 수 있게 한다. 가족사회복지사가 가족에게 서비스를 제공할 때, 지속적인 의사소통 패턴과 규칙들에 의해 형성되고 유지되는 가족상황에 몰두하게 된다. 가족체계이론은 특정한 가족관계 상황에서 가족 구성원들을 평가하는 개념적 틀을 제공한다.

체계는 상호작용에 관여하는 기본적 요인들의 복잡한 집합체이다. 하나의 가족을 하나의 체계로 간주할 때, 사회복지사는 가족을 서로 연결된 단위의 집합체로 보게 된다. 개입의 초점은 각 개인의 행동보다는 가족 구성원들이 어떻게 서로 영향을 미치는가에 맞추어진다.

하나의 체계로서의 가족을 연구하는데 있어서 중요한 점은, 가족 간의 상호작용 및 관계가 상호 호혜적이고, 일정한 유형을 가지고 있으며 반복적임을 이해하는 것이다. 가족 간의 상호작용은 차곡차곡 쌓여서 결국은 복잡하지만 일정한 유형을 가진 가족구조를 형성하게 된다. 사회복지사는 가족생활이 개인의 행동에 어떠한 영향을 미치는 지와 특히 각 성원들이 어떻게 서로 상호작용하는지를 이해해야 한다. 가족 상호작용에 대한 초점은, 가족사회복지사가 처음에 "어떤 일이 왜 일어나는가"가 아니라 "무슨 일이 일어나고 있는가"에 관심을 두고 조사하는 것이다.

「잃어버린 세계(The Lost World)」에 있는 다음 글은 하나의 체계로서 가족에 적용해 볼 만하다(Crichton, 1995, p.2).

> 과학자들이 복잡한 체계들이 어떤 공통적인 행동을 보인다는 것을 이해하는 데에는 오랜 시간이 걸리지 않았다. 과학자들은 이러한 행동들을 모든 복잡한 체계들의 특성으로서 간주하기 시작했다. 이들은 체계의 한 요소만을 분석해서는 이러한 행동들을 설명할 수 없음을 깨달았다. 환원주의의 유서 깊은 과학적 접근방법-어떻게 작동하는지를 알아보기 위해서 시간을 두고 관찰하는 것-은 복잡한 체계에서는 무용지물이었는데, 이는 흥미 있는 행동이 여러 요소의 자발적인 상호작용에서 일어나기 때문일 것으로 추정된다. 행동은 계획적이거나 방향이 정해져 있지 않다. 그저 일어날 뿐이다. 그러한 행동을 "자동적으로 유기적(self-organizing)"이라고 한다.

이러한 인용구에서, 우리는 다른 가족구성원들과 분리하여 가족 한 명만을 관찰하는 것에는 한계가 있다는 것을 알게 된다. 가족 내에서의 행동은 상호 의존적이므로 개인의 행동만을 관찰해서는 그 사람을 제대로 이해할 수 없다. 가족구성원 각각의 행동이 다른 구성원의 행동에 영향을 미치기 때문이다.

2. 가족체계에 대한 주요 가설

가족체계 개념의 핵심 요소들을 이해하는 것이 중요하다.

· 전체로서의 가족은 각 부분의 합 이상이다.
· 가족은 변화와 안정성의 균형을 맞추려고 노력한다.
· 한 가족 구성원의 변화는 모든 가족원에게 영향을 미친다.
· 가족원의 행동은 순환인과관계로 가장 잘 설명된다.
· 가족은 보다 큰 사회체계에 속하며 많은 하위체계를 포함한다.
· 가족은 기존의 규칙에 따라 움직인다.

1) 전체로서 가족은 각 부분의 합 이상이다

체계접근을 적용해보면 하나의 사회체계로서의 가족은 각 가족원의 개인적인 특성의 합보다 크다. 일반체계이론을 처음으로 만든 생물학자인 Von Bertalanffy는, 한 체계의 구성 부분들이 일정한 유형으로 합쳐질 때 그 체계의 결과는 개별적인 부분들보다 더 큰 하나의 전체가 된다고 주장하였다. 각 개인들의 성격을 아무리 잘 파악하고 있다 할지라도, 타인과의 상호작용을 관찰해야 비로소 그 개인의 행동을 이해할 수 있는 것이다. 가족은 사람들의 특성과 행동에 엄청난 영향을 미친다. 아동의 경우, 가족사회복지사는 그 아이들이 다른 가족원들과 어떻게 상호 작용하는가를 관찰함으로써 아이들에 대해 가장 잘 이해할 수 있게 된다. 이러한 관찰을 통해서 가족사회복지사는 가족관계의 유형을 파악하게 되는 것이다. 따라서 부모와 가족이 만든 규칙에 순응하지 않는 아동을 "나쁜" 아동으로 간주해서는 안 된다. 아동은 비순응적인(noncompliant) 사건 전후로 가족원들이 상호 작용하는 방법 때문에 행동화(acting out)하게 된다.

가족을 사정하는 것은, 그 가족의 강점과 문제들을 명확하게 하는 것, 그리고 각 개별 구성원들이 그 가족이 효과적으로 기능을 수행하는 데에 어떻게 기여하는지 혹은 역으로 그러한 기능수행에 방해가 되는지를 이해하는 것이다. 많은 종류의 개인적인 문제들이 가족 간의 상호작용에서 기인하거나 표현된다. 따라서 가족에 대한 연구는 역기능적인 장애를 개선하고 상호 지지적인 가족관계를 유지할 수 있도록 계획되어야 한다. 가족의 상호작용을 변화시키는 것은, 그것 자체가 연구의 목적이면서 동시에 개개인의 어려움을 이해하고 표현하는 수단이 된다. 가족 연구의 궁극적인 목적은 구성원 개개인간의 관계와 상호작용을 발전시켜서 전체 가족의 기능수행을 호전시키는 것이다.

한 체계가 각 부분의 합 이상일 수 있음을 보여주는 좋은 예는, 각각의 음이 모여서 하나의 선율을 만들어 나가는 과정에서 찾을 수 있다. 분리해서 보면 하나의 음은 아무 것도 아니지만 함께 모이면 멜로디를 만들어낸다. 개별적인 음들을 합치면 기존의 음과는 성격이 전혀 다른 소리가 창조되는 것이다. 가족사회복지사가 개인적으로 가족원들에 대해서 많이 알고 있더라도, 가족 상호작용을 관찰함으로서 각자의 행동을 보다 더 잘 이해할 수 있게 된다. 결론적으로, 가족구성원의 상호작용은 각 구성원의 성격들을 합한 것 이상인 하나의 전체를 만들어낸다.

2) 가족은 변화와 안정성의 균형을 맞추려고 노력한다

생존하기 위해서 모든 체계들은 안정성, 질서 그리고 일관성을 필요로 한다. 현재의 상태를 유지하기 위해서 애쓰는 것을 '항상성(homeostasis)' 이라고 한다. 항상성은 어떠한 행동을 허용할 것인가를 결정하는 가족의 규칙을 통해서 공고해진다. 안정된 온도를 유지하기 위해 집에서 난방장치나 에어컨을 작동시키는 것처럼, 항상성은 가족내의 지속적인 균형을 유지하기 위해 작용한다. 가족에게 있어서 "온도계"는, 가족이 일관되고 예측이 가능한 방향으로 기능을 할 수 있게 하는 가족규칙을 상징한다.

종종 가족들은 현재의 상태를 유지하기 위해 노력한다. 가족은 계속해서 성장하도록 압력을 경험하고, 변화하는 외부 환경과 가족원들의 성장 욕구(evolving needs)에 반응하여 발전한다. 그 과정에서, 안정과 변화라는 서로 상반된 욕구사이에서 균형점을 찾기 위해 노력한다. 안정성을 유지하기 위해서 필요한 행동이 무엇인지, 그리고 발전을 진작시키기 위해서 필요한 행동이 무엇인지에 따라 가족은 변화한다. 역설적으로, 가족은 안정을 유지하기 위해서 계속해서 적응하고 변화해야 한다. 안정이 위기에 처할 때, 가족 패턴은 무너지며, 예측을 할 수 없고 스트레스가 많은 생활을 하게 된다.

가족사회복지사는 안정성과 건강을 동일하다고 가정해서는 안 된다. 안정성은 단순히 가족구성원들이 예측할 수 없는 요구에 계속해서 반응해야 하는 상황을 방지함으로써 일상생활을 적절히 영위할 수 있게 하는 것이다.

가족생활주기에 따라, 가족의 기능은 대략 정해져 있다. 위기를 겪고 나면 가족은 위기 전의 기능수행으로 돌아간다. 예를 들어 부모가 일시적으로 실직해서 집에 있다고 가정하자. 이러한 상황에서 가족이 적응하는 첫 단계로는, 가족원들이 우울증에 빠져 있을 부모와 함께 생활하는 것이며, 이 과정에서 위기를 경험할 수도 있다. 그러나 순간적인 좌절 이후에, 가족은 새로운 환경에 기초한 새로운 생활 양식과 기능을 수행하게 된다. 부모가 복직했을 때, 가족은 천천히 이전의 기능수행 패턴으로 되돌아갈 것이다. 즉, 가족은 "정상적인" 상태로 되돌아간다.

가족의 최초반응은 눈앞에 닥친 변화를 부인하고 거부하며, 균형과 안정성을 유지하기 위해서 노력하는 것이다. 변화에 대한 가족의 저항은 매우 강할 수 있다. 엄격하게 유지되고 있는 기존의 행동들을 변화시키고자 노력을 해보았던 사회복지사라면 잘 알 수 있을 것이다. 이러한 부분이 바로 가족 연구를 어렵고 부담스럽게 만드는 중요한 이유중 하나이다. 가족원들이 변화를 지속적으로 받아들이지 않는다면, 가족 기능수행의 변화가 유지되기가 어려울 수 있다. 알코올중독자가 단주를 하는 경우처럼 변화가 긍정적이더라도 다른 가족원들은 새로운 행동 양식에 불편을 느끼거나 고통을 받을 수 있는 것이다.

저항이란 무언가를 피하거나 대항해 싸우는 행위를 뜻한다(Brock & Barnard, 1992). 가족이 변화에 저항하는 것은 정상적이다. 사람들은 불안, 죄의식 그리고 수치심 등을 피하고 싶어한다. 아울러 사회복지사의 행동 자체가 저항을 유도하기도 한다. 이러한 저항을 예방하기 위해 필요한 가장 중요한 기술은, 가해야 할 올바른 압력의 양을 정확히 파악하여 너무 심하게 가족원들을 몰아 부치는 것을 피하는 것이다. 저항을 잠재우기 위해서는 평화적이고 중립적인 행동이 필요하다. 적절한 개입임에도 불구하고, 사회복지사가 가족들이 이해할 수 없는 일들을 하도록 강요하기 때문에 효과가 없는 경우도 있다. 가족이 사회복지사와 편안한 관계를 유지할 때 저항은 감소될 수 있다(Lum, 1992).

변화가 바람직할 때, 가족사회복지사의 목적은 새로운 항상성을 가족들이 어떻게 성취할 것인지를 결정하도록 돕는 것이다. 이러한 변화를 위해서 가족은 체계를 재정비하고 새로운 패턴을 고안해야 한다. 예를 들어, 자녀가 가출을 했을 때 가족은 상실감에 대처하기 위해 재조직될 것이며, 가족구성원들은 가출한 자녀가 해오던 역할과 기능을 떠맡게 된다. 가족구성원의 일부가 이러한 욕구를 충족시키지 못하면 가족은 새로운 균형을 찾는데 실패하게 되며 이는 가족의 혼란, 심지어는 붕괴로 이어질 수 있다. 일단 가족이 자녀의 가출로 인해 형성된 새로운 항상성을 재정비하게 되면, 이후 가출했던 자녀가 다시 가정으로 돌아와 재통합하는 것은 더욱 어려워 질 수 있다. 설사 가족이 과거의 보다 친밀한 패턴으로 되돌아간다 하더라도, 자녀가 가출을 했던 이유에 대해서는 아무도 관심을 기울이지 않게 되는 것이다. 변화의 기간동안 안정성과 균형("정상적인 가족 기능수행")을 재형성하려는 추진력은 매우 강한데, 가족을 더 이상 돌보지 않더라도 변화가 지속되기를 희망하는 사회복지사는 이러한 추진력을 간과해서는 안 된다.

평형상태를 선호하는 것처럼 보이지만 실제로 가족은 결코 정적이지 않다. Michael Crichton(1995)에 따르면, 복잡한 체계는 질서에 대한 욕구와 변화에 대한 열망 사이에서 균형을 유지하기 위해 노력한다: "복잡한 체계는 우리가 '혼란의 가장자리' 라고 부르는 장소에 위치하려는 경향이 있다"(p.2). 한 사회체계가 생존하기 위해서는 그 체계가 생동감을 유지할 수 있도록 충분히 진동하는 혼란의 가장자리에 위치해야 한다. 다른 한편으로, 체계는 혼란에 빠지는 것을 막을 수 있는 충분한 안정성을 필요로 한다. 이와 마찬가지로 가족 또한 항상 변화한다. 가족은 불균형을 이루기도 하고 동시에 안정을 이루기도 한다. 위기 상황으로 가족들이 변화와 적응에 대한 압력을 느끼게 되면, 새로운 가족 기능을 수행하기 위해 새로운 행동 패턴을 만들게 되고, 이어서 새로운 수정된 가족균형 상태로 이어지게 된다. 대부분의 가족연구는 가족의 위기에서 시작된다. 가족사회복지사는 이러한 사실을 꼭 명심해야한다. 오랜 기간동안 새로운 양육방식을 수용해온 부모가 사회복지사가 떠난 후에도 스스로 "자연스럽고" "정상적"이라고 고집했던 양육방식에 더하여 새롭게 배운 양육방식을 적절히 융화시키는 것은 가족사회사업의 궁극적인 목적인 것이다.

변화와 안정성이 공존한다는 개념은, 사회복지실천면에서 체계이론을 이해하는데 가장 어려운 개념 중 하나이다. 종종 사회복지사는 가족을 막다른 상태에 있거나 총체적인 불균형상태(예를 들어 혼란상태)에 있는 존재로만 바라본다. 가족이 안정과 변화사이에서 균형을 유지하려고 노력하고 있다는 것을 가족사회복지사는 깨달아야 한다.

경험이 많은 가족사회복지사는 가족의 복잡성을 인정하면서, 가족이 궁지에 몰리거나 여러 위기 사이로 왔다 갔다 하는 것처럼 보이더라도 그들이 경직된 평형상태나 혼란스러운 변화사이에서 균형을 잡으려고 노력하고 있다는 사실을 잘 알고 있다. 궁극적으로 가족은 안정과 변화의 균형을 포함하는 적절한 해결 방법을 채택하게 될 것이다.

어떤 가족이론가는 현재의 문제(흔히 자녀와 관련된 문제들)가 가족이 항상성을 유지하려고 시도하는 데에서 주로 야기된다고 주장한다. 그러나 가족의 항상성을 이런 시각으로 바라보는 것은 매우 위험한데, 이러한 시각은 가족내 성 학대나 가정폭력 같은 일련의 문제행동들을 합리화하고 정당화하는데 이용되어 왔기 때문이다.

가족 내에서 일어날 수 있는 변화는 2가지 유형으로 설명될 수 있다. 일차적 변화(first-order change)와 이차적 변화(second-order change)가 그것이다(Watzlawick, Beavin, & Jackson, 1967). 일차적 변화는 가족원 한 명의 행동이 변화할 때 일어나는데, 이 경우 가족을 지배하는 규칙에는 변화가 없다. 이차적 변화의 경우 규칙은 바뀌게된다. 결국, 일차적 변화는 위기 전 상태인 "정상적인” 가족 패턴으로 되돌아가는 경우가 많다. 반면 이차적 변화는 좀 더 지속적인 가족변화를 초래하는 경우가 흔하다.

가족 항상성은 위기이론과 밀접한 관련이 있다. 가족사회복지사는 아동학대 사건과 같은 불안정한 위기상황을 경험중인 가족들을 종종 만나게 된다. 가족은 위기상황 이후에 “정상적인” 기능수행으로 되돌아가려는 경향이 있는데, 가족사회복지사가 이러한 점을 알고 있다면 불안정한 기간을 이용하여 가족이 이차적이고, 지속적인 변화를 만들어내도록 도울 수 있다. 이 때 가족사회복지사의 임무는 상호작용 패턴을 재조직하고 이러한 패턴을 조절하는 새로운 규칙을 만들어냄으로써 가족이 새로운 균형상태를 유지하게 하는 것이다(Goldenberg & Goldenberg, 1996). 이러한 방식으로, 가족은 과거에 선호했던 균형상태를 포기하게 될 것이다.

❖ 가족항상성

당신의 원가족을 생각하면서, 당신이 성장하는 과정에 발생했던 두가지의 위기상황을 회상해 보시오. 가족이 빨리 항상성을 다시 찾았던 한 가지 상황을 서술하시오. 가족이 항상성으로 되돌아가지 않았던 다른 위기 상황에 대해서도 서술하시오. 두가지 상황을 비교해 보시오.

3) 한 가족원의 변화는 가족성원 전체에 영향을 미친다

사회체계로서의 가족을 이해하기 위해서는, 가족중 한 구성원의 변화가 다른 모든 구성원에게 영향을 미친다는 것을 알아야 한다. 이러한 점을 알고 있어야 한 명의 가족원이 변화를 시도할 때 그 가족이 보이는 반응을 이해할 수 있고, 또한 가족사회복지사가 가족을 변화시키려고 할 때 가족이 보이는 반응을 이해할 수 있다. 만약 한 명의 가족원이 다르게 행동하기 시작한다면, 다른 구성원들은 가족을 균형상태로 유지하기 위해 이러한 변화를 저지시키려고 할 것이다. 예를 들어 어떤 학자들은 가족구성원 한 사람의 증상이 호전되었을 때 가족 중 다른 사람에게서 증상이 발생할 수 있다고 밝혔다. 나아가서, 그 구성원이 성공적으로 변화한다면, 가족은 그 변화 때문에 이전의 행동패턴으로 되돌아갈 수 없다. 다른 말로 하면, 체계 중 한 부분에서의 변화는 다른 부분의 변화를 유도한다.

예를 들어, 만약 부모가 자녀에게 숙제를 끝내라고 소리를 지르면서 숙제를 대신 해주게 되면 자녀들은 매일 밤 부모에게 의존하는 것을 배우게 될 것이다. 하지만 그 부모가 자녀의 숙제를 대신하는 것을 그만두면, 자녀들은 스스로 숙제를 해결해야 하기 때문에 누군가 다른 사람에게 부탁을 하거나, 스스로 숙제를 하거나, 아니면 숙제를 하지 않아서 벌을 받을 수밖에 없다. 이처럼 가족체계는 가족구성원 한 사람의 변화된 행동에 반응하여 적응한다는 것을 알 수 있다.

4) 가족성원의 행동은 순환인과관계로 가장 잘 설명할 수 있다

가족이 기능하는 방법은 예측이 가능하고 유형화되어 있다. 그래서 가족사회복지사는 가족원 사이의 의사소통 패턴에 주의를 기울일 필요가 있다. 한 가족 내의 의사소통 패턴은 상호 호혜적이며 상호강화적이다.

단선론적인 인과관계는 한 사건이 다른 사건의 원인이라고 생각하는 과정으로 서술된다. 예를 들면, 알람시계가 오전 7시에 울리면 아이가 깬다. 사건 A(알람시계의 울림)는 사건 B(아이의 기상)의 원인이지만, 사건 B는 사건 A의 원인이 아니다. 즉 자고 있는 아이는 시계가 울리는 원인이 아니다.

분노발작은 가족 상황에서 종종 볼 수 있는 단선론적인 사건이다. 부모는 "안돼"라고 말할 때 아이가 반항하는 것을 보게된다. 이 문제를 개념화하면서, 부모는 자녀를 "나쁜" 또는 "버릇없는" 존재로 낙인한다. 가족원들은 문제가 발생하고 지속되는 과정에서 자신들이 한 역할에서 분리된다. 행동 문제에 대한 단선론적인 설명은 관계, 역사 그리고 진행중인 의사소통 패턴을 설명하지 못한다. 개별 문제에 대한 단선론적 설명은 문제를 개인 탓으로만 돌린다.

반대로, 순환적 인과관계는 유형화된 가족 관계 내에서 현재 진행되고 있는 상호작용 패턴을 설명한다. 가족과 일할 때 사회복지사는 가족구성원사이의 상호작용 순환 패턴을 잘 살펴보아야 한다. 순환적 인과관계는 행동을 어떻게 인식하고 있으며 상호작용에 대해서 가족원들이 어떻게 느끼는가를 설명한다. 순환적 인과관계는 각 사건이 이전의 어떤 한 사건에 의해 발생하며, 사건들이 단순하게 한 방향으로 움직인다는 믿음을 문제로 삼았다(Goldenberg & Goldenberg, 1996).

순환인과관계는 사건 B가 사건 A에 영향을 미치고, 다음에 사건 A는 사건 B에 영향을 미치는 상황을 설명한다. 예를 들어, 부모는 자녀의 숙제에 관심을 보이고, 자녀는 부모에게 숙제를 설명한다. 이것은 상호작용이 계속되는 순환적이고 상호 호혜적인 패턴을 초래할 수 있다. 부모는 계속해서 관심을 보이고 자녀의 숙제에 지지를 보낸다. 자녀는 지지를 받고 있다고 느끼게 되어 숙제를 할 때나 부모에게 도움을 요청할 때 더욱 노력을 하게 되고 이러한 패턴은 강화된다. 순환적인 패턴은 계속되는 가족관계의 특징이다. 한 사건이 다른 사건의 원인이 된다고 보기보다는, 사건은 일련의 인과 사슬에 얽혀있다는 것이다.

가족사회복지사는 가족내의 부적응 패턴을 바꾸는데 종종 일조를 해야한다. 숙제에 관한 다른 예를 생각해보자. 부모가 자녀에게 숙제를 하라고 고함을 지른다. 자녀는 부모가 고함치는 것을 내가 나쁘고 틀렸다는 메시지로 해석하므로, 불안하고 집중이 되지 않아 숙제를 잘 하지 못한다. 자녀가 집중하지 못하고 숙제를 잘 하지 않은 것을 알아차린 부모는 자녀의 행동이 나태하고 반항적이라고 해석한다. 그 결과 부모는 자녀의 못난 태도와 행동을 꾸짖게되는데 이러한 순환적인 부적응 패턴은 여러 번의 사이클을 반복한 이후에 자리를 잡게 된다.

그림 3-1은 순환인과관계의 몇 가지 일반적인 패턴에 대해 예를 들고 있다.

시간이 지남에 따라서, 가족구성원들 사이의 상호작용 패턴은 매우 반복적이 될 수 있다. 그러나 순환인과관계를 개념화 할 때 힘(power)을 분석할 수 있도록 주의해야 한다. 최근까지 힘은 가족상호작용의 패턴에 적용하기에는 너무나 단선론적인 것으로 고려되어졌다. 그러나 모빌의 어떤 부분이 다른 부분보다 더 무거운 것과 마찬가지로, 어떤 가족원은 다른 가족성원들에게 보다 많은 영향력을 발휘한다. 페미니스트들이 주장하는 것처럼, 힘의 불균형은 가족관계를 이해하는데 있어서 꼭 고려되어야 할 점이다.

〈그림 3-1〉 순환인과관계의 예들

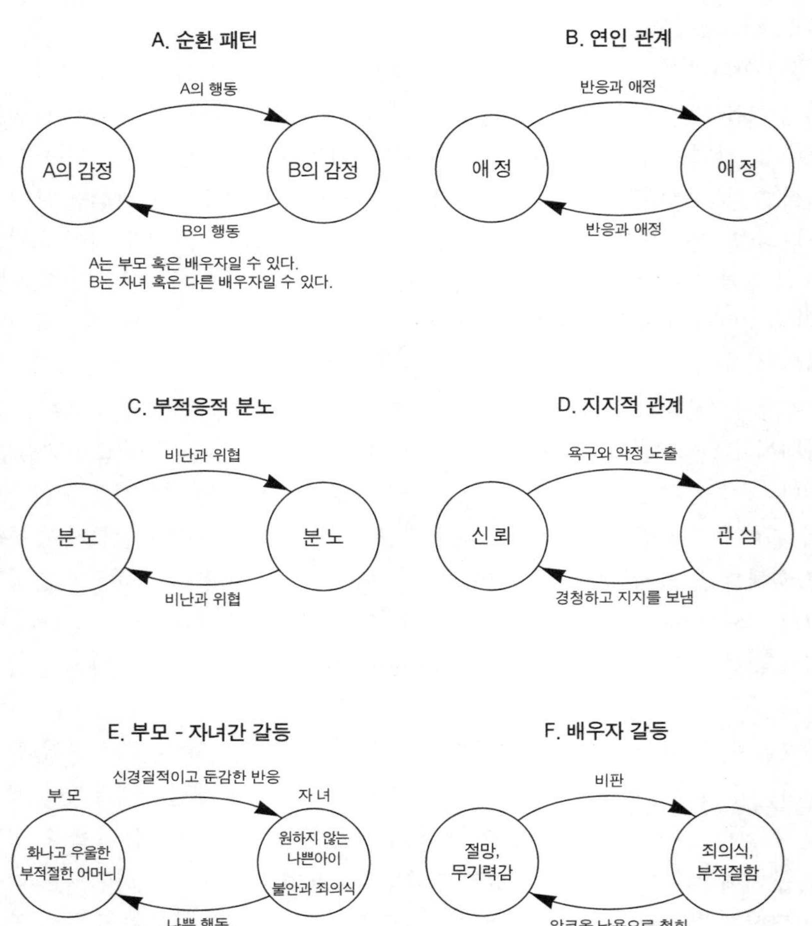

❖ 순환인과관계

당신이 지금 참여하고 있는 잘 정립된 관계, 혹은 당신이 어릴 때부터 맺어왔던 어떠한 관계를 회상해 보자. 당신과 다른 사람 사이에서 진행되고 있는 상호작용의 순환 패턴을 확인해 보아라. 당신 스스로의 사고, 느낌, 그리고 행동에 이름을 붙인 다음, 다른 사람의 사고, 느낌, 행동에도 이름을 부여한다. 힘의 불균형이 일어났을때 순환적 인과관계는 어떻게 작용하는가?

5) 가족은 보다 더 큰 사회체계에 속하며 아울러 많은 하위체계로 이루어져 있다.

체계 개념에서 체계, 하위체계, 그리고 보다 더 큰 규모의 체계(거대체계) 사이의 관계를 이해하는 것은 중요하다. 현존하는 모든 체계들은 다양한 하위체계들로 구성된다. 가족은 보다 넓은 가족체계 내에서 각 개인들의 집단으로 구성된다. 부부하위체계, 부모하위체계, 그리고 자녀하위체계는 모두 가족하위체계의 예들이다. 하위체계들은 한 개인에서도 확인될 수 있는데 신체, 인지, 그리고 정서적인 하위체계들이 그 예이다. 가족하위체계는 성(gender), 연령, 힘 등 몇 가지 변수에 따라 형성된다. 일반적으로 부부하위체계(부모)는 가족에게 가장 많은 영향력을 미치는 하위체계이기(또는 이어야하기) 때문에 "가족의 설계자" 로 간주된다(Satir, 1967). 가족의 성공은 많은 부분이 부모하위체계 —편부모이든 양친부모이든— 에 의해 결정된다(Goldenberg & Goldenberg, 1994).

가족이 속해있는 보다 더 큰 체계에는, 확대가족, 도시, 이웃, 레크리에이션 조직, 교회 등이 있다. 이러한 체계들은 국가나 연합국가와 같은 보다 더 큰 체계의 일부분이다. 가족사회복지사는 가족과 그 가족이 속한 하위체계 및 상위체계에 관심을 가져야 할 것이다.

환경의 지지는 가족과 개인의 행복에 필요한 요인이다(Garbarino, 1982). 특히 친구와 가족에게 비공식적으로 지지를 받는 것은 중요하다. 그러나 가족들이 받을 수 있는 지지는 대부분 공식적이며, 불행하게도 많은 가족들은 이러한 사회서비스 체계와 부정적인 상호작용 패턴을 형성하고 있다(Kaplan, 1986).

풍부하고 다양한 사회관계는 성숙과 건강을 나타낸다. 예를 들어, 어린 자녀들은 중요한 한 사람(주로 어머니)과의 관계에서 시작하여 점차로 가족의 형제나 어른들과 관계를 맺어 나간다. 결국 자녀는 가족 영역 외부의 아이들과 어른들을 자신의 지지망에 포함시킨다. 가족 활동이 학교 생활로 확대되어 타인과의 만남에서도 적용되는 것이다. 따라서 부모가 제한된 지지망을 갖고 있으면 그 자녀는 불이익을 당하게 된다.

자신을 가족의 한 일원이라고 여기는 개인은 가족 경계의 환경 내에서 활동한다. 경계는 가족에 포함되는 사람과 포함되지 않는 사람을 결정한다(Nichols & Schwartz, 1998). 가족의 경계는 문화와 생활 방식에 근거하여 어떻게 정의내리는 지에 따라 달라질 수 있다. 예를 들어, 미국 원주민의 거대가족은 양육에 핵심적인 역할을 하며(Pimento, 1985), 친척은 기본적인 가족단위에서 중요한 부분이다(Sutton & Broken Nose, 1996). 생활방식과 관련된 경계는, 부모가 모두 바쁜 직업을 가지고 있어서 유모와 같이 사는 가족 예에서 찾을 수 있다. 함께 사는 유모는 종종 가족의 중요한 일원으로 여겨진다.

경계에 따라서 가족 내의 하위체계에 속하는 사람 또한 결정된다. 매우 한정된 경계를 이루는 가족이 있는 반면에 가족과 외부 세계 사이의 경계가 불투명한 가족도 있다. 가족사회복지사는 가족 체계에 속하는 사람과 가족에게 영향을 미치는 사람을 구분 짓기 위해서 가족의 경계를 확실히 해 둘 필요가 있다. 서비스는 대부분 가족경계에 속하는 개인을 중점 대상으로 한다.

건강한 가족은 필요한 경우 새로운 생각과 개념, 자원을 융합시킬 수 있는 명확하고 융통성 있는 경계를 가지고 있지만, 충분히 폐쇄적이어서 주체성과 목적 의식을 유지한다. 이상적인 의미에서 폐쇄성은, 가족구성원에게 고압적이거나 강압적이라는 것을 뜻하는 것이 아니다. 원칙적으로 가족의 경계는 투과성의 성질이 있어서 정보와 자원이 가족 안으로 자유롭게 들어가고 또 나갈 수 있어야한다. 경직된 가족은, 이러한 경계들이 폐쇄적이어서 어떠한 정보도 가족 속으로 들어가거나 나올 수 없다.

가족원들의 관계가 정서적으로 서로 차단된다면, 이들의 관계는 '소원해지거나(disengaged)' 느슨해진다(Kaplan, 1986). 관계가 소원한 가족의 경우, 구성원들은 서로 활동을 나누지도 않으며 좋은 관계를 맺지도 못한다. 이러한 것은 종종 무관심으로 표출된다(Kaplan, 1986). 그와 반대로 가족구성원간의 경계가 너무 개방되어 있거나 '밀착되면(enmeshed)', 구성원 각 개인의 본래의 모습은 약화되고 개인으로서 자율적으로 활동할 때 방해가 된다. 밀착된 관계는 가족구성원이 서로 너무 연관되어 있는 경우에 발생한다. 관계가 소원하거나 밀착된 경우 모두 가족의 기능수행에 결함이 있음을 나타낸다.

가족 하위체계와 개인간의 경계 또한 비슷한 기능을 한다. 가족에 관한 연구에서 세대간의 경계는 특히 중요하다(Brock & Barnard, 1992 ; Nichols & Schwartz, 1998). 부모 하위체계와 형제자매 하위체계간의 경계는 분명해야 한다. 적절한 발달과 사회적으로 인정된 기능들을 토대로 역할 분화를 고려해야 한다.

너무 폐쇄적이거나 개방적인 경계로 이루어진 가족구성원은 좀 더 균형 잡힌 경계들로 이루어진 가족에 비해 위험에 노출될 확률이 높다. 예를 들어 근친상간범이 있는 가족은 종종 외부 세계와 제한적인 관계를 이루게 되는데, 그 결과 가해자는 피해자에게 사실을 폭로하는 것은 가족을 배반한 행위라고 위협하면서 가족원을 통제하게된다. 타인과의 우정은 특히 피해자들에서 엄격히 통제된다. 동시에 근친상간은 세대간의 경계에 커다란 장애물이 된다. 반대로, 관계가 소원한 가족의 경우, 느슨한 관계 속에 있는 자녀들은 가족 외부의 가해자에 의해 성 학대를 당할 위험에 빠질 수 있다. 이러한 경우 가해자는 가족내의 출입이 자유롭고, 반면 가족 내에서 자녀들은 충분한 보살핌을 못 받을 수 있다. 성별 역시 학대가 가족 내부 또는 가족 외부에서 일어나는지에 영향을 미친다. 남아의 경우, 서양 문화에서는 더 많은 독자성이 주어지기 때문에 가족 외부의 사람에게 성 학대를 당할 가능성이 많다.

가족에 관한 대부분의 이론에 의하면, 가족은 외부 세계와의 융통성 있고 분명한 경계뿐만 아니라 확고한 세대간의 경계를 구성해야 한다. 즉, 부부는 육아에 있어서는 파트너가 되어야 한다. 한 명 또는 여러 명의 자녀가 한 부모와만 관계를 맺고 있다면 역기능적인 세대간 경계가 존재하게 된다. 이와 유사하게,

한 부모가 자신의 역할을 포기하고 어떤 자녀가 그 부모의 역할을 대신 떠맡게 되면, 가족은 세대간의 경계에서 곤란한 일을 겪게 된다. 자식이 어른 역할을 떠맡고 부모는 자식의 위치에 서게 되므로 이러한 자식들은 "부모화된" 자식이라고 불려진다. 예를 들어, 알코올중독자인 부모가 있는 가족의 경우, 자녀중 한 명이 부모의 역할을 맡게 된다. 자식이 가사와 보육의 일차적 책임을 맡게되거나 가족구성원의 정서적 욕구를 책임지게 되면, 세대간의 경계는 붕괴된 것이다.

경직되거나 지나치게 폐쇄적인 경계를 지닌 가족의 경우, 가족원들은 외부세계에 참여하는 것에 제한을 받으므로 외부 자원과 접할 때 어려움을 겪게 된다. 가족은 결국 손실을 입는데, 서양 문화는 자주성을 높이 평가하고 상호의존성을 낮게 평가한다(Garbarino,1982). "자급자족 할 수 있는(self-sufficient)" 가족들은 외부의 도움을 요청하고 받아들일 수 있기 전에 거의 붕괴 지경에 이를 수도 있다. 더욱이 사회적으로 고립된 가족은 학대를 은폐시켜 가해자가 발각되지 않게 함으로써 피해자는 계속해서 학대를 당할 위험에 처하게 한다. 반대로 모호한 범위를 가진 가족은 외부 세계와 적절한 관계를 이루지 못하게 된다. 가족의 요구가 아닌 개인의 요구에 따라, 가족원들에게 미칠 영향에 상관없이, 누구든지 가족 내로 들어오거나 나갈 수 있다. Garbarino(1982)에 의하면, 가족패턴의 특이성을 보완하거나 중화시키기(counteract) 위해서는 가족 또는 전체적인 혈연 관계 이 외의 관계에 적극적으로 적응할 수 있도록 지도하는 것이 중요하다.

다음의 예는 가족경계에 문제점을 갖고 있는 사례이다.

가정법정중재서비스(Family Court Mediation Services)에서는 30대 중반의 백인 부부인 Gloria와 Robert Hatfield를 의뢰하였다. 그 부부는 이혼 수속 과정을 밟고 있었는데, 유일한 아들인 3살짜리 Elliott에 대한 양육, 방문, 양육비 문제 등을 해결하기 위해서 법정 중재인을 접견하는 중이었다. 중재인은 Elliott가 부모의 이혼을 받아들이기 어려워하는 것 같으며 동료와 부모에게 공격성을 보이고 있음을 알게 되었다. 이 소년은 다른 아이들을 때리고 무는 바람에 두 곳의 보육시설에서에서 쫓겨난 상태였다. 부모는 Elliott가 어머니 집과 아버지 집으로 이리저리 옮겨다니는 과정에서 보여준 격렬한 분노와 부모에 대한 집착성에 대해 애기했다.

Mr. Hatfield는 아내의 요구에 반대하여 이혼소송을 시작하였는데, 이들은 15년 간의 결혼생활 대부분을 불화로 지내온 사이였다. Mr. Hatfield는 아들이 태어나기 전까지는 결혼 관계가 그런 대로 견딜만 했다고 하였다. 그는 결혼을 "서로 다른 길을 가고 있는 두 사람"이라고 표현하였다. 그는 아내와 공통점이 거의 없었고, 함께 할 수 있는 친한 친구도 거의 없었으며, 인생의 목표도 달랐다고 말하였다. Elliott가 태어난 후, 아내는 아기에게 더욱 집착하게 되었고, 그는 소외감을 느끼게 되었다고 하였다. 그녀는 그가 강력히 요구하지 않는 한, 아기를 안거나 돌보지 못하게 하였다. 또한 그녀는 남편의 기대와 달리 Elliott가 2살이 될 때까지 모유를 먹였다. Mr. Hatfield는 현재 아내가 이혼에 대해 화가 나 있으며 특히 자신이 이혼 수속을 시작한 것에 대해 노여워하고 있다고 생각하였다. 그는 "그녀의 인생과 더불어 살수는 없다"고 하였으며, 그녀가 Elliott를 이용하여 자신에게 복수를 하려 하고 있고, Elliott를 자신에게서 떼어놓으려 하고 있다고 생각하였다. 그는 그녀가 Elliott를 지나치게 간섭하고 과잉 보호하였으며, 결국 Elliott가 자신의 그림자조차도 두려워하는 마마 보이가 되었다고 하였다.

Gloria Hatfield는 함께 살기 위해 서로가 더 많은 노력을 하였으면 좋았을 것이라고 말했지만, 전 남편의 주장에 대해서는 부정하였다. 몇 달 동안 부부 상담소에 같이 다녔지만, 전 남편은 도움이 되지 않는다며 그만 두었다고 말하였다. 이러한 행동은 전 남편의 전형적인 모습으로, 그는 갈등의 기미가 보이면 감정적으로 물러섰고, 따라서 진정한 친밀한 관계를 만들 수가 없었다고 말하였다. 그녀는 지금 Elliott에게 친밀한 관계를 갖는 법을 가르치고 있는 중이라고 믿고 있었다. 그녀는 Hatfield가 아들에게 적절한 남성 역할의 본보기가 될 수 없다는 점을 우려하고 있다.

결국, Robert Hatfield는 이 가정의 문제는, Elliott에 대한 어머니의 지나친 간섭에서 비롯되었다고 느끼는 반면, Gloria Hatfield는 아들의 문제가 친밀한 관계를 성립시키지 못하는 전 남편의 무능력에서 시작되었다고 생각한다.

가족 외부의 의미 있는 사람들과의 관계는 정서적으로 지원 받을 수 있는 중요한 자원이 된다(Wahler, 1980). 가족 외부에서 지지하는 사람들과 긍정적인 접촉이 거의 없는 어머니의 경우, 가족 외부와 긍정적인 관계를 자주 갖는 어머니와 비교하여 자녀들에게 좀 더 부정적인 태도를 취한다. 가족의 사회적 지지의 특성을 평가할 때, 상호호혜(Reciprocity), 밀도(Density), 복잡성(Complexity), 흡족성(Sufficiency), 정서적 분위기(Emotional climate), 피드백 특성(Feedback characteristics) 등을 살펴보는 것은 유용하다(Rothery, 1993).

① 상호호혜

다른 사람들과 교환하는 사회적 지지의 범위를 말한다. 공식적인 원조자와의 관계는 대부분 원조자가 주고 가족이 받는 일방적인 관계에 기초한다. 더 유용한 관계는 가족이 지지를 주고받을 때 생기게 된다.

② 밀도

가족구성원이 다른 사람들과 맺는 관계의 수와 관련이 있다. 이론상, 가족원 개개인은 가족 외의 지지하는 사람들과 다수의 관계를 가질 것이다. 또한 가족원들은 그들의 능력에 따라 가족 이 외의 의미 있는 사람과 관계를 형성할 수 있는 자유가 있어야 한다.

③ 복잡성

개인과 가족의 다양한 요구에 부응하는 사회 지지망의 용량을 말한다.

④ 흡족성

사회적 지지가 가족과 개인의 요구와 수요에 부합할 수 있을 때를 말한다.

⑤ 정서적 분위기

가족 외의 다른 사람들과의 관계의 특성과 관련이 있다. 반감을 주는 관계보다는 보호하고 지지하는 관계가 더 바람직하다.

⑥ 피드백 특성

지지망에 속해있는 사람들이 제공하는 정보 유형과 관련이 있다. 이상적으로, 피드백은 분명하고, 솔직하며, 공정해야 한다. 또한 필요할 때 수정할 수 있거나 지지적일 필요도 있다.

가족사회복지사는 가족이 사회기능을 수행하는 것을 관찰할 필요가 있다. 가족 구성원들 각자의 사회적 역할을 지켜볼 때 그 가족이 사회기능을 수행하는 것을 가장 정확하게 파악할 수 있다. 가족원 각자의 개별 행동과 적응능력은 그 가족이 사회적 역할을 얼마나 올바르게 수행하는지를 반영한다. Geismar와 Ayres(1959)는 가족 내부와 외부에서 각각 4가지의 역할 수행 영역을 제시하였다.

내적 역할들은 다음과 같다:

- 가족 관계와 가족 조화
- 아동 보호와 훈련
- 건강 유지(health practices)
- 가사 업무(household practices)

외부 가족 역할들은 다음과 같다 :

- 지역사회 자원의 활용
- 사회 활동
- 경제적 업무(economic practices)
- 가족과 사회복지사와의 관계

가족 기능수행의 다양한 면을 고려하는 것이 중요하다. 가족 연구는 가족의 맥락에서 개인을 이해하는 것을 강조하였기 때문에 과거에는 "무소속 중재(maverick)" 라고 하였다. 그러나 지난 십 년 동안, 가족중재는 가족이 사회환경에서 받는 영향을 고려하지 않았다 점에서 비난을 받아왔다. 한 관찰자의 말을 바꿔서 설명하면, "그렇게 하는 것은 열쇠 구멍을 통해 퍼레이드를 구경하는 것과 같다" (Goldner, 1985).

6) 가족은 기존규칙에 따라 움직인다

가족은 규칙에 따라 가족에서 허용되는 것과 금지되는 것을 결정한다. 또한 서로에 대한 가족원들의 행동을 통제한다(Goldenberg & Goldenberg, 1994). 대부분의 가족규칙은 문서화되어 있지 않다. 따라서 가족의 상호양식을 이해하여 가족 내에 함축되어 있는 규칙을 파악할 수 있어야 한다. 가족규칙은 가족 내에서 허용되는 것이 무엇인지를 알게 해 주며, 가족 내에서 받아들일 수 있거나 없는 행동 양식을 설명한다.

가족규칙은 가족의 자동 온도조절기 역할을 한다. 따라서 가족은 가족규칙에 따라 가족 환경을 편안하게 유지시킨다. 그 역할은 자녀들을 어떻게 양육할 것이며, 누가 세탁을 하며, 누가 생활비를 벌며, 돈은 어떻게 사용할 것인지 등과 같은 것을 기초로 확립되어 왔다. 가족의 노동 분담은 시간이 지남에 따라 차츰 발전되어 자녀들도 확실한 역할을 맡게 될지도 모른다. 사회복지사는 가족의 규칙을 이해함으로써 가족원들이 서로의 관계를 어떻게 파악하고 있는지를 알게 된다.

가족규칙은 성별, 나이, 문화적으로 관련된 기대치 등과 관련된 다양한 메카니즘을 통해서 이루어진다. 일단 분명하고 명확하기만 하면 규칙을 바꾸는 것도 가능하다. 그러나 가족사회복지사는, 가족구성원들이 규칙이 규칙을 바꾸는 방법뿐만 아니라 규칙을 해석하는 방법을 결정하는 "규칙에 대한 규칙(rules about rules)"이 있다는 것 역시 인식해야 한다.

❖ 가족의 규칙

모든 가족은 무언의 규칙에 의해 지배된다. 자신이 자란 가족의 규칙을 확인하라. 가족 구성원들의 나이와 성별에 따라서 규칙이 어떻게 다른지를 설명하라.

3. 가족의 기능수행을 사정하는 기준

가족의 기능수행을 이해하고 사정하는데 도움이 되는 방법은 Epstein, Bishop, 그리고 Levin (1978)의 연구를 기초로 한 가족범주도식(Family Categories Schema)을 사용하는 것이다. 이들은 가족사회복지사가 가족들과 처음 만남 이후 가족의 기능수행을 사정할 수 있도록 도구를 고안해 냈다. 이 도구와 다른 가족평가척도의 변수는 임상실천측정(Measure for Clinical Practice)에 잘 설명되어 있다(Fischer & Corcoran, 1994). 이 도구는 총 60개 항목으로 자기보고형식의 설문 내용으로 구성되어 있는데, 전체는 8개의 범주로 되어있다: ㉠문제 해결 ㉡정서적 반응 ㉢정서적 관여 ㉣의사 소통 ㉤역할 행동 ㉥자주성 ㉦행동 통제 방식 ㉧일반적인 역할로 구성된다. 범주들을 하나하나 설명한 뒤, 각 범주의 예로 도구 중 한가지 항목을 소개할 것이다.

1) 문제 해결

문제 해결은 가족이 정서적 혹은 육체적 안녕 혹은 기능수행 단위로서 가족의 생존에 대한 위협에 어떻게 대처하는가와 관련이 있다. 여기서의 위협은 수단적이거나 감정적인 것을 포함한다. 수단적인 위협은 "기계적인" 또는 경제적, 육체적, 건강상의 문제와 같은 현실 생활과 관련이 있다. 가족에 대한 수단적인 위협의 예로는 부모의 실업이나 아동 폭행 등이 있다. 감정적 위협은 가족생활의 정서적 안녕을 위협한다. 그 예로 우울증에 빠진 자녀, 당황한 부모, 또는 부적응 순환 상호작용 등이 있다. 수단적인 문제와 감정적인 문제는 서로 겹치는 경우가 흔하다. 실업 때문에 부모의 감정이 우울해지는 것이 그 예이다.

문제 해결과 관련된 자기 보고서의 한 예는 "우리는 집 주변에서 매일 일어나는 대부분의 문제들을 해결한다" 이다.

2) 정서적 반응

가족구성원들은 지지적인 가족 환경 내에서 다양한 정서를 표현할 수 있어야 한다. 정서의 범위는 크게 두 가지로 나눌 수 있다: 행복, 기쁨, 부드러움, 사랑 그리고 연민 같은 "행복 정서(welfare emotions)", 격분, 두려움, 화, 그리고 우울 같은 "비상 정서(emergency emotions)"가 그것이다.

가족사회복지사는 정서를 유발시키는 자극에 대해 적절한 양과 질로 반응할 수 있는 가족의 능력을 평가해야 한다. 가족사회복지사는 가족이 정서를 표현하는 패턴뿐만 아니라 표현된 행복정서와 비상정서에 관심을 가진다. 이것은 정서 표현이 분명한가, 직접적인가, 혹은 개방적인가 간접적인가, 아니면 가면을 쓰고 표현하나, 솔직하지 않는가 등과 관련이 있다. 가족구성원 개개인이 정서를 서로 교환하는 정도 또한 중요하다.

"우리 중 일부는 정서적으로 반응하지 않는다"(Fischer & Corcoran, 1994)는 정서적 반응의 한 예이다.

3) 정서적 관여

가족구성원들이 적절한 가족기능 필요 이상으로 서로의 활동과 관심에 대해 어느 정도 정서적으로 관여(involvement)하고 있는가? 이러한 관여는 단순한 감정 표현을 초월하여 가족 구성원들이 서로에게 갖고 있는 정서적 관여의 양과 질을 나타낸다. 자녀의 숙제에 대해 칭찬하는 것과 실제로 자녀와 함께 앉아서 숙제에 대해 얘기하는 것은 다른 문제이다. 우리는 부모에게 자식들을 지지하도록 강력히 권한다. 부모는 자식들의 관심사와 활동에 적극적으로 관여할 필요가 있다.

항목과 관련된 정서적 관여에 관한 한 예는 "민감한 느낌에 대해 서로 이야기하는 것이 어렵다"(Fischer & Corcoran, 1994)이다.

4) 의사 소통

의사소통은 매우 복잡할 수 있다. 이러한 의사소통의 특징을 잘 나타내고 있는 격언이 있다. "우리는 항상 의사소통을 하고 있다." 따라서 가족 내에서 언어적인 의사소통과 비언어적인 의사소통은 둘 다 중요하다. 의사소통은 2가지 기능이 있다: 내용을 의사소통 하는 것, 그리고 말하는 사람과 듣는 사람간의 관계의 성격을 정의하는 것이 그것이다. 후자의 기능은 일명 메타의사소통(metacommunication)이라고 한다. 가족구성원들이 서로 의사소통 하는 방식을 주의 깊게 경청함으로써 가족사회복지사는 가족 관계에 대한 중요한 실마리를 얻을 수 있을 것이다. 내용이 같다 하더라도 관심을 나타내는 메세지와 노여움을 나타내는 메시지는 다르게 받아들여질 것이다.

건강한 가족의 의사소통은, 분명하고, 직접적이고, 개방적이며 솔직하다. 문제 해결에서와 같이, 의사소통은 감정적인 영역과 수단적인 영역으로 분류될 수 있다. 감정적인 의사소통은 전해진 메시지가 대부분 감정적인 경우를 뜻하며, 수단적인 의사소통은 메시지가 대부분 "기계적"일 때 발생한다. 수단적인 메시지는 "일이 되도록 하는" 메카니즘과 관련이 있으며, 규칙적이고 일상적인 가족 생활을 포함한다.

의사소통은 자세, 목소리, 몸짓, 표정 등을 통해 언어적 및 비언어적인 방식을 통해 이루어진다. 눈을 쳐다보고 미소지으면서 "나 듣고 있어요"라고 말하는 경우와, 신문지 뒤에 숨어서 같은 말을 하는 경우에 상대방이 받아들이는 내용은 다르다. 이론상, 언어적 및 비언어적 의사소통은 서로 일치되어야 한다. 또한 교환된 정보는 상호 호혜적이고 명확해야 한다(Brock & Barnard, 1992).

위 도구의 항목과 관련된 의사소통의 한 예로는 "어떤 사람이 화가 났는데 상대방은 그 이유를 모른다"(Fischer & Corcoran, 1994)이다.

5) 역할 행동

가족은 매일 여러 종류의 압력, 과제, 의무를 접하게 된다. 이에 대처하기 위해서 가족구성원은 확립되어 예측 가능한 행동 양식으로 발전된 각각의 역할을 수행한다. 역할은 행동의 반복적인 패턴이며 이는 매일 매일의 가족 생활에서 기능을 수행한다(Brock & Barnard, 1992). 역할은 전통적인 역할의 정의에 합당한 역할(예: 성별에 따른 역할)과, 전통적인 역할에서 벗어난 특이한 역할(idiosyncratic role) 등 여러 형태가 있다.

전통적인 역할에는 어머니, 아버지, 남편, 아내, 아들 또는 딸의 역할과 같은 전통적으로 그 문화권에서 정의하고 수용하는 역할을 포함한다. 성별을 근거로 한 역할은 배우자와 부모의 역할과 마찬가지로 오늘날 훨씬 더 불분명해졌다. 하지만 아직도 많은 사람들은 여전히 자식 부양의 책임이 어머니보다는 아버지에게 있다고 생각한다(Eichler, 1997). 자녀를 사회화시키고 이들의 감정, 신체적 행복을 책임을 져야 하는 부모의 역할은 명확히 규정되지 않는 역할 중의 하나이다. 특이 역할은 전통적인 사회 법규 외의 역할을 포함한다. 예를 들어, 아버지가 자녀를 돌보고 가사 일을 하는 반면, 어머니는 1차적인 재정적 부양자로서 역할(전통적으로는 남자의 역할)할 수 있다. 어떤 특이 역할은 한 자녀가 희생양의 역할을 할 때와 같이 가족이 현재 당면한 문제와 관련이 있다. 알코올중독자 가족에서는 어릿광대와 영웅과 같은 특이 역할을 관찰할 수 있다. 적절한 가족의 역할은 다음과 같다:

- 명확히 구분된 부모와 자녀의 역할
- 상황에 따른 역할의 융통성
- 알맞게 실행된 역할들(Brock & Barnard, 1992)

역할 행동에 관한 한 예는 "우리는 제 각각 특별한 의무와 책임을 갖고 있다"이다.

6) 자주성

자주성은 가족구성원들이 독립적으로 행동하고, 독자적이고 책임 있는 선택을 할 수 있는 능력과 관련이 있다. 가족구성원 각자가 독립된 개인으로서 주체성을 갖고, 외부의 영향을 독자적으로 선택하거나 거절할 수 있으며, 자신의 선택에 대해 기꺼이 책임을 질 수 있는 경우 자주성이 있다고 한다. 자주성은 각 구성원의 나이, 개발 능력, 잠재성 등을 고려하여 평가되어야 한다.

가족 단위 내에서, 그리고 가족 단위를 넘어 가족 구성원의 개별 생활 속에서 일어나는 개인화(individuation)의 정도 또한 중요하다. 개인화는 상대방과 구별되는 독특한 개성의 느낌이다.

자주성에 관한 항목의 한 예는 "어머니는 내가 무슨 옷을 입어야 하는지를 항상 말해요" 이다.

7) 행동통제 방식

행동통제는 가족이 충격을 이겨내고, 표준의 행동을 유지하며, 위협적인 상황에 대처하는 방식과 관련이 있다. 4가지 행동통제 양식이 있다.

① 엄중함

엄중함(Rigid)은 개인의 변화를 용납하지 않는 고정된 가족의 행동양식을 말한다(예: 자녀들은 '절대로' 친구 집에서 잘 수 없다).

② 융통성

융통성(Flexible)은 엄격하고 명확한 반면 개인의 변화를 허용하는 융통성 있는 가족의 행동 양식을 말한다(예: 합의된 가족 규칙이 존재하지만 특별한 상황인 경우에는 바뀔 수도 있다. 즉, 대개의 경우 자녀들은 주말 밤에 다른 집에서 잘 수 없지만, 생일을 축하하는 경우에는 예외일 수 있다).

③ 자유방임

자유방임(Laissez-faire)은 효과적이거나 확립된 행동통제 양식이 존재하지 않는다(예: 통학하는 날 밤에 다른 집에서 자는 것이 허락되지 않지만, 자녀가 애원하는 경우에는 일관성 없이 규칙이 바뀐다).

④ 혼란

혼란(Chaotic)은 가족 내에서의 행동 통제 방식이 완전히 모순된 경우이다(예: 통학하는 날 밤에 다른 집에서 자는 것에 대한 규칙이 없다. 어떤 경우에는 다른 집에서 자는 것이 허락되지만, 유사한 다른 경우에는 다른 집에서 자는 것이 허락되지 않는다. 따라서 자녀들은 어떤 규칙이 다른 집에서 자도록 규정하는지를 알지 못한다).

위 4가지의 행동통제 방식은 일관성이 있는가 없는가 - 즉, 예측이 가능한가 불가능한가 -라는 면에서 평가될 수 있다.

행동통제에 예는 "우리는 구타하는 사람에 대한 규칙이 있다." 이다.

❖ 가족기능수행

이 장에서 확인된 8개 영역의 가족역할에 대해 항목별로 두가지 이상의 질문을 만들어 보시오. 그 질문에는 남녀차별, 노인차별, 문화적 차별과 같은 사항을 내포하지 않도록 특히 주의하시오.

8) 일반적인 기능수행 : 통합 기술 사정 도구

그림 3-2 개인과 그 가족을 사정하기 위해서 구성된 도구의 한 예이다(Jordan & Franklin, 1995).

〈그림 3-2〉 통합 기술 사정 도구

I. 신원 확인 정보

1. 이름
2. 주소
3. 집 전화 번호
4. 직장 전화 번호
5. 생년월일

6. 동거 가족 수
   a. 이름
   b. 나이
   c. 관계
7. 직업
8. 수입
9. 성별
10. 인종
11. 종교 소속
12. 현재 겪고 있는 문제 또는 증상을 간략하게 설명하시오.

II. 현재 겪고 있는 문제의 특성

13. 클라이언트 그리고/또는 사회복지사에 의해 확인된 모든 문제들을 나열하시오.
14. 문제(들)의 세부 사항(들)
   a. 내력
      (i) 언제 문제가 처음 발생하였는가?
      (ii) 오랜 기간동안, 풀리지 않은 문제인가? 최근의 문제는?

   b. 기간
      (i) 얼마나 오랫동안 문제가 계속되고 있는가?

   c. 빈도
      (i) 얼마나 자주 문제가 발생하는가?

   d. 크기
      (i) 문제는 어느 정도인가?

   e. 선행사건
      (i) 문제가 발생하기 바로 직전에 어떤 일이 일어나는가?

   f. 결과
      (i) 문제가 발생하고 나서 바로 어떤 일이 일어나는가?

   g. 도움을 구하는 이유
      (i) 지금 도움을 구하는 이유는 무엇인가?

   h. 문제 해결을 위한 이전의 노력들

(i) 클라이언트는 다른 치료를 포함해서 전에 문제를 해결하기 위해 어떻게 하였는가?
(ii) 그 결과는?

i. 클라이언트 동기 부여
(i) 문제를 해결하려는 동기 부여의 수준은 어느 정도인가?

j. 클라이언트 자원들
(i) 문제를 해결하기 위해서 클라이언트가 이용할 수 있는 자원들은 무엇인가?

k. 기타
(i) 문제와 연관되어 있거나 부가되는 다른 어려움 들이 있는가?

15. 문제의 우선 순위 정하기
a. 클라이언트와의 협의를 통하여, 어려움에 따라 우선 순위를 정한다.

III. 클라이언트

16. 개인 내부의 문제점
a. 인지적 기능수행
(i) 클라이언트가 문제에서 인지한 것은 무엇인가?
(ii) 문제해결능력의 증거가 있는가?
(iii) 이성적 대 비이성적 사고의 증거가 있는가?

b. 정서적 기능수행
(i) 클라이언트의 정서에 대해 서술하시오.
(ii) 적절한 대 비적절한 정서의 증거가 있는가?

c. 행동적 기능수행
(i) 클라이언트의 신체적 모습은 어떠한가?
(ii) 버릇은?
(iii) 장애는?

d. 심리적 기능수행
(i) 클라이언트는 지난 몇년동안 진찰을 받은 적이 있는가?
(ii) 있다면, 그 결과는?
(iii) 마약과 술을 사용한 증거가 있는가?
(iv) 약물치료를 받은 적은 있는가?
(v) 식이요법, 카페인 사용, 등에 대해 서술하시오.

e. 클라이언트의 정신상태
  (i) 외모, 의상, 자세 등에서 적절치 못한 것을 기록하시오.
  (ii) 사고에서 장애가 되는 것을 쓰시오(예: 환상, 망상, 등).
  (iii) 인식의 정도에서 장애가 되는 것을 쓰시오(예: 기억, 주의, 등).
  (iv) 사고 과정에서 장애가 되는 것을 쓰시오(예: 논리, 명백, 일치).
  (v) 정서 상태에서 장애가 되는 것을 쓰시오(정서의 일탈 또는 기분과 클라이언트 감정에 대한 구두 보고의 불일치).
  (vi) 문제의 특징과 치료의 필요성에 대해 클라이언트가 인식하는 정도를 쓰시오.

f. 인종적/문화적 고려 사항
  (i) 클라이언트의 인종인가?
  (ii) 문화 수용은 어느 정도인가?
  (iii) 인종적/문화적 집단을 확인하는 것이 얼마나 도움이 되었거나 되지 않았는지에 대해 클라이언트는 어떤 인식을 갖고 있는가?
  (iv) 인종적/문화적 문제와 관련된 갈등 요인이 있는가?

g. 동기 부여
  (i) 클라이언트는 문제가 변화되기를 원하는가?
  (ii) 클라이언트를 불편하게 하거나 미래에 대한 희망을 갖게 하도록 클라이언트에게 동기를 부여하는 요인들은 무엇인가?

h. 클라이언트의 역할과 역할 수행
  (i) 클라이언트는 어떤 역할을 수행하는가? (예: 아내, 어머니 등)
  (ii) 역할 수행과 관련된 클라이언트의 문제는 무엇인가?
  (iii) 만족 또는 불만에 관련된 클라이언트의 문제는 무엇인가?
  (iv) 성과 관련된 문제는 무엇인가?

i. 발달론적 고려 사항
  (i) 클라이언트의 출생과 발달력을 조사하시오(예: 어머니의 임신, 발달론적인 중대 시점,
  질병, 충격, 등)

17. 대인 관계 : 가족
  a. "확인된 환자"가 있는가? 있다면, 누구인가?

  b. 문제에 대한 각 가족구성원들의 시각은 어떠한가?

  c. 결혼 상태
    (i) 클라이언트의 성, 데이트, 그리고/또는 결혼 경력은 어떠한가?

(ii) 클라이언트의 친밀한 관계의 특성은 무엇인가?
(iii) 클라이언트가 결혼한 지 얼마나 되었는가?
(iv) 몇 번 결혼하였는가?

d. 가족구조
(i) 클라이언트의 가족 상호작용의 특성은 무엇인가?
(ii) 가족범위, 가족협력, 가족 권력구조, 그리고 가족의 의사소통 패턴을 서술하시오.

18. 대인 관계 : 직장 또는 학교
a. 직업 또는 학년

b. 직장/학교의 만족도
(i) 이 환경에서 성공적인 성취의 지침이 있는가?
(ii) 학년, 급료, 승진, 등에 관련된 문제는 무엇인가?
(iii) 친구/동료들과의 관계를 서술하시오.

c. 직장/학교에서 문제(들)의 영향
(i) 이 환경에서도 문제(들)가 발생하는가? 만약 그렇다면, 클라이언트가 동료, 교사, 사장, 또 다른 권력자들과 어떻게 지내는지를 서술하시오
(ii) 학력/경력이 어떻게 되는가?
(iii) 반사회적인 행동을 한 증거가 있는가?

19. 대인 관계 : 동료
a. 동료/친구의 수에 대한 만족도
(i) 클라이언트의 친구는 누구이며 이 관계의 특성은 무엇인가?

Ⅳ. 환경과 사회지지망

20. 사회서비스 기관의 고려 사항
a. 사회서비스 기관의 상황이 문제/클라이언트에게 영향을 미치는가? (즉, 클라이언트가 기관에서 서비스를 요청하는 것에 대해 부정적인 느낌을 가지고 있는가? 기관이 클라이언트가 접근하기에 너무 멀리 떨어져 있는가? 기관은 사회복지사의 업무 시간, 관심거리, 등 면에서 클라이언트의 문제를 다룰 자원들이 있는가?)

b. 의뢰의 적합성
(i) 의뢰가 클라이언트에게 최선인가? 그리고 만약 그렇다면, 최고의 의뢰 자원은 무엇인가?

21. 상담자의 환경

단, 음식/옷, 오락, 사회적 지지, 교육 기회, 등이 있는가?)

b. 클라이언트가 최근 사용하지 않는 환경 자원은 무엇인가? (예: 가족이나 동료의 지지에의 접근이나 이웃에 있는 기관의 지지)

c. 현재 존재하지 않고 개발될 필요가 있는 환경 자원은 무엇인가? 클라이언트에게 현재 있는 자원에서 부족한 부분은 무엇인가?

V. 측정(전반적인 사정 측정 또는 빠른 사정도구를 사용하시오)

22. 가족 기능수행
23. 배우자(또는 중요한 타인) 기능수행
24. 개인 기능수행
25. 사회적 지지

VI. 요약

26. 사회복지사의 생각
    a. 클라이언트에게 보여주기 위해 문제 영역을 요약하시오. 클라이언트의 피드백을 받으시오.

27. DSM 진단

28. 개입할 표적 문제
    a. 클라이언트와 협의하여 우선 순위 정하기

29. 진행 지침
    a. 클라이언트 변화를 위한 목적은 무엇인가?

30. 기초선
    a. 표적문제의 사전검사나 반복 측정의 결과들

❖ 체계 개념

자신과 가족에 대해 더 많은 것을 알기 위해 그림 3-2의 통합 사정 평가도구를 이용 하여라. 파트너를 정하여 서로의 연구 결과를 검토해 보자. 그 결과로 얻어진 새로운 사실은 무엇인가?

4. 요약

가족체계접근은 가족사회복지사가 상호작용과 관계의 상황 속에서 가족을 사정하도록 한다. 체계론적 접근은 다음 장에서 설명될 발달론적 접근을 보충한다. 발달론적 접근은 가족의 생활주기의 단계를 고려한다. 체계접근과 함께, 가족 생활주기의 각 단계에서 관계는 사정의 중심이 된다.

체계관점에서, 사회복지사는 가족구성원 각 개인보다는 가족 전체로서 가족에 초점을 둔다. 가족은 변화와 안정 사이에서 균형을 이루기 위해서 애쓰고 있다. 구성원 한 사람에게 영향을 미치는 변화는 전체 가족에게도 영향을 미친다. 인과관계는 단선론적이 아니라 "순환적"이다. 가족체계는 많은 하위 체계를 포함하고 있으며 또한 보다 큰 거대 체계의 부분이다.

이 장은 체계접근을 토대로 가족에 대한 정보를 수집하는 도구들을 포함하고 있다. 마지막으로, 통합 기술 사정도구는 체계접근에서 가족을 사정하기 위해서 제시되었다.

제 4 장

가족발달 관점

가족사회복지사는 가족이 어떻게 기능하고 있는지 사정하고 가족이 무엇을 필요로 하는지 규명할 수 있어야만 한다. 이 장에서는 가족체계이론을 토대로 가족생활에서 발생하는 예측 가능한 위기를 이해하는 중요한 이론적 틀인 발달관점을 논의하고자 한다. 대다수 사람들은 아동과 성인의 발달 단계에 익숙해 있지만, 가족발달 단계는 그에 비해 덜 인식하고 있는 것 같다. 가족생활주기 관점은 특정단계에서 일어나는 문제를 규명하는데 도움이된다 (Duvall, 1957; Carter & McGoldrick, 1988). 발달관점에서 가족을 사정하는 것은, 사회복지사가 그 가족이 아동양육에 대한 사회적 기대를 충족시키고 있는지 여부를 이해할 수 있도록 돕는다(Holman, 1983). 가족생활주기의 한 단계에서 다른 단계로 원활하게 발전해 나가는 가족은 많지 않으며, 특히 청소년기와 같은 가족단계 중 위기에서 문제가 발생할 가능성은 높다.

여기에서는 중산층 가족에 전형적인 발달단계를 제시하는 것에서 부터 출발하고자 한다. 이 모델은 가족이 그대로 유지(intact)됨을 전제하는데, 결혼하지 않았거나(never-married) 혹은 이혼한 부모를 포함한 다양한 가족형태에 대해서는 설명하지 못한다. 이를 보완하기 위하여 이 장의 후반부에서 여러 형태의 가족을 주제로 가족발달의 변형에 대해 논의하고자 한다.

1. 발달단계

가족은 상대적으로 예측 가능한 방식으로 성장하고 변화하므로, 가족을 이해하는데 유용한 방법의 하나는 각 발달단계를 검토하는 것이다. 어떤 특정 사건이 어떻게 가족에게 영향을 미칠 것인가를 예측하는 것은 쉽지 않다. 따라서 가족이 전 생애에 걸쳐 경험하게 될 위기의 유형을 규명하는 것이 보다 용이할 것이다. 각 가족은 생애사건에 고유하게 반응하지만, 대개의 가족은 가족구성원의 죽음과 같은 유사한 범주의 발달 위기에 직면하게된다. 모든 가족은 때때로 상실에 대처해야한다. 일반적으로 가족은 결혼, 첫 자녀의 출생 혹은 부모의 은퇴와 같은 출발점 혹은 전환사건에 의해 특징 지워지는 유사한 발달과정을 통해서 발전해 나간다.

각 단계에서 가족은 고유한 발달 이슈, 과업, 그리고 해결해야 할 잠재적인 위기에 직면하게 된다. 가족생활주기를 잘 아는 것은, 사회복지사가 가족이 "고착되어 있는(stuck)" 방식을 규명하고 가족이 움직여 나가는데 도움이 되는 변화를 규명하는데 도움이 될 수 있다.

사회복지사는 가족생활주기에 적응하기 위해서 가족이 어떻게 태도를 변화시키고 관계를 수정해야 하는지 이해할 필요가 있다(Holman, 1983). 가족위기는 예측될 수 있으며, 그 어떤 가족도 이를 비켜나갈 수 없다. 생활주기의 전환기는 가족 스트레스를 증대시킨다. 그리고 어느 시점에서 발생하는 가족문제는 가족이 어느 특정 발달단계에서 기능하는데 어려움이 있음을 제시한다. 모든 가족은 위기에 독특한 방식으로 반응한다. 어떤 가족은 지지체계가 잘 발달되어 있을 뿐 아니라 문제해결 기술과 전략도 훌륭하게 발전시켜 왔지만, 그렇지 못한 가족도 있다. 가족사회복지사가 가족이 직면하는 발달 이슈를 인식하고 있다면, 가족의 이슈, 그 결과로 발생하는 위기, 그리고 이들 이슈를 다루기 위해서 가족이 사용한 대처도구를 사정하는데 있어서 보다 나은 위치를 점유하게 된다. 발달위기 동안 가족사회복지사는 발달 위기와 관련된 어려움에 압도되어 있는 가족에게 필요한 지식, 기술, 전략과 지지를 제공할 수 있다(제8장 참조).

Geismar와 Kriesberg(1996)는 사회기능과 가족생활주기가 직접적으로 관련이 있다고 제시해 왔다. 예를 들어, 경제적, 사회적으로 제약을 갖고 있는 가족들은 생활주기를 거쳐 나감에 따라 더 많은 혼란을 경험하게 된다 가족해체는 가족의 서비스와 자원에 대한 욕구와 서비스와 자원의 이용가능성 그리고 가족의 이용할 수 있는 능력간의 부적합을 시사한다. 경제적, 사회적 및 정서적 자원에 대한 욕구의 증대는 가족의 경제적, 사회적, 정서적 자원에 부담을 준다.

각 가족단계에는 일정의 과업이 수반된다. 새로운 단계로의 전환은 대체적으로 크건 작건 간에 일종의 위기를 수반하게 된다(Petro & Travis, 1985). 각 단계로 전환하는 것이 뚜렷하지는 않지만, 각 전환기는 가족체계가 적응할 것을 요구한다. 예를 들어, 자녀가 성장함에 따라 가족구성원의 역할은 변화한다. 덧붙여 가족경계는 가족구성원들의 변화하는 욕구에 부응하기 위해서 가족생활주기에 걸쳐 조정되어야 할 필요가 있다. 예를 들어, 자녀가 청소년기에 접어들면서 가족경계는 십대들의 변화하는 발달 욕구에 적응하기 위하여 보다 유연해져야 한다. 만약 청소년기에 경계가 너무 경직되어 있으면 부모-자녀간의 갈등을 초래할 가능성이 높다. 반대로 청소년기 동안 경계가 너무 느슨하면 자녀들의 활동에 대해서 적당하게 모니터링을 해 주지 못하게 되고 이에 따라 자녀들이 가족으로부터 지나치게 빨리 분리될 수 있다.

표 4-1에 제시된 가족발달단계는 Carter & McGoldrick(1988), Becvar & Becvar(1993) 그리고 Duvall(1957)의 3개 모델에 근거한 것이다. 가족발달단계는 결혼/파트너되기(marriage/partnering), 첫 자녀의 출생(birth of the first child), 학령전 자녀 가족(families with preschool children), 학령기 자녀 가족(families with school-aged children), 십대자녀 가족(families with teenages), 자녀진수기 가족(families with young people leaving home)으로 기술할 수 있다. 이런 맥락에서 마지막 단계는 가족생활에서 조부모가 중요한 부분을 차지하는 가족과 관련이 있다.

이 가족발달단계 모델은 유용하지만 몇 가지 단점을 가지고 있다. 첫째, 각 가족은 고유하므로 발달단계는 가족에 따라 크게 상이할 수 있다. 둘째, 발달모델은 한 개인, 대체적으로 첫 자녀의 이정표에만 초점을 두는 경향이 있다(Becvar & Becvar, 1993). 이제 부모를 떠나 독립하고자 하는 십대뿐 아니라 새로 태어난 자녀가 있는 가족은 어떻게 분류할 것인가? 가족생활주기에는 많은 변형들이 있으며 이들 중 일부는 상당히 복잡하다(Breunlin, 1988; Eichler, 1987). 예를 들어, Breunlin은 가족 전환을 한 단계에서 다른 단계로 필연적으로 진행해 나아간다 보다는 단계들 사이에서 진동한다고 표현하고 있다.

최근 대안가족 형태가 수적으로 증가하고 있다. 이혼여성의 출산이 점증하고 있다. 덧붙여 많은 가족들이 별거, 이혼 그리고 재혼으로 변화를 겪고 있다. 1980년대 미국에서 출생한 아동의 38%~50%가 부모의 이혼을 경험할 것이다. 가장 흔히 어머니에게 양육권이 부여되고 아버지에게는 상담권이 주어진다

〈표 4-1〉 가족생활주기의 단계들

단계	가족과업
1. 결혼(Marriage)	· 관계에 헌신하기 · 역할과 규칙을 형성하기 · 원가족에서 분리하면서 부부로서 차별화하기 · 구체적이고 개인적인 욕구와 관련하여 타협하고 협상하기
2.학령전 자녀 가족(Familes with young children)	· 부부단위를 삼각형으로 재안정시키기 · 자녀를 수용하고 가족에 통합시키기 · 서로에 대한 그리고 일에 대한 관계를 재고하기
3.학령기 자녀 가족(Families with school-aged children)	· 보다 많은 독립을 허용하기 · 새로운 사회적 제도를 수용할 수 있도록 가족경계를 열기 · 역할변화를 이해하고 수용하기
4. 십대자녀 가족(Families with teenagers)	· 경계를 조정하여 십대의 독립에 대처하기 · 개인의 자율성에 대한 새로운 개념에 적응하기 · 규칙변화, 한계설정 및 역할타협
5.자녀진수기 가족(Families with young people leaving home)	· 십대에게 학업과 직업 훈련을 통하여 독립된 생활을 준비시켜주기 · 청년의 독립을 수용하기
6. 중년기 부모(Middle-aged parents)	· "빈둥우리(empty nest)" 에 적응하기
7. 노년가족성원(Aging family members)	· 손자녀와 자녀의 배우자들과의 관여 · 노화문제에 대처하기

출처: Becvar & Becvar, 1993; Carter & McGoldrick, 1988; Duvall, 1957에서 인용.

(Curtner-Smith, 1995). 많은 가족에서 부모가 모두 직장생활을 하고 있으므로 아동보호 방법이 강구되어야 한다. 어떤 부부는 자녀가 없는 상태로 남아있기를 선호하고, 어떤 부부는 자녀를 갖는 것을 40세 이후로 미루기도 한다. 배우자의 역할은 흔히 더 이상 전통적인 성 역할에 근거하지 않으며 사회의 변화는 한 때 우리 역사의 주류에서 배제되었던, 예를 들어 동성애 부부에 의한 부모역할과 같은 변화된 가족구조를 초래하고 있다. 마지막으로 변화하는 가족생활주기에 내재한 이슈로써 일차적 보호제공자로서의 조부모의 관여, 노후에의

부모역할 그리고 세대간 가족구성을 포함시키고자 한다(Helton & Jackson, 1997). 가족발달에서 나타나는 다양성은 이 장의 후반부에서 논의할 것이다.

인종적 배경이 서로 다른 가족에서는 "전형적" 가족생활주기에서 보여지지 않는 문화적 변이가 나타난다. 예를 들어, 아프리카 아메리카계 가족은 확대 친족망-흔히 한 가구 이상을 포함하는-으로 구성될 수 있다. 몇 가족이 한 지붕 밑에서 살 수 있고 아동들은 그들이 태어난 가구와 다른 친척집에 거주할 수 있다. 최근 미국으로 이민 온 가족에서는 흔히 먼저 미국으로 건너온 세대가 새로 온 가족에게 통제권을 구사하고 집합적 단위로 기능하는 문화적 변이를 나타내고 있다(Lum, 1992). Lum은 또한 소수민족 가족의 집합적 상호의존성은 흔히 전체 가족 단위에 어떤 영향이 미치는가에 근거하여 가족원이 의사결정을 내리기 때문에, 부모, 자녀, 조부모 그리고 확대가족의 다른 성원들 간의 세대간 연계를 사회복지사가 철저히 사정해야 한다고 제시한다.

다음 사례는 가족이 전환시기에 직면할 수 있는 위기들을 예시해 주고 있다.

40대 초반의 Lee가족은 부부인 Sam과 Lark 그리고 7살, 9살 그리고 14살인 세 딸로 구성되어 있다. Lee 부부가 가족사회복지기관에 도움을 요청하게 된 것은 14살 딸 Mary의 문제 때문이었다.

Sam과 Lark는 모두 중국본토에서 출생하였고 캘리포니아 대학에서 재학 중에 만나게 되었다. Lee부는 "전통적인 중국 생활양식"을 즐긴다고 말하였다. Sam과 Lark는 그들의 자녀가 중국배경과 문화를 이해하고 존중하기를 바라는 헌신적인 부모이다.

가족의 문제는 Mary가 중학교에 입학하면서 시작되었다. Mary는 여러 차례 친구들과 어울리기 위해 학교를 결석하였으며, 부모의 희망에도 불구하고 여러 차례 가족행사에 불참하였다. 부모가 Mary의 잘못된 행동을 고치려고 노력하였을 때 그 아이는 흥분해서 부모에게 소리를 지르기 시작하였다.

지난 주 부모와 논쟁하면서 보인 Mary의 반응은, 이 가족이 기관에 도움을 요청하는 계기가 된 사건이었다. Mary는 그 날 밤 이층 창문을 넘어서 집을 나갔다. Mary는 그 후 5일 동안 여러 친구의 집을 전전하며 지냈고, Sam과 Lark는 이에 대해 몹시 화가 나있다.

Mary는 가족사회복지사 사무실에 부모와 함께 왔지만, 사회복지사에게 부모의 권위주의적 양육방식에서 좀 더 자유가 필요하다고 말한다. 친구의 부모와 비교할 때 Mary는 자신의 부모가 구식이고 공정치 못하다고 느낀다. Mary는 또한 부모를 매우 사랑하지만, 부모와 같이 전통적인 중국문화에 애착을 느끼지 못한다고 설명한다.

가족사회복지사는 Lee가족의 상황을 발달관점에서 사정하고, 자녀가 청소년기에 들어서면서 흔히 발생하는 발달의 이슈뿐 아니라 세대간의 가치갈등을 가진 가족으로 조명하였다.

1) 결혼/ 파트너되기

서구사회에서 대부분의 청년들은 결혼하기 이전에 원가족에서 떠나게 된다. 이 생활 단계에서 가족원은 자신의 부모에서 분리하여 친밀한 동년배 관계를 발전시키면서 직장생활을 시작하게 된다(Holman, 1983). 그러나 오늘날 중산층 가족의 청년은 높은 교육 요구, 취업기회의 결여 그리고 전반적인 경제적인 어려움 때문에 부모와 함께 더 오래 살고자 하는 경향이 있다. 또 다른 경우, 원가족에서 너무 일찍 분리되고, 집에서 가출하여 학업을 중단하고 저임금 미숙련 업종에 취업하기도 한다. 한 개인이 어떻게 원가족에서 떠나는 지는 생애 나머지 부분에 지대하게 영향을 미칠 것이다. 물론 나중에 학업을 계속할 수 있지만 일단 가족을 책임지게 되면 학업을 지속하기는 더욱 어려워진다. 따라서 청년들이 독립하는 시기와 방법 그리고 그들이 획득하는 교육과 직업기술의 범주는 다양하다. 또한 원가족에서 분리되는 정도에도 차이가 있을 것이다.

가족생활주기의 각 단계는 역할과 과업에서 적응을 요구한다는 점에서 위기의 전환시점이다. 변화는 가족이 충족과 만족에 도달하기 위해서 해결해야만 하는 스트레스와 갈등을 초래한다. 새로 파트너가 된 부부에게 있어서, 세 가지의 주요 과업은 서로가 만족할 수 있는 관계의 수립, 확대가족(새 파트너를 수용해야만 하는)과의 관계의 재조정, 그리고 부모기(parenthood)에 대한 의사결정이다. 사람들은 성장하면서 습득한 생활 방식을 새로운 관계에 가져오게 된다. 새로운 관계로 접어들면서, 부부는 가족생활의 모든 영역에 있어서 각자가 그동안 익숙해온 방식에 따라 첨예하게 대립될 수도 있는 서로 다른 삶의 방식에 직면하게 된다. 부부는 재정관리, 가사유지, 사회 및 여가활동 그리고 시댁 혹은 처가와의 관계를 포함한 대다수 생활양상에서 타협해 나갈 필요가 있다.

다른 사람과 관계를 형성한다는 것은, 그것이 결혼이건 혹은 상호합의에 의한 것이건 간에 적응, 타협 그리고 노력을 요구한다. 또한 상대방의 행동, 감정, 습관 그리고 가치에 적응해야만 한다. 확대가족, 재정의 공유, 상충되는 욕구, 소망 그리고 생활패턴에 대한 적응은 결혼을 성공하기 위해서 반드시 해결해야만 하는 과제가 있음을 현실적으로 드러낸다. 가족사회복지사는 부부관계에 대한 만족, 확대가족과의 관계 그리고 부모기에 대한 합의를 사정해야만 한다. 가족사회복지사가 부부관계를 사정하는데 있어서 결혼만족도 척도를 사용하는 것은 유용할 것이다(Hudson, 1982) 참조).

첫 번째 가족 생활주기단계 동안 몇 가지 측면에서 문제가 발생할 수 있다. 원가족에서 성공적으로 독립을 성취하지 못한 배우자는 취약한 새로운 관계를 위협하는 분열된 충성심(divided loyalties)을 경험할 것이다. 유사하게, 독신자로서 사회생활을 지속하고자 하는 배우자 또한 관계에 스트레스를 가져올 것이다. 또한 부부가 예상 밖으로 빨리 자녀를 가지게 되면서 부부관계에 관한 핵심적 합의를 도출해 낼 시간을 거의 갖지 못할 수도 있다.

2) 첫 자녀의 출생

부모기(parenthood)는 생활양식에 변화를 요구하는 주요한 인생 격변기이다. 왜 사람들이 자녀를 갖는가는 많은 부모에게 수수께끼이지만 Satir(1967)는 사회의 기대를 충족시키는 것, 불멸의 감정을 획득하는 것 그리고 부모의 과거 이슈를 전해 주는 것을 포함해서 여러 가지 이유가 있다고 지적한다. 가족사회복지사가 부모와 함께 자녀를 갖는 것과 연관된 이유와 기대를 규명해 보는 것은 도움이 된다.

일부 사람에게 있어서, 첫 자녀의 출생은 중대한(대체적으로 일시적이지만) 가족 적응시기를 초래하는 위기이다(LeMasters, 1957). 일단 사람들이 자녀에 대한 책임을 수용하면 서로에게 뿐 아니라 자녀에게 공동적으로 헌신하면서 여러 해 동안 책임을 지속해서 수용한다. 자녀의 출생은 가족생활을 복잡하게 하고 부부에게 급격한 변화를 초래할 수 있다. 예를 들어, 연구에 의하면 첫 자녀 출생 후 부부만족은 일단 감소한다(Spanier, Lewis & Cole, 1975). 그렇다면 이 단계의 첫 번째 위기는 자녀의 출생을 준비하고 이에 적응하는 것이며 부모가 되는 것과 연관된 헌신과 두려움에 관련된 갈등을 해결하는 것이다.

Satir(1967)는 자신의 정서적 욕구를 충족하기 위해 자녀를 갖게 되면, 자신의 욕구보다 자녀의 욕구가 더 긴급하다는 것을 발견하게 되는 함정에 빠지게 된다고 지적한다. 처음으로 부모가 되면 결혼의 존재를 위협할 수 있는 보호제공 역할에 관한 갈등을 경험할 것이다. 연구에 따르면, 부부관계를 성공적으로 타협해 낸 부부가 자녀를 갖는 것에 보다 쉽게 적응한다고 지적한다(Lewis, 1988).

첫 자녀의 출생과 더불어 여러 가지 부모역할이 갑자기 요구된다. 자녀를 갖는 것은, 생활양식(레크리에이션, 직업의 선택)의 자유를 상실하는데서 오는 안타까움을 수반하는 어려운 적응이다. 자녀출산이전에 부모는 자아탐닉, 직업개발 그리고 부부결속을 위한 기회를 가졌다. 그러나 자녀의 출생과 더불어 이전의 삶의 양식은 변화한다. 갑자기 부부는 그들을 위한 혹은 각자를 위한 시간과 돈은 줄어들고 반대로 책임은 늘어나는 것을 발견하게 된다. 신생아의 부모노릇은 시간과 에너지를 필요로 하며, 새로운 수준에서 자기희생과 자아부인(self-denial)을 요구한다. 자녀의 욕구는 부모의 욕구에 우선하게 되며, 이로 인해 새로 부모가 된 많은 사람들이 적응에 어려움을 경험한다. 자신의 욕구를 채우는데 어려움을 가진 사람은 다른 사람의 욕구, 특히 어린 자녀의 욕구를 충족시키는데 곤란을 겪게 된다. 신생아가 가져오는 스트레스는 대단한 것이며 가족 안전성을 위협하게 된다.

"결속(bonding)" 혹은 "애착(attachment)"이라는 개념에 대해 많은 관심이 주어져 왔다. 대다수 병원들은 이제 부모-자녀 결속을 격려하기 위해서 출생 직후 부모와 자녀간의 지속적 접촉을 권장하고 있다. 또한 병원은 자녀분만시 아버지가 함께 참여하도록 권장한다. 그럼에도 자녀의 초기 인생단계에서는 전형적으로 어머니가 주로 아동의 보호책임을 맡게 된다

한밤중에 우유를 먹이고 기저귀를 갈아주느라고 수면패턴이 깨어졌을 때 이

성적으로, 인내심 있게, 일관성 있게, 그리고 유쾌하게 행동하기는 어려운 일이다. 자녀의 출생은 부모 모두에게 적응을 요구한다. 부부관계의 긴장에서 부모 중 어느 한편 혹은 양편 모두는 서로에게 방임되거나 잘못 이해되었다고 느끼는 결과를 초래할 수 있다. 배우자뿐 아니라 자녀의 욕구를 충족시키는 것은 자녀 갖기를 희망했던 부부에게조차 많은 노력을 필요로 한다.

사회는 부모들에게 부모기술 혹은 아동발달에 대한 어떤 교육도 받지 않은 채 아동의 욕구를 충족시키는 지식과 기술을 자동적으로 갖출 것을 기대한다. 이로 인해 부모기에 적응하는 것은 더욱 복잡해진다. 새로 부모가 된 대다수의 사람들은 아직까지도 그들의 부모와 "성인 대 성인"으로서 관계를 재정립하고자 노력하고 있는 시점에서 동시에 자녀양육에 관해 부모에게 조언을 받아야 하는 입장에 놓이게 된다. 더욱이 조부모 또한 부모기에 대한 준비가 거의 되어 있지 않을 수 있다.

이 단계에서 부모는 상호 만족하는 상호 부모-자녀관계를 발달시켜야 한다. 자녀가 타인을 신뢰하는 것을 배우도록 돕기 위해서, 부모는 자녀의 욕구를 충족시키는 신뢰할 만한 대상이 되어야 한다. 부모와 자녀가 모두 관계에 대해 좋게 느껴야 할 필요가 있지만 신생아가 부모에게 미소, 웃음 혹은 옹알이를 통해서 보상하지 않을 때 상호관계는 어려워진다. 새로 부모가 된 사람, 특히 그들 스스로 채워지지 않은 부모는 초기 자녀와의 관계가 가지는 일방적인 성격 때문에 좌절을 경험하게 된다.

다시 한 번 가족생활주기 단계에 대한 기술은 전형적인 상황을 토대로 하고 있다. 장애를 가지고 출생한 자녀는 대개 가족에게 스트레스를 주며 가족은 특수한 욕구를 가진 자녀를 돌보는데 필요한 적당한 자원과 기술을 갖고 있지 않을 수 있다. 한 배우자가 불임인 경우, 부부는 불임치료를 할 것인지, 자녀를 입양할 것인지 혹은 자녀가 없는 상태로 지낼 것인지를 결정해야 할 수도 있다. 만약 부모가 모두 취업한 상태라면, 부부 중 한 사람이 자녀를 보호하기 위해 집에 남아 있을 것인지를 결정해야 한다. 대체적으로 이 결정은 여성이 직장으로 복귀하든 복귀하지 않든 간에 여성에게 더 큰 영향을 미친다. 일자리로 돌아가게 되더라도, 여성은 흔히 자녀에 대한 책임을 지게 된다. 만약 가정에 머물게 되면 경제적 능력은 감소하고 직장생활은 중단된다. 빈곤한 가족 혹은 많은 사회문제를 가진 가족에서 태어난 아동은 이미 가족이 가지고 있는 스트레스를 악화시킬 수 있다.

처음 신생아는 한번에 단지 한 사람, 가장 흔히 어머니와 상호작용 한다. 아동이 성장함에 따라 관계는 점차 보다 많은 사람과 보다 많은 상황을 포괄한다(Garbarino, 1982). 아동은 관계의 다양성을 수반하는 다양한 가족생활로부터 혜택을 누리게 된다. 다시 말해서, 아동의 삶에서 "사회적 풍요"는 관계가 다변화되고 상호적이고 지속적일 때 확장되어진다(Garbaniro, 1982).

3) 학령전 자녀 가족

그간 전적으로 의존할 수밖에 없었던 아동은 곧 보다 활동적이고 독립성을 추구하게 된다. 운동기능이 향상됨에 따라 아동은 층계에서 뛰어내리거나 변기 위에 기어올라가는 것을 포함하여 온갖 것을 시도해 본다. 슈퍼영웅을 흉내내기 위해 슈퍼맨 잠옷을 입고 아동은 가구에서 무모하게 뛰어내리기도 한다. 아동의 에너지는 무한한 것처럼 보인다. 동시에 부모의 에너지는 고갈되고 부모자녀관계는 사생활의 결여로 긴장될 수 있다. 어린 아동은 새로운 경험-달, 개, 혹은 다른 아동-을 기쁨으로 받아들인다. 걸음마기의 아가(toddler)는 성인들이 당연시하는 자극을 흠뻑 받아들이고, 새로운 경험은 아동의 인지능력을 향상시키는데 기여한다. 불행히도 이러한 아동의 탐구능력은 안전에 대한 의식이 부족하기 때문에, 부모들은 언제 어느 때 사고가 발생할 까 긴장하고 경계하게 된다. 이 시기에 부모의 감독이 부적절하게 이루어질 때 아동에게 위험이 될 수 있다. 부모가 충분한 인지적 자극을 제공하는데 실패하는 것 역시 마찬가지이다.

부모는 이 단계 동안 아동의 안전에 관심을 기울여야 하며 안전을 보증하는 동시에 수용할 만한 양의 자극을 제공해야 한다. 부모에게 있어서 독립성을 격려하면서 동시에 아동을 보호하는 것은 어려울 수 있다. 부모는 너무 많은 독립을 허용함으로써 아동을 위험에 처하게 하거나 혹은 너무 보호적이라서 발달을 저해할 수 있다.

부모의 에너지 수준 또한 이슈가 될 수 있다. 때로 부모는 에너지가 고갈되어서 부주의하거나 경직되기도 한다. 첫 번째 자녀가 아직 학령전 아동일 때 두 번째 자녀가 출생하면 부모의 에너지 고갈은 심각해 질 수 있다. 가족역동에 있어서 이런 변화는 첫 자녀에게는 반갑지 않은 일이고, 이에 따라 형제자매간에 경쟁의식이 생기고 그로 인해 부모의 스트레스는 보다 가중될 수 있다. 부모의 관심을 끌려고 노력하는 첫 자녀의 인지능력이 향상됨에 따라 스트레스가 보다 심화될 수 있다. 예를 들어 3세 아동은 기발한 전략을 써서 새로 태어난 아가에게서 부모의 관심을 떼어내려고 노력할 것이다. 새로 태어난 동생에게 젖먹이는 동안 아동은 부엌 싱크대에 목욕물을 받거나 카페트에 오줌을 누는 등의 행동을 할 수 있다. 부모 관심의 중앙무대에 서고자 하는 아동의 이런 노력은 부모에게 스트레스를 가중시키게 된다. 이 가족발달 단계에서 아동은 점차 일, 놀이와 사랑을 강조하는 복잡한 사회관계를 발달시킬 필요가 있다(Garbarino, 1982). 아동이 다양한 의미 있는 타자와 접촉함으로써 부모에게서부터 점차 형제자매에게로 그리고 동년배 집단으로 관계를 확장시키는 것이 가장 적합한 발달이다.

4) 학령기 아동 가족

첫 자녀가 학령기 연령에 도달하면 아동의 학교 및 과외활동에 따라 가족패턴은 다시 변화된다. 부모로부터 분리하고 재결합하는 일상의 과정은 대체적으로 아동이 학령기 연령에 도달하는 시점에 수립되어지는데, 대다수 유치원은 분리되는 첫 번째 주요한 단계에 대한 태세가 갖추어져 있다. 이 단계에서의 가족과업은, 아동이 동년배 그리고 부모 이외의 권위적 인 인물과 협동적으로 상호 작용하는 공적인 학습상황에 적응하도록 지지하는 것을 포함한다.

일부 부모는 학령기 아동의 양육은 마치 택시서비스를 운영하는 것 같다고 생각한다. 야구연습, 수영강습, 학교모임 그리고 수많은 다른 활동은 모든 가족원에게 매우 시간 소모적이다. 이 단계를 타협하는데 요구되는 기술에는 가족구성원을 조직하고 협동하고 지지하는 것이 포함된다. 이 단계에서 가족 소득수준의 차이는 놀라울 정도로 분명해 지며, 일부 아동은 그들의 학우가 보다 많은 것을 소유하고 보다 많은 활동에 관여되어 있음을 깨닫게 된다. 설사 같은 학교에 다닌다 하더라도 어떤 학우는 다른 친구들에 비해 보다 많은 옷, 장난감, 레크리에이션 서비스에 접근할 수 있는 경제적 여유를 가질 수 있다. 가족에게 영향을 미치는 또 다른 차이점은, 서로 다른 사회경제적 배경을 가진 아동들이 섭취할 수 있는 음식의 종류와 양에 있다. 영양가 있는 아침식사를 못하거나, 혹은 점심에 먹을 것이 충분하지 못한 아동은 수업하는데 불리하다. 사치는 차지하고라도 아동들에게 기본적인 것을 제공할 수 없는 부모는 아동이 학교에 들어갈 때 흔히 부적당함을 느끼게 된다.

일부 부모는 아동이 학교에 가도록 하는데 들어가는 노력에 압도될 것이다. 매일 아침마다 자녀를 학교에 보내기 위해 준비하는 것은 주요한 과업이 된다. 제 시간에 아동이 집을 나설 수 있게 하는 것은 지치는 일일 수 있다. 아동뿐 아니라 부모 역시 직장에 출근하기 준비해야 할 때, 특히 부모가 아동보다 먼저 집에서 떠나야 할 때 상황은 더욱 복잡해진다.

아동이 학령기 연령에 도달하면, 일하는 부모는 적당한 방과후 보호 수단을 강구해야 할 필요에 직면한다. 여기에는 학교시간 이전과 이후, 방학기간과 공휴일 그리고 기타 학교 휴일에 아동을 보호하고 감독하는 수단이 포함된다. 이 요구를 충족시키는 것은 어렵다. 만약 장치가 부적당하면 아동은 가정과 거리에서 잠재적 위험에 취약하게 된다. 저소득부모에게 방과후 보호는 너무 비싸게 느껴질 것이며, 아동보호에 필요한 적당한 소득이 부족하거나 혹은 확대가족의 지지가 결여되어 있어서 안전한 방과후 보호장치를 마련하기 어려울 것이다. 아동이 학교에 있지 않을 때 책임 있는 성인이 아동과 함께 있어야 하지만, 너무 많은 아동은 방과후에 빈집으로 귀가하게 된다. 흔히 목에 집 열쇠를 매달고 다니기 때문에 이런 아동들을 현관문 열쇠 아동이라고 부른다.

노동시장에서 어머니이면서 근로자인 여성의 수적 증가는 제2차 세계대전

종료 이후 발생한 혁명이라고 간주되기조차 한다. 이 숫자는 지난 10년 간 꾸준히 증가해 왔다. 30세 이상의 여성과 비교해 볼 때 새로 어머니가 된 젊은 여성들은 자녀와 함께 가정에 머물 가능성이 높다. 대학교육을 받은 어머니는 편부모가 그러하듯이 직장으로 돌아갈 가능성이 높다. 마지막으로 아프리카 아메리카계의 새로 어머니가 된 여성은 스페인 계통의 어머니에 비해 자녀출산 후 1년 이내에 직장으로 돌아갈 가능성이 크다(Hunter College Women's Studies Collective, 1995).

양편 부모 모두가 취업한 것은 가족생활에 지대한 영향을 미쳤다. 부모는 직무책임, 자녀양육 과업 그리고 가사를 감당하면서 동시에 자신의 개인적인 욕구를 충족시켜야 하는 굉장한 도전에 직면하게 된다. 편부모는 흔히 경제적 자원이 상대적으로 취약하며 모든 가사 및 자녀보호 책임을 홀로 감당해야 하기 때문에 더욱 부담을 갖는다.

편부모가족에서건 부모가 모두 취업하고 있는 가족에서건, 아동은 감독 받지 않은 채 집에 남겨질 수 있다. 아동이 혼자 집에 남아 있으면 다칠 가능성이 높아진다(Peterson, 1989). 그들은 불안과 두려움에 취약할 수 있다. 이상적으로 어린 아동은 감독되지 않는 채로 남겨져서는 안 된다. 이것이 가능하지 않을 때 아동에게는 요리에 관한 규칙, 전화와 현관 벨에 대답하는 것 그리고 응급시에 해야 할 일을 포함하여 안전에 관한 명시적 지시가 주어져야 한다. 감독 받지 않은 채로 아동이 혼자 있을 수 있는 시간의 길이는 위험의 종류뿐 아니라 아동의 연령과 능력에 달려있다.

이 단계 동안 또 다른 부모의 과업은, 아동이 학교 환경에서 생존하는데 필요한 기술과 태도를 습득하도록 돕는 것이다. 현대 사회에서 학교에서의 성공은 인생에서의 성공과 직결된다. 아동이 학교에서 성공하도록 돕기 위해서 부모는 "학문적 문화(academic culture)"를 조성해야 하며 공부에 관해 긍정적인 태도를 표명해야 하다(Garbarino, 1982). 부모는 아동이 학교라는 새로운 세상을 해석하도록 도울 수 있으며, 아동이 무엇인가를 성취하였을 때 이를 강화시켜 줘야 한다. 한편 부모는 아동이 학교의 스트레스에서 벗어나 돌아올 수 있는 안전한 장소를 제공할 수 있다. 무엇보다도 부모는 아동이 학습에 대해 책임지는 것을 배우도록 도울 수 있다. 지식을 소중히 여기는 가치는 부모가 아동에게 줄 수 있는 선물이다. 아동이 학교에서 잘 해 나갈 수 있도록 돕는 최선의 방법은, 아동이 숙제를 하도록 기대되는 저녁시간에 규칙적인 일상을 수립해 주는 것이다. 다시 말해서 이는 TV를 끄고 집중할 수 있도록 집안에 조용한 장소를 확보해 주는 것을 의미한다.

이 가족주기 단계 동안 부모는 아동이 관련하고 있는 제도들과 강한 연계를 가져야 한다. 학교의 가치를 아는 부모는 그렇지 않은 부모에 비해 학문적 성공을 격려할 가능성이 크다(Garbarino, 1982). 다시 말해서 학교와의 긴밀한 유대는 아동이 앞으로 인생에 대비하여 능력과 기술을 발달시키는데 도움이 될 것이다.

5) 십대자녀 가족

청소년기는 흔히 가족에게 있어서 혼란기이다. 이는 가족뿐만 아니라 청소년에게도 급격한 변화의 시기이다. 청소년은 성인기를 향해 움직여 나가고 온 세계가 이를 알아주기를 기대하는 듯하다. 십대는 스트레스가 심한 시기라는 대중가요의 가사에도 불구하고 대다수 십대는 그 이전의 발달단계에서 경험했던 것 이상의 어려움을 겪지 않는다. 만약 문제가 있다면 이는 사춘기의 피할 수 없는 결과이기보다는 가족 스트레스의 열매일 가능성이 더 크다.

일반적으로 이 시기 동안 가족의 과업은, 청소년들이 성장해서 궁극적으로 가족을 떠나 독립하는 것을 가능케 하는 기술을 습득하도록 돕는 것이다. 부모는 보다 큰 책임과 독립을 허용하는 것을 포함해서, 일하는데 필요한 습관을 발달시킬 수 있도록 보조한다. 또한 청소년은 성적 관계(sexual relationship), 부모의 "반향판(sounding board)" 역할에 의해 촉진되는 과정에 관해 배우게 된다.

많은 청소년 "문제들"은 독립과 자율을 향한 십대들의 잘못된 시도를 대변한다. 이 시기동안 청소년은 그들 자신을 정의하고 독자적인 결정을 내리고자 분투한다. 그러나 부모는 "문제" 행동이 정상 발달의 한 부분이라는 사실을 인식하지 못하고 부적절한 옷차림, 화장, 언어도단적인 태도, 가족규칙에 대한 불복종에만 초점을 둘 수 있다. 청소년은 어느 날은 귀가 따가울 정도로 크게 음악을 틀어놓는가 하면 다음 날에는 조용하고 위축되고 생각에 잠기는 식으로 예측키 어려운 행동을 보일 수 있다. 아마도 가장 위협적인 사실은 과거에 말을 잘 듣던 자녀(만약 부모가 그런 자녀를 가졌었다면)가 어느 날 부모에게 도전하고 논리를 따지는 것이다. 순종적이던 자녀가 갑자기 사실과 모순이 되는 듯한 독자적인 논리를 펼칠 수도 있다. 부모는 과거 순종적이고 사랑스럽고 부모의 지도와 방향을 수용하던 자녀가 도전해 올 때 불편 혹은 위협을 느낄 수 있다.

흔히 청소년기에 수반되는 분쟁에도 불구하고 십대는 또한 기쁨이 될 수 있다. 성장과정을 이해하기 어렵고 지켜보기에 낯설기도 하지만 그 결과는 무척 건강하다. 십대는 이 시기동안 지지와 격려를 필요로 한다. 부모에게는 어느 정도의 틀을 유지한 채로 독립을 위한 자녀의 분투를 지지해야 하는 어려움이 따른다.

청소년기는 모순의 시대이다. 청소년은 성인기를 향해 분투하면서 그 이전의 모든 발달 단계를 점검하고 반복하게 된다. 과업에는 다른 사람을 신뢰하는 것을 배우는 것, 안정된 정체감을 획득하는 것, 생의 목적에 따른 의문점들을 해결하는 것이 포함된다. 청소년들이 미래 방향을 설정하고자 시도하는 새로운 역할을 담당하게 되면서 친밀감, 관계, 도덕성, 동년배 유대 그리고 인생의 목적에 관한 질문들은 중요하다.

의미 있는 발달 이슈 중 하나가 성적 성숙(sexual maturation)인데, 여기에는 흔히 강하고 빈번하게 상충된 감정이 수반된다. 어느 날 갑자기 청소년은 전혀 다른 신체로 성장한 것 같기도 하고 때로 이런 변화는 두려울 수도 있다. 과업은 새로운 자아 이미지를 발달시키는 것이지만 자아에 관한 새로운 관점은 비참할 정도로 취약하다. 많은 젊은이들이 청소년기를 자의식과 자아반추의 시기로 간주하는 것은 놀라운 일이 아니다.

십대는 그 이전에 가졌던 것보다 많은 특권과 자유를 요구하지만, 아직도 자신의 행동에 대한 책임감은 거의 없을 수 있다. 이 단계에서 친구들로부터의 승인을 부모의 승인보다 선호하기 때문에 많은 행동은 동년배 기준에 의거하게 된다. 부모는 순진하고 당황스러울 정도로 감각이 없고 구식이라고 간주된다. 급격한 변화는 이 단계 동안 부모의 역할이 그 이전 단계와는 다르다는 것을 시사해 준다. 부모의 역할은 필요할 때 지지를 제공하고 필요하지 않을 때 물러서 주는 것이다. 이러한 것을 경험하는 사람에게는 고통스럽기는 하지만 현명한 부모라면 필요한 경우를 제외하고는 간섭하지 않는다.

청소년이 동년배와 긴밀한 관계를 수립하게 되면서 가족과의 유대는 느슨해지는데, 이는 일부 부모에게는 받아들이기 어려운 전환이다. 십대는 보다 큰 독립, 자유 그리고 책임을 지향하면서 가족단위의 울타리 안에 남아서 독립하기 위한 준비로 기술을 발달시킨다. 불행히도 일부 십대는 독립에 필요한 기술을 발달시키기 위한 기회를 가지기 전에 너무 빨리 가정을 떠난다.

❖ 당신의 청소년기

당신 자신의 청소년기를 반추해 보고 가족에서 무슨 일이 일어났는지 그리고 당신의 십대(혹은 형제자매의 십대)는 가족체계를 어떻게 변화시켰는지 기술해 보시오.

6) 자녀진수기 가족

청년이 독립함에 따라 가족의 규모는 축소되고 부모의 책임은 변화된다. 청년들은 영구적으로 집을 떠나는 것으로 귀결되는 일련의 점진적 단계를 거쳐서 독립을 하게 될 것이다. 이는 청년들이 떠났다가 돌아오기를 여러 차례 반복하는 전진-후퇴과정(back-and-forth process)일 수 있으며, 부모입장에서 이 전환은 복합적 반응을 야기할 수 있다. 반응은 환희에서부터 슬픔의 범주에 걸쳐 있거나 혹은 이 두 가지가 결합될 수 있다.

부모는 노화과정과 서로의 관계가 변화하는 것을 경험하면서 위기에 직면할 수 있다. 이제 성인자녀가 있는 부모는 늙어간다는 사실을 더 이상 부정할 수 없다. 부모가 성인으로서 삶의 대부분을 자녀에게 집중해 왔다면, 막내가 독립한다는 것은 특별한 위기를 초래할 수 있다. "빈둥우리(empty nest)" 에 적응하는 것은 부모가 자녀에게 집중시켰던 전통적인 초점을 대체할 것을 요구한다. 어떤 사람은 성인자녀에게 손자녀를 낳도록 압력을 주기도 하고 일부는 새로운 취미생활을 하거나 혹은 취업기회를 찾기도 한다. 일부는 이 세 가지 모두를 추구하기도 한다.

이 단계 동안 청년인 자녀는 그들 스스로 기능할 수 있는 독립된 성인으로서 스스로를 세워나가는데 초점을 둔다. 일부는 그들 자신의 가정을 꾸려 나가려고 노력하게 될 것이다. 만약 일찍 가정을 떠났거나 일찍 자녀를 가졌다면 이런 노력에는 심한 스트레스가 수반될 수 도 있다. 반면 취업을 하거나 고등교육을 받는데 따른 어려움으로 많은 청년들이 독립을 늦추게 되는데, 이 또한 부모에게 스트레스가 될 수 있다. 부모에 대한 지속적 의존 때문에 독립을 위한 행보가 타협되어진다.

언제 자녀가 독립할 준비가 되는가? 이 질문에 답하는 것은 쉽지 않다. 몇몇 자녀들은 청년이 되었을 때 준비를 갖추기도 전에 자연스럽게 집을 떠난다. 일부는 어려운 가족상황에서 도피하기 위하여 집에서 가출할 수도 있다. 반면 중산층 가족에서는 자녀들이 학업을 계속하느라고 집에 머물러 있게됨에 따라 청소년기는 십대를 넘어서 지속된다고 지적되고 있다. 많은 중산층 부모는 고등교육을 위해 자식을 멀리 보낼 수 있는 경제적 여력이 더 이상 없을 수 있다. 그러나 서구 산업화된 국가에 있어서 블루칼라 직종이 점차 희소해 짐에 따라 고등교육이 강조되지 않는 가족의 청년은 어려움에 직면한다(Garbarino, 1982).

7) 노후부모에 대한 이슈들

이 책에서 가족사회사업은 자녀가 함께 동거하고 있는 가족에 주안점을 두고 있다. 따라서 그 외의 가족 발달단계에 대해서는 간략하게 언급할 것이다. 다음은 더 이상 자녀와 함께 살지 않는 중년부모에 대해 기술하고자 한다. 중년부부의 주요 과업은 부부로서의 자신들을 재확립하는 것이다. 이들은 배우자 관계에 있어서 새로운 역할과 규칙을 발견하면서 새로운 연애단계에 접어 들 수 있다. 그러나 이 단계에서, 부부를 함께 묶어 주었던 자녀가 없는 상태에서 같이 살아야 할 이유를 발견하지 못하는 부부에게는 어려운 시간이 될 수 있다.

마지막 단계 노년 가족의 단계는 부부 중 한 사람이 사망할 때까지 지속된다. 부부는 늙어 가는 것과 죽음에 직면하는 것에 적응해야 한다. 이 단계에서 친구들이 사망하거나 혹은 건강상의 이유로 양로원 혹은 병원에 들어갈 수밖에 없는 상황에서 부부는 고립될 수도 있다. 만약 부모가 경제적으로 곤란하다면 이 단계는 더욱 어려울 수 있다. 부부에게 잠재적 스트레스가 되는 또 다른 상황은, 노인인 부부가 성인자녀의 집에 함께 거하게 되는 최근 추세에서 발견된다. 이 역할전환은, 성인자녀가 늙은 부모의 보호제공의 역할을 담당하는 모든 사람에게 스트레스가 될 수 있다.

중년부부 혹은 편부모는 노년의 부모뿐 아니라 자녀까지 돌보게 될 수 있다. 이런 성인 보호제공 자녀는 "샌드위치 세대"라고 지칭되어져 왔다. 이 역할은 사회적 이동이 적고 확대가족이 함께 거주하던 과거에는 흔한 일이었다. 그러나 부부 모두가 전일제 직장을 갖고 있는 오늘날의 사회에서 이는 더욱 어렵다.

지금까지 언급한 가족의 발달단계는, 가족은 자녀가 있으며, 부모는 생애 동안 부부관계를 유지하고 있다는 등의 전제를 토대로 일반화한 것이다. 그러나 실제로는 이와 다른 상황이 많은 가족에서 일어나고 있다. 이혼율은 높은 수준을 유지하고 있으며, 편부모가족, 혼합가족의 숫자는 증가하고 있고, 결혼이 늦어지면서 가족으로서 함께 하는 년수가 감소하고 있다. 또한 자녀가 없는 상태로 남아있는 부부의 수도 증가해 왔다. 이런 요인들 각각은 가족과 함께 일할 때 고려해야 할 필요가 있는 특수한 가족이슈를 창출해 낸다. 각 가족은 그 구성에 관계없이 고유하다는 것을 고려하는 것이 중요하다. 그러나 고유성의 맥락에서 가족은 점차 확장되어 가다가 그 후 점차 축소되어 간다는 점에서 절대다수의 가족은 유사성을 지닌다. 아동이 자라서 그들 자신의 가족을 형성할 뿐 아니라 가족규모는 이혼과 사망에 의해 영향을 받는다. 각 전환기에서 가족은 그 구성원이 변화에 반응하고자 시도함에 따라 스트레스와 긴장을 경험하게 된다.

❖ 가족 발달관점 사정

당신의 원가족을 토대로 가족구성원의 연령을 밝히고, 당신의 가족이 직면하고 있는 핵심적인 발달 이슈를 요약함으로써 발달관점에서 사정을 완성시켜 보시오.

2. 가족생활주기에 영향을 주는 변수들

앞에서 언급한 바와 같이 모든 가족이 가족생활주기에 따라 항해하는 것은 아니다. '브래드번치(the Brady Bunch)' 라는 유명한 미국 TV 드라마의 가족 역시 혼합가족(blended family)이었다! 경제 추세는 어떻게 가족이 생활주기를 거쳐 나가는가에 영향을 주어왔다. 과거에 비해 훨씬 더 많은 여성이 활발하게 노동시장에 참여하고 있다; 사실상 노동시장의 기혼여성은 수적으로 전업주부를 앞서고 있다(Eichler, 1997). 빈곤은 아동과 여성에게 보다 만연해 있다. 어머니 위주의 편부모가족은 흔히 양친부모가족 혹은 아버지 위주의 편부모가족보다 더 심각한 경제적 불이익을 경험한다. 더욱이 전체 결혼의 약 절반 가량이 이혼으로 끝이 난다. 동거관계가 빈번하게 발생한다. 사별과 유기는 가족생활주기를 붕괴시킬 것이다. Eichler(1997)는 산업국가에서 가족생활주기에 영향을 미치는 주요 인구학적 패턴을 규명해 왔다: 출산율의 감소, 만혼, 1970년대와 1980년대의 이혼율의 급격한 증가, 그리고 소가구화(small household)의 증가. 가족양식의 다양화는 가족발달에서 차이를 가져왔다.

1) 별거와 이혼

전체 초혼의 절반과 재혼의 61%는 이혼으로 끝난다(Nichols & Schwartz, 1988). 이혼은 모든 가족원의 적응을 요하는 생애위기이다. 이혼은 가족의 생활주기에 파괴적인 영향을 미친다. 이는 흔히 가족구성원의 경제적 지위를 격하시키고 새로운 대처기술을 요구한다. 별거하고 이혼하겠다는 부부의 결정은 하룻밤에 이루어진 것이 아니다. 오히려 이는 뚜렷한 단계로 구분된다. 이혼 동안의 주요 과업은 협동적으로 자녀들에게 부모역할을 하면서 부부관계를 종식시키는 것이다. 이혼에 관련된 이슈들에는 이혼결정 내리기, 관계해체 계획하기, 별거하기 그리고 마지막으로 이혼 절차 밟기를 포함한다. 각 단계 동안 가족구성원은 이혼에 관련된 개인의 문제들을 해결해야만 한다. 예를 들어 배우자 각자는 실패한 관계에서 그들의 역할을 인정해야만 한다. 만약 이혼결정이 임박한 것으로 보이면 당사자는 이러한 상황이 불가피하다는 것을 수용해야만 한다. 때로는 한편이 다른 한편보다 이혼에 대해 더 주저하기도 한다. 또 다른 이슈에는 확대가족성원과 새로운 관계를 형성하는 것과 자신이 상실한 바를 애도하는 것이 있다. 일단 이혼이 종결되면 당사자들은 독신으로 삶을 다시 구축하거나 혹은 새로운 배우자와의 삶에 적응해야만 한다.

이혼은 가족 구성원 모두에게 영향을 미치게 된다. 무엇보다도 이혼이 아동에게 미치는 영향에 관심이 주어진다. 대다수 아동은 부모의 별거 혹은 이혼에 정서적으로 대처할 수 있지만 많은 아동들에게 있어서 이혼은 아직도 심리적 대가를 요구한다. 아동에게 있어서, 부모의 별거와 이혼은 한편 부모를 사별로 잃는 것과 비견할 수 있다(Wallerstein, 1983). Wallerstein과 Kelly(1980)는 이혼이 가장 커다란 영향을 미치는 영역은 아동발달이라고 지적하고 있다. 부모는 흔히 심리적으로 고갈된 것을 느끼면서 이혼을 겪게 되고 이에 따라 자녀의 정서적 욕구를 돌보는데 이용 가능한 에너지가 거의 남아있지 않다. 예를 들어, 이혼 후 적응기간 동안 양육부모(custodial parent)는 이혼 전과 비교해 볼 때 지지적이지도 양육적이지고 못하며 보다 불안하다(Botton & Bolton, 1987; Wallerstein, 1985).

편부모는 가사, 아동보호, 직장 그리고 개인의 삶에 균형을 유지하는 데에서 긴장을 경험한다(Burden, 1986). 혼자서 자녀를 책임지는 어머니는 보다 처벌적으로 행동할 가능성이 크다(Smith, 1984). 고립은 우울과 연관이 있고 우울은 아동학대와 연관된다(Zurvain & Grief, 1989). 그러나 사회의 지지는 편부모가족에게 역할긴장과 빈곤의 효과를 완충시킬 것이다(Gladow & Ray, 1986). 공동양육권(joint custody)을 가진 어머니는 단독으로 자녀를 양육하는 어머니보다 여건이 좋은 편이다(Hanson, 1986).

물론 6세~8세 연령의 아동만이 죄의식을 느낀다는 것은 아니지만, 이 연령의 아동은 흔히 부모가 헤어진 것에 대해 책임을 느낀다(Thompson & Rudolph, 1992). 덧붙여 아동은 이혼과 관련하여 학업수행의 어려움, 분노 혹은 다른 행동상의 문제를 경험할 수 있다. 아동이 이혼 후 거부감과 불안감을 경험하는 것은 이상한 일이 아니다. 그러나 아동의 삶에서 의미 있는 사람이 이러한 감정을 인정해 주거나 다루어주지 못하는 경우는 흔하다. 이혼은 남아에게 특히 타격이 크며, 이혼 후 삶에 안정을 되찾을 때까지는 약 2년이 소요될 것이다(Hetherington, Cox & Cox, 1978). 이와 같이 아동은 부부해체에 따른 장기적인 영향으로 고통받는다는 점에서 자주 이혼의 피해자가 된다(Wallerstein, 1985).

가족해체는 아동에게 이용 가능한 심리 자원을 고갈시킬 위험이 있다(Garbarino, 1982). 예를 들어 별거 혹은 이혼에는 흔히 괴로움이 따르며 양편 부모에 대한 아동의 충성심은 부담을 느끼게 된다. 양육부모(대체적으로 어머니)는 아동보호와 가사책임을 주로 감당해야 하며 흔히 재정적으로 어려움을 경험한다. 덧붙여 장시간동안 감독받지 않은 아동이 편부모가족에 속할 가능성은 양친부모가족보다 2배나 높다(Garbarino, 1982).

아동은 양육부모와 비양육부모 사이에서 분열된 충성심을 경험할 수 있으며, 불화가 심한 해체의 경우 아동이 부모들 사이에 인질로 이용될 수 있다. 양육권과 상담권을 의도적으로 방해할 수 있으며, 자녀양육비를 지급하지 않을 수도 있고, 아동학대라고 주장할 수도 있다. 일부 비양육부모는 이를 견디지 못해 아예 포기하고 아동과의 관계를 단절할 수 있다.

Thompson & Rudolph(1992)는 이혼가족의 아동이 성공적으로 적응하기 위해 성취해야 할 과업을 아래와 같이 제시하고 있다:

① 불안, 유기 그리고 부인의 감정들

부모의 지지는 아동이 부정적인 감정들을 극복할 수 있도록 돕는데 핵심 요인이다. 한편 부모는 상대편 부모를 비난하지 않으면서 아동에게 무슨 일이 일어났는지를 설명해야 한다.

② 부모의 갈등과 디스트레스(distress)에서 자유로와지고 일상 활동을 재개하기.

이혼이 아동이 관여하고 있는 일상 활동을 잠식하도록 허용해서는 안 된다.

③ 상실의 해결

아동은 그들의 삶에 있어서 의미 있는 사람을 잃었다는 것에 대해 슬퍼해야 할 뿐 아니라, 친숙한 주변과 동네 친구와 같은 삶의 다른 중요한 부분들을 상실한데 대해서도 슬퍼할 수 있다.

④ 분노와 자기비난을 해결하기

아동은 이혼에 대한 책임을 느끼거나 혹은 한편 부모를 비난할 수 있다.

⑤ 이혼의 영속성을 수용하기

대부분의 아동은 이혼이 마지막이라고 생각하지 않는다. 아동은 이혼 후 오랫동안 부모가 화해할 것이라는 환상에 매달릴 수 있다. 일부 아동은 부모를 재결합시키고자 계획을 구상하기도 하고 부모의 재결합을 목표로 문제를 일으키기도 한다.

⑥ 관계에 관한 현실적인 희망 발달시키기

아동은 자신의 부모가 결혼에 실패했지만 긍정적인 부부관계는 가능한 일이며, 부모의 결혼 실패를 모든 관계에 실패한 것으로 일반화해서는 안 된다는 것을 깨달을 필요가 있다.

2) 부모의 사망

이혼에 관련된 일부 이슈는 한편 부모가 사망한 가족에게도 적용될 수 있다 (Wallerstein, 1983). 어린 자녀가 있는 가족에서 한편 부모가 사망하는 일은 드문 경우지만(Eichler, 1997), 그렇다고 해서 전혀 발생하지 않는 일은 아니다. 아동은 이혼으로 한편 부모를 잃는 것을 마치 사별로 한편 부모를 잃은 것처럼 거의 결정적인 것으로 받아들일 수 있다. 사별이 유가족에게 미치는 소득감소는 비교적 적은 편이다. 그러나 사별한 부모는 이혼한 부모보다 재혼할 가능성이 적다(Furstenberg, 1980). 덧붙여 한편 부모의 사망을 경험한 가족은 고인이 된 배우자의 가족과 지역사회 구성원들과의 접촉을 유지할 가능성이 크다(Holman, 1983).

❖ 이혼의 발달론적 도전

가족이 이혼 직후 경험하게 되는 도전들에 대해 기술해 보시오. 이것과 사별로 인해 한편 부모를 상실한 가족이 경험하는 도전들과 비교해 보시오. 사회복지사는 이들 위기 전 후에 어떤 방식으로 가족에게 원조할 수 있을까?

3) 편부모의 양육

편부모 양육(single parenting)은 사망, 이혼, 유기 그리고 미혼 등의 몇 가지 이유에서 발생할 수 있다. 어떻게 편부모가 되었는가에 관계없이, 편부모는 외로움, 슬픔, 죄의식 그리고 분노를 포함한 공통의 감정을 경험하는 듯하다(Goldenberg & Goldenberg, 1996). 덧붙여 이혼한 부모는 전-배우자(ex-spouse)와 부모로서의 접촉에 협동할 것인가 그리고 아동이 전-배우자와 그 가족과 지지적인 접촉을 할 수 있도록 협동할 것인가를 결정할 필요가 있다(Carter & McGoldrick, 1988).

미국에서 아동 중 45%는 아동기의 일정기간을 편부모가정에서 생활한다(Garbarino, 1982). 대다수 편부모가정은 어머니가 중심이 된다. 편부모가족의 아동은 양친부모가정의 아동보다 더 많은 문제를 나타낸다(Blum, Boyle & Offord, 1988). 행동장애와 같은 행동문제, 집중결핍장애(Attention Deficit Disorder), 낮은 학업성취 그리고 정서 문제 등이 발생할 빈도가 높다. 그렇다고 해서 편부모가정의 아동 모두가 적응의 문제를 필연적으로 경험한다는 것은 아니다. 그럼에도 불구하고 편부모가족의 문제는 경제적 어려움(Goldenberg & Goldenberg, 1996; Eichler, 1997; Nichols & Schwartz, 1998; Pett, 1982)과 과로(Okun, 1996)와 복합되어 있다. 어머니의 교육 수준은 긍정적 요인으로 이러한 스트레스에서 오는 부정적인 영향을 완화시킨다(Tuzlak & Hillock, 1991).

일부 편부모가족은 급성 혹은 만성의 갈등과 스트레스를 완충시키지 못한다. 그들은 동시에 작용하는 복합적인 스트레스를 경험하게 되며 이것은 가족의 대처능력을 압도한다. 빈곤은 편부모에게 특별한 관심사이며(Bolton & Bolton, 1987; Holman, 1983), 이들 가정에서 학대가 발생할 때 경제적 박탈은 하나의 요인이 되는 듯하다(Gelles, 1989). 또한 빈곤은 편부모가족에서 성장하는 것과 관련된 많은 사회/심리 문제에 작용하고 있다. 그러나 적당한 소득과 지지가 제공되었을 때 편부모가족은 양친부모가족만큼 잘 기능할 수 있다(Burden, 1986).

편부모는 대체적으로 두 사람에게 분담되었던 과업을 혼자서 수행해야 하므로 역할과잉(role overload)을 자주 경험하게 된다. 과다한 과업은 가족해체, 사회적 고립 그리고 부모-자녀관계에서의 문제에 반영될 수 있다(Holman, 1983).

편부모가족을 위한 많은 개입은 생태학을 토대로 할 수 있을 것이다. 필요한 자원과 사회적 지지를 구체적으로 제공하는 것과 관련된 문제들은 개입을 설계하는 토대가 되야 한다. 덧붙여 편부모는 스트레스 관리, 애도상담과 효과적인 아동관리에 관련된 기술이 필요할 것이다. 마지막으로 편부모는 조부모와 친구를 포함한 비공식적인 지지망의 개선으로 혜택을 누릴 수 있다.

편부모가족에 있어서 편부모에게 요구되는 특별한 과업은 아래와 같다.

- 적당한 사회적 지지체계를 발달시킬 것
- 슬픔, 분노 그리고 외로움의 감정을 해결할 것
- 스트레스, 피곤 그리고 역할과잉을 아동에게 전가하지 않으면서 대처할 것
- 아동에게 분노하는 결과가 되지않게 아동관리기술을 발달시킬 것
- 아동의 욕구를 충족시킬 수 있는 시간관리기술을 발달시킬 것

4) 재혼, 계부모양육 및 혼합가족

계부모가족(stepfamily)에 관한 부정적인 스테레오 타입은 보통 동화에서 찾아 볼 수 있다. 그러나 계부모양육(stepparenting)은 현실이며 소설가의 전유영역은 아니다. 일반적으로 선입관과 달리 계부모가족은 문제가 되는 것도 아니고 열등하지도 않다. 일부 혼합가족(blended family)은 가로막혀 있는 함정을 헤쳐 나가느라고 어려움을 겪기도 하지만 일부 혼합가족은 상당히 잘 기능한다. 어머니에게 대체적으로 양육권이 주어지지 때문에 계부가족(stepfather family)이 가장 보편적인 형태이다(Goldenberg & Goldenberg, 1996).

새로운 관계를 시작하려면 초혼과의 "정서적인 이혼"을 할 필요가 있다(Holman, 1983). 이혼한 성인은 새로운 관계를 맺는데 대한 그들 자신의 두려움에 직면해야 한다. 계부모가족에서는 자주 외로움과 갈등이 교환된다(Nichols & Schwartz, 1998). 혼합가족에서 부모는 아동양육문제로 지속적으로 씨름하게 된다. 누구에게 아동에 대한 일차적인 양육책임이 있는지, 어떤 방식으로 아동을 양육할 것인지에 관해 갈등이 발생할 수 있다. 계부모가족에서 초기에는 이러한 규칙들이 모호할 것이며, 역할 규칙 그리고 경계가 재형성되기까지에는 장시간이 소요될 것이다. 아동은 혼란스럽게 느끼고, 비양육부모의 역할을 빼앗은 것 같은 계부모에게 분노를 품게 될 것이다. 의부형제자매간의 경쟁의식이 강할 수도 있다(Thompson & Rudolph, 1992). 덧붙여 비양육부모와 접촉을 유지하고자 하는 아동의 욕구는 완전한 정서적 단절에 대한 양육부모의 희망을 저해할 수 있다.

아동은 혼합가족의 생활에 적응하기 어려울 수 있다. 아동은 자신의 부모가 결코 함께 할 수 없다는 사실을 받아들이는데 곤란을 느낄 수 있으며, 부모 양쪽에 대한 충성심을 시험받을 수 있다. 특히 한편 부모가 전-배우자를 향한 원망에 아동을 이용하면 분열된 충성심이 문제가 될 수 있다. 덧붙여 아동은 자신의 부모가 궁극적으로 재결합한다는 환상을 가질 수 있으며 이것을 실현시키고자 노력할 수도 있다. 다른 의부자녀가 있을 경우, 애정, 관심 그리고 물질의 소유에 대해 경쟁할 수 있기 때문에 적응은 더욱 복잡해진다.

계부모가족이 성공으로 통합하기 위해서 성취해야 할 과업은 아래와 같다(출처: Thompson & Rudolph, 1992; Visher & Visher, 1982).

- 이전 관계의 상실에 대해 애도하기
- 만족할 만한 계부모양육 역할에 도달하기
- 재정 및 사회적 의무를 다시 정의하기
- 상담권과 양육권에 합의하기
- 일관된 리더십과 훈육을 확립하기
- 관계에 대한 기대치가 현실적임을 보증하기
- 가족내에 새로운 정서적 유대 형성하기
- 새로운 전통 발달시키기
- 가정내의 성성(sexuality)을 다루어주기

최근 형성된 혼합가족에서 경계는 타협할 필요가 있으며 이는 어려운 과업일 수 있다. 구성원들은 물리적 공간(공유, 사유)에 관련된 경계를 구축해야 할 뿐 아니라 새로운 가족구성원과 어떤 정서적 간격을 유지해야 할지 결정해야 한다. 또한 새로운 가족단위에서 작용할 역할에도 합의해야 한다. 결혼관계를 해소해야 하는 입장에 있는 성인은 관계를 깨끗하게 정리해야 할 필요가 있지만, 아동을 위한 상담권을 유지하려면 지속적이고 일관된 접촉이 불가피하다. 덧붙여 가족의 하위체계(어머니-자녀 혹은 아버지-자녀)의 결합은 독자적으로 운영하는 것을 배워야 할 것이다. 새로운 가족하위체계를 적절히 결합하기 위해서는 변화와 적응이 필요하다(Nichols & Schwartz, 1998).

❖ 계부모 가족의 발달과업들

가족하위체계가 합쳐짐에 따라 혼합가족은 특정의 과정을 성취해야만 한다. 위에서 열거한 각 과업을 가족이 완수할 수 있도록 돕기 위해서, 가족사회복지사가 수행해야 하는 구체적인 개입들을 열거해 보시오.

5) 조부모의 양육

과거 수 십년 동안 조부모의 양육은 아프리카계 미국인에게 가장 보편적이었으나 오늘날 이는 다른 인종집단에게서도 점차 보편화되고 있다(Okun, 1996) 약물남용 혹은 다른 일로 인해 성인자녀가 양육권을 박탈당하면서, 가장 보편적으로 조부모가 아동의 일차적인 보호제공자 역할을 담당하게 된다. 위탁가정에 손자녀를 보낼 것인지 아니면 스스로 돌볼 것 인지의 양자택일에 직면하는 경우, 조부모는 양육책임을 맡아야 한다는 의무감을 느낀다. 조부모는, 그들의 동년배가 여가시간을 즐기고 재정적인 의무에서 벗어나 자유를 즐기는 시점에 아동을 보호해야 하기 때문에 가족생활주기의 붕괴를 경험한다. 조부모의 아동양육은 현대식의 양육기술과 상충될 수도 있다(Okun, 1996). 또한 조부모는 자신들이 죽거나 혹은 능력이 없어지면 누가 손자녀를 돌볼 것인가를 우려할 것이다.

손자녀의 일차 보호제공 책임을 담당하는 것과 관계없이 조부모는 아동의 발달에 중요한 역할을 수행한다. Wilcoxon(1991)은 조부모의 5가지 주요 역할을 규명하였다.

- 아동을 가족 그리고 문화적으로 과거에 연계시킬 수 있는 역사가
- 노년기에 대한 역할모델 혹은 모범
- 삶의 전환기를 경험한 스승 혹은 현명한 노인
- 이야기의 대가인 마법사
- 가족의 위기와 전환기에 최후의 지지자인 양육자

6) 문화적 변이들

문화적 전통은 가족생활주기에 영향을 미친다. 예를 들어 멕시코계 미국인 가족은 짧은 청소년기와 긴 구혼기간을 경험한다. 다른 문화에서는 확대가족의

관여는 자녀출산, 자녀독립, 새로운 가족단위형성과 같은 단계에서 다른 관계와 다른 관점을 부여한다. 예를 들어 인도에서 온 가족에서는 딸이 결혼할 때까지 부모와 함께 살 것이 기대된다. 일본 가족에서 조부모는 손자녀를 키우는데 적극적 역할을 수행할 것이다.

❖ 발달적 변이들

당신의 원가족 혹은 친구의 원가족이 전형적인 "중산층" 가족이 아니라면, 이 가족의 발달단계가 이 장에서 살펴본 단계와 어떻게 다른지를 기술하시오.

3. 요약

사회복지사가 가족을 이해하는 한가지 방식은 다양한 발달 단계에서 일어나는 이슈와 친숙해 지는 것이다. 가족발달 단계는 결혼/파트너되기, 첫 자녀의 출생, 학령전 자녀 가족, 학령기 자녀 가족, 십대가족 그리고 자녀진수기 가족을 포함한다.

각 단계에서 다음 단계로 이어질 때 가족원들은 다양한 스트레스와 고통을 경험하게 된다다. 사회복지사가 가족을 이해하는 하나의 방식은, 다양한 발달 단계에서 발생하는 이슈들과 친숙해 지는 것이다. 가족사회복지사가 이들 이슈를 이해할 때, 가족이 성숙해 감에 따라 발생하는 변화에 대처할 수 있도록 돕게 될 것이다.

제 5 장

가족사회복지 실천 이슈

가족사회복지실천에 있어 고려해야할 실제적인 이슈들이 있다. 이 장에서는 이러한 이슈가 무엇인지 살펴볼 것이다. 가족상담을 정규적으로 진행하는 것과 관련된 사항 뿐 아니라 예측하지 못한 상황에 어떻게 유연하게 대처할 것인지에 대해서도 논의할 것이다. 그리고 가족사회복지사가 자료를 어떻게 준비하고 관리할 것인가에 대한 지침도 제공할 것이다. 가족상담에서 어린 자녀는 포함시킬 것인지, 근무 상 자주 이동을 해야하기 때문에 상담에 자주 빠지는 가족원과 어떻게 접촉하고 관리할 것인가에 대해서도 살펴볼 것이다. 사회복지사의 안전과 자기보호의 이슈 또한 검토될 것이다. 가족상담이 이루어지는 동안, 가족의 욕구를 사정하는 것과 돕는 과정에 가족을 참여시키는 방법에 대해서도 다룰 것이다. 마지막으로 클라이언트에게 가족사회사업에 대해 소개하는 방법과 비밀보장을 지키는 방법에 대해서도 설명할 것이다.

1. 가족상담 계획

첫 번째 가정방문에 앞서 가족사회복지사는 다음의 과제를 완수할 필요가 있다.

- 가족상담의 전반적인 목적 결정
- 상담 동안에 언급되어질 특정한 이슈에 대한 개요
- 상담을 하기 위한 가족원과의 접촉
- 가정의 위치 확인
- 첫번 상담에 소요되는 시간 예측

상담일정을 계획하는 것은 가족사회복지사와 가족 모두에게 도움이 된다. 계획을 불가피하게 바꾸어야 할 경우도 있지만 방문일정을 미리 계획하는 것은 가족이 상담에 대해 준비하고 목적의식을 갖게됨으로 상담과정에 도움이 된다. 주 1회 정도의 상담이 적당하지만 가족의 목적과 욕구에 따라 더 자주 만날 수도 있다. 동료와 슈퍼바이저와의 상담계획, 지역사회자원 연결 및 옹호와 관련된 회의, 보고회 및 기타 관련 회의에 대해서 시간을 계획하는 것도 가족사회복지사가 일정을 계획하는 데에 포함해야 할 부분이다.

가족과의 상담일정은 가족이나 사회복지사의 상황에 따라 불가피하게 조정해야할 때도 있다. 가족사회복지사는 이러한 계획의 변화에 과도한 스트레스를 받지 말고 심리적으로 충분한 융통성을 갖고 대처해야한다. 이에 대비하여 가능한 세부 계획을 세워야하며, 어떠한 변수 때문에 계획을 실행하는 데 어려움을 갖게 될 지 예측해보는 것도 필요하다. 가족사회복지사는 만나기로 되어있는 모든 가족원의 욕구를 충족시켜주어야 한다는 점에서 일정 잡기에 주의를 기울여야한다.

1) 첫 상담 일정 잡기

대부분의 경우 사회복지사와 가족과의 초기 접촉은, 첫 상담 일정을 잡기 위해 전화 통화를 하면서 이루어진다. 전화통화가 되지 않는 경우, 사회복지사는 가족상담을 안내하는 편지를 보냄으로써 초기접촉을 준비할 수 있다.

전화통화 혹은 첫 방문에서, 사회복지사와 가족은 서로에 대해 첫인상을 갖게 될 것이다(Goldenberg & Goldenberg,1994). 사회복지사는 첫인상에서, 상담에 대한 가족의 준비정도와 가족원들이 문제를 어떻게 보는지에 대해 느끼게될 것이다. 가족의 입장에서 첫인상은 중요하다. 클라이언트는 대개 따뜻하고 수용적이며 희망과 능력이 있어 보이는 사회복지사를 선호한다. 가족사회복지사는, 가족 구성원 중 한 명의 견해에만 주의를 기울여서는 안 된다(Nichols & Schwarts,1995).

초기접촉에서 사회복지사는 가족과 함께 가족상담 일정을 처음으로 잡게된다. 이 때문에 사회복지사는 가능한 많은 가족원을 만나고 싶어하지만, 가족들은 첫 상담 약속을 잡을 때에 다른 가족원들을 배제하려고 하는 경향이 있다. 즉 가족들은 문제가 있는 한 아이만 사회복지사가 만나기를 바라거나, 문제가 없는 다른 자녀나 아버지를 제외시키려한다. 일반적인 가족상담의 원칙은 가능한 많은 가족원이 상담에 참여하는 것이고, 첫 상담에 참여한 가족들은 이후 상담과정에도 참여할 가능성이 높기 때문에 사회복지사는 초기접촉에서 가능한 많은 가족원을 만나고 싶어한다(Brock & Barnard,1992). 사회복지사는 가족들에게, 가능한 가족원이 많이 참여해야 문제를 충분히 이해하는데 도움이 되며 이러한 문제가 모든 가족원에게 영향을 미치기 때문에 함께 상담하는 것이 도움이 된다고 제안할 수 있다.

2) 이동시간 고려하기

가족사회복지사가 가정방문을 계획할 때, 약속한 시간에 클라이언트의 집에 도착하는 것 뿐 아니라 주위환경에도 익숙해질 수 있도록 충분한 시간을 갖고 떠나는 것이 중요하다. 시간 여유가 있다면, 첫 방문 이전에 시험삼아 그 집에 가보는 것이 도움이 된다. 그 곳까지 얼마나 시간이 소요되는 지, 가장 빠르게 갈 수 있는 방법은 무엇인지, 안전하게 주차할 수 있는지 등에 대해 미리 점검해볼 수 있다. 이렇게 하는 것은, 첫번 가족상담 시간에 정확하게 도착하는데 도움이 될 것이며, 사회복지사가 클라이언트 가족환경에 익숙해지는 데에도 도움이 될 것이다.

방문계획을 세우는 데 있어서, 클라이언트 집에 도착하는데 영향을 미치는 교통상황, 공사로 인한 지연, 교각 소통시간, 일방통행과 같은 상황에 대한 반드시 고려해야 한다. 그 도시의 교통지도 같은 도구는 단순한 것 같지만 가족사회복지사에게는 필수적이다.

클라이언트의 집들 사이의 거리는 사회복지사의 이동거리를 의미하기 때문에 사례할당을 할 때 주요 기준이 되곤 한다. 서비스 권역을 담당해야하는 슈퍼바이저는, 이동시간을 줄이기 위해 클라이언트의 거주지를 기반으로 사회복지사에게 사례를 할당할 수 있다. 가족의 문제와 욕구를 기반으로 사례를 할당하는 것보다는 바람직하지는 않지만, 사례를 할당할 때 사회복지사가 업무를 수행하는 데에 영향을 미치는 이동시간을 고려하는 것은 중요하다. 한 클라이언트와 다른 클라이언트의 가족상담 사이에 시간 간격을 충분히 설정함으로써 한 집에서 충실하게 상담을 진행한 결과 다음 클라이언트 가족에 늦어지게 되는 일이 없도록 해야 한다. 사회복지사의 차에는 차량이동거리를 기록하는 장부가 비치되어 있어야 하며, 매 운행마다 즉시 기록해야 한다.

대부분의 사회복지기관에서는 방침에 따라, 사회복지사가 가족상담을 실시하고 나면 다음 세션이 있기 전에 상담기록을 하게 한다. 그러므로 매일 업무계획을 세울 때 이 과제를 수행할 시간과 장소에 대해 고려하는 것은 중요하다. 또한 가족사회복지사는 클라이언트 집 근처의 도서관, 커피숍 등과 같은 기록하기에 편리한 장소를 알아놓고 정기적으로 상담 후 바로 기록을 하는 것이 좋다.

3) 가족의 선호도에 맞추기

가정방문상담 시기는 가족원들과 사회복지사 상호간의 욕구를 반영하여야 한다. 예를 들어 효과적인 가정방문상담이 되기 위해서는 사회복지사 자신의 에너지 수준이 고려되어져야한다. 다양한 가족원들과 함께 작업을 해야하는 사회복지사에게는 가족 문제의 정도에 대해 고려하는 것이 필요하다. 가족사회복지사는 가장 문제가 되는 가족원과의 상담을 위해 자신의 에너지 수준이 고양되어있는 주초나 당일 오전에 일정을 잡고 만날 수 있다. 개인의 선호와 욕구를 반영하여 일정을 잡는 것은 사회복지사의 효율성을 최대화하고 개인의 복지를 향상시킬 수 있다. 고정되어 있는 근무일정 속에서 사례상담시간을 조정하는 것은 다양한 욕구를 가진 가족과 접촉해야하는 사회복지사에게 소진의 요인이 될 수 있다. 첨언하자면 지쳐있는 가족사회복지사는 가족이 원하는 수준의 서비스를 제공하기 어렵다.

가족은 선호하는 상담시간이 있다. 궁극적으로 가정방문 일정을 계획하는 데에 있어서 가장 고려해할 것은 가족의 욕구이다. 가족은 다양한 생활방식과 일과를 갖고 있다. 어떤 가족은 일정하고 예측 가능한 일정에 따라 생활한다. 이런 가족의 경우 정규적으로 방문하여 상담하는 것에 쉽게 응할 수 있다. 또 어떤 가족은 정기적으로 가족상담 일정을 잡기가 어렵거나 불가능할 정도로 조직화되어 있지 않거나 일정하지 않은 생활을 하기도 한다. 부모는 직업과 관련하여 다양한 일정을 가질 수 있으므로 가족사회복지사는 이러한 일정에 맞추어 상담일정을 잡아야한다. 가족의 선호도, 취미, 생활방식에 민감한 것은, 사회복지사가 적절하게 일정을 계획하는 데에 도움이 된다.

가족사회사업은 종종 가정에서 이루어지기 때문에 일정은 조정하는데 있어 사생활을 존중하는 것이 중요하다. 예를 들면 어떤 가족은 자녀가 낮잠을 자는 사이에 상담하기를 원하지 않을 수 있지만, 또 어떤 가정은 자녀가 잠든 사이에 상담하기를 원할 수 도 있다.

다른 사람이 방문하여 가족상담을 방해할 수도 있다. 이 때 가족원 또는 사회복지사가 다음에 방문하도록 요구해야한다.

가족상담을 계획할 때 가족원 중에 특히 즐겨보는 TV 프로그램이 있는지 고려하는 것도 필요하다. 가족사회복지사가 TV 시청시간에 도착하게되면 가족원이 환영하기는 하지만 프로그램이 끝날 때까지 기다려주기를 원할 것이다. 한편 어떤 사회복지사는 가족 중에 대화가 힘든 가족원이 있다면 상담 전에 잠깐 TV프로그램을 함께 시청하면서 라포를 형성하는 시간으로 유용하게 사용할 수도 있다.

특히 일하는 부모와 상담일정을 잡는 것은 꽤 복잡하다. 일과 후에는 부모와 사회복지사 모두 피곤하여 저녁에 또 다른 일을 해야하는 것에 부담을 느낄 수 있다. 가족사회복지사는 매번 상담시간을 저녁에 갖기보다는 때때로 주말에 방문일정 잡기를 원할 수 있다. 사회복지사의 일정에는 맞지 않지만 일상적인 시간 외에 상담하는 것이 어떤 가족에게는 최선일 수도 있다.

요약하면, 가족상담일정을 잡는 열쇠는 융통성에 있다. 가족사회복지사는 저녁마다 일정하게 상담을 계획하는 것과 가족이 갑작스럽게 요구할 경우 이에 응해야 하는 거 사이에서 합리적으로 균형을 유지할 필요가 있다. 사회복지사와 가족이 상호동의한 시간을 연기해야 할 경우도 있다. 어떤 가족은 주거불안정, 실업, 자녀의 질병과 같은 위기 때문에 정해진 날에 계획된 상담에서 도움을 받지 못할 수도 있다. 이러한 위기에서 사회복지사는, 가족이 염려하고 있는 것들에 대해 경청하고, 정서적으로 지지를 제공하고, 적극적으로 문제를 해결할 수 있도록 하거나, 또는 다른 기관에 도움을 요청할 수도 있다. 이러한 것들을 수용하지 않는 가족에게 어떤 과제를 부과하는 것은 원조관계를 저해할 수 있다. 어떤 가족사회복지사는 사회복지사의 융통성에 대해 다음과 같이 언급했다: "융통성이 나를 건강하게 유지시켰다. 어떤 것도 변하지 않는 것은 없다는 것, 그리고 내 자신의 본능을 믿을 수 있다는 것을 내 자신에게 상기시켜야만 했다."

2. 자료의 준비와 관리

계획을 할 때 또 다른 중요한 면은, 자료를 모으고 준비하는 것이다. 자료는 표준화할 수도 있으며, 매 세션마다 모아서 새롭게 정리할 수 있다. 자료에는 활동카드, 팜플렛, 장난감, 책, 기록 도구, 평가자료, 의뢰양식들이 포함된다. 가족상담을 준비하는 것은 상담시간만큼이나 많은 시간이 소모된다. 특히 필요한 자료들을 준비하고 만드는 데에 상당한 시간을 할애해야 한다.

자료를 쉽게 이용할 수 있도록 잘 조직화하고 보관해야한다. 가정을 정기적으로 방문하는 가족사회복지사에게 자료를 준비하고 보관하는 것은 매우 중요하다. 여러 클라이언트를 관리하다보면 다양한 종류의 자료가 요구되는데, 가정에서 가정으로 이동하면서 서로 다른 자료나 양식을 이용하려면, 적절하게 조직 · 정리되어 있어야 용이하게 이용할 수 있다. 정리가 되어 있지 않으면, 시간 손실이 많아지고 효과적으로 개입할 수 있는 시기를 놓칠 수도 있다. 결과적으로 가족과 사회복지사 모두 좌절을 경험할 수도 있다. 가족사회복지사는 자신의 차안에 사례별로 최근의 기록들을 분류하여 보관할 수 있는 서류함을 비치할 수 있다. 그리고 자료가 축적되면 오래된 자료는 기관에 가져다가 보관하고, 새로운 상담을 시작하기 위한 자료들을 자동차 서류함에 보충할 수 있다.

❖ 유용한 자료들

가족사회사업에서 잠재적으로 필요한 자료 목록을 준비하라. 클라이언트의 나이에 따라, 즉 유아기, 학령기, 청소년기 자녀를 가진 부모에 따라 필요한 자료를 분류하라.

가족사회복지사는 자료가 잘못 놓여지거나, 손상되거나, 없어지거나, 다른 자료와 섞이지 않도록 세심하게 분류해 놓아야 한다. 노트북 컴퓨터를 이용하면 쉽게 기록하고, 기관 자료를 구분해 놓을 수도 있으며, 비밀도 보장할 수 있다. 노트북 이용이 어려우면 서류 분류 보관함을 마련하는 것이 필요하다. 그리고 이동하는 사이사이에 자료들을 정리한다. 가족 상담이 끝난 후, 비밀을 보장해야 할 필요가 있는 자료들은 반드시 즉시 적절한 장소에 보관해야 한다. 각 가족 파일은 반드시 분리하여 보관하고 특별히 주의를 기울인다. 이러한 주의를 기울여야만 파일들을 섞어놓는 실수를 방지할 수 있다.

3. 무엇을 입을 것인가

지역사회나 클라이언트를 만나러 나가려면 공식적인 복장이 필요하며, 가족사회복지사는 특히 복장에 민감하여야한다. 이는 복장에는 전문가의 태도가 반영되기 때문이며, 복장의 공식 정도는 다양할 수 있다. 부언하면, 의복은 상담의 종류에 따라 적절해야 한다. 예를 들어 가족사회복지사가 아동들과 마루바닥에서 놀이를 해야 한다면 옷은 이러한 활동에 적절한 것으로 선택해야 한다.

4. 가족상담에서의 아동

가족사회복지사의 업무 중 많은 부분은 종종 아동과 관련이 있다. 가정에서의 상담은 대개 한 아이에 대한 요구에서 시작되는데, 이 아동을 보통 표적아동 또는 문제가 있다고 보이는 환자(identified patient)로 부른다. 개입의 표적은 한 아동이지만, 그 가족의 다른 아동도 도움이 필요할 수 있다. 가족사회복지사는 상담에서 아동에 대한 개입전략을 계획할 때 부모를 포함시켜야한다. 특히 상담의 초점이 성인 개인의 문제일 때, 상담동안 아동이 놀 수 있는 장소를 마련해야 한다. 상담의 초점이 주로 아동에게 있다면 아동이 상담에 참여해야 할 것이다. 아동이 상담에 포함되느냐하는 것은 상담의 초점에 따라 다르다. 아동이 상담에 참여하지 않게 될 때, 아동을 돌보아야할 사람이 필요하며, 그렇지 못하다면 아동이 관심을 갖고 놀이를 할 수 있는 다른 공간을 마련해야 한다. 가족사회복지사는 아동이 관심을 갖고 놀 수 있는 것들을 준비해야 한다.

일반적으로 부모하고만 상담할 때 아동을 관리하는 것은 쉽다. Satir(1967)는 "아동이 상담과정에 함께 하게 되면 그 과정이 엉망이 되기도 한다"고 언급한다(p.136). 그럼에도 불구하고 상담의 목적을 위해서라면 상담이 힘들게 되더라도 아동을 상담에 참석하도록 요구해야 한다. Satir(1967)는 상담에 아동이 참석하게되면 사회복지사는 보다 적극적인 역할을 수행해야 한다고 말한다. 예를 들어, 가족사회복지사는 아동과 의사소통 하는 모델을 제시할 수 있다. 먼저 사회복지사는 부모가 아동을 어떻게 통제하는지 사정할 수 있다. 예를 들어 사무실에서 상담할 때, 아동이 서랍을 여닫고 사회복지사 개인 물건을 함부로 만지는 등 사무실을 휘젖고 다니는 데에도 부모는 그저 수동적으로 앉아 있을 수 있다. 이 때 사회복지사는 아동에게 직접 개입하기 보다 부모에게 아동을 제지시켜달라고 요청할 수 있다.

이러한 일을 계기로 한계를 설정하고 훈육하는 것에 대해 토론할 수 있다. 위의 예에서, 부모는 아이에게 한계를 설정하는 것이 학대라고 믿고 있었다. 이 때문에 어머니는 아이가 사회기술이 부족하고 또래들에게 거절당한다는 것을 인식하지 못하였다. 상담시간에 부모가 자녀에 대해 적절히 통제하지 못하는 것은 평소 부모가 자녀의 행동을 어떻게 효과적으로 관리하는지에 대한 정보를 제공해준다. 덧붙여, 사회복지사는 부모가 자녀에게 어떻게 한계를 제공하는지 기술을 알려줄 수 있으며, 부모가 새로운 행동기술을 습득하도록 피드백을 제공해줄 수 있다.

상담에 자녀가 참여하게되면 사회복지사는 가족역동, 양육기술, 부모-자녀관계에 대한 정보를 알 수 있다. 예를 들어 현재의 가족 문제에 자녀 문제가 포함되어 있을 때 부모와 자녀가 상호 작용하는 것을 관찰하면 특정한 문제를 이해하는데 도움이 된다. 또한 아동이 상담에 참여하면 부모가 상담동안에 하기로 했던 것들을 얼마나 잘 수행하고 있는지 관찰할 수 있다.

가족상담에 자녀가 참석하지 않을 경우 가족상담 동안 자녀들이 스스로 시간을 보낼지 사회복지사가 준비한 것을 가지고 놀지 자녀들과 협상할 수 있으며, 자녀들이 선택한 시간을 보내고 난 다음에 특별한 관심을 보임으로 보상해줄 수 있다. 어려운 상황은, 부모 상담 이 외에 아동들하고만 상담을 하는 경우이다. 보조 사회복지사가 전 가족이 참여하도록 상담에 개입하여 도움을 줄 수 있다. 가정방문 동안 부모가 자녀와 상호작용하는 것을 관찰하는 것은 부모자녀 관계를 사정하는 데 도움이 되며, 긍정적인 변화를 위한 개입전략을 세우는 데에도 도움이 된다.

때로 가족사회복지사는 자녀가 잠시 다른 곳에 있을 수 있는지 부모에게 요청할 수 있다. 이것이 어렵다면 기관에서 상담을 하는 것을 제안할 수도 있다. 또한 부모는 부부갈등이나 아주 가까운 친척문제를 상담할 때, 혹은 자녀들의 요구에 대해 부모들끼리 의논이 필요할 때, 아이들이 듣지 못하는 곳에서 상담하는 것을 원할 수 있다. 이러한 문제들은 자녀가 없는 곳에서 보다 자유롭게 대화를 나눌 수 있다.

가족에서 자녀 역할을 사정할 때, 가족사회복지사는 가족은 하나의 체계이며 따라서 서로에게 영향을 미치고 있음을 숙지하여야한다. 예를 들어 신체적으로 문제를 가진 자녀가 태어나면 다른 자녀들과 부모와의 상호작용에 영향을 미칠 수 있다. 부가하여 알코올중독이나 비행과 같은 심각한 문제가 있다면, 가족의 욕구와 상호작용에 중대한 영향을 미친다. 표적이 되는 자녀의 형제들 또한 자신의 감정을 표현할 기회가 필요하며, 그들의 질문에 정직하고 직접적으로 답해 줄 필요가 있다. 가족사회복지사는 종종 어떤 자녀는 문제가 없기 때문에 상담에 참여하지 않아도 된다고 간과할 수 있다. "무엇에 대해 염려하고 있는지 나에게 말해줄 수 있니?" 라고 질문함으로써 많은 걱정들을 표현할 수 있도록 도울 수 있다. 그러므로 가족사회복지사는 상담을 진행할 때 전체 가족의 역동에 민감해야하며, 모든 가족성원의 욕구를 고려해야한다.

5. 기타 문제관리 및 클라이언트와 접촉 유지하기

대부분 가정상담이 부드럽게 진행된다 하더라도, 가족사회복지사는 그렇지 못할 때를 대비해야 한다. 시끄러운 TV소리, 친구와 이웃의 방문, 전화 벨 소리 등은 친숙한 가정환경이다. 가족사회복지사는 현관입구나 레스토랑에서 상담을 한다든지, 또는 큰 아이에게 작은 아이와 함께 놀게 하거나 하는 것과 같은 창의적인 방법을 동원할 필요가 있다. 방해와 혼란이 계속되면 가족사회복지사는 이러한 장애물에 대해 논의할 필요가 있으며, 이를 해결할 수 있는 합리적인 방법을 찾아야 한다.

유사시에 클라이언트와 사회복지사가 어떻게 서로 연락하여야 하는지 연락체계를 알아놓는 것이 중요하다. 클라이언트가 전화가 있을 경우는 용이하지만, 그렇지 않다면 다른 방법을 강구해야한다. 이웃의 전화를 사용하거나, 집에 메모를 남길 수도 있다. 어떤 사회복지사는 가정방문상담 시도를 실패한 이 후, 클라이언트가 상담을 취소해야하거나 갑자기 이사를 하게되면 사회복지사에게 연락을 해주도록 우표가 부착된 기관주소가 있는 편지봉투를 제공하여 효과적으로 접촉을 유지할 수 있었다. 사회복지사 자신의 집 전화번호를 알려줄 것인가의 여부는 기관정책에 달려 있다.

클라이언트가 자주 이동하게되면 일정을 잡기가 어렵다. 가족들이 이사 계획을 미리 사회복지사가에게 알릴 경우에는 일정을 조정할 수 있다. 그러나 어떤 가족은 사회복지사에게 알리지 않고 이사하여 어디에 사는지 알기 어렵게 하기도 한다. 처음 상담에서 사회복지사는 그 가족을 잘 알고 있는 사람들의 이름과 전화번호를 알아 놓아야 한다.

6. 전화로 사후관리하기

다음 상담을 진행하기 전에 전화통화를 하는 것은, 가족들이 상담 이후에 새롭게 질문할 사항이 있을 경우 유용하다.

사회복지사가 전화를 걸게 되면, 부모는 사회복지사에게 물어도 좋을지 염려되는 질문들을 할 수 있기 때문에 도움이 된다.

동의한 개입목표를 성취하기 위해 상담 후에도 부가적인 정보 및 안내 제공, 사후관리 등이 필요할 때, 사회복지사는 어떤 종류의 부가적인 도움이 필요한지 가족과 함께 결정할 필요가 있다. 가족상담의 목표는 부모가 스스로 자신의 문제를 이해하고, 자신들이 수용할 수 있는 방법으로 그들 자신의 행동을 변화할 수 있도록 돕는 것이다. 부모가 실행할 수 없는 방법을 제안하는 것은 파괴적이다. 가족사회복지사는, 우선 무엇을 즉시 수행해야 하는지, 1차 목표를 성취한 이후로 연기할 수 있는 것은 무엇인지, 그리고 막연하게 연기할 수 있는 것은 무엇인지 판단할 수 있다. 결과적으로 사회복지사는, 현 상황과 개입하는 것에 대해 부모가 어떻게 반응하는 지 사정하고, 그것을 기반으로 여러 가지 대안들을 마련하는 데에 적응할 수 있어야한다. 사후관리는 새로운 행동을 강화하거나 어떤 개입이 추후 더 필요한지 결정하는데 도움이 된다.

7. 안전에 대한 고려

사회복지사의 안전이 위협을 받으면서도 상담의 목표를 성취할 수는 없다. 어떤 경우, 사회복지사는 폭력을 행사할 수도 있는 클라이언트 때문에 안전에 위협을 받거나, 또는 클라이언트의 이웃에게서 위협을 받을 수도 있다. 자신의 안전을 보호하는 방법을 아는 것은 가족사회복지에서 필수적이다.

사회복지사에 대한 폭력 또한 적지 않다. 클라이언트가 폭력을 행하는 것은 기관 쪽에서의 문제 때문에 유발되는 경우도 있지만 대개는 클라이언트의 주관적인 기대로 기관에 대해 불만족하기 때문이다(Munson,1993). 예를 들어 대기

명단을 무시하고 특별한 대접을 해주기 바라거나, 마술적인 결과를 기대하는 공격적인 부모들이 사회복지사를 위협할 수 있다. 가족사회복지사는 클라이언트가 지나치게 조종적(manipulative)이거나 위협적이고 공격적이 되면 이에 대처할 수 있어야 한다. 가족에게 효과적인 도움을 제공하는 사회복지자사가 되려면 자신에 대한 이러한 침입이나 위협에 대처할 수 있는 능력이 있어야한다. 자신을 보호하기 위해서 사회복지사는 개인적인 수준에서보다는 전문적인 수준에서 대응할 수 있어야한다.

가족들은 농촌지역부터 외곽도시 혹은 도시중심에 까지 다양한 종류의 환경에서 주거하기 때문에 안전성 문제는 상담의 종류에 따라 다양할 수 있다. 그러나 몇 가지 기본적인 안전에 대한 지침은 모든 가족사회복지사에게 적용될 수 있을 것이다. 가정방문을 하는 데 있어서 가장 안전한 조건을 확보하기 위해 다음과 같은 지침을 지켜야한다.

1. 안전 지침에서 가장 중요한 것은, 아마도 위험에 대한 느낌을 간과하지 않는 것이다. 사회복지사는 위험하거나 취약하다고 느낄 때 무엇에든 세심하게 주의를 기울일 필요가 있다. 이는 스스로의 보호를 위해 필요하다. 때로 가족사회복지사는 클라이언트의 친구에게서 의심스러운 느낌을 갖거나, 어떤 이웃에게서 불안이나 우려되는 느낌을 갖게된다. 사회복지사는 그러한 느낌을 간과할 수 있다. 이러한 불안감을 무시하는 것은 사회복지사 자신을 위험에 빠뜨릴 수 있다. 다양한 문화와 이웃을 접촉하고 알아가면서 사회복지사는 실제 위험가능성과 자신의 상상에 의한 불안과 두려움을 구분할 수 있게된다.

2. 가정상담에서 안전을 위한 지침 중 한 가지는, 방문 약속을 한 가정의 이웃과 친숙해지는 것이다. 클라이언트 집과 인접해 있는 주변상황에 대해 지리적으로 익숙해야 하며, 그 지역에서 이루어지는 일상적인 주요 활동들에 대해서도 잘 알고 있어야 한다. 이러한 것을 파악하는 것은 그 지역의 위험정도를 사정할 수 있는 기초선이 된다.

3. 맡고 있는 프로그램의 슈퍼바이저나 또는 기관의 다른 동료들에게 가족과 만나는 사회복지사 자신의 일정을 알려 놓는다. 미리 알려주어야 하는 내용에는 가족 이름과 위치, 상담일시, 되돌아오는 예상시간 등이 포함되어야 한다. 가정상담이 불안정한 환경에서 이루어질 것으로 예측되면 가족사회복지사는 방문동안 사용할 수 있는 호출시스템을 이용할 수 있다. 전화가 어려우면 지역단위에서 사용하는 전화기를 이용할 수 있다. 이것이 만약 가능하다면 가족사회복지 프로그램에 사용하는 것을 고려해야 한다. 이는 사회복지사가 어느 가정을 방문하는지 미쳐 기관에 알리지 못한 상황에서 위험에 빠질 수 있는 가능성을 상상해보면 도움이 될 것이다. 한 사회복지사는 임신 8개월이었는데, 방문한 가족의 아버지가 격분한 나머지 그에게 붙잡혔다. 기관에서 그녀를 추적할 수 있는 체계가 없었기 때문에 그 상황은 8시간이나 지속되었다. 다행히 사회복지사는 이성적으로 민첩하게 대응하였기 때문에 그 상황에서 벗어날 수 있었다. 이 일 있은 후 그 사회복지사는 자신의 일정을 반드시 기관의 몇몇 사람에게 알리고 나서 방문에 나섰다.

4. 가능하면 밤에는 위험한 지역의 방문을 피하라. 이것이 불가능하면 반드시 에스코트를 받아야한다. 예를 들어, 어떤 기관에서는 늦은 오후나 이른 저녁시간에는 에스코트를 고용했고, 사회복지사는 그 시간대에 에스코트가 동반될 수 있어야만 일정을 계획한다. 다른 대안으로, 사회복지사가 가정방문을 방문할 때 친구나 친척이 함께 동반해주고, 상담을 마칠 때쯤 다시 와달라고 부탁할 수 있다.

5. 클라이언트 가정을 오가는 길 도중 어디가 가장 안전한지 사전에 알아두어야 한다. 지름길이라도 길이 어둡거나 순찰을 돌지 않는 길이라면, 더 안전한 길을 찾아야 한다. 클라이언트 가정의 이웃에 차를 주차할 때에도 안전 문제를 고려해야 한다. 클라이언트 집이 우범지역에 있다면 가능한 그 지역 멀리 주차하는 것이 좋다. 안전한 주차가 어렵다면 기사가 운전하도

록 하는 것이 좋다. 우범률이 높은 도시지역에서 프로그램을 실시하는 한 기관에서는 상담이 있을 때마다 사회복지사를 에스코트하는 전임 기사를 고용했다. 사회복지사가 만약 클라이언트 가정에서 상담하는 것이 안전하지 않다고 느낀다면 공공장소에서 상담하는 것이 더 낫다. 더하여 사회복지사가 상담 도중 불안감을 느낀다면 상담을 중단하고 그 자리를 피해야 한다(Kinny, Haapala, & Booth,1991).

가족사회복지사의 안전을 위해 클라이언트와 지역사회가 적극 참여할 수 있으며, 이는 역량강화 전략에서 중요하고 유용한 요소가 될 수 있다. 또한 가족 자체 내에서 안전을 계획하는 것은, 가족사회복지 실천과정에서 중요한 국면이다. 위에서 제시한 지침 외에도 여러 다른 안전과 관련된 요소들을 고려해야 한다. 가족사회복지사는 약속시간에 맞추어 달려가기 때문에, 자신의 자동차를 1잘 관리하여야한다. 우범지역에서 차를 오랫동안 운행해야 하는 사회복지사는 연료가 충분한지 확인해야 한다. 나아가서 비밀을 보장해야 하는 자료들을 자동차 안에 보관하기 쉬운데 이를 분실하지 않도록 절대 주의해야한다. 클라이언트 가정에서 상담할 때에는 개인 소지품에도 신경을 써야한다. 가족사회복지사는 필요 이상의 돈을 가지고 다니지 말아야한다. 핸드백이나 보석 같은 귀중품은 일반적으로 가정방문 할 때 적절하지 않다. 드물긴 하지만 가족사회복지사가 돈이나 다른 소지품을 분실하는 경우가 있다. 가정방문을 중심으로 서비스를 제공하는 사회복지사는 가정방문 할 때 값비싼 옷을 착용하거나, 고급 차를 이용하는 것은 적절하지 않으며, 기관에서도 그렇게 하지 않도록 충고한다. 어떤 일이 발생하기 전에 예방하는 것이 일이 발생한 이 후 처리하는 것 보다 더 낫다. 잘 보관해야 자료들을 차에 남겨두고 와서 가족상담 동안 내내 이를 염려한다면 상담에 충분히 집중하기가 어려울 것이다.

가족사회복지사는 클라이언트들 간에 폭력이 발생할 징후(signs)를 인지하고 대처하는 것에 대해 기관에서 훈련을 받아야 한다(Munson,1993). 모든 기관은 사회복지사가 안전에 대해 숙지할 수 있도록 명확하게 정리된 안전 프로토콜을 준비하고 있어야 하며, 폭력이 발생했을 때 이에 대처할 수 있도록 훈련도

해야 한다. 사회복지사가 방문 동안 겁이 나고 불안한 경험을 하면, 위험발생의 시급성 정도에 대해 사정할 필요가 있으며, 필요하면 그 장소를 떠나는데 주저하지 말아야한다. 사전에 주의를 기울이는 것이 최선이다. 폭력, 약물사용, 약물매매, 무기소지, 중독상태에 있거나 조절이 어려운 상태에 있는 사람들이 가정에 있는 경우 세심한 주의를 요해야 할 것이다. 사회복지사가 가족상담중 이 같은 상황에 접하게 되면 슈퍼바이저와 사건에 대해 논의하고 다음 약속에 앞서 안전을 확보할 수 있는 대안을 탐색해야 한다. 어떤 경우에는 가정에서의 상담을 중단하고 장소를 보다 안전한 곳으로 이동하기도 한다.

주의를 요하게 되는 또 다른 경우는 바로 가족 내에 질병이 있는 경우이다. 가족원 중에 감염성 질환이 있는 경우 사회복지사는 질병에 노출되지 않았는지 확인해보아야 한다. 간염이나 인플루엔자와 같은 감염성 질병이 있는 경우 가정에서 상담을 계속해도 좋을 지에 관해 의사의 자문을 받아야 한다. 때로는 상담일정을 다시 잡는 것이 최선의 선택일 수 있다. 헤드스타트(Head Start) 가정방문 프로그램에서는, 사회복지사가 클라이언트의 질병과 직면하게 되었을 때 어떤 절차에 따라 처리해야 하는지 명확하게 제시해왔다.

때로 가족은 사회복지사에게 커피, 과자와 같은 간식을 제공하기도 한다. 일반적으로 이것이 문제가 되지는 않는다. 그러나 어떤 가정에서는 위생이 불량한 상태에서 간식을 대접하는데, 이 때에는 가족에게 상처가 되지 않도록 적절하게 거절하는 방법도 고려해보아야 한다. 어떤 문화권에서는 음식을 제공하는 것은 방문자에 대한 존중의 표시이다. 이런 경우 사회복지사가 음식을 거절하면 모욕감을 느낄 수 있다. 사회복지사는 상담 직전에 식사 또는 커피를 마셨다고 설명하면서 그들이 대접한 음식을 거절한 이유에 대해 간단하면서도 직접적으로 설명하는 것이 필요하다.

8. 첫번 상담: 클라이언트의 욕구 사정하기

개별상담 중심으로 일해온 사회복지사는 가족과 상담하려면 압도되는 느낌을 가질 수 있다. 사회복지사는 무엇을 기대하고 어떻게 진행하여야하는지에 대해 모호하게 느낄 수 있다. 가족상담의 첫째 세션의 목적은, 가족의 문제를 사정하고 문제를 해결하는 과정에 가족을 참여시키는 데에 있다는 것을 주지해야 한다.

가족사회복지사는 가족을 처음 만나는 것에 대한 두려움을 상쇄하기 위해 상담 전에 가능한 많은 정보를 가져야한다. 가능하면 가족에 관한 자료를 읽고, 특히 가족의 특정한 문제에 관해서 읽어두면 좋은 입지에서 출발할 수 있다. 슈퍼바이저는 사회복지사가 가족의 문제에 대해 어떤 특정 이론을 적용하는 것이 좋은지 이해할 수 있도록 도움을 제공해줄 수 있다. 가족사회복지사는 특정한 가족과 함께 일하는 데에 영향을 미칠 수 있는 개인적인 가치나 편견에 대해 검토해야 하며, 슈퍼바이저에게 이에 관해 자문을 받으면 도움이 된다. 첫 상담 이전에 다양성에 대한 이해의 폭을 넓히는 것은 매우 중요하다.

가족사회복지사는 특정한 가족을 염두에 두면서 가족상담의 원칙과 기술을 검토할 수 있다. 검토할 때에는 "이 가족에게 어떻게 개입을 해야하나? 개입을 위해서는 어떤 기술이 유용한가? 가족상담에서 목표는 어떻게 설정할까? 이 가족과 첫번 상담에서 어떤 특정한 목표를 세워야 하나? 이 가족에게 특정한 문화적 이슈는 없는가?" 와 같은 내용들을 포함한다.

이러한 질문에 답한 후에 슈퍼바이저는 피드백과 방향을 제시해줄 수 있다. 슈퍼바이저와 동료들은 가족사회복지사가 처음에 무슨 말을 시작해야 할지, 어디에 앉을 것인지, 커피를 받아 마실 것인지 등에 대해 실습을 해보도록 역할연습을 도와줄 수 있다. 역할극은 실제 가족상담 전에 사회복지사가 새로운 기술을 습득하고, 중요한 피드백을 받을 수 있는 기회를 제공한다. 이것은 일종의 리허설이다. 슈퍼바이저는 관여하는 기술, 목표를 설정하는 기술과 같은 다른 과업에 대해서도 역할극을 하도록 격려할 수 있다. 실제와 리허설은 다를지라도 리허설은 가족사회복지사가 가족과의 첫 상담을 어떻게 진행할 지에 대해 감을 잡을 수 있도록 도움이 된다.

첫번 상담에서 관찰되는 기본 패턴은, 가족원 사이에서 반복되는 언어적이고 비언어적 의사소통이다. 가족사회복지사는 가족원들 사이에 동의하지 못하는 것, 서로 어느 정도 거리를 두고 앉는지, 누가 누구에게 말을 하는지 등과 같은 갈등을 드러내는 것에 대해 관심을 기울여야한다.

첫번 상담을 시작하면서 가족사회복지사는 자신과 기관의 목적에 대해 소개해야 한다. 클라이언트가 기관에 대해 잘 모를 때 기관을 소개하는 것은 특히 중요하다. 이러한 소개가 이루어지고 나면 사회복지사는 가족의 문제에 대해 사정하기 시작해야 한다. 사정에는 무엇이 문제인지, 무엇이 문제를 일으키는지, 그 상황을 변화시키기 위해 누가 무엇을 할 수 있는지를 조사하는 것이 포함된다(Holman,1983). 사회복지사와 가족 간에 책임감을 공유하면서 이것을 기반으로 사정할 때 가장 이상적이다. 사회복지사는 모든 가족원이 참여하도록 격려하면서 정보를 수집한다. 여기에는 각 가족원들이 자신의 이름을 소개하고 문제에 대해 각자가 어떻게 느끼고 있는지를 이해하는 것을 포함한다. 이 때 모든 사람이 말을 하도록 격려하는 것이 중요하다. 부모가 자녀에 대해 말을 하거나, 부모가 서로에 대해 말하는 것이 일반적이다. 사회복지사가 주목하고 이해해야 하는 것은 반복적인 가족의 패턴이다. 사회복지사는 상담 중에, 누가 그 모임에 참여한 누구에 대해 말을 시작하는지, 말을 시작한 사람이 누구에게 말을 하도록 하는지 관찰해야만 한다. 그렇게 함으로써 사회복지사는 이미 형성되어 있는 그 가족의 특별한 권위패턴과 가족패턴의 문제를 발견하고 개입할 필요를 느낄 수 있게될 것이다. 문화적인 규범과 의사소통 방식을 이해하는 것 또한 매우 중요하다.

❖ 자신을 소개하기

가족이 가족사회복지사의 개입을 원하는 경우는 어떤 상황인지 서술하라. 첫 상담에서 가족에게 어느 정도로 자신을 소개할 것인지 고려해 본다.

가족에 관하여 문제를 확인하고 배우는 과정은 복잡하며 세심하게 계획되어야 한다. 사회복지사는 가계도와 생태도를 그리는 것과 같은 활동으로 가족에 대한 관여를 시작할 수 있다. 이러한 활동은 가족원들에 대한 개입에 진전을 가져올 수 있으며, 각 가족원이 균형 있게 참여할 수 있도록 촉진하고, 가족이 자신들의 문제를 정의하는 데에 도움이 된다. 이것은 가족원들이 앞으로의 계획을 수용하는 데에 도움을 준다. 종합적인 사정이 되려면 생태학적 시각에서 가족과 그 환경간의 상호작용을 검토할 필요가 있다(Holman, 1983).

사회복지사는 가족의 생활환경을 사정해야 한다. 가정방문은 특히 가족이 공적으로 보여주는 생활 영역과 사적 생활 영역사이에 많은 차이가 있음을 알게 해 준다. 가족의 생활에 초점이 되는 또 하나의 공간은 식당인데, 가족의 스타일과 생활방식에 관한 정보를 제공해준다. 큰 식탁에 둘러앉아 저녁마다 함께 식사를 하는 가족은 각자 방에서 TV를 보면서 식사하는 가족과는 다른 이미지이다. 가족을 사정하는 것은 앞으로의 가족에 대한 개입계획에 많은 비중이 있으므로 그 집에 대해 바로 아는 것이 중요하다. 이를 위해 가족사회복지사는 부모와 자녀에게 자신의 집에 특정 장소에 대한 느낌과 그 장소가 각 가족에게 어떤 의미가 있는지 표현해 보도록 할 수 있다.

가정방문상담에서 사회복지사와 가족의 의사소통을 유지하려면 모든 사람이 보일 수 있는 곳에 앉는 것이 좋다. 모든 가족원이 모일 때까지 시작하지 않는 것이 좋다. 상담이 끝날 때쯤 의례적인 가벼운 사교적인 대화를 할 수 있도록 여지를 남기는 것도 좋다. 사회복지사는 상담의 분위기에 따라 간식이 도움이 될지 해가 될지 판단할 수 있으며, 판단에 따라 간식을 상담을 마칠 때 즈음으로 미룰 수도 있다.

가정상담에서 물리적 공간의 경계를 갖는 것이 모든 사림이 참여하는데 유용하다. 어떤 사람은 상담 도중 화가 나서 자리를 뜰 수 있는데, 이런 경우 이 후 지속해서 오가는 이야기를 들을 수 있는 다른 공간에서 쉴 수 있도록 하는 것이 필요하다. 혹은 어떤 가족원이 화장실을 가서 문을 잠근다면 상담세션을 떠났다는 것을 의미하며, 가족은 이에 대해 어떻게 다룰지 논의해야할 것이다. 이것이 가족상담을 못하게 하지는 않는다. 대신에 이런 일들은 가족에 대해 좀 더 이해해야 할 필요가 있는 자연스러운 예가 된다. 덧붙여, 한 가족원이 빠졌을 때 남아 있는 다른 가족원들에게 새로운 행동패턴을 배울 수 있는 기회를 제공한다.

점차 사회복지사가 개입기술을 적용하게 되면서 다양한 개입과 이론 사이에

서로 상충이 되기도 한다. 개입기술을 적용하는 것에 관심이 증가하게되면 사회복지사는 최근에 사용하지 않는 기술들이 과연 효과적인지 염려할 수 있다. 개입기술에 대해서는 클라이언트 보다 사회복지사가 더 민감하다(Miller, Hubble, & Duncan,1995). 예를 들어 클라이언트는 임상기술 보다는 서비스의 가장 기본적인 요소인 사회복지사의 지지, 경청, 즉각적인 도움, 이용가능성에 더 가치를 두고 있는 것으로 보고되었다(Coleman, Collins,1997)

감정이입(empathy), 온화함(warmth), 진실성(genuineness)과 같은 기본적인 돕는 기술은 개입에 있어 결정적이며, 마찬가지로 의미가 애매 모호할 때 명확하게 표현하도록 도우려는 명확화도 중요하다. 이러한 기술을 잘 사용하는 것은, 사회복지사와 클라이언트의 관계, 소위 치료적 동맹관계를 공고히 하는 기반이 된다(Worden,1994). 기본 기술을 잘 사용하는 사회복지사는, 첫번 상담에서 큰 두려움 없이 그 이후의 상담에 대해 가족과 성공적으로 협상해갈 수 있을 것이다. 두 번째 상담은 더 쉬울 것이며, 세 번째 상담까지는 쉬울 것이다. 네 번째 면에서는 새로운 사회복지사라면 자신이 하는 일에 대해 비판적으로 인식하기가 어려울 수 있다. 그러나 이런 어려움과 자기인식은 배움과 성장의 긍정적인 징후로 받아들여져야 한다.

❖ 어려운 첫 번째 상담

첫 번째 상담에서 당신이 다루기 어려울 것으로 보이는 잠재적인 상황을 확인하라.
각 상황을 대비하여 그 어려움을 극복할 수 있는 두 가지의 대안을 준비하라.

9. 클라이언트와 관계형성하기

가족사회복지의 핵심은 가족사회복지사와 가족의 관계성에 있다. 이 관계성은 사회복지사가 가족에게 도움을 제공하는 것을 가능하게 해준다. 관계성은 개입을 실행하는 도구이며, 그 도구를 통해 가족에게 도움을 줄 수 있다. 관계성은 개입 효과에서 30%이상 영향을 미친다(Miller, Hubble, & Duncan,1995).

첫 번째 가족상담은 가족과 사회복지사 사이의 돕는 관계에 기초를 제공한다. 그것은 아주 짧게 또는 오래 유지될 수도 있다.

가족사회복지사는 가족갈등이 언제 있는지, 가족들이 문제에 대한 그들 각자의 견해에 대해 사회복지사의 동의를 구하여 같은 편으로 만들려고 언제 노력하는지 인지하는 것이 아주 중요하다. 가족사회복지사는 이러한 책략을 예견할 수 있어야 하며, 그들의 견해에 동조하지 않고 개인의 견해를 공감해줌으로써 어느 한 가족원과 연합을 피하여야한다. 가족과의 상담은, 개인의 경험에 대한 중립성과 민감성 사이에서 섬세한 균형을 유지해야 하는 것이다. 중립성이 없다면 어떤 가족원은 사회복지사에게서 소외감을 느낄 수 있다(Coleman & Collins,1997). 사회복지사는 개인 가족원과의 연합을 피하고 중립적이어야 한다는 것과 정의(justice)를 위해서는 개인 가족원을 옹호해야하는 것 사이의 차이문제로 종종 갈등을 겪는다. 특히 학대문제의 경우 이용당하고 해를 당하는 사람들하고 상담할 때는 갈등이 더 크다(이것과 관련된 이슈는 12장과 13장에서 자세하게 다룰 것이다).

Worden(1994)은 클라이언트와 강력한 치료적 동맹관계로 발전하기 위해서는 다음의 3가지 결정적인 요소가 있다고 하였다.

- 클라이언트와 사회복지사가 치료 목표에 동의
- 과업을 적용하는데 있어서 사회복지사와 클라이언트간의 동의와 협력
- 클라이언트와 사회복지사간에 강하고 긍정적인 정서적 연대

이러한 세 가지 요소를 중점으로 지킨다면, 가족사회복지사가 첫 번째 가족상담에서 발견한 복잡성에 대해 이 후 협상해나가는 것은 보다 쉬울 것이다. 클라이언트와의 치료적 동맹은 가족 생활주기의 단계, 성, 인종을 포함한 이슈들에 의해 영향을 받는다(Worden, 1994).

첫 번째 가족상담은 세심한 주의를 요하는데, 이는 가족사회복지사와 가족간의 긍정적 인 관계를 형성하는 기반이 되기 때문만이 아니라, 앞으로의 과정에 질적으로 영향을 미치기 때문이기도 하다. 결과적으로 가족의 관심사에 관

여하는 것과 라포를 발전시켜 나가는 것은 사회복지사가 가정에서 지속적인 관심을 보여주는 것에 달려있다. 첫 번째 가족상담은 시간 제한적이며, 초점이 있고, 이완되어야한다.

첫 번째 상담의 또 다른 요소는 가족원들이 자신의 염려를 솔직하게 표현할 수 있도록 신뢰감을 쌓는 것이다. 신뢰감이란 즉시 형성되지 않다. 이는 가족상담이 진행되면서 점차 형성된다. 가족사회복지사는 가족원의 욕구에 신실하게 관심을 갖고 있으며, 어려움에 처해 있는 가족원들에게 기꺼이 도움을 주려고 한다는 것을 전달함으로써 신뢰를 발전시켜야 한다. 어떤 가족하고는 라포가 쉽게 형성되지만, 또 어떤 가족과는 인내와 기다림이 요구되기도 한다. 가족과 문제의 본질, 가족사회복지 실천의 목적, 사회복지사의 성격, 가족원의 생활경험은 라포와 신뢰가 얼마나 빨리 형성되는 지에 영향을 미친다. 가족이 그 문제에 대해 어떻게 지각하고, 이것을 다루는 것에 대해 어떻게 느끼느냐에 따라 가족사회사업에 대한 수용도가 달라진다. 가족과 관계를 형성하는 데에는 시간이 걸린다. 가족과 사회복지사 사이에 지지적인 분위기를 유지하는 것도 중요할 뿐 아니라 가족원 사이에서도 지지적인 분위기를 지키는 것이 중요하다. 높은 수준에서 라포와 신뢰가 형성되면, 문제를 확인하고 효과적으로 작업관계를 맺을 수 있도록 할 뿐 아니라, 이후 적극적으로 문제를 해결할 수 있게 한다. 효과적인 작업관계는 가족의 만족과 자신감을 자극하는 행동의 변화를 촉진한다. 가족사회복지사 역할 중 하나는, 클라이언트가 개인의 목표를 명확히 하고 그 목표에 도달하기 위해 계획을 잘 수행할 수 있도록 돕는 것이다. 사회복지사와 클라이언트의 관계는 가족사회복지에서 매우 중요하다. 긍정적인 관계가 성립되지 않으면 프로그램 목표는 성취되기 어렵다. 치료적 동맹관계는 가족의 우선 순위가 사정되고, 필요한 정보가 제공되어, 효과적인 적응이 향상되면서 강화되어진다.

❖ 신뢰

당신의 삶 속에서 누구에게도 말하지 않았던 가족의 비밀에 대해 써 보자. 왜 아무에게도 이 비밀에 대해 말하지 않았는지 이유를 써 보자. 연필을 내려놓고 한 5분 정도 눈을 감고 당신의 집으로 찾아온 낯선 사람에게 당신의 비밀을 털어놓는다고 상상해 본다. 이 낯선 사람에게 당신의 비밀을 말하는 것에 대해 어떻게 느끼는가? 이 이방인에게 당신 가족의 비밀에 대해 말하려고 준비하면서 솔직히 당신 마음 속에 어떤 반응이 일어나는가?

신뢰관계를 발전시키는 것은 항상 점진적인 과정만은 아니다. 원조체계에 대해 환멸을 느끼는 클라이언트는 신뢰문제에 대해 갈등을 겪는다. 그러므로 한 번의 상담으로 이루어진 신뢰는 다음 번 상담에서 깨어질 수도 있으며, 이것은 개입에 대해 어떻게 생각하는 지 가족의 해석에 달려있다. 이러한 일이 항상 발생하는 것은 아니지만 다른 사람의 동기에 대해 의심을 갖는 가족들에게서 이런 일은 발생할 수 있다. 아동보호서비스 사회복지사가 자녀학대나 방임이 의심되는 문제로 가정을 방문할 경우, 신뢰를 갖는 것은 어려운 일이다. 가족사회복지사가 어떤 조사와 관련이 있는 것도 아닌데, 가족은 불신하고 두려움을 가질 수 있다.

첫 상담에서 혹은 그 다음 상담에서 가족사회복지사는 가족의 사생활에 민감하게, 그 가족들이 간섭받는 느낌이 들지 않도록 해야한다. 사회복지사는 가족의 영역을 존중해야하고, 사회복지사가 그들의 터전에 들어오도록 허용해준 것에 대해 감사를 표현해야 한다. 다시 말하면, 가족사회복지사는 그 가족의 손님인 것이다(Kinny, Haapala, & Booth, 1991). 사회복지사가 가족에 대해 질문을 할 때에는 목표를 수행하는 데에 필요한 정보에만 초점을 두어야하며, 특히 첫 상담에서는 더욱 그렇게 해야한다. 어떤 가족은 기꺼이 그 외의 정보에 대해서도 나누려하지만, 대개는 그렇지 않다. 가족이 개인적인 일에 대해 이야기하려고 하면 사회복지사는 주의 깊게 듣고, 지지적으로 반응해야 한다. 이야기의 주제가 조리 없이 우왕좌왕하면 사회복지사는 다시 프로그램과 관련된 주제로 대화의 초점을 바꾸어야한다. 초기 단계에서 가족원의 개인 생활에 대해 많은 시간을 할애하면 가족원과 관계를 발전시키는 데에 어려움이 있다. 너무 자유롭게 자신의 이야기를 나눈 가족원은 이 후에 너무 많은 것을 노출한 것에 대해 후회하기 쉽다. 사회복지사는 상담을 함에 있어 지지적이어야 하며, 너무 많은 것을 캐내려 해서는 안 된다.

10. 가족사회복지실천에 대해 클라이언트에게 소개하기

가족사회복지사가 가족원과 함께 그들 문제에 함께 하는 강도에 따라 개인적인 친밀감이 생길 수도 있지만, 가족과의 관계는 전문적인 수준에서 유지되어야 한다. 가족사회복지사는 종종 심한 위기에 처해 있는 가족원과 함께 일한다. 많은 가족들은 오랫동안 가족문제를 견뎌왔으며, 이미 다양한 기관에서 서비스나 치료를 중복적으로 받아왔을 것이다. 가족들은 아마도 이전에 변화에 실패했을 가능성이 있기 때문에, 가족사회복지사는 변화에 대한 긍정적인 기대를 형성하고 초기에 가족에게 희망을 전달해주는 것이 중요하다. 가족이 변화하는 데에 도움이 될 수 있는 적절한 기회에 지지를 제공하는 것이 필요하다.

가족사회복지의 목적과 활동을 성취한 후에 그 결과에 대해 함께 고찰해보는 것은 가족과의 상담을 진전시킨다. 가족이 목표에 초점을 두도록 돕는 것은 각 세션이 효과적이 되도록 한다. 가족상담에 가족들이 동의하고 난 후 시간이 지나가면서 사회복지사는 가족이 애초에 동의했던 특정 세부 목표를 상기하도록 도울 수 있다. 세부 사항에 대해 가족이 기억할 수 있도록 하는 것 또한 관심, 열정, 참여를 자극할 수 있다.

첫 가족상담이 진행되는 동안 가족사회복지사는 자신의 역할과 개입의 한계와 책임에 대하여 설명하여야한다. 관계의 제한성과 구조가 명확하게되면 사회복지사와 가족은 생산적인 활동에 함께 초점을 둘 수 있다. 역할을 명료하게 하는 것은 수시로 반복되고 강조되어야 한다. 어떤 가족프로그램은 가족사회복지사의 역할을 제한적으로 정의하는 반면, 다른 프로그램은 일과 관련되어 형성되어진 경계 내에서 가족사회복지사의 융통성과 독립성을 허용하거나 격려하기까지 한다. 어떤 경우든 가족사회복지사의 제한성과 책임성을 명확히 하는 것은 사회복지사의 역할에 관한 혼란과 이견의 가능성을 예방할 수 있다.

변화과정에서 가족의 역할 역시 명시되어야 한다. 진행과정에서 가족전체가 서비스 수혜자가 아니라 파트너로서 참여하도록 하는 것은, 가족사회복지실천에서 가족과 사회복지사 상호간에 책임이 있다는 개념을 형성시킨다. 이러한 과정에서 가족이 가장 명백하게 기여하는 것은 상담에 참여하는 것이다. 가족이 기관을 찾아오고 지속적으로 참여하지 않는다면 가족사회복지사는 원조과정에서의 역할을 수행할 수 없다.

가족사회복지에 대한 가족의 지각과 기대 역시 첫 상담에서 드러나야 한다. 때로는 그 기대가 비현실적이기도 하다. 가족사회복지사는 클라이언트가 프로그램의 목적을 잘못 이해했거나 오해한 것은 아닌지 알아보아야 한다. 첫 상담에서 가족의 기대를 알아보고 오해한 부분을 교정하는 것은 이후의 오해를 제거할 수 있다. 궁극적으로 전체 가족은 가족상담에 대한 기대에 만장일치로 동의할 수 있도록 도움을 받아야한다.

첫 가정상담은 1~2시간 걸리 수 있으며, 목표에 따라서 차이가 있다. 계획한 활동을 모두 수행하고 나면 그 세션을 마쳐야한다. 상담이 부드럽게 진행되면 가족이 참여적이 되며 가족사회복지사도 관여할 수 있게된다. 첫 상담이 성공했다는 것은, 가족원들이 편안한 느낌을 갖고 다음 상담을 기대하게 된다는 것을 뜻한다. 두 번째 상담은 가족원 모두에게 편한 시간으로 일정을 잡는다.

11. 클라이언트의 비밀을 보장하기

가족사회복지는 다른 서비스 전달체계 보다 잠재적으로 더 개인적인 수준에서 가족에게 전문적인 서비스를 제공한다. 이러한 일의 특성상 적절한 수준에서 비밀보장을 유지하는 것은 중요하다(Collins, Thomlison, & Grinnel, 1992). 다음은 클라이언트의 비밀보장을 깨트릴 위험이 높은 경우이다.

> 스크리닝(Screering)과 의뢰를 통하여 사회복지사는 Simpson사례를 받았다. 첫 상담이 Simpson집에서 이루어졌고, 그의 가족에게 자신이 그들의 새로운 사회복지사라고 소개하였다. 가족들이 말하기를 꺼려하자, 사회복지사는 여기에서 얘기되는 어떠한 내용도 비밀보장이 되니 안심하고 말을 하도록 확신을 주었다. 당시로서 사회복지사는 당연히 이것을 지킬 것이라고 믿었다. 상담 후에 사회복지사는 기관에 돌아와서 사무원인 Romalda에게 말을 하였고, 이 때 그녀가 Simpson에 대해 사회복지사가 전해준 정보를 포함하여 타이핑을 하고 있는 것을 알아차렸다. 늦게까지 사회복지사는 기관에서 동료

들과 커피를 마시면서 사례에 대해 이야기를 자유롭게 나누었다. 다른 사회복지사가 질문을 하면 Simpson에 대한 이야기도 자세히 하게 되었다. 늦게 서야 사회복지사는 Simpson이 의료지원을 요청했다는 것과 그의 파일에 다양한 정부기관과 의료서비스 기관 이용에 대한 정보를 기재했다는 것이 생각났다. 사회복지사는 당황하여 지역신문에 의료 지원요청에 대한 기록을 보내는 것이 낫다고 생각하여 홍보를 요청하였다. 또한 사회복지사는 자신의 서류가방에서 그의 기록이 없어졌고, 결국에는 Simpson의 이웃이 그것을 주웠다는 것을 알았다. 사회복지사는 슈퍼비전을 받기 위해 녹음한 테이프를 정신없이 찾았다. 반면에 Simpson은 엄격하게 비밀이 보장된다고 해서 사회복지사에게 이야기했던 내용들이 이제는 사회서비스 전달체계 안에서 공공연히 알려지게 되었다는 것을 알게 되었다. 금요일에 사회복지사는 슈퍼바이저를 만났고, 사례에 대하여 보고하였다. Simpson의 사례가 첫 번째로 다루어졌다.

Simpson가족은 격분하여 슈퍼바이저에게 문제를 제기하였다. 슈퍼바이저는 엄격한 비밀보장이란 클라이언트가 사회복지사에게 말했던 어떤 내용에 대해서도 어떤 형태로든 누구에게도 말해서 안 되는 것이고, 상대적인 비밀보장이란 동료들과는 정보를 나눌 수 있는 것을 의미한다고 그 차이를 설명하여주었다. 사회복지사는 기관의 직원으로 절대적으로 비밀보장을 지키는 것은 불가능하다는 것과 앞으로는 절대 비밀보장을 약속하지 말아야겠다고 느꼈다.

슈퍼바이저가 친절하게 대해주었음에도 사회복지사는 자신이 무능하다고 느꼈다. 또한 슈퍼바이저가 사전에 상대적 비밀보장에 알려 주었더라면 하는 모호한 분노를 느꼈다.

1) 클라이언트의 비밀보장을 보호하기 위한 지침

1. 상담시간 이 외에는 클라이언트의 이름을 바꾸거나 그들에 대해 확인할 수 있는 세부적인 내용을 바꿨을 지라도 클라이언트에 대해서는 토론하지 않는다(예를 들어 문이 열려있는 사무실, 교실, 그룹, 미팅 등에서 클라이언트에 대해 말하지 말라). 가족이나 친구들에게 클라이언트에 대해 세부적인 사항에 대해서 말하는 것은 허용되지 않는다. 때때로 사회복지사는 스트레스에 차서 자신의 느낌과 그 스트레스에 대해 말해버림으로써 해소하고 싶은 욕구를 느낄 수 있다. 클라이언트에 대해 말할 수 있는 것은 기관의 사례회의와 같은 시간에 슈

퍼바이저나 동료와 함께 할 때뿐이다. 이러한 규범은 가족사회복지사에게도 똑같이 적용된다. 따라서 그 가족에 대해 토론하는 것은 기관에서 슈퍼바이저나 동료와만 이 가능하다. 사무원과 같은 비전문가들이 사회복지사들이 관련 기관이나 가족에 대해 이야기하는 것을 들을 수 있으나, 그 과정에서 사회복지사나 기관, 전문가에 대하여 존경심을 잃을 수 있다. 그들은 "만약 나에게 문제가 있다면 어떤 사회복지사에게도 가지 말아야지" 라고 생각할 수 있다.

2. 사회복지사가 전화할 때, 클라이언트가 집에 없다면 일에 대해서는 말하지 말고 당신의 이름만 남기도록 한다. 전화번호를 남길 수도 있으나, 이것은 어떻게 인식하는 가에 따라 다르다.

3. 사회복지사는 점심시간이나 커피타임에 동료들과 토론하지 않는다. 식당이나 다른 공공장소에서 대화를 할 경우 다른 사람이 듣게될 위험이 있다. 설사 이름이 거론되지 않더라도 클라이언트를 알고 있는 사람은 누구를 말하는지 알 수 있을 것이다. 업무에 관해 사사롭게 대화하는 것을 옆에서 듣게 되면 사람들은 사회복지사는 비밀보장에 문제가 있다고 생각하 수 있다.

4. 사무실에서 클라이언트를 만날 때 다른 사람에게 전화를 받아달라고 부탁한다. 방해를 받게되면 라포에 균열이 생길 수 있고, 비밀보장에도 문제가 생길 수 있다. 역시 클라이언트는 "사회복지사는 나에게 경청하는 것 보다 더 중요한 일이 있는가 보다" 라고 생각할 수 있다. 가정에서 상담이 이루어질 때 호출기를 사용하게 되면 전화 받는 것을 미룰 수 있고, 가족들은 당신이 전화하는 것을 들을 수 없을 것이다.

5. 모든 상담은 사적이며, 다른 사람이 들을 수 없는 사적인 장소에서 이루어져야 한다.

6. 전화 메세지나 대충 기록한 노트를 책상이나 잠그지 않은 차에 두고 나가

지 않는다. 사례기록은 클라이언트의 이름이 파일에 기록되어 있으므로, 누군가의 관심을 끌 수 있다. 사무실에서 나갈 때 책상에 있는 기록이나 파일을 잘 보관한다. 그리고 클라이언트 파일 보관함이 잠겨 있는 상태인지 확인한다. 만약 사회복지사가 파일들을 소홀히 다루는 것을 클라이언트가 보게 된다면, 자신의 일을 보호해주는 데에도 저렇게 소홀할 것이다라고 가정할 수 있다.

7. 파티나 사교활동에서 클라이언트에 대해서 말해서는 안 된다. 동료들은 빈번하게 함께 대화를 나누게되며, 어려운 사례에 대하여 논하고 싶어하고, 사례와 비슷한 경우에 예를 듣고 싶어한다.

8. 클라이언트가 비밀보장에 대하여 무관심해 보일지라도 보호해 주어야한다. 어떤 클라이언트는 대기실이나 공공장소에서 대화를 시작하려고 한다. 사적인 공간에 가기 전까지 그러한 환경에서 상담을 진행서는 안 된다.

9. 비밀보장에 관해 기관의 방침이나 내규를 규정해 놓아야 한다.

10. 지역사회서비스에 연결하기 전에 사회복지사는 반드시 가족의 허락을 받아야 한다. 가족이 특정기관과 자신의 자료에 대해 정보를 제공해도 좋다는 허락을 할 때 제한된 정보를 제공하는 것이 필수적이다. 대부분의 기관은 이러한 상황에 대한 정보유포동의서 양식을 가지고 있다.

11. 모든 주(州)에서 어떤 사람(특히 아동)이 위험에 처해 있을 때에는 비밀보장은 보호받지 못한다고 규정한다. 이와 같은 비밀보장이 지켜지기 어려운 경우에 대해 클라이언트에게 미리 알려야한다.

❖ 비밀보장

학생들끼리 비밀보장에 관해 토론하고, 역할극을 해본다.

12. 요약

사례를 준비하면서 실천적인 측면들을 고려하는 것은, 가족사회복지사가 능력 있는 전문가로서 그 기술을 보여주도록 도와준다. 상담, 이동시간, 클라이언트 집의 위치를 알기 위해 충분한 시간을 갖고 일정을 잡는 것은 클라이언트가 사회복지사를 신뢰하는데 도움이 된다. 요구되는 자료와 클라이언트 집에서 상담할 때 필요한 자료를 미리 준비하고 계획하는 것은 가족사회복지사의 스트레스를 경감시켜줄 것이다.

클라이언트와 접촉을 유지함에 있어서, 가족사회사업에서 흔히 보게되는 중복문제를 가진 가족과 일할 때 문제가 발생할 수 있다. 가족사회복지사는 자주 이사를 하는 클라이언트가 참여를 중단하게 되는 문제를 다루는 것과 위치를 파악하는 방법을 알고 있어야 한다.

가족사회복지사의 안전은 필수적인데, 이는 대부분의 가족사회복지사가 클라이언트의 집에서 상담을 하기 때문이다. 가족사회복지사는 작업환경을 잘 알아야하며, 빈곤 지역이나 우범지역에 비싼 옷을 입는다든가 보석으로 치장하고 방문하는 것과 같은 행동은 하지 않음으로서 위험을 피해야 한다.

첫 가족 상담은 이후의 모든 실천과정에 기반이 된다. 자신과 기관 및 가족상담의 목적에 대해 가족들에게 명확하게 설명해 주는 것은 중요하다. 라포와 신뢰를 형성하는 것은 가족사회사업의 초석이다. 마지막으로 클라이언트의 비밀을 보장하는 것은, 클라이언트-사회복지사 관계에서 신뢰감을 갖는 데에 필수적이다

제 6 장

초기단계

이전 장들에서는 가족사회사업의 단계들을 논의하기 위한 기초적인 부분들을 다루었다. 우선적으로, 가족사회사업의 역사적 기록들에서 가족구조의 변화에 대해 연구하였으며, 둘째로, 체계이론을 응용한 가족사회사업의 발전을 전망했다. 마지막으로, 가족과 함께 작업하는 실천형태들을 조사하고 초기 상담에 필요한 지침들에 대해 살펴보았다. 이 장에서는, 가족들과 어떻게 동맹관계를 형성할 수 있으며, 긍정적인 변화를 위한 전략을 어떻게 세워야 할 지에 대한 논의를 계속하게 될 것이다. 이는 효과적인 의사소통 원칙을 이해하는 것에서부터 시작되는데, 가족과 함께 일하는 가족사회복지사가 특별히 주의를 기울일 필요가 있는 기술들이 이에 해당된다.

사회복지실천은 다섯 단계로 구성된다: 초기, 사정, 개입, 평가, 그리고 종결단계이다. 이들 각 단계의 요소들을 포함한 가족상담이 단계마다 이루어지고 종합적인 가족사회복지사의 실천이 가족과 함께 다섯 단계에 걸쳐 진행된다. 다음 장에서는 각 단계에서 가족사회복지사에게 요구되는 과업과 기술들에 대해 대략 정리하게 될 것이다. 이러한 원조 과정은 가족이 아직은 자신들의 역할을 명확하게 인식하지 못하고 있어 상호 배타적일 때 실시된다. 예를 들어, 의뢰를 받는 순간부터 가족사회복지사는 의뢰양식을 읽거나 사례를 기록하는 것에서부터 사정을 시작하게 된다. 가족과 계약하고 가족사회복지사의 개입을 통해 지속적으로 가족들의 욕구를 사정하는 것이 과업에 포함된다. 그러나 이러한 것들은 첫 번째 상담에서 특히 중요하다.

1. 초기단계의 과업: 계약과 사정

신임사회복지사는 종종 특별한 상황에서 무슨 이야기와 어떤 일을 해야 할지 미리 자세하게 알려줄 수 있는 비법 같은 것들을 무척 필요로 한다. 그러나 불행하게도 이런 비법은 존재하지 않는다. 다만 대략의 지침만이 있을 뿐이다. 이 지침은 "클라이언트 있는 곳에서부터 시작하라" 라는 제안들과 같이 상투적인 내용으로만 구성되어 있다. 더욱 정확한 안내책자라면 "사회복지사가 있는 곳에서부터 시작" 되어야 한다(Hartman & Laird, 1983). 왜냐하면 가족사회복지사가 어떻게 사정하고 계약하는 가에 따라 달라질 수 있기 때문이다. 가족사회복지사는 전문가 기술 등으로 역할 수행을 하면서 가족들에 대한 기관의 임무를 수행하게 된다.

가족에게 원조를 제공하기 전에 다음의 조건들은 반드시 거쳐야 한다. 첫째로, 가족이 특별한 문제에 대해 외부에서 개입하는 것에 대해 동의해야 한다. 둘째로, 가족은 문제에 새롭게 대처하게 될 때 기관과 연계하여야 한다. 마지막으로, 기관은 그 가족의 문제가 기관의 정책에 적절한지 결정하여야 한다. 이 조건들 각각은 가족상담과정에 지속적으로 영향을 미치게 된다. 어떤 경우, 법원의 명령에 따라 기관에서 가족을 처음 접촉할 수도 있다. 비록 비자발적인 클라이언트와 가족상담을 시작한다고 할지라도, 가족사회복지사는 가족이 외부에서 돕는 것을 수용할 수 있도록 가족사회사업의 강점을 느끼게 해야 한다.

초기 단계에서 가족사회복지사가 해야할 최초의 두 가지 과업은, 가족과 원조과정을 계약하는 것, 그리고 가족이 갈등하는 문제를 사정하는 것이다(Worden, 1994).

계약은 사회복지사와 가족 사이의 치료적 동맹관계를 형성하는 것이다. 사정은 가족을 둘러 싼 사회환경뿐만 아니라 직접적으로 문제와 연관된 가족내의 이슈와 유형을 규정하는 것으로 구성된다. 치료적 동맹에서 나오는 힘은 문화적 차이를 초월하는 것처럼 보인다(Beutler, Machado, & Allstetter Neufelt, 1994). 가족원들이 각자의 역할을 상호 배타적으로 생각하지 않고 가족원 모두가 사회복지사와의 원조과정에 참여, 계약을 맺을 수 있도록 한다. 이 과정은 가족전체가 사회복지사와 함께 하는 첫 만남에서 이루어져야 한다.

가족과 계약하는 내용에는, 가족 구성원 각자가 안전하게 자신의 문제를 이야기할 수 있는 장소에 대한 것도 포함되어야 한다(Satir, 1967). 가족사회복지사는 두려움을 줄이고 가족원 모두가 보다 신뢰감을 가질 수 있는 분위기를 만들어야 한다. 가장 중요한 것은, 가족과 신뢰의 관계를 형성하는 것이다. 부모는 사회복지사가 자신의 집에 방문할 때 자신감을 상실하고 두려움을 느낄 수 있다. 왜냐하면, 부모는 외부에서 원조를 받을 수밖에 없는 자신들의 무능력을 단적으로 보여주는 것이라고 생각할 수 있기 때문이다. 또 어떤 부모는 그들이 갖고 있는 문제를 비난할 것이라고 예측하기도 한다. 부모는 공식적인 원조자에게 도움을 받기 이전부터 오랜 동안 이 문제들을 해결하기 위해 애쓴 자신들이 노력이 거부되고 제외된다고 느낄 수도 있다. 반면, 문제를 보이고 있는 아동은 가족이 겪는 고통의 원인으로 간주되어 오랜 시간동안 비난 받아왔을 수도 있다. 아동은 가족에게 분리되거나 계속될 비난을 우려할 수 있다. 가족원 모두가 상처를 받았고 분노와 무능력을 느끼고 있다.

따라서 계약 초기단계에서, 사회복지사는 중립의 태도를 반드시 유지해야 한다. 그리고 미성숙하게 가족원 개개인과 직면하지 말아야하며 모든 정보를 알기 전에 성급하게 해석하지도 말아야한다(Gurman & Kniskern, 1981). Minuchin(1974)은 가족사회사업의 이 초기단계를 "연합하는 것(joining)"이라고 칭했다. 이 단계에서 사회복지사는 "나도 당신과 유사하다"는 것을 가족에게 전달하게 된다. 사회복지사와 가족이 연합하는것은 둘 사이에 사회적 거리감을 줄이는데 도움이 된다(Hartman & Laird, 1983).

초기단계에서 계약과 사정을 완수하기 위해서는 다음의 네 가지 단계를 성공적으로 밟아야 한다.

① 가족원 모두와 계약을 맺어야 한다

가족사회복지사는 가족들에게 자신의 독특성을 보일 수 방법들을 찾아야 한다. 사회복지사가 가족들에게 자신을 처음 소개하는 것에 관한 정해진 규칙은 없다. 그러나 여전히 성별과 문화적인 이슈들은 고려되어야 한다. 예를 들면, 어떤 문화권의 가족은 사회복지사가 가장 먼저 아버지와 이야기할 것을 기대한다. 소개하거나 소개되어지는 순서는 신중해야 할 문제이다. 예를 들면, 어떤 가족사회복지사는 가족 중에 문제를 갖고 있는 한 명의 구성원에게 처음부터 관심을 쏟지 않는다. "문제"로써 그 개인을 소외시키기는 것을 원하지 않기 때문이다. 대안적으로 어떤 경우에는 부모와 먼저 만나기도 하는데, 이는 부모의 권위를 위해 유용하다. 이상적으로, 소개하거나 소개되어지는 순서는 "당면한 문제"에 따르는 것이 적합하다. 가족사회복지사는 가족에게 자신을 소개할 때 이름과 기관뿐만 아니라, 가족이 기관에 대해 어떤 관심을 가져야 하며 사회복지사 자신의 역할은 어떤 것인지를 자세히 설명해야 한다.

가족의 세계 속으로 사회복지사가 들어가기 위해 중요한 것은 가족들이 사용하는 단어들을 관찰하여 가족의 언어패턴에 맞게 단어를 사용해야 한다는 것이다(Goldenberg & Goldenberg, 1994). 가족원들이 다른 사람에게 어떻게 대화하는 가에 따라 어떤 방법으로 사회복지사s가 그들과 대화할 지 결정할 수 있게 된다. 가족원들 사이에서 사용되는 호칭은 과거 사회복지사가 어떤 호칭을 즐겨 사용했는가와 상관없이 매우 신중하게 고려해야 한다. 예를 들어, Satir(1967)는 부모의 역할에 관해 토론할 때 부모를 지칭할 때 "엄마(Mom)", "아빠(Dad)" 로 호칭할 수도 있고, 아니면 부모의 이름을 호칭으로 사용할 수도 있다고 언급했다. 더하여 어떤 소수민족의 가족은 사회복지사가 마땅이 존중해야 하는 일정한 관계형태를 가지고 있다(Lum, 1992). 특별한 민족적인 이슈들에 대해 가족원들에게 어떻게 이야기 할 것인지도 고려해야 한다. 소수민족 가족과의 상담에서, 가족개개인과 상담할 때 사회복지사는 그 가족의 문화를 충분히 고려해야 한다. 따라서 사회복지사는 상담하고 있는 가족의 문화를 배우는 것이 필요하며, 그 문화맥락에서 가족들이 어떻게 행동하는 지, 어떤 태도를 갖는 지 파악해야 한다.

② 문제를 정의할 때에는 가족원 모두가 그 문제에 대해서 어떻게 지각하고 있는 지를 고려해야 한다

당면 문제를 명확히 하기 위해서, 사회복지사는 가족원 개개인이 그 문제를 어떻게 보고 이해하고 있는 지를 알아야 하며, 그러기 위해 가족원 각자(유아를 제외한)와 상담을 해야 한다. 가족사회복지사는 가족원 개개인이 다른 가족의 간섭이나 방해 없이 그 문제에 대해 자유롭게 자신의 시각을 표현할 수 있도록 한다. 이 때 논쟁이나 방해는 정중하면서도 단호하게 대처해야 한다(Nichols & Schwartz, 1998). 사회복지사는 가족원 개개인의 말과 행동에 근거하여 가족원 각각의 시각을 이해하려고 시도할 필요가 있다. 가족사회복지사는 또한 가족원들이 문제를 위해 시도했던 것들이 무엇이며, 자신의 미래를 위해서는 어떤 생각을 갖고 있는 지를 알아야 한다. 만약 분노와 비난이 표현되면, 사회복지사는 어느 누구도 문제를 위한 희생양이 아니라는 것을 확신시켜야 한다. 또한 사회복지사는 가족원 모두에게 원조를 제공하는 것이 정당하다고 자신만의 확신을 가져야 할 필요가 있다. 왜냐하면 어떤 가족원은 사회복지사의 출현에 저항할 수 있기 때문이다(Geismar & Ayers, 1959).

문제를 규정하는 단계에서, 가족사회복지사는 그 문제에 관심이 있는 가족원들간의 상호작용을 촉진해야 한다(Tomm & Wright, 1979). 이는 문제 해결에 공헌할 수 있는 가족의 패턴을 계속해서 유지할 수 있게 하고 사회복지사가 가족을 만나는 이유를 명확하게 해준다. 첫 상담이 끝날 때 즈음, 가족사회복지사는 문제의 출현이나 해결에 있어서, 가족 개개인에게 배타적으로 책임이 돌아가지 않도록 문제를 규정하여야 한다. 이것이 바로 "초점을 확대하기(Broadening the focus)" 인데, 이는 문제와 해결이 가족원 모두의 과업이라는 것을 의미한다(Nichols & Schwartz, 1998).

아동학대와 방임이 의심되는 사례에서는, 어떤 아동이 위험에 처해 있는가를 긴급하게 사정하는 것이 첫 번째 과업이 된다. 학대 위험 정도에 대해 사정하는 것은 어려운 작업이다. 왜냐하면 가장 정확한 정보를 얻는 것은 신뢰가 형성되고 관계가 강하게 연결되어 있을 때 가능하기 때문이다. 사회복지사가 의심을 갖게되는 경우는 가족이 특별히 학대에 관해 어렵게 언급했을 때이다. 이 외에도, 설명되지 않는 타박상이나 상처 같은 어떤 신체적 학대의 증후를 사회복지사는 우선 조사해야 한다. 사회복지사는 또한 아동의 행동을 관찰하게 되는데, 학대아동에 관한 행동증후들에는 소심함이나 공격성을 포함하고 있다. 비록 이들 증후들이 지침과는 다르게 심각한 문제를 보이지 않더라도 세밀하게 관찰해야만 한다. 부모 앞에서 아동이 어떻게 행동하는지 관찰해야 한다. 아동은 부모에게 두려움을 느끼는 것처럼 보이지는 않는가? 마지막으로 부모와 아동의 관계 중 특히, 어떻게 부모와 아동이 상호작용하고 있는지를 관찰하게 된다. 아동에 대한 부모의 감정이 기복이 심하거나 인내심이 부족하지 는 않은가? 부모는 아동에 대해 얼마나 잘 설명할 수 있는가? 정서적인 교류가 있는지 혹은 신체적 접촉을 피하고 있지는 않는가?

이와 관련된 첫 번째 단계로 사회복지사에게 중요한 것은 가족의 현실을 존중하고 이해하고 있음을 행동으로 보이는 것이다. 여기에는 가족원 모두 가치체계, 문화적인 배경 그리고 경험의 형태들을 포함할 수 있어야 한다(Alexander, Holtzworth-Munroe, & Jameson, 1994). 결국, 문제를 가족전체의 문제로 볼 수 있어야 한다. 가족에게 가족의 일정한 틀 속에서 문제들을 바라보게 하는 방법에는 여러 가지가 있다. Brock과 Barnard(1992)는 사회복지사가 이용할 수 있는 시각적 판별방법으로 가족 한 사람의 행동이 다른 가족원에게 어떤 영향을 미치고 있는 가에 대한 설명을 유동적으로 유추 해보는 것이라고 제안하고 있다. 궁극적으로, "필요한 것은 변화되는 것이다" 라는 내용의 틀로 문제를 구성해야 할 것이다(Brock & Barnard, 1992). 변화되어야 할 어떤 문제의 내용에 의해 앞으로 단계가 어떻게 진행되어야 할지가 결정된다.

③ 목표를 설정하고 개입과정을 명확히 해야 한다

사회복지사와 가족원들은 문제를 해결하는 것과 관련하여 공통의 목표를 세워야 한다. 목표설정에 동의하기 위해서, 가족과 사회복지사가 협력하는 것은 필수적이다. 사회복지사는 가족의 동기가 어느 정도인지 사정하고 가족들의 희망이 성취될 수 있다는 이해가 있어야 한다(Worden, 1994). 목표는 문제 해결을 위해 가족 모두가 참여하여 행동할 수 있는 것이어야 한다. 문제를 해결하기 위해 실질적인 생각과 계획들을 제안함으로서, 가족들이 문제는 감소될 수 있을 것이라고 낙관적으로 생각할 수 있도록 도와야 한다.

④ 가족과 계약을 한다

이 단계에서, 사회복지사와 가족은 얼마나 자주 상담할 것인지, 그리고 참석할 사람은 누구인지, 그 외에도 상담 기간이나 개입의 범위, 가족원의 동기, 목표를 달성한 것을 알 수 있도록 기준을 세우는 것 등과 같은 실질적인 문제들을 합의한다. 계약에는, 모든 사람이 문제를 논의하는 것 뿐 만 아니라 문제를 정의하는 것도 포함한다. 가족과 사회복지사는 목표와 방법에 대해 합의해야 한다(Hartman & Laird, 1983). 계약을 문서로 작성할 때에는 명확해야 하며, 앞으로 해야할 과정을 공식화함으로써 진지함을 갖게 한다. 계약 내용에는 시간과 상담장소와 같은 실질적인 문제 뿐 아니라 변화가 필요한 개개 가족원들의 행동을 서술하는 것도 포함되어야 한다.

아래의 내용은 계약서의 한 예이다.

Bob과 Anne Smitt은 12살인 George의 부모로 가족사회복지사인 Cerise Gordon과 다음의 목표를 위해 작업에 서로 동의한다.

가족사회복지사업의 초점은 ㉠부모의 역할수행 기술들, ㉡남편의 실직, 그리고 ㉢아동의 학교결석 등이 된다.

1. 모든 가족원과 가족사회복지사는 다음 6주 동안 매주 월요일 오후 6시부터 7시 반까지 Smitt의 집에 만나기로 동의한다.
2. Gordon은 부모역할을 위한 교육과 직업훈련자원에 관한 정보를 제공할 것을 동의한다.
3. Smitt은 부모역할을 위해 교육에 참석하고 가사 기술을 익히기 위해 Gordon과 함께 하는 작업에 참여할 것을 동의한다.
4. Bob은 부모역할을 위한 교육에 참석하고 직업훈련세미나에 참석하는 것에 동의한다.
5. Gordon은 George가 미처 인식하지 못하고 있는 어떤 것에 대한 계획을 세우기 위해 George와 그의 부모들이 George의 선생을 만날 때 참석하는 것에 동의한다.
6. George는 학교에 출석하는데 동의하고 그가 미처 인식하지 못한 문제를 알게 됨으로써 그 문제를 해결하기 위한 계획에 참여할 것을 동의한다.

2. 가족사회복지사에게 필요한 초기상담기술

효과적으로 원조하기 위해서는 다양한 기술과 절차가 필요하다. 기술들은 해야할 업무에 대한 윤곽을 잡는데 유용하게 사용될 뿐 아니라 가족원에게 새로운 행동모델이 될 수 있다. 기본적인 상담기술은 가족사회복지사에게 절대적으로 필요하다. 이들 기술에는 다음의 사항이 포함된다.

- 가족이 표현한 의미들에 대해 신중하게 경청하기
- 가족원 각각의 소망과 목표에 대한 언어적 그리고 비언어적 의사소통에 민감하게 대처하기
- 효과적으로 문제를 해결하는 것과 관련된 가족의 어려움을 인식하기
- 효과적으로 가족을 다루는데 도움이 될 수 있는 기술, 지식, 태도 그리고 환경적인 조건들을 갖출 수 있도록 촉진하기

가족사회복지사는 문제해결과정, 의사결정, 그리고 부모역할기술 등을 통해 보다 효과적으로 부모가 자신의 아동에게 대처할 수 있도록 원조할 수 있다. 그러나 불행하게도 가족사회복지사가 목표를 만족스럽게 달성할 수 있도록 도움이 되는 훈련을 제공하는 프로그램은 거의 없다.

집단상담은 개별상담보다 복잡하다(Shulman, 1992). 가족이라는 한 집단 안에는 문제가 마치 미로처럼 뻗어있고 가족원 개개인들 사이에는 여러 형태의 관계들이 형성되어 있는 것처럼 보인다. 여러 사람들이 가족상담에 참여하기 때문에 가족사회복지사는 개별상담보다 통제하는 데 어려움을 겪는다(Munson, 1993). 사회복지사들은 동시에 수많은 자원에서 얻게 되는 정보에 압도되는 듯한 느낌을 보고한다. 개별치료에서 나타나는 복잡함이 가족을 만날 때는 더욱 증폭된다. 특히 사회복지사에게 어려운 것은 동시에 가족원 모두를 이해해야 하며, 가족원 중 한 개인과 제휴하는 것은 피해야 한다는 것이다(Shlman, 1992). 사회복지사는 남성-여성의 역할, 민족성, 그리고 그 외 가족 안에서의 이분법적인 관계와 같은 문제들에 대해 상담시간 내내 이해 해줄 것을 요구받게 된다(Alexander, Holtzworth-Munroe, & Jameson, 1994). 따라서 사회복지사는 외부인의 시각으로 가족에 다가가는 것과 관련된 장점과 단점 모두에 대해 잘 알고 있어야 한다(Hartman & Laird, 1983).

가족사회복지사가 가족과 상담하기 전에, 개인적인 친근감과 전문적인 관계 사이를 구별해야 한다. 또한 일반적인 대화와 과업중심의 상담을 구별하는 것이 반드시 가능하여야 한다. 만약 이들 특징을 정확히 알지 못한다면, 가족사회복지사는 가족의 초점을 유지하기 힘들고 문제해결과정을 시작하는데 실패하

게 된다.

3. 효과적인 상담을 위한 지침들

다음의 지침들은 가족사회복지사가 클라이언트와 전문적 관계를 갖게 하는 데 도움이 될 것이다(Kadushin & Kadushin으로부터 응용한 것 임, 1997).

- 상담은 신중해야 한다
- 상담 내용은 목적과 명백하게 관련 있어야 한다
- 가족사회복지사는 상담의 내용과 방향에 일차적인 책임을 가진다
- 관계들은 구조화되고 시간-제한적이어야 한다.

가족상담은 신중하고 목적이 있어야 하며 모든 참가자가 서로 수용할 수 있는 특별한 목표를 갖고 있어야 한다. 따라서 상담의 초점은 가족의 문제들로 이루어져야 하고 해결을 향해 진행된다. 해결을 해 나가는 과정에서, 가족사회복지사는 수행해야할 과업을 줄이기 위해 의사소통을 하고자 하는 유혹을 극복해야 한다. 예를 들어, "잡담" 하는 것은 시간낭비가 되거나 고통스러운 주제를 회피하려는 하나의 방법이 된다. 초기에 가족과 사회복지사가 서로 익숙해지기 위해 사교적인 사사로운 대화(small talk)를 허용하는 것은 유용할 수 있다(Brock & Barnard, 1992). 특히 상담에 저항하는 가족과 접촉할 경우 유용하다. 만약 가족사회복지사가 저항하는 가족원과 관계형성을 한 후 개입하면서 어떤 특정 문제를 다시 언급하여 할 때 이러한 대화는 적절한 방법이 될 수 있다.

다른 문화권의 가족과 상담을 진행할 때, 가족사회복지사는 바로 문제의 초점을 맞추기보다는 오히려 가족과 친숙한 대화를 시작하면서 접촉하는 것이 좋다. 관계를 형성하는 것과 관련된 규칙들은 문화권마다 매우 상이하다. 서양문화는 직접적으로 행동하는 것에 익숙하며, 때로는 신중하지 못한 행동조차 수용되기도 한다. 이러한 서양의 적극적이고 때로는 공격적인 행동에 대해 어떤

문화권의 사람들은 이상하게 생각하기조차 한다. 가족사회복지사가 어떻게 다른 문화에서 관계를 형성해야 하는가와 관련해서 문화적 다양성에 민감해질 필요가 있다. 문화의 차이를 발견하고, 이들 차이에 대한 논의하는 것은 오해할 수 있는 많은 것들을 명확하게 해준다(Lum, 1992).

관계가 형성되면, 가족사회복지사는 바로 작업을 위한 특별한 초점을 명확히 해야 한다. 초점을 맞추는 것이 길어지면 길어질수록, 특별한 문제 안에서 작업 초점을 맞추고 이후의 작업을 달성하는 것이 더욱 어려워지게 된다. 첫 번째와 두 번째 상담 사이에 만약 목적과 방향이 설정되지 못한다면 클라이언트는 중도에 탈락될 수도 있다. 명확하게 방향을 설정하는 것은 가족의 욕구와 관심에 초점을 맞추는 것으로, 가족사회복지사와 가족간의 관계가 긍정적으로 시작하게 된다는 것을 의미한다.

가족상담을 위한 내용에는 전반적인 상담 목적에 동의하는 것에서부터 시작하여 명확하게 규정해야 할 문제들에 대해 다루게된다. 상담이나 계획된 활동들은 진술된 목적과 직접적으로 관련이 있어야 한다. 예를 들어, "어떻게 되고 있습니까?" 와 같은 일반적인 질문으로 상담을 시작하기 보다, "우리가 지난주에 실행하기로 논의했던 부모역할기술들이 어땠는지를 말씀해 주십시오" 라고 대화를 시작하는 것이 보다 생산적인 방향으로 가족을 이끌 수 있을 것이다.

가족과의 작업에서, 가족사회복지사는 상담의 내용과 방향에 대한 "일차적인 책임" 을 가지게 된다. 때때로 이 책임은 가족에게 전문적 권위와 판단의 이용을 망설이는 가족사회복지사에게는 일종의 도전과 같은 것으로 느낄 수 있는데 특히 만약 부모가 가족사회복지사보다 나이가 많거나 가족사회복지사가 아동이 없을 때 더욱 이 문제를 느끼게 된다. 부모는 사회복지사가 아이가 있는지 물을 수 있다. 그들은 사회복지사가 그들이 겪게 될 것에 대해 이해하고 있는지를 알고 싶어한다. 또한 사회복지사의 경험에 대해서도 평가하기를 원한다. 이 질문들은 경험이 없거나 자녀가 없는 사회복지사에 대해 확신을 갖지 못하게 할 수 있다. 사회복지사는 무능력하게 보이기를 원치 않는다. 이러한 질문에 대한 최고의 반응은, 부모가 걱정하고 있는 것에 대해 직접 논의하는 것이다. 예를 들어, 사회복지사는 "아니오, 저는 아이가 없습니다. 이러한 일로 당신은 염려할 수도 있을 것입니다. 제가 아이가 없기 때문에 당신의 상황을 이해하지 못하거나 당신을 돕지 못할 것이라고 생각할 수 있기 때문이지요. 그렇다면 자, 이것에 관해 이야기를 나누어볼까요?" 라고 말할 수 있다.

가족사회복지사와 가족 사이의 관계는 또한 "구조적이고 시간 제한적" 이다. 이는 활동이 수행해야할 과업 중심으로 목적에 부합되어야 함을 의미하는 것으로, 가족원들은 규정된 문제를 향해 상담할 수 있는 분위기를 조성할 수 있도록 협력해야 한다. 이는 또한 가족사회복지 실천이 시작과 끝이 있음을 의미한다. 따라서 가족사회복지사는 가족이 그들의 과업을 달성하고 더 이상 사회복지사의 도움을 필요로 하지 않게 될 때를 인식해야 한다. 마찬가지로, 가족원에 대한 개별상담도 상담의 성격과 목적에 따라서는 시간-제한적이어야 할 것이다.

가족사회복지사가 가족의 동반자 역할을 하는 것만큼이나 관계형성은 거의 상호적이지 못하다. 가족사회복지사는 가족에게 리더쉽, 지식 그리고 방향 등을 제공한다. 사회복지사는 클라이언트의 관심과 욕구들을 우선으로 해야 한다. 예를 들면, 가족은 가족사회복지사에게 개인적인 질문을 할 수 있다. 사회복지사는 어느 정도의 정보를 나눌 것인지를 결정해야 하는데, 가족의 욕구와 치료의 초점이 우선적이라는 것을 기억해야 한다. 사회복지사가 클라이언트에게 자신을 노출하는 것에는 확실한 목적이 있어야 한다.

가족사회복지사의 모든 행동과 활동에는 "목적이 있어야 한다." 그리고 단어를 선택하는 것도 의도적인 효과를 가져올 수 있도록 의식적으로 이루어져야 한다. 예를 들어, 가족사회복지사는 가족의 관심에 근거하여 단어를 선택하는 것 같다: 만약 가족이 운동에 관심이 있다면, 가족사회복지사는 "팀" 같은 것으로 가족을 지칭할 수 있다. 물론, 모든 단어, 동기, 그리고 신중한 행동들은 사회복지사에게 더 많은 에너지를 얻을 수 있게 한다.

가족사회복지사와 가족과의 관계는 사회복지사의 욕구보다 선행되어 가족의 욕구를 채택한다는 명확하고 확실한 한계에 따라 진행된다. 신임사회복지사는 가족에게 "우호적으로" 대하고 개인적인 관계를 갖기를 원하는 마음과 갈등하게 된다. 이는 자연스러운 것으로, 그 이유는 가족사회복지사가 가족의 삶에 깊고 자세하게 관여하기를 원하기 때문이며, 더욱이 긍정적인 관계는 상담과정에서 매우 중요하기 때문이다. 또한, 사람들에 대해 사적으로 자세히 알기 위해서는 친숙함이 필요하다. 가족사회복지사는 힘든 상황에서 집중적이고 정서적으로 사람들과 밀착되어 상담을 하게 된다. 이와 더불어, 가족사회복지사는 클라이언트들 진심으로 좋아하여야 하며, 이 우호적인 감정은 앞으로 진행될 작업에 결정적인 요인으로 작용하게 된다.

어떤 유혹에도 불구하고, 가족사회복지사는 전문적인 초점을 유지해야 한다. 전문 원조관계는 단순한 우호 관계와는 다른 것이다. 왜냐하면 가족사회복지사는 가족과 관련하여 어떤 권위를 보여 주어야 하는데, 이것이 완전히 동등한 관계에서는 불가능하기 때문이다. 직업 윤리강령 또한 수용될 수 있는 행동들과 전문적 행동으로 위배되는 것들을 지시한다. 예를 들면, 가족사회복지사가 가족들에게 자동차를 구입하도록 권유하는 행동은 가족에게 구입의 부담을 주게 된다. 이는 전문가의 행동과는 명백하게 위배되는 것으로 기관에 보고된다. 또 다른 용납될 수 없는 행동으로는, 클라이언트와 성 관계를 갖거나(Massion, 1994), 휴가를 위해 가족을 이용하거나, 사회복지사가 집에서 상담하고 있는 가족의 아동을 분리하여 양육하기로 결정하는 것 등이다. 사회복지사는 의심이 될 때 슈퍼바이저와 그 상황에 대해 논의하고 사회복지 윤리강령에 대해 의논해야 한다. 유용한 지침은 만약 사회복지사가 기관으로부터 정보를 지키는 것이 필요하다고 느낄 때, 잘못된 행동을 찾을 수 있도록 한다.

가족사회복지사는 가족의 욕구를 우선으로 해야한다. 전문적인 관계에서 가족사회복지사의 개인적인 욕구가 초점이 될 수는 없다. 관심은 항상 가족의 문제에 향해 있어야 한다. 어떤 사회복지사이든 최선을 다하고 그것에 대해 정당하게 평가받기를 원할 것이다. 그러나 그것이 다른 사회복지사와 비교하는 것으로 되어서는 안 된다. 가족들은 종종 "당신은 우리가 본 최고의 사회복지사예요!" 라고 하거나 또는 다른 사회복지사가 자신들에게 얼마나 말도 안 되는 행동을 했는지 얘기하면서 그에게 아첨할 수도 있다. 그럼에도 불구하고 사회복지사는 이러한 말들에 현혹되어서는 안 된다. 사회복지사는 진지하게 칭찬을 받아들여야 하지만, 칭찬이 다른 사회복지사와의 부정적인 비교로 연결되어서는 안될 것이다.

가족사회복지사업은 항상 시간, 장소, 기간, 그리고 목적과 관련하여 공식적으로 조정하는 작업이다. 직면을 요구되는 이런 문제들은 피할 수 없는 것이며 계약된 과업달성에 필수적인 것이다.

4. 효과적인 의사소통을 위한 원칙

상담은 특별한 형태의 만남으로, 이 만남에서 말하고자 하는 모든 것은 메시지로 전달된다. 모든 메시지들은 신중해야 한다. 의사소통은 가족원 사이뿐만 아니라 사회복지사와 가족 사이에서도 이루어진다. 의사소통 과정은 복잡하여, 가족사회복지사에게 "당신과는 의사소통을 할 수 없다"는 인식을 경험하게 한다. 의사소통은, 그저 단어들을 이야기하는 것 이상의 것들을 포함한다. 얼굴표정, 태도, 자세 그리고 목소리크기 등이 그 예이다(Satir, 1967).

의사소통하는 데 있어서의 의미는 여섯가지 수준에서 전달된다(Tomm,1987).

1. 내용 - 실제로 말하는 것
2. 이야기 - 어떤 메시지가 표현되는 것
3. 에피소드 - 메시지의 사회적 전후관계
4. 대인관계 - 의사소통 사이의 관계의 질
5. 삶의 각본 - 자기 이미지와 자기 기대들
6. 문화 패턴 - 문화에 대한 내적 가치들

효과적인 의사소통은 명확하고 직접적이며 솔직하다.

- 명확한 의사소통은 포장되어 있지 않다. 의사소통을 하는 사람은 자신이 의미하는 바를 말한다.
- 직접적인 의사소통은 메시지가 의도된 사람에게 표현되는 것이다(간접적인 메시지들은 개인의 책임과 실제의 감정을 표현하는 것을 회피한다)

• 솔직한 의사소통은 진실한 메시지를 전달하는 것이다.

단순한 의사소통은 한 사람에서 다른 사람에게 메시지를 보내는 것을 의미하는 것으로 아래 그림과 같다:

보내는 사람(발신자) ⇒ 받는 사람(수신자)

이 도형은 "장난감을 집어라" 라고 부모가 아이에게 말하는 것과 같은 단순한 직선적인 의사소통이다. 이 메시지에서, 직선의 메시지는 능동적인 발신자와 수동적인 수신자를 함축한다. 그러나 이처럼 직선의 메시지를 전달하는 예에서조차도, 추가의 의미를 추측할 수 있다. "장난감을 집어라" 는 아이가 사려 깊지 못하고 부주의 하다고 믿는 부모가 화를 내면서 말 한 것이라고 생각해 볼 수 있다. 이 메시지는 따라서 단순한 지시 이상으로 화가 난 목소리의 크기 그리고 부모의 불유쾌함을 드러내는 비언어적인 행동의 단서들을 포함한다. 부모가 자신의 신체를 이용해서 표현하는 언어 또한 아이에게 위협을 느끼게 한다. 따라서 의사소통은 관련된 사람들의 순환의 상호작용 과정이라고 할 수 있다.(Tomm, 1987)

단어들은 하나 이상의 의미를 포함한다. 따라서 사회복지사는 같은 단어가 다른 사람들에게 서로 다른 의미가 될 수 있다는 것을 인식해야한다.(Bandler, Grinder, & Satir, 1976) 사람들은 거의 의식적으로 단어를 선택하지 않는다는 것을 기억해야 한다.

1) 의사소통 과정

다음은 전반적인 의사소통 과정에 대해 설명하고 있다(Johnson & Johnson, 1994).

- 발신자의 의도, 생각, 그리고 감정은 메시지를 보내기 이전에 형성된다. 발신자는 발신에 적절한 메시지에 생각, 감정, 그리고 의도를 실어서 메시지를 "암호화" 한다.
- 발신자는 통로를 통해서 수신자에게 메시지를 보낸다. 종종 이 통로는 단어, 목소리크기, 얼굴표정, 자세 그리고 신체적 언어로 제공된다(Bandler, Gronder, & Satir, 1967)
- 수신자는 의미를 "해석하는 것" 으로 메시지를 이해한다. 의미는 메시지를 보내게 되는 전후관계 뿐만 아니라 어떻게 메시지가 전달되는 지에 따라다르다. 수신자의 해석은 수신자가 메시지의 내용과 맥락 및 발신자의 의도를 얼마나 잘 이해하는 가에 달려있다. 수신자는 시각, 청각, 그리고 신체적 접촉과 같은 감각적 통로들을 통해 메시지를 받게 된다.
- 수신자는 메시지의 해석에 대해 내적으로 반응한다. 메시지의 의미는 수신자와 발신자 사이의 관계의 성격에서 추론될 수 있을 뿐만 아니라(메타의사소통), 메시지의 정확한 내용(지시적 수준)도 포함된다. 즉, 메타의사소통은 메시지에 관한 메시지이다.(Satir, 1967, p76) 또한 수신자는 과거경험들은 메시지를 이해하는 방법에 영향을 주게 된다. 수신자의 내재화된 자기 이미지나 삶의 각본 또한 해석에 영향을 미친다.
- 수신자는 따라서 발신자의 언어적 그리고 비언어적 메시지에 반응하게 된다.

"소음" 은 이 의사소통 과정에서 추론될 수 있는 어떤 것을 포함한다. 발신자의 소음은 태도, 준거기준, 정서, 적절한 단어선택의 어려움 등에 의한다. 수신자에게, 소음은 태도, 배경, 그리고 해석과정에 영향을 미치는 경험과 같은 요인들에 의해 영향을 받게 된다. 이 의사소통의 통로에서, 소음은 주위 환경에서 비롯되는 소리들로, 말을 더듬는 것 같은 발음상의 문제가 있거나 귀찮거나 또는 중얼거리는 것과 같은 산만한 매너리즘들로부터 발생된다. 성공적인 의사소통은 결국 얼마나 잘 소음을 극복하고 조절하는 지에 달려있다.

2) 문화적 배경의 영향

문화는 사람들이 다른 사람에게 의사소통 하는 방법에 영향을 미친다. 이는 또한 독특한 "소음"을 만들기도 한다. 예를 들면, 민족성은 종종 사회계급 차이와 연관되어 있다. 이것은 가난하고 백인이 아닌 사람들의 비율이 백인보다 많기 때문이다.(Davis & Proctor, 1989) 민족성에 대한 연구는 정서적 고통에 대한 경험이 사람들마다 다르다는 것을 보여준다. 표현하는 방법, 곤란을 겪고 있는 것에 대해 의사소통 하는 방법, 그러한 어려움은 어떠한 데에서 연유한다고 생각하는 지, 그리고 사회복지사에 대한 태도, 기대하고 있는 바에 있어서 차이가 있게 된다(McGoldrick & Giordano, 1996). 자신들의 문화에 강하게 영향 받고 있는 가족과 함께 일해야 하는 사회복지사는 가족이 일반적인 방법으로 의사소통하지 않을 때에 이를 이해할 수 없을 수도 있다.

가족사회복지사는 한 개인의 언어적 그리고 비언어적인 행동 모두에 영향 미치는 요인들을 고려해야 한다. 가족사회사업에서, 개인의 행동은 가족관계 안에서 발생된다고 가정한다. 마찬가지로, 가족의 행동은 문화적 관계 안에 위치하게 된다. 개인, 가족, 문화, 그리고 사회적 배경은 행동에 영향을 미치게 되고 이런 요인들은 언어적 또는 비언어적 행동들을 해석할 때 고려해야 하는 것이다. 한 사람이 시선접촉을 하지 않는 경우, 이는 회피를 의미할 수 있다. 또는 경청하고는 있으나 시선접촉을 한다는 것이 정중하지 못하다고 생각하고 있을지도 모른다. 이와 유사한 예로, 얼굴을 맞대면하고 이야기하는 것이 어떤 문화에서는 흥미와 관심을 보이는 것으로 이해하지만 다른 문화권에서는 경멸의 표시로 여겨질 수도 있다.

개개인이 서로에게 인사하는데 있어서도 각기 다양한 방법을 사용한다. 어떤 문화에서는, 포옹과 키스가 반가움에 대한 교환수단이 되고, 반면 다른 곳에서는 이러한 인사법이 편치 않을 수도 있다. 클라이언트의 비언어적인 행동에 대해서 가족사회복지사는, 클라이언트의 개인적, 사회적, 그리고 문화적인 배경에 관해 더욱 잘 알게 될 때까지 신중할 수 있어야 한다. 다른 문화권에 대해 익숙할 수 있는 최고의 방법은, 가족의 배경에 관해 더욱 알고 싶다는 관심을 전달하고 이에 대한 질문을 하는 것이다.

민족성의 영향이 종종 간과되는데, 그러나 여전히 민족의 가치와 정체성은 이민 후에도 여러 세대를 거쳐 전달되고 있다. 민족적인 가족의 문제는 성별, 역할, 표현, 출생순서, 분리, 개인적 성향에 의해 영향 받게 된다. 문화 배경은 의사소통의 규칙을 또한 규정한다. 예를 들어, "가족"의 일을 지키는 것이 강조되거나 일정한 주제에 대한 토론태도(토론을 하지 않거나)는 개인과 문화의 영향이 반영되어 세대에서 세대로 전달된다. 공간의 제한은 모든 문화집단이 가족에 관해 가질 수 있는 구체적인 신념과 형태들을 허용하지 못하게 한다. 관심 있는 독자들은 McGoldrick, Giordano, 그리고 Pearce(1996), Sue & Sue(1990), 그리고 Lum(1992)을 참조하기 바란다.

3) 정보를 제공하는 방법들

모든 전문직에서 일반적으로 사용하는 개입 중 하나는 정보를 제공하는 것이다. 가족사회복지사는 부모에게 무슨 정보를 제공해야 할지, 그리고 이 정보내용을 부모가 과연 이해했는지 평가할 수 있는 방법을 결정해야 한다. 만약 부모가 그 내용을 완전하게 이해할 수 없다면, 가족사회복지사는 어느 정도의 단계가 부모들이 문제를 다루는데 필요한 이해를 증진시키는지 또는 임상 목표들을 달성하기 위해 그들의 행동을 수정하게 하는지 결정해야 한다.

가족사회복지사는 부모의 기능수행수준을 평가해야 하는데, 여기에는 부모가 한 팀으로 일을 할 수 있는 정도가 포함된다. 부모의 배경에 대해 이해하는 것은, 가족사회복지사가 필수적인 정보를 얻고 부모의 관심영역에 직접 주의를 기울일 수 있도록 돕는다.

또한 가족사회복지사는 사정을 하면서 아동 관리에 영향을 미치는 부모의 강점과 약점을 이해하게 된다. 부모들의 아동과 그와 관련된 관심에 대한 논의를 경청하는 것은 비록 이것이 부모와의 상담에서 시간-제한에 익숙한 가족사회복지사가 새로운 정보의 얻는 것이 시급하다고 판단되더라도 부모를 이해하기 위한 최고의 자원이 된다.

부모에게 간단한 지시를 할 때조차도 그들의 독특한 성향에 적절하게 맞추어야 한다. 예를 들어, 허용적인 부모는 폭력적인 아동에 대해 엄격하게 행동을 관리하는 것에 힘들어한다. 반면에 권위적인 부모는 자녀들과 집안의 규칙에 대해 협의하는 것이 불가능하다. 이 두 극단 사이에서 만약 지시가 명확하다면 부모들은 대부분의 지시내용에 잘 따를 수 있다. 가족사회복지사는 부모의 방식에 대해 정확하게 사정하고 그에 맞추어 개별적으로 접근해야 한다.

가족사회복지사는 부모가 갖는 스트레스에 대해 그들의 개인적인 반응과 문제 해결능력을 이해하기 위해 지속적으로 사정해야 한다. 이 과정은 단순한 과업을 실행할 때에도 가능하다. 따라서 가족사회복지사는 부모가 제공한 정보를 정확하게 이해했는지 파악할 수 있는 방법을 찾아야 한다.

지시사항이 복잡할 때에는 상담이 끝날 때 문서로 만들어 제공할 수도 있다. 가족사회복지사는 냉장고 문과 일정한 장소에 이것을 붙여놓도록 제안한다. 이는 부모가 이 지시사항들을 쉽게 참고할 수 있도록 하기 위해서이다. 부모가 그 내용을 정확하게 이해하고 있는지 반복하여 물어볼 수도 있다. 이렇게 언어로 검토하는 것은 지시사항을 명확하고 정확하게 이해하는데 도움이 될 수 있다. 그러나 이 시스템이 실패를 할 수도 있고 다른 단계들도 같이 필요할 수 있다.

전화를 사용하여 사후관리를 하는 것은 유용하다. 부모는 상담한 후에 추가의 질문을 할 수 있지만 "바보같은" 질문에 대한 답을 억지로 하게 되거나 바쁜 가족사회복지사를 짜증나게 할 수도 있다. 부모를 도울 수 있는 또 다른 방법은 필요할 때마다 자유롭게 가족사회복지사가 전화하여 격려하는 것이다. 또한 지속적으로 방문하여 상황을 재사정하고 부모와 꾸준히 논의하는 것이다.

정보를 제공하고, 지시하고, 그리고 사후관리를 하면서 실행하는 과업들이 부적절하다고 판단되면, 가족사회복지사는 더 나은 원조방법에 대해 결정해야 한다. 목표는 부모들이 그들의 문제들을 이해하고 자신들의 행동을 변화시키는데 도움을 될 수 있는 실천적 방법들을 발견하게 한다. 유능한 가족사회복지사는 가족들이 겪어야하는 것과 겪을 수 있는 것을 판단할 수 있고, 적절하고 매개적인 목표들이 달성될 때까지 늦어질 수 있는 것과 막연하게 연기될 수 있는 것을 판단할 수 있다. 결론적으로 가족사회복지사는 모든 상황을 사정하고 이에 근거해서 대안적 절차들을 자유롭게 적용해야 하는 것이다.

다양한 이유로, 부모들은 단순한 지침조차 이해하지 못할 수 있다. 이런 경우에, 지지적이고 예비적인 개입이 이루어지기 위해 다른 형태의 원조를 찾아야 한다. 이는 가족의 모든 유형들에 사회복지를 지원하는 것으로, 가족사회복지사는 부모로부터 피드백을 구함으로써 그들이 평가과정에 능동적으로 참여할 수 있도록 한다.

4) 표현되는 행동들

표현되는 행동들은 가족사회복지사에게 상담에서 초점을 유지하는데 도움을 준다. 행동은 클라이언트가 얘기하고자 하는 것에 가깝게 다가가고 있는지에 대해 사회복지사가 확인할 수 있게 해준다. 이 과정에서, 가족사회복지사는 자신의 개인적인 경험에 대해 논의하는 것은 최소화하여야 한다. 왜냐하면 가족상담은 사회적 상황이 아니기 때문으로, 사회복지사는 속에 담아두거나 스스로를 조절할 수 있어야 한다.

표현된 행동을 평가함으로서 능동적인 경청기술을 발전시킨다. 가족사회복지사는 클라이언트를 주의 깊게 경청해야 하며 그들의 메시지를 정확하게 이해하고 있음을 전달해야 한다. 이와 더불어, 표현되는 행동들은 클라이언트를 대화 속으로 이끌어 준다. 왜냐하면 전달되는 비언어적인 표현들과 단어는 클라이언트가 말하고자 하는 것과 관여되어 있기 때문이다. 경청에는 듣기, 관찰하기, 격려하기, 기억하기, 그리고 이해하기가 포함된다.

가족사회복지사는 또한 가시적으로 표현될 수 있는 기술들을 이용해야 하는데 특히, 시선접촉과 적절한 얼굴 표정 등이 이에 해당된다. 시선접촉이란 계속해서 상대방이 부담을 느낄 정도로 집중하여 쳐다보는 것을 의미하는 것이 아니다. 이는 지속적이면서 편안함을 느낄 수 있는 선에서 클라이언트에게 집중하는 것을 의미한다. 이 때 민족의 다양성을 고려해야 한다. 이 외에도 가시적으로 표현되는 기술들로는, 신체를 이용해 표현할 수 있는 기술들이다. 이상적으로, 상담 중에 가족사회복지사는 너무 긴장하거나 지나치게 풀어져있는 태도를 보여서는 안 된다. 긴장된 태도는 경직된 분위기를 전달할 수 있고 매우 풀어진 태도는 지나치게 비공식적일 수 있기 때문이다. 주의를 기울일 때의 거리는 상대방에게 편안하게 느낄 수 있어야 하는데 문화의 차이로 인해 주의를 기울이는 거리의 정도에 차이가 있을 수 있다. 몸을 앞으로 기울이는 자세는, 특히 상담을 활발하게 진행하는 중에, 이야기를 해야 하는 클라이언트에게 동기를 부여할 수 있다. 신체를 이용해 표현되는 태도는 자연스러워야 하며 과장되어서는 안 된다.

말로 표현하는 데 주의를 기울이는 기술은, 언어로 표현하는 것(내용), 준언어적인 부분(목소리크기, 억양), 그리고 비언어적인 것(신체적 언어)을 정확하게 경청하는 것이다. 상담도중, 가족사회복지사는 클라이언트의 메타메시지(숨겨진 메시지)를 놓칠 수도 있다.

사회복지사는 너무 경직되거나 가족들이 아직은 수용하기 힘든 너무 이른 시기에 어떤 제안해서는 안 된다. 또한 표현되는 행동들의 수정을 요구할 때 문화의 차이에 민감해야 한다. 예를 들어, 어떤 문화권의 가족은 직접적으로 시선접촉 하는 것을 경멸의 의미로 이해할 수 있다. 또 문화권마다 대화하는 사람 사이의 거리에 있어서 선호하는 바가 각각 다를 수 있다. 결론적으로, 사회복지사는 문화적으로 적절하게 표현하는 기술들을 이용할 수 있어야 한다.

5. 자기인식

자기인식은 가족사회사업의 중요한 요소이다. 사회복지사는 자신의 가치와 편견을 갖고 가족과 상담하기 쉽다. 인간은 누구나 자신의 욕구와 가치, 감정, 그리고 편견을 가지고 있으며 이에 영향을 받게 된다. 가족사회복지사는 가족사회사업을 효과적으로 진행하는데 방해가 될 수 있는 개인의 편견을 사정하여야 한다. 자기인식을 위해, 가족사회복지사는 정직해야 하며, 사사로운 심리적 욕구를 만족하기 위해 클라이언트를 비윤리적으로 이용하는 것을 피해야 한다. 어떤 사람이든 어떤 효과성을 입증하기 위해 자신이 이용되는 것은 싫어한다. 예를 들어, 이런 것을 경험한 클라이언트는 가족사회복지사를 회피하거나 혼란스러운 감정을 갖게 된다. 자기인식은 다음과 같은 여러 가지 혜택을 준다.

1. 자기인식은 가족사회복지사가 클라이언트의 자기 존중감 강화에 더 이상 애쓸 필요 없이 개인적 능력을 강하게 만든다. 클라이언트와의 상담은 정직해야하며, 클라이언트에게 긍정적인 피드백을 받기 원하거나 클라이언트가 가족사회사업에 중도탈락 될 것을 두려워하여 가족사회복지사가 거짓된 약속이나 보장을 해서는 안 된다.

2. 자기인식은 전문가의 권한을 적절하게 이용할 수 있도록 한다. 가족사회복지사는 어떤 경우에는 권한을 잘못 이용할 수도 있다. 사회복지사가 단지 쉽게 상담하기 위해 클라이언트에게 지나치게 조정하거나 동의를 강요는 경우가 발생할 수 있다. 권한은 충동적으로 충고를 하거나 클라이언트보다 우월하다는 생각함으로서 남용될 수 있다.

3. 자기인식은 친밀감을 적절히 관리하고 활용할 수 있도록 한다. 부적절한 친밀감을 가지고 있거나 친밀감으로 발전시킬 능력이 빈약한 가족사회복지사의 경우, 가족과의 관계에서 갈등을 초래하게 된다. 예를 들면, 자기인식이 없는 사회복지사는 과장된 행동을 보이거나 클라이언트에게 지나치게 몰입하게 된다.

자기인식은 또한 가족사회복지사가 개인의 문제나 부적절한 정서적 욕구, 그리고 힘든 생활사건들로 인해 클라이언트와 효과적으로 상담하는 것이 방해받을 때, 스스로에 대해 파악할 수 있도록 돕는다. 전이와 역전이는 자기인식에서 중요한 개념이다. 전이는 클라이언트가 가족사회복지사와 관계에서 마치 또 다른 의미 있는 사람(예를 들어 부모)처럼 생각될 때 나타난다. 감정, 두려움, 방어, 그리고 또 다른 관계에서 보이는 반응은 가족사회복지사에게 전이된다. 역전이는 가족사회복지사가 클라이언트를 자신의 중요한 다른 사람으로 느낄 때 발생한다. 반면 이들 감정들은 원조관계에서는 일반적인 것으로, 자기인식은 가족사회복지사에게 부정적인 방향으로 자신을 인식하게 하기보다는 오히려 이 경험들이 자신을 조절하는 것을 가능하게 한다.

단계들은 사회복지사의 자기인식을 강화할 수 있도록 배치한다. 첫 번째, 사회복지사는 자기인식을 확장할 목표로 개인적인 상담을 경험할 수 있다. 이슈들은 또한 자신의 슈퍼바이저와 논의할 수 있는데 이 이슈들이 특별한 문제 또는 클라이언트와의 상담에 어려움을 초래하는 경우, 사례에 대한 부담은 클라이언트와 효과적인 상담을 방해하게 된다.

효율적으로 과정을 진행할 수 있는 사회복지사는 자신의 감정과 경험에 인식하고 그러한 감정과 경험의 범위를 규정하고 수용할 수 있다. 사회복지사는 자기 자신의 가치, 신념, 그리고 욕구들을 인식하고 다른 사람과의 관계에서 깊고 따뜻함으로 발전시킨다. 이러한 가족사회복지사는 진실한 사람으로 충분히 보일 수 있다는 확신을 느낀다. 그들은 자신의 행동에 대한 개인의 책임을 수용하고, 방어적이지 않게 피드백을 받아들이고, 잘못을 인정하고, 제한점을 수용하며, 정직하다. 능력 있는 가족사회복지사는 클라이언트와 현실적인 목표를 세우고, 완벽함 대신에 보다 나은 능력을 위해 노력하고, 그리고 다른 사람에게 미칠 수 있는 영향을 인식한다. 이렇게 되기 위해서는 한 번의 노력보다는 오히려 지속적인 과정이 필요하다. 따라서 가족사회복지사는 경력을 쌓으면서 기술을 발전시키게 된다.

❖ 가족사회복지사가 직면할 수 있는 도전

당신이 대처하는데 어려움을 느끼는 문제나 클라이언트의 유형에 관해 생각해보자. 그것들을 분류해보고 만약 직면하게 된다면 당신은 무엇을 해야할지 그 내용을 적어보자.

6. 가족사회복지사가 갖추어야 할 중요한 소양들

많은 연구에 따르면, 사회복지사의 능력 중 중요한 부분이 바로 감정이입, 온화함, 그리고 진실함에 있다고 한다(Beutler, Machado, & Allstetter Neufer, 1994). 이러한 소양들은 모두는 원조과정 대부분에서 필수적이며(Lambert & Bergin, 1994), 효과적인 사회복지실천을 위한 전제조건이기도 하다. 또한 사회복지사가 이러한 소양을 갖추었을 때, 새로운 방법으로 자신의 문제를 새롭게 인식해야 하는 가족원들이 보다 믿을 수 있는 편안한 분위기를 만들 수 있게 된다(Lambert & Bergin, 1994).

가족사회복지사는 상담에서 변화의 30%는 사회복지사와의 관계를 통해 이루어지며, 개입모델이나 기법은 단지 15% 정도만 기여한다는 사실을 알게 된다. 강한 동맹관계는 가족들이 사회복지사를 부드럽고, 진실하며, 비판적이지 않고, 그리고 감정이입적이라고 느낄 때 형성된다(Miller, Hubber & Duncan, 1995). 이러한 것은 특히 집에서 가족 중심으로 부모와 상담할 때 더욱 그러하다(Coleman & Collins, 1997). 가족은 경청, 지지, 그리고 교육과 같은 사회복지사의 기본적인 상담을 존중한다. 연구자들은, "가족들은 환상적인 기법은 기억하지 못하고, 그 대신 치료 중의 받았던 존중과 성실함을 기억한다"고 언급한다.

1) 감정이입

가족사회복지사는 클라이언트의 관점에서 나온 경험, 행동, 그리고 감정들을 이해하는 의사소통방법으로 감정이입을 이용한다. 감정이입은 클라이언트와의 관계를 형성하고 발전하기 위한 핵심적인 요소이다. 사회복지사는 개개인과의 감정이입을 유지하고 가족이 하려는 방식을 존중해야 한다. "클라이언트가 있는 곳에서 시작하는" 가족사회사업은 클라이언트의 시각에 변화가 필요하다고 생각될 때조차도 이에 해당된다. 감정이입은 또 다른 사람의 눈을 통해서 세상을 보는 것이나 동정이나 자선과는 다르다. 그러나 우리가 반드시 기억해야 할 것으로 어떤 민족은 직접적으로 감정에 초점을 맞추지 않으므로 사회복지사는 또 다른 사람의 눈을 통해 세상을 보는 문화적으로 특별한 방식을 발견해야 한다(Lum, 1992).

클라이언트가 느끼는 것을 이해하기가 어려울 때, 감정이입은 결코 위장되어 표현될 수 없다. 가족사회복지사는 이해가 되지 않는 부분을 정직하게 인정하고 명확하게 하기 위해 질문을 할 수 있다. 빈약하게 표현되는 감정이입은 앵무새처럼 흉내내고, 반복해서 상대방의 이야기를 되풀이하고, 신중하지 못하며 그리고 부정확한 감정이입을 하게 된다. 더욱이 과장된 감정이입은 기교적인 것처럼 보이고 사람들을 짜증스럽게 한다.

감정이입은 깊이와 효과성에 있어서 각기 다른 수준으로 표현될 수 있다. 감정이입을 측정하는 다섯 단계의 척도를 Truax와 Carkhuff(1967)가 개발하였다.

2) 감정이입 반응의 다섯 수준

• 수준 1

수준 1에서, 사회복지사의 반응은 클라이언트의 언어적 그리고 행동 표현들로부터 상당히 벗어난 것이다. 클라이언트가 표현한 것을 최소화하여 반응하고 의사소통 하며, 사회복지사는 표면적인 감정조차 인식하지 못하는 것으로 보인다. 사회복지사는 따분하고 무관심하거나 클라이언트의 개별화는 인식하지 않고 선호하는 방식으로만 반응한다.

• 수준 2

사회복지사는 완전하지는 않지만 일부는 반응한다. 그러나 여전히 클라이언트의 주목해야하는 강점은 제외되어 있다. 사회복지사는 표면적으로 명확한 감정의 일부를 인식하는 것으로 보인다. 그러나 클라이언트의 경험은 고려되지 않는다.

• 수준 3

사회복지사는 클라이언트의 반응을 반영한다. 반응은 상호교환적으로 같은 감정과 의미가 표현된다. 사회복지사는 클라이언트에 대해 정확하게 이해하고 반응한다. 그러나 보다 깊은 감정은 간과될 수 있다. 반응은 추가되거나 삭제되지 않으며 사회복지사의 더욱 이해하며 알기를 원하는 것처럼 보이지 않는다.

• 수준 4

사회복지사의 반응들은, 클라이언트가 보다 많은 것을 표현할 수 있도록 하고, 또한 클라이언트가 표현한 것 보다 더욱 깊은 수준에서 감정을 다룬다. 사회복지사는 의사소통을 높은 수준에서 이해한다.

• 수준 5

사회복지사는 클라이언트가 표현한 것과 보다 깊은 감정 모두에 정확하게 반응한다. 이를 통해 사회복지사는 클라이언트에게 존재하고 있는 매우 깊은 부분들을 조사하는 것이 가능해 짐으로써 "동조(tuned in)"를 할 수 있게 된다

수준 3이하의 감정이입은, 사회복지사가 클라이언트 감정의 핵심을 찾는데 실패한다는 것을 제시한다. 부모의 욕구를 이해하는 능력은 가족과 효과적으로 작업하는 데에 전제조건과도 같다. 가족사회복지사는 종종 아동과 강하게 동일시되고 동시에 이 동일시는 성인에게는 거부감을 줄 수 있다. 이렇게 함으로서 아동은 부정적으로 부모를 바라보게 되고, 결국에는 종종 아동은 가족과 분리되어 상담을 진행하기를 바라기도 한다.

독특한 시각은 가족과의 효과적인 작업을 위해 요구된다. 가족사회복지사는 부모의 욕구를 이해해야 하고 그들의 감정에 감정이입 할 수 있어야 한다. 이중 가장 중요한 것은 많은 부모들의 아동양육 중 특히, 특별한 욕구를 가진 아동의 부모가 경험하게 되는 갈등에 감정이입하는 것이다. 더욱이, 부모는 혼란스러우며, 상처받았고, 그리고 전문가의 도움이 필요한 수준에까지 이른 가족의 문제에 대해서 죄책감을 느낄 수 있다는 것을 사회복지사는 반드시 인식해

야 한다.

효과적인 가족사회사업을 하기 위해서, 가족사회복지사는 아동중심에서 가족중심으로 변화하여 부모와 아동 모두를 이해할 수 있어야 한다. 감정이입은 가족사회복지사에게는 중요한 기술이다. 이와 더불어 가족원에게도 다른 사람을 이해할 수 있도록 이러한 감정이입의 기술을 가르쳐야 한다.

감정이입을 표현하는 하나의 공식은 다음과 같다.

"당신은 __________(감정)를 느낀다. 왜냐하면 __________(클라이언트의 경험들과 또는 행동들을 다시 언급한다)"

다음의 절차는 감정이입을 표현하는 데 도움이 될 것이다.

1." 당신이 ......라고 느끼는 것처럼 보인다"
2. 감정을 분류하기
3. 일정한 전후관계 속에 감정을 배치하기
4. '지금-여기' 에서의 감정에 대해 긴장하도록 만들기
5. 정확하게 하기 위해 확인하기

감정이입의 문장의 예는 다음과 같다.

"......처럼 들린다"
"당신은 ....라고 느끼는 것 같다"
"당신의 관점에서 ...."
"당신이 이야기하는 것은 ....처럼 들린다"
"당신을 좀 ....라고 느끼게 만드는 것은"
"나는 ....라고 납득한다"
"만약 내가 당신의 ......에 대해 정확하게 들었다면"
"내가 당신을 정확히 이해했다고 확신할 수 없지만......"

"나는 당신이 .....라고 말하는 것인지 걱정된다"
".........가 가능한 것인가?"
"아마도 당신은 ....라고 느낄 것이다"
"내가 당신이 말하는 것을 이해한 바에 의하면 당신은 ....라고 느꼈다"
"따라서, 당신은 이 상황을 ....라고 보는 것 같다"
"당신의 입장에서부터, ...라고 생각된다"
"당신은 ....라고 여기는 것 같다"
"당신의 경험에 의하면........"
"만약 내가 잘못 알고 있다면, 정정해 주십시오"
"당신은 ....의 감정이 나타난다"
"나는........라는 인상을 받았다"

① 감정반사

감정반사(Reflection of feeling)는 감정이입을 보이는 하나의 방법이다. 클라이언트의 감정이 불명확하고 감추어져 있는 이유로 감정들을 정확하게 반영하기 위해서는 사회복지사가 감정을 확인하고 경청하는 것이 필요하다. 이 과정은 감정과 관계 모두에 반영되는 "반사경"과 같다. 감정을 반영하는 것은 여러 가지 다른 감정이 얽혀 있을 때 더욱 어렵다. 그러나 이 때 정확하게 반영하는 것은, 클라이언트가 갈등하고 있으면서 명확하지 않은 감정들을 정리할 수 있도록 돕는다. 감정은 언어적이고 비언어적으로 표현된다. 언어적이고 비언어적 표현 사이의 적합하지 못한 것을 관찰하는 것이 필수적이다. 예를 들어, 클라이언트는 가족사회복지사와의 만남이 편안하다고 말하지만 동시에, 찡그린 얼굴이나 경직된 자세와 같이 편안하지 못한 자세의 비언어적인 표현들을 확인할 수 있다.

감정을 반영하는 것은 관계형성과 신뢰를 구축하는데 도움이 되는 반면에, 어떤 클라이언트는 감정에 대해 이야기하는 것을 불편해 할 수 있다: 예를 들어, 어떤 사람은 방어기제로 지성화를 이용한다. 문장구사를 다양하게 이용하는 것이 중요하며 감정들과 단어들의 다양한 범위로부터 끌어내야 한다.

❖ 감정반사

클라이언트의 이야기 중에서 습관적으로 표현하는 감정을 최소 25단어들로 분류한다.

② 다섯 수준의 감정이입의 예

클라이언트(직업을 찾고자 하는 그녀의 결정에 대한 남편의 반응을 서술했다) "그는 나를 비웃었어요. 남편은 바로 저기에 앉아서 나를 비웃었지요. 그 순간 나는 내가 마치 바보 같았고 그저 침묵하고만 있었어요."

- 수준 1 : 그 때, 남편의 이름을 어떻게 불렀나요?
- 수준 2 : 으흠, 알겠어요.
- 수준 3 : 당신은 남편에게 화가 나 있는 것 같군요.
- 수준 4 : 당신은 남편이 당신을 무시했다고 느끼시는군요.
- 수준 5 : 남편이 당신에게 상처를 주었군요. 그리고 당신은 남편에게 분노를 느끼고 있군요.

③ 목표지향의 감정이입

보다 목표지향의 감정이입을 사용함에 있어서, 가족사회복지사는 보다 명확하게 클라이언트의 감정과 관심들을 이해하는데 "직감(hunches)" 공유한다. 목표는, 클라이언트의 자기인식을 용이하게 하는데 이는 다시 말해 클라이언트에게 새로운 목표와 행동들을 할 수 있게 해주는 것을 뜻한다. 가족사회복지사가 직감을 공유하면서 목표지향의 감정이입을 사용하는 예는 다음과 같다.

- 클라이언트를 돕는데 사용하는 직감들은 보다 상황을 확대해서 바라보게 한다. 예를 들어, "문제는 당신의 이런 태도가 단지 당신의 남편에게만 보여지는 것이 아니라는 점 이예요. 이러한 당신의 분노는 당신의 아이에게도 마찬가지로 나타날 수 있을지도 모르지요. 이런 경우가 혹시 있었나요?"

- 사회복지사는 직감을 통해, 클라이언트가 간접적으로 혹은 극히 함축하여 표현하는 것들을 분명하게 함으로서 클라이언트를 도울 수 있다. 예를 들어, “제가 생각하기에 당신은 실망 이상의, 아마도 상처와 분노 같은 것들을 말하고 있는 것 같네요.”
- 사회복지사는 직감을 이용하여 클라이언트가 얘기한 내용을 논리적인 결론으로 이끌 수 있게 된다. 예를 들어, “당신이 그녀에 관해서 얘기한 내용들로 미루어 볼 때 아마도 당신은 그녀에 대한 분노를 지금이라도 당장 말하고 싶어하는 것 같군요. 저는 당신이 직접적으로 말하지 않았다는 것을 알고 있어요. 그러나 만약 당신이 그녀에게 이런 방식으로 얘기한다면, 아마도 저는 걱정하게 될 거예요.”
- 직감을 사용함으로서 사회복지사는 클라이언트가 단지 간단하게 언급했던 것을 이야기의 주제로 삼아 토의할 수도 있다. 예를 들어, “당신은 여러 차례 성과 관련된 문제에 대해 화제로 삼았던 것 같은데, 더 이상 그에 대해 이야기하지는 않는군요. 제 생각으로는, 성 문제는 당신에게 매우 중요한 것 같아요. 아마도 육체적 관계 또한 중요한 것 같군요.”
- 직감은 주제를 분명하게 한다. 예로, “제가 잘못이해 한 것이 아니라면, 아마도 당신은 권리를 찾는 것이 때때로 어려웠다는 점에 대해 두 세 차례 다른 방식으로 언급했던 것 같아요. 예를 들어, 당신은 남편 의견대로 학교에 돌아가지 않을 것을 결정했다지만, 아마도 이것은 당신이 바라는 것과는 다른 것인 것 같군요.”
- 직감을 통해 사회복지사는 클라이언트의 경험, 행동, 그리고 감정들에 대해 완전하게 알 수 있게 된다. 예를 들어, “당신은 마치 그와 결혼하는 것에 대해 이미 결정한 것처럼 이야기하지만 저는 당신이 직접 그에 대해 이야기하는 것은 듣지 못했어요.”

3) 지속적인 온화함

가족사회복지사와 클라이언트의 관계에 있어서 중요한 요소 중 하나는, 사회복지사가 클라이언트에게 보여주는 온화함과 배려의 수준이다. 온화함은 사회복지사가 클라이언트를 수용하고, 이해하며, 그들의 복지에 관심이 있고, 외부의 요소들로 클라이언트의 문제행동, 품행과 같은 것과 무관하게 안전하다고 것을 느끼게 하는 방식으로 클라이언트와 의사소통을 할 경우 나타나게 된다.(Sheafor, Horejsi, & Horejsi, 1997) Goldstein에 의하면, "만약 온화함 없다면, 어떤 개입은 기법으로는 정확하지만 치료적으로는 무기력할 수 있다" (Hackney & Cormier, p65). 온화함과 이해에 근거한 관계형성은 클라이언트가 성공적으로 변화할 수 있는 토대가 된다.

온화함은 "돌본다" 라는 의미이상으로 중요하다. 비록 이것이 사람의 선택된 단어에 의해 "언어적" 으로 전달된다고 하더라도, 이것은 대부분 "비언어적" 으로 표현된다. 다음의 예는 이와 관련된 것들이다(Johnson, 1983, Hackney & Cormier, p66에서 인용).

· 목소리크기 : 부드럽고 매끄러움
· 얼굴표정 : 미소짓고 관심 있게
· 자세 : 편안하고 다른 사람을 향한 모습
· 시선접촉 : 다른 사람의 눈을 직접 바라보기
· 접촉 : 다른 사람을 부드럽고 신중하게 접촉
· 태도 : 환영하듯이
· 신체적 거리 : 가깝게

온화하거나 또는 온화함이 부족한 것 모두 클라이언트에게 그리고 클라이언트와 사회복지사와의 관계에 강한 영향을 미친다. 만약 온화함이 없다면, 사회복지사의 이야기는 의미 없고 위선 된 것이며 아무런 치료적 영향도 미칠 수 없다(Sheafor, Horejsi, & Horejsi, 1997, p149).

① 지속적인 온화함의 다섯 수준들

지속적인 온화함의 다섯 수준은 아래와 같다. 수준3은 가족사회복지사가 갖추어야 할 최소한의 수준이다. 반면 수준4와 5는 깊은 온화함과 배려가 깔린 의사소통을 말한다. 수준3 이하는 적절한 온화함을 전달하는데 실패한 경우이다.

- 수준1

가족사회복지사의 언어적이고 행동적인 표현에서 클라이언트에 대한 존중이 결여(부정적인 관여)되어 있다. 가족사회복지사는 클라이언트를 전혀 존중하지 못한다.

- 수준2

가족사회복지사는 클라이언트의 감정, 경험 그리고 잠재적인 부분에 대해 거의 존중하지 못하고 의사소통 한다. 그리고 수동적이고 기계적으로 반응한다.

- 수준3

가족사회복지사는 클라이언트의 능력에 대해 최소한으로 알게 되고 기능 향상을 위한 능력도 최소한 수준만을 파악하게 된다. 가족사회복지사는 적어도 클라이언트의 문제를 의사소통 하게 된다.

- 수준4

가족사회복지사는 클라이언트에게 매우 깊은 존중과 배려로 의사소통을 한다. 가족사회복지사의 반응에서 클라이언트는 자유롭고 스스로에 대해 가치 있는 감정을 경험하게 된다.

- 수준5

가족사회복지사는 클라이언트에 대해 한 인간으로써 그 가치를 최대한 존중하고 있다. 이러한 존중과 배려로 클라이언트에게 관여한다.

② 지속적인 온화함의 다섯 수준의 예

목소리 크기와 비언어적인 행동을 유지하는 것이 온화함을 전달하는 데에 결정적이다.

클라이언트는 "제 딸은 영리하지만, 학교성적이 나쁘죠. 저는 도대체 무엇을 해야 할지 모르겠어요."라고 얘기한다. 이에 대한 사회복지사는 반응은 다음과 같다.

- 수준 1 : 으흠(클라이언트에게 시선을 맞추지 않고 목소리는 따분하다).
- 수준 2 : 힘들겠군요(다소 시선 접촉은 하고 있으나 목소리는 평이하다).
- 수준 3 : 당신은 당신의 딸이 자신의 잠재성을 위해 열심히 노력하지 않는 것에 대해 화가나 있군요(시선 접촉과 클라이언트로 향한 자세를 보인다).
- 수준 4 : 아이가 학교에서 생활을 잘하지 못할 때 실망 할 수 있지만 반면 당신은 그 아이에 대해 걱정하고 있어요(가족사회복지사는 클라이언트의 눈을 보고 있으며, 목소리는 관심을 표현하기에 적절한 크기이다).
- 수준 5 : 당신과 딸은 모두 학교에서 잘 생활하지 못하는 점에 대해 분명 실망스러워 하고 있어요. 저는 당신이 그 아이에 대해 걱정하는 것을 알 수 있어요. 우리 함께 당신 딸이 학교에서 더욱 성공적인 경험들을 할 수 있도록 도울 수 있는 방법들을 찾아봅시다(좋은 시선 접촉과 편안하고 개방된 자세, 여전히 관심 있고 낙관적인 목소리 크기를 나타낸다).

4) 진실함

진실함은 아마도 설명하기가 가장 어려운 것일 것이다. Truax와 Carkhuff (1967)에 의하면, 진실함은 사회복지사가 클라이언트와 의사소통을 방어적이지 않고 의도적이지 않게 하는 것이라고 한다. Barker(1995)는 "신중하고 정직함..... 진실함은 클라이언트에게 자만하지 않는 것이 포함된다"고 정의한다.(p.150) 감정이입과 온화함처럼, 진실함은 다른 수준에서 전달된다. 수준3은 효과적으로 사회복지실천을 하기 위한 최소한의 수준이다.

① 진실함의 다섯 수준

• 수준1

가족사회복지사의 언어적 의사소통은 사회복지사가 순간적으로 느끼는 것과 많이 관련되어 있다. 반응들은 부정적이고 제한적일 수 있다. 가족사회복지사의 말과 행동은 방어적이고 이 방어의 감정들을 클라이언트와의 원조관계 형성에 이용하지 않는다.

• 수준2

가족사회복지사의 언어적 의사소통은 사회복지사가 순간적으로 느끼는 것과 많이 관련되어 있다. 가족사회복지사는 클라이언트를 향한 자신의 부정적인 감정을 어떻게 다루어야 하는지 알지 못하고, 상담에서 이것을 어떻게 조정해서 사용할지도 알지 못한다. 상담 방식은 기계적이거나 연습하는 듯 보인다.

• 수준3

가족사회복지사가 상담에서 말하고 느끼는 것 사이의 부적절한 어떤 증거도 없다. 사회복지사는 중립의 자세를 취한다. 가족사회복지사는 진실한 것처럼 적절하게 반응하지만 집중적인 개별적 개입은 반영하지 않는다.

• 수준4

가족사회복지사는 무너질 수 없는 진실한 반응들을 나타낸다(긍정적이고 부정적인 면 모두를 포함한다). 반응은 적절하지만, 가족사회복지사는 그것을 완전하게 표현하기를 망설인다.

• 수준5

가족사회복지사는 자신을 자유롭게 표현하지만 자원획득을 위해서 한다. 가족사회복지사는 자발적으로 모든 경험들에 솔직하고 방어하지 않으며 건설적인 상호작용을 한다. 이러한 것은 클라이언트와 자신 모두에게 더 깊이 있는 토론과 연구를 가능하게 한다.

② 진실함에 대한 다섯 수준의 예

클라이언트가 "나는 딸을 독립시킬 준비가 되어 있어요. 하지만 그 아이는 내 말은 듣지도 않고 무엇이든 자기가 하고 싶은 데로 한답니다."라고 얘기하고 있다.

• 수준 1 : 너무 무리한 것처럼 보이는군요.
• 수준 2 : 너무 딸에게 엄격한 태도를 취하는 것 같군요.
• 수준 3 : 10대들은 통제하기가 힘들지요.
• 수준 4 : 제 개인적인 경험으로는, 10대들을 다루는 것은 매우 모험적인 일이지요.
• 수준 5 : 저는 10대와 대화한다는 것이 모험적이고 어려운 것임을 알고 있어요. 당신과 당신 딸이 보다 만족스러운 관계로 발전하는데 어떻게 도울 수 있는 우리 한 번 찾아봅시다.

❖ 핵심적인 소양들

다음, 클라이언트가 한 이야기에 대해서, 각 핵심 소양들에 대한 적절한 반응들을 찾아본다 : 감정이입, 지속적인 온화함, 진실함. 각 소양마다 다섯 수준 각각에 대한 적절한 반응을 찾아본다.

클라이언트 : "난 도대체 무엇을 해야 할지 모르겠어요. 내 남편은 정말로 나를 떠나 버렸고, 내 아들은 소매치기를 했고, 또 딸은 임신했다고 내게 말했어요."

7. 가족사회사업에서 피해야 할 역기능적인 행동들

이 장에서 가족사회사업의 초기 단계에서 필요한 많은 기술들을 서술했다. 이와 더불어 상담에서 원조방법을 정확하게 파악하기 위해서, 사회복지사는 효과적인 원조를 방해하는 역기능적인 행동들을 인식해야 할 것이다. 피해야 할 행동들을 다음과 같이 열거해 볼 수 있다(Collins, 1989; Gabor & Collins, 1985-86).

1. 가족원 개개인의 편을 들어 주는 것
2. 부적절한 동의 또는 거짓으로 보장하는 것
3. "객관적" 인 자료는 제외하고, 반면 문제에 대한 가족의 주관적인 경험에 관한 단서를 무시하는 것
4. 판단하는 것 같이 반응하는 것
5. 토론을 방해하거나 신뢰를 손상시킬 수 있는 유머나 다른 반응들을 부적절하게 활용하는 것
6. 미성숙한 문제 해결
7. 가족원을 비난하거나 무시하고 거짓된 겸손함을 보이는 것
8. 지나치게 "잡담" 하는 것
9. 명백한 정보를 무시하고 가족원을 지나치게 보호하는 것

8. 요약

가족사회사업은 다섯 단계로 진행된다: 초기, 사정, 개입, 평가 그리고 종결단계이다. 특별한 기술이 각 단계마다 요구된다. 이 장에서는, 가족과 관계를 형성해야 하는 초기단계와 관련된 기술들에 대해 고찰해 보았다. 가족사회복지사는 효과적인 의사소통의 원칙들을 이해해야 하며 클라이언트의 언어적이고 비언어적인 메시지를 해석할 수 있어야 한다. 가족사회복지사가 반드시 갖추어

야 할 중요한 소양은, 감정이입, 지속적인 온화함, 그리고 진실함이다. 효과적으로 사회복지 실천을 하기 위해서는 이에 요구되는 기술과 소양들을 개발해야 한다. 이러한 것들은 경력이 쌓일수록 더욱 세련되어 질 것이다.

제 7 장

사정단계

새로운 가족을 만날 때 사회복지사는 무엇을 살피고 어떻게 사정을 시작해야 하는지 알아야 한다. 먼저, 관찰해야 할 부분은 부모인가, 아동인가 아니면 가정인가? 시간과 노력을 가장 잘 관리하면서 그 가족에 대해 충분히 이해할 수 있는 최상의 방법은 무엇인가? 어떤 것이 물어 야 할 중요한 질문들인가? 포괄적인 사정에 포함시켜야 할 영역은 명백할 수는 있지만, 그 영역을 탐색하는 방법은 분명하지 않을 수 있다.

사정을 하고 문제를 정의하는 목표는, 문제 발생의 원인인 가족 내/외의 역동성에 대해 탐색하고, 그것을 분명히 하고, 정의하는 것이다. 사정하는 동안 가족사회복지사는 정보에 근거한 개입을 결정짓기 위해 충분한 정보를 수집해야 한다(Block & Barnard, 1992). 주의 깊게 사정하는 것은, 현실적이고 구체적인 목표를 수립할 수 있게 한다. 사정하는 동안 가족사회복지사는 가족이(이상적으로는 가족 모두가 참여하여) 걱정하는 문제를 탐색할 수 있도록 돕는다. 이러한 탐색은 가족의 상태에 대해 더 깊이 있고 정확하게 이해할 수 있도록 해 준다.

가족원들은 문제에 대해 각자 나름대로의 관점을 가지고 있으며, 이러한 관점은 중요하다. 예를 들어, 어떤 가족이 정의한 문제가, 자녀 중 한 명이 "친구들과 어울려" 너무나 많은 시간을 보낸다라고 했을 때, 이 문제는, 부모에게는 가족과의 "일치(conforming)" 문제이고, 당사자인 자녀에게는 "독립(independence)"의 문제이며, 형제들에게는 "제외(exclusion)"의 문제일 수 있다.

사정하는 동안 가족사회복지사는 부모의 개별성, 개인적인 강점과 약점이 공존하는 것, 문화적, 인종적인 영향 그리고 태도와 행동을 형성하고 유지하는데 환경(가정, 직업적, 사회적, 지역사회)의 역할을 존중해야 한다. 가족사회복지사의 목표는 자녀들과 보다 효과적으로 일해 나가도록 부모를 돕는 것이다. 가족사회복지사는 문화적, 경제적 배경에 상관없이 부모들을 존중해야 한다. 이것은 모든 가족들이 비슷하고 또한 비슷하게 행동하기를 기대하기보다는 그들의 다양성을 수용해야 한다는 것을 의미한다.

1. 어떤 종류의 정보가 필요한가?

사회복지사는 첫 번째 상담에서 어떤 정보를 수집해야 할 것인가를 결정하는데 어려움을 갖는다. 따라서 가족의 기능과 제시된 문제와 관련이 있는 이론적인 개념에 대한 지식이 도움이 될 것이다. 그러나 이런 다른 모형들은 사정할 때 각기 다른 곳에 초점을 둘 것을 강조한다. 예를 들어, 어떤 이론은 가족 전체를 살펴보는 반면 어떤 이론에서는 두 사람(부부)의 상호작용에만 초점을 둔다. 따라서 사정할 때 고려해야 할 가장 중요한 점은 가족들은 각기 '독특하다(unique)' 는 것이다.

가족문제에 대해 분명하게 이해하기 위해서는, 개입에 대해 '궁리하는 것(devising)' 이 필요하다. 특히 중요한 것은, 가족문제의 기간과 가족이 그 문제를 어떻게 다루어 왔는가하는 것이다. 더 나아가 가족사회복지사는 가족의 강점과 자원을 확인하는 것에 관심을 가질 것이다. 사회복지사의 관심의 또 다른 초점은 가족의 역할, 의사소통 양식, 요구된 역할을 수행하는 가족원들의 능력, 가족의 친밀함 그리고 가족규칙 등이다. 가계도를 그리는 것은 이러한 정보를 기록하기 위해 필요하다. 마지막으로, 환경과 더불어 가족관계에 대한 정보를 얻는 것은 성공적인 사정을 위해 필요하다.

정확한 사정은 후에 따르는 개입단계를 확고히 하고, 가족과의 작업을 성공적으로 수행하기 위해 매우 중요하다. 다음과 같은 기술들이 가족에 대한 포괄적인 사정을 수행하기 위해 필요하다(Holman, 1983). 상담, 관찰 그리고 다양한 유형의 체크리스트와 임상도구들이 그것이다.

가족을 사정하는 동안 사회복지사는 "내용"과 "과정"을 모두 알기 위해 노력한다. "내용"이란 가족이 사회복지사에게 제공하는 실제적인 정보이다. "과정"이란 가족들이 서로 어떻게 상호작용 하는지를 의미하는 것이다. 가족생활의 내용에 대한 정보는 가족원을 상담함으로서 얻을 수 있다. 과정에 대한 정보는 정보수집을 하는 것 외에 가족내의 상호작용 방식을 관찰하면서 얻을 수 있다. 이를 위해 사회복지사는 가족기능에 대한 구체적인 사정도구들을 사용할 수 있다.

가족을 사정하는 목적은 다음과 같다:

1. 그 가족이 가족단위로 작업하기에 적합한 가족인지를 결정하고 만약 그렇다면, 어떤 유형의 개입이 가장 적절하며, 구체적으로 어떤 변화가 필요한지를 결정하는 것.
2. 현실적인 목표에 기초한 장, 단기목표를 세우는 것.
3. 가족이 변화를 위해 움직이게 하기 위해 채택할 수 있는 환경과 지역사회 자원뿐 아니라 가족의 강점과 자원을 확인하는 것.
4. 개입 결과를 평가하기 위한 기초로 가족기능의 기초선을 이해하는 것

2. 사정 방법

가족사회복지사는 단지 "병든" 한 개인에게 귀인 한 문제로 보기보다는, 가족이 환경과 어떻게 상호작용 하는가를 볼 필요가 있다. 포괄적인 사정은 가족이 환경과 어떻게 상호작용 하는가에 대한 이해를 포함한다. 생태적인 관점에서 이루어지는 사정은 가족에게 필요한 사회적 지지 그리고 그 가족의 '사회환경(surroundings)'을 확인할 수 있게 한다. 어떤 가족은 자신들의 자원을 사회에 환원하지 못하고 지나치게 환경 자원에 의존해 있다. 또 어떤 가족은 가족 개인의 욕구를 충족시키는 것을 방해하는, 환경의 심각한 괴리를 경험한다. 생태적인 사정은, "가족의 욕구가 충족되고 있는가?"라는 질문을 하게 한다. 일반적으로 가족의 욕구가 해결되는 방향으로 대처할 수 있는 충분한 자원이 있다면 가족 구성원내에서의 보호(care)가 적절할 것이다(Rothery, 1993).

Maslow(1967)의 욕구체계에 기반을 둔 포괄적인 생태사정은, 사회 관계에서 얻을 수 있는 정서적 지지와 다른 혜택 뿐 아니라 의, 식, 주 및 의료 보호 그리고 고용과 같은 구체적인 필요들을 가능하게 만드는 것에 초점을 둔다(Holman, 1983). 사회 지지망은 비공식적일 수도 공식적일 수도 있다. 비공식의 지지자는 가족 지지망의 중요한 부분이 되고 이런 개인과 집단들은 "자연적

원조자(natural helper)" 로서 기능한다. 어떤 가족에게는 환경자원이 가용하지 않고, 또 다른 가족은 그 자원을 알지 못하거나, 사용하는 방법을 모르거나, 사용하기를 거부할 수도 있다. 생태도는 가족사회복지사가 환경과 가족과의 관계에 대한 정보를 획득하도록 돕는다. 생태도는 가족이 그들의 욕구를 어떻게 충족시켜 왔는지를 보여준다. 또한 기존의 자원들이 그 가족의 욕구를 충족시키는데 적합한지를 탐색하면서 가족과 그들을 둘러싸고 있는 환경과의 관계에 대한 성격을 포착할 수 있게 한다.

가족은 두 가지 종류의 욕구를 갖는다. 하나는 기본 욕구이고 또 다른 하나는 발달 욕구다. 의, 식, 주와 같은 기본 욕구는 생존을 위해 충족되어져야 한다. 발달 욕구는 새 아이가 탄생하거나 혹은 청소년이 자신의 독립을 위해 투쟁하는 것 같은 변화에서 발생되는 스트레스에 의해 생겨난다. 욕구를 충족시킬 자원은 공식적으로 혹은 비공식적으로 제공될 수 있다. 어떤 가족도 환경과 무관할 수는 없으며, 가족은 이런 자원들의 복합성에 의존한다. 그러나 어떤 가족은 비공식 자원과 공식자원의 균형을 이루는데 실패한다. 아동복지 혹은 사회복지기관 같은 공식적인 지지망에 지나치게 의존하면서도 비공식적인 사회 지지망은 부적절할 수 있다.

사회 지지망은 부모-자녀관계, 규범, 기대, 아동양육 기술 등에 대해 피드백을 제공함으로서 가치 있는 정보를 제공한다(Gabardine, 1982). 사회 지지망을 사용하는 것은, 단순히 활용 가능한 자원을 결정하는 것 뿐 만 아니라, 그것에 대한 가족의 태도, 그리고 어떤 기술을 사용하여 그것을 사용할 것인지에 따라서도 영향을 받는다.

가족사회복지사의 관점에서 보면, 개인 가족원의 문제는 환경자원과의 왜곡된 관계를 포함하여 가족체계내의 약점에서 생겨나는 것이다. 문제를 충분히 이해하기 위해서 가족사회복지사는, 가족원 각자의 관점에서 볼 때 그 문제가 어떻게 기술되는지 경청해야 한다. 부가적으로 가족사회복지사는 가족원들이 어떤 특징적인 방식으로 상호작용 하는지를 관찰할 필요가 있다.

다음의 사례는 가족사회복지의 사정기법에 대한 하나의 예시이다.

Joyce Perdue는 Fryer 가족의 담당 사회복지사이다. Harry와 Lisa는 3살 난 쌍둥이, Tina와 Tommy를 둔 젊은 부부이다. 이들은 Lisa가 쌍둥이를 임신했다는 사실을 알고 난 후 결혼했다. 그 때 이들 둘은 모두 16세 된 고등학교 2학년 학생들이었다. 결혼과 아기들은 두 사람 모두에게 스트레스였고, 아기들의 필요를 충족시키는데는 많은 어려움이 있었다. Harry와 Lisa 모두 고등학교를 졸업하지 못했다. Harry는 식료품가게에서 일하고 Lisa는 아기들을 돌보았다. 집을 마련할 수 없었기 때문에 그들은 Harry 부모님 댁에서 함께 살았다. 쌍둥이 자녀가 집밖에서 오랜 시간을 보호자 없이 지나는 것을 목격한 이웃이 이 가족을 고발하였고, 그래서 Harry와 Lisa가 가족복지기관에 오게되었다.

Mrs. Perdue가 Harry와 Lisa를 집에서 상담했을 때, 그녀는 Harry와 Lisa가 현재 지고있는 책임들 때문에 질식할 정도라는 것을 발견했다. 둘은 모두 고등학교를 졸업하고 싶어했다. Lisa는 쌍둥이를 보는 것이 "너무 힘들다" 고 했다, 쌍둥이는 Lisa가 등을 돌릴 때마다 일을 저지른다고 했다, 예를 들어, '어제는 Tommy가 냉장고 위에 올라가 있었다' 고 Mrs. Perdue에게 말했다. Tommy를 끄집어내리는 동안 Tina는 햄스터를 우리에서 풀어주었다. Lisa가 여기저기 쥐설취로보목(scurrying rodents)을 재 설치하는 동안 쌍둥이는 한꺼번에 비명을 질러댔다. Harry와 Lisa 모두 현재의 결혼생활에 대해 만족이 거의 없다고 했다. 자신들을 위한 시간도, 돈도 없었다. 사정하는 동안 Mrs. Perdue는 현재 부부상황에서의 스트레스와 지지를 살피기 위해 생태도를 사용했다. 그리고 그들의 결혼과 부부 만족도를 측정하기 위한 몇 가지 간단한 척도를 완성시켜 줄 것을 요청했다.

사정을 통해 알게 된 이 가족의 강점은 부부가 사랑하고 있다는 점, 결혼에 대한 서로의 다짐(commitment), 아이들에 대한 사랑과 시댁의 지지였다. 반면, 문제는 부모기술의 부족, 결혼상담의 필요성, 고등학교를 졸업하고 직업훈련을 받을 수 있는 경제적인 자원의 부족이었다.

1) 상담

상담에서 사회복지사는 가능한 많은 가족원들과 만나야 한다. 상담을 하는 동안 가족사회복지사는 기초 기술을 사용한다(이 기초 기술에 대해서는 본 장에서 뿐 만 아니라 이후 장에서도 지속적으로 논의하고 있다). 특히, 사회복지사는 질문들을 적절하게 활용해야 한다. 일반적으로 질문의 내용은 몇 가지 이론적 관점에서 도출된다. 예를 들어, 체계적 관점에 기반을 둔 사회복지사는,

"당신 아들의 행동은 그를 향한 당신의 행동에 어떤 영향을 끼칩니까? 그 반대의 경우는 어떻습니까?" 라고 질문할 수 있다. 대부분의 경우 가족사회복지사는 한 집에 사는 모든 가족들을 상담할 것이다. 왜냐하면 가족이 모두 있을 때는 정보가 덜 왜곡되기 때문이다(Holman, 1983).

가족과 "연합하는 것(joining)" 혹은 "관계하는 것(engaging)" 그리고 가족기능을 사정하는 것은 계속 반복되는 과정이다. 초기 원조과정 동안 가족이 사회복지사와 어떻게 관계하는 지를 관찰함으로서 중요한 정보를 얻을 수도 있다.

(1) 사정에서 언급해야 될 주제들

사정을 하는 동안, 가족사회복지사는 다음과 같은 토픽에 대해 언급할 필요가 있다.

① 문제

1. 무엇 때문에 개입이 필요한가? 왜 그 가족은 지금 도움이 필요한가? 만약 가족이 자발적으로 기관을 찾아갔다면 왜 하필 그 기관에 도움을 요청했나?
2. 그 가족은 현재 장 · 단기적으로 어떤 문제를 경험하고 있나?
3. 그 문제는 얼마나 심각하고 위급한가?
4. 사회복지사가 개입하는 것에 대해 가족의 태도와 동기는 어떠한가? 만약 가족 전체를 포함하는 개입이 요구된다면, 구성원들 각자는 가족의 문제를 해결하기 위한 작업에 얼마나 동기를 갖고 있는가? 가족원은 사회복지사에게 무엇을 기대하는가?
5. 가족은 다른 어떤 사회체계와 연결되어 있나? 그렇다면 어떤 문제로 그러한가? 각 가족원은 그 문제가 어떻게 될 것이라고 인식하고 있나? 신체적, 정신적으로 위험에 처한 가족원이 있는 가?
6. 그 문제의 역사적 배경은 무엇인가? 그 문제를 제거하기 위해 가족은 무엇

을 했나?

② 가족의 내부기능

1. 가족이 자신 있게 처리하는 분야는 어떤 부분인가, 특히 위기가 발생했을 때 뿐 아니라 일상생활에서 사용하는 심리적, 사회적 자원은 무엇인가?
2. 가족원들은 그의 가족을 전체로서는 그리고 서로간의 관계에 대해서는 어떻게 기술하고 있는가? 가족내 관계의 성격은 어떠한가? 가족간 상호작용 패턴은 무엇인가? 문제를 유지키는 상호작용 패턴은 무엇인가? 가족이 유지하고 있는 패턴과 테마는 무엇인가?
3. 가족구조는 어떤 위계를 갖고 있나? 누가 힘을 가지고 있고, 그 힘은 어떻게 사용되고 있는가?
4. 문제를 해결하기 위해 동원할 수 있는 가족으로서의 그리고 개인으로서의 강점과 자원은 무엇인가?
5. 가족은 어떻게 의사소통하나? 가족원은 반복되는 상호작용 패턴을 사용하는가? 의사소통은 직접적이고 개방적이며 솔직한가?
6. 비공식적, 공식적 역할에 있어서 가족의 기능은 어떠한가?
7. 개인과 부모 같은 하위체계와 전체로서의 가족 간의 경계는 어떻게 운영되어지나?
8. 가족 속에서 누가 누구와 결속되어 있으며 핵심문제는 가족의 누구와 관계되어 있나?

③ 가족생활주기

1. 가족의 역사는 어떠한가?(가족원의 도움으로 가계도를 완성한다.)
2. 이 가족은 가족생활주기 상 어디에 위치하고 있나? 가족은 그 가족원의 발달 욕구를 얼마나 적절히 충족시켜주고 있나?
3. 가족원들은 자신들의 발달 욕구와 과업을 얼마나 잘 수행하고 있는가?
4. 발달주기에서 위기를 해결하는 이 가족만의 독특한방법은 무엇인가?

④ 환경

1. 환경과 가족 간의 관계의 성격은 무엇인가? 환경 요소들은 가족의 기능을 성장할 수 있도록 하는가 아니면 방해하는가?
2. 가족과 외부와의 관계의 범위와 질 그리고 가족에게 미치는 외부요인들의 영향을 포함하여 사회적 환경과 가족의 상호작용의 질은 어떠한가?
3. 가족은 그들의 기초 욕구를 어떻게 충족시키나? 어떤 욕구는 충족되고 어떤 욕구는 충족되지 않는가?
4. 욕구가 발생할 때 가족은 누구에게 의존하나? 양과 질적인 면에서 볼 때 가족외부의 지지자들과의 관계의 성격은 어떠한가?
5. 외부자원과 관련해서 가족은 얼마나 독립적이고 자가-충족적인가?
6. 가족은 친구, 친척, 선생님, 동료, 교회사람 그리고 의료인들을 포함하여 중요한 사람들과 어떻게 관계하나?
7. 자신과 같은 인종의 다른 사람들과 그 가족의 관계는 어떠한가?
8. 가족의 종교적 믿음 그리고 가치의 영향은 무엇이고 어떻게 영향을 주나?
9. 그 가족의 문화 유산 측면은 강점으로 작용하는가 혹은 방해가 되는가?

(2) 관찰

가족사회복지사에게 임상적인 기술만큼 관찰은 중요하다(Holman, 1983). 관찰은 가족을 이해하기 위해 필수적인 정보를 얻게 해 준다. 그러나 의도적으로 '관찰을 사용' 하지 않는 다면 많은 것들을 놓치게 될 것이다. 가족원들은 가족 사건과 역동에 대해 서로 다르게 기술할 수도 있다. 또는, 언어적인 기술이 부족하거나 무엇이 어떻게되고 있는지를 모르기 때문에 그러한 부분에 대해 가족원들이 기술할 수 없을 수도 있다. 덧붙이면, 그 가족의 생활 속에서의 독립적인 관찰을 통해서 사회복지사는 그 조각들을 통합하여 전체로서의 관점을 만들어 낼 수가 있다. 따라서 관찰을 통해 가족사회복지사는 그 가족의 신체적 특징, 비언어적 행동, 에너지, 감정, 언어적인 것과 비언어적인 것과의 불일치를 알 수 있다.

관찰은, 사회복지사가 가족이 세상을 이해하는 방식에 대해 포괄적인 이해를 갖도록 돕는다. 사회복지사는 가족 상호작용의 내용과 과정 예를 들어, 힘과 권위와 관련된 미세한 신호, 그리고 도움을 요청하고, 받는데 대한 양가감정들을 관찰한다. 덧붙여 사회적으로 낙인된 문제를 논의하는 것, 강렬한 느낌의 직접적이고 충분한 표현을 억압하는 것은 특히 관찰되어져야 할 중요한 점들이다(Shulman, 1988). 가족사회복지사는 언어적 의사소통보다 비언어적 의사소통을 더 잘 살펴야 하기 때문에 그들의 행동을 가까이에서 살펴야 할 것이다. 가족의 역동을 관찰하는 것은 상담과 도구를 사용하여 얻은 정보에 보충적인 역할을 한다.

가족사회사업은 관찰을 위한 특별한 기회를 제공한다. 가정방문을 하는 동안에 사회복지사는 개인, 가족 그리고 지역사회를 관통하는 생태적 사정을 할 수 있는 기회를 갖게된다. 사회복지사는 가족이 살고있는 곳에서 더 넓은 환경에 관한 즉, 지역사회 서비스의 거리(교통편, 병원, 학교 등), 이웃의 안전 그리고 오락적, 문화적 기회와 같은 것들을 살피는 것에 주의를 기울인다. 이 같은 정보들은 가족과 관점에 관해 논의할 수 있는 장을 제공하고, 기존의 자원과 가족을 연결시킬 수 있는 지식적인 기반을 갖추도록 돕는다.

가정에서 가족사회복지사는 가족의 물질적 환경에 주의를 기울인다. 가족구조와 기초 욕구를 충족시킬 수 있는 자원의 가용성을 관찰하는 것은, 사회복지사에게 클라이언트의 강점과 대응전략, 자원 그리고 가정 때문에 생겨나는 한계를 이해할 수 있게 해 준다. 집에 들어가기 전에 그 가족에게 주어진 구체적인 상황과 관련해서 살펴야 할 점들을 구체적으로 목록으로 작성해야 한다. 물리적 환경에 대한 관찰은 특별한 환경에 의해 알 수 있게 될 것이다(Holman, 1983). 예를 들어, 심각한 경제적 위기를 겪고있는 가족은 초라한 집에서 살고 있을 것이다. 그러나 적절한 소득을 가진 가족에게 잘 정돈되지 않은 집은 우울이나 무감동을 의미할 수 있다. 유사하게, 활동적인 아동을 가진 부모와 일하면서 사회복지사가 그 집에서 아이가 가지고 놀 수 있는 장난감을 거의 찾아볼 수 없을 때는 그 부모가 아동발달에 대한 지식이 없던지 아니면 자극을 줄 수 있는 장난감을 살 수 있는 돈이 없어서인지가 의아하게 될 것이다. 가족사회복지사는 가족에 대한 가설을 설정하고 후에 그것을 확인하거나 반박하려고 할 것이다. 위에서 언급한 사례의 경우, 장난감을 살 돈이 부족한 가정은 부모가 그것을 살 만한 돈을 마련하는데 어려움이 있다고 이야기 할 때 확인된다.

환경적, 물질적 자원에 대한 정보를 가족사회복지사에게 제공하는 것 외에 가족방문은, 그들의 일상생활에서 가족원이 어떻게 상호작용 하는지를 관찰할 기회를 제공한다. 상담실에서 이루어지는 전문상담은 대부분 가족원 한 사람과만 상담이 이루어지지만 집에서의 상담은 모든 가족을 관찰할 수 있도록 해준다. 가족원 개인의 행동은 어떠한 종류의 지원이 필요한지에 대한 단서를 제공해줄 수도 있다. 주의 깊은 관찰을 통해, 많은 프로그램에서 요구하고 있는 문서와 기록을 보강할 수 있다.

관찰에서 얻은 자료는 가족사회복지사가 가족을 가장 잘 도울 수 있는 방법을 알 수 있도록 돕는다. 문화적, 민족적 차이는 가족에 대한 관찰을 통해 설명될 필요가 있다. 어떤 문화에서는 모든 가족이 한 방을 쓰기도 하지만 또 다른 문화에서는 가족원이 같은 방에 있는 것이 불경스러울 수도 있다. 결론적으로 가정방문은 가족사회복지사가 그 가정의 방문자라는 사실을 인지하면서 조심스럽게 행해져야 할 것이다. 수집된 정보들을 생활양식에 대해 비난하거나 가치판단을 하는데 사용해서는 안될 것이다.

3. 사정도구

가계도와 생태도는 대부분의 사회복지사들이 선호하는 사정도구이다. 가계도와 생태도에서 알 수 있는 정보들은 결국은 가족의 현재기능과 연결된다. 가족과 함께 이런 도구들을 작성해 나가는 일은 라포를 형성하는 좋은 방법이기도 하다. 이 두 가지 도표로 그리는 사정도구는 가족의 내/외적 관계양상을 나타낸다.

가계도와 생태도를 보완하기 위해 다른 사정도구들을 사용할 수도 있다. 가족사정도구는 두 가지 목적을 갖는데, 사회복지사에게 가족 기능에 대한 정보를 제공하여 가족기능을 이해하게 하고 가족의 문제를 의논하여 초점이 있는 구조적인 방법으로 목표를 세울 수 있게 해준다.

가족사정도구는 상담을 위한 욕구를 사정하기 위해 고안된 적응력과 응집력(Olson, 1986)을 측정하는 FACES III; 가족의 자신감, 구조 그리고 융통성을 사정하는 비버스-팀버론 가족평가척도(Beavers-Timberlawn family evaluation scale); 가족의 기초적 과업, 발달과업 그리고 힘든 과업(Epstein, Baldwin & Bishop, 1983)을 포함하여 현재의 가족기능을 검사하는 맥마스터 모델(McMaster model); 가족기능의 구체적인 영역(문제해결, 의사소통, 역할, 감정적 반응, 감정적 관여 그리고 행동 조절)의 평가를 목표로 하는 맥마스터 임상척도(McMaster clinical rating scale)도 포함된다(Epstein, Baldwin & Bishop, 1983).

사회복지사는 예정된 목적을 위해 스스로 척도를 개발할 수도 있다. 그 척도는 가정에서의 물리적 자원에 관한 것 일수도 있고, 가족원들의 역할수행의 구체적 영역에 초점을 맞출 수도 있으며, 아동의 신체적 보호를 사정하기 위해서 혹은 가족의 정서적 분위기를 측정하기 위해서 만들 수도 있다. 척도는 가족의 구체적인 욕구와 맞아야 한다.

객관적인 정보가 필요할 때는, 실제행동을 기록하기 위한 연구, 실천에서 사용되는 체계적 인 관찰, 그리고 보다 공식적 과정을 사용하여 수집한다. 예를 들어, 아동이 얼마나 자주 떼쓰는 행동을 하는 지와 같은 구체적 문제에 대해 자료를 수집하여 그 빈도를 알게되는 것으로도 그 가족에게는 도움이 될 수 있다. 체계적인 관찰은 부모들이 과잉행동 문제를 가진 혹은 다른 종류의 문제를 가진 아동을 어떻게 관리할지를 배우게 해주고, 학대하는 부모가 긍정적이고 애정이 담긴 행동관리 기법을 채택할 수 있도록 도울 수 있다. 처벌적이고 혐오적인 양육방식에서 더욱 긍정적인 방식으로 변화되는 것은 자녀들에게 긍정적으로 혹은 부정적으로 반응하는 숫자를 부모들에게 세어 보도록 하는 것과 같은 자기-기록 과정을 통해 더 용이하게 도울 수 있다. 부모에게 하루 중 어떤 부분에서 일관되게 문제가 있는 언어를 사용하는가를 기록하게 하는 것은 언어문제를 가진 아동을 사정하는 중요한 부분이 된다. 부모에게 물리치료 받은 수를 구체적으로 기록하게 것운 료프로그램에 더욱 협조할 수 있도록 만든다.

4. 가족상담 기술

가족상담의 기본목표는 가족간의 상호작용을 자극하는 것이다. 특히 사회복지사는 가족이 자연스럽게 상호작용하기를 즉, "일반적인" 상호거래 양상을 재연하기를 원한다. 가족상담에서 의사소통이 간혹 사회복지사와 한 사람만의 대화가 될 수도 있다. 그러나 사회복지사는 가족원들간에 의사소통이 이루어질 수 있도록 돕는 "가족교향악단의 지휘자"가 되어야 한다(Satir, 1967). 상호작용을 자극할 수 있는 유용한 기술은 다른 가족원이 한 말에 대해서 어떻게 생각하는지를 묻는 것이다. 또 다른 가족상담 기술은, 다른 가족원과의 관계를 묘사하도록 질문하거나 또는 가족 에서 다른 가족원간에 어떤 일이 일어나고 있는지를 묻는 것이다(Hartment & Laird, 1983).

1) 주의 깊은 경청

경청은 두 가지 활동을 요구한다. 첫째, 사회복지사 자신의 경험, 생각 그리고 지각에 대한 관심을 줄여야 한다. 둘째, 클라이언트에게 집중하여 클라이언트가 표현하고자 하는 것들에 대해 평가하려고 하지말고, 이해하기 위해 최선을 다해야 한다.

경청이란 단어와 목소리의 억양을 주의 깊게 듣고, 비언어적 제스추어를 관찰하며 충분히 표현하도록 격려하는 것이다. 자신감 있는 경청은 자연적으로 생기기가 힘들다. 그러나 그것은 효과적인 가족사회사업을 위해서는 필수적이다. 그 가족을 경청하고 이해하는 것 자체가 사회복지사에게는 사정과 계획을 위한 필수적인 정보를 수집한 것이며, 대부분의 클라이언트에게는 자신의 얘기가 전달되고 진정으로 존중받는 기회가 된다. 효과적인 경청은 또한 클라이언트의 긴장과 불안을 낮춘다. 주의 깊은 경청은 클라이언트 자신의 이해, 자존감 그리고 문제해결 능력을 강화시킬 수 있다.

효과적 경청자가 되기 위한 능력은 라포를 형성하고, 신뢰를 쌓고 원조를 제공하기 위해 필요한 정보를 획득하는 것이다. 말하는 것을 경청하고 의미를 새기는 것은 강점과 약점뿐 아니라 문제, 우선 순위 그리고 자원이 무엇인지 알게 해준다. 가족은 사회복지사가 자신들에 대해 경청하고 이해하게 되었다는 것을 인식한다. 가정에 기반을 둔 가족중심 프로그램 연구자는 다음과 같이 언급하고 있다.

> 부모들은 그들이 받은 지지를 인정했고 자신들이 한 이야기가 경청되어졌다는 느낌에 대해 보고했다. 부모와 자녀 모두에게, 경청하는 것은 많은 부모에게는 높은 배려의 표시가 된다......." 나는 나와 남편이 감정을 표현할 수 있는 누군가가 있다는 사실에 감사했습니다." "문제를 인정하는 것..... 그 문제를 말로 하는 것....자신이 혼자가 아니라는 것을 느꼈습니다". 부모들은 혼자라는 느낌이 줄어들었고 그들의 말이 경청되었을 때는 누군가에 의해 확인되었다는 느낌을 느꼈다고 보고했다(Coleman & Collins, 1997).

사회복지사가 경청기술을 향상하기 위해서 여러 가지 지침들을 따를 수 있다. 첫째, 사회복지사는 클라이언트가 질문에 반응할 수 있는 충분한 시간을 주어야 한다. 둘째, 자신의 신체적 언어와 말에 주의를 기울여 클라이언트에게 지지와 흥미가 전달되도록 해야한다. 셋째, 사회복지사는 맑은 정신으로 클라이언트의 언어적, 비언어적 메시지에 수용적이어야 한다. 주의 산만함(unattentiveness)은 오해의 원인이 될 수 있다. 정확한 경청이 얼마나 중요한지에 대해서는, 클라이언트의 긍정적 코멘트를 통해서도 강조된다: "그녀(사회복지사)는 나의 말을 정말 잘 들어주었어요." 혹은 "그녀(사회복지사)는 내가 한 말을 들었어요"(Coleman & Collins, 1997).

경청은 여러 가지 상황에서 방해받는다. 예를 들어, 방안이 너무 시끄럽다거나, 그 사람이 너무 작게 말한다거나 익숙하지 않은 말을 한다던가하는 경우이다. 어떤 클라이언트는 사회복지사가 이해하지 못하는 말을 하기도 하고, 사회복지사와는 다른 의미로 해석하기도 한다. 효과적인 경청은 장애물을 극복하고 말하는 사람의 언어와 제스추어에 전적으로 초점을 맞추어야 한다.

경청은 때로 한 사람은 적극적으로 말하고 다른 한 사람은 단순히 그것을 듣는, 수동적인 행동으로 생각될 수 있다. 사실, 좋은 경청은 활발한 과정이다. 사회복지사의 역할은 언어적, 비언어적인 클라이언트의 의사소통 내용을 받아들이고, 인정되었다는 것을 확실히 하는 것이다. 사회복지사는 말로 언급되지 않은 것이 실제로는 말로 표현된 것만큼 중요하다는 것을 인식한다. 따라서 당장 보여진 것이나 편안하게 논의되어진 것이 아니라 그들 문제의 깊은 곳에 대해 가족과 대화해야 한다. 치료적 경청은 클라이언트가 더 많이 깨닫고 천천히 진행해 가며 자신의 지혜를 존중할 수 있도록 돕는다.

2) 질문하는 것

상담은 질문과 진술(statements)의 혼합체(mixture)이다(Tomm, 1988). 질문은 상담의 초기와 중기과정에서 유용하며 진술보다 클라이언트가 더 쉽게 참여하도록 한다(Tomm, 1988). 그러나 상담시 질문하는 것이 장점이 될 수도 단점이 될 수도 있다는 주장이 있다(e. g., Egan, 1994).

질문하는 것에 대해 꺼리는 것(reluctance)은, 비숙련가가 질문을 남용하는 것과 관련하여 살펴볼 수 있다. 실제로 세련되지 못한 질문은 사회복지사와 클라이언트 사이의 의사소통을 방해할 수 있다(Tomm, 1987a). 사회적으로도 질문하는 것은 침해적이고 사생활 침범이라고 믿는다. 그러나 시기 적절하고 적절한 언어를 사용하여 질문하는 것은 많은 목표를 달성할 수 있도록 한다.

질문하는 것은 여러 가지 이유에서 유용하다. 첫째, 질문은 초점을 맞추고 상담의 방향을 맞추며 구체적인 정보를 끌어낸다. 클라이언트가 말하는 것을 더 잘 이해할 수 있도록 해준다. 체계적으로 질문하는 것은 클라이언트가 문제를 탐구할 수 있게 이끌고 문제해결을 위한 문을 열어준다. 따라서 질문은 가족사회사업의 사정과정을 위해서 필수적이다. 전체적으로, 질문은 사회복지사와 가족의 욕구 모두를 충족시키는데 - 다시 말해 질문은 가족사회복지사를 가족에게로 방향을 맞추게 하거나 그들이 변화하도록 영향을 끼치기도 한다 (Tomm, 1988).

질문하는 것은 그 내용에 대한 의미를 강화시킴으로서 중요성을 두게된다. 구체적인 문제에 초점을 맞추고 질문을 하게 되면, 클라이언트는 그 문제가 중요하고 탐색해야 한다는 것을 알게 된다. 질문하는 것은 클라이언트가 목표가 있고, 그 목표에 방향을 맞추면서 구체적으로 문제에 초점을 맞추어 작업하도록 돕는다. 구체적인 문제는 가족의 욕구와 가족사회복지사에게서 보조를 요청하는 이유에 근거하여 다양한 질문들로 탐색되어진다. 예를 들어, 만약 가족의 확인된 목표가 의사소통을 향상시키고 갈등을 관리하는 것이라면 질문은 이러한 영역에 목표를 맞추어야 할 것이다.

질문의 다른 기능은 가족원의 기분, 자원, 문제, 강점, 약점 등에 관한 정보를 끄집어내는 것이다. 다시 말해, 질문은 그 영역이 매우 중요하다는 것을 전달한다. 질문은 또한 의미와 표현을 확인한다. 예를 들어, 클라이언트가 무의식적으로 시어머니에 대한 얘기를 빼먹고 하지 않는다는 것이다. 가족사회복지사는 시어머니의 방문에 대해 어떻게 느꼈는지 그리고 그 방문이 갑작스럽게 이루어져 화가 났는지를 질문함으로써 클라이언트의 말을 이해하게 된다. 다음으로 질문은 이들이 취할 행동의 윤곽을 잡도록 도와줌으로써 클라이언트가 체계적으로 문제해결 과정을 거치도록 돕는다. 예를 들어, 가족사회복지사는 "언제 아기가 아팠는지, 체온은 몇 도였는지? 의사가 무엇이라고 했는지?" 를 어머니에게 질문할 수 있다.

목표를 위해 가족에게 사용할 수 있는 다양한 유형의 질문이 있다; 폐쇄질문(closed-ended questions), 개방질문(open-ended questions); 간접 질문(indirect questions); 우선적, 부수적 질문(primary and secondary questions); 순환적, 단선적, 전략적 그리고 반항적 질문(circular, linear, strategic and reflexive questions); 초점질문(focusing questions)이다. 이러한 여러 가지 종류의 질문들에 익숙해지는 것은 사회복지사가 클라이언트를 돕는 능력을 강화시킨다.

질문할 때의 목소리도 그 의미를 변화시킬 수 있다. 예를 들어, 같은 질문이라도 억양에 따라 그 의미가 달라질 수 있다는 것이다; "자녀를 때렸습니까?" 는 음질에 따라서 그 의미가 비난하는 것 일수도, 걱정하는 것일 수도, 판단하는 것일 수도 혹은 단순한 호기심일 수도 있다.

(1) 폐쇄질문과 개방질문

폐쇄질문은 "예" 혹은 "아니오" 와 같은 간략하고 즉각적인 반응을 요구한다. 이런 질문들은 주로 "할 수 있다(can)," "한다(do)." "했다(did)." "가지다(have)," 혹은 "한다(does)," 로 시작한다. 폐쇄질문은, 구체적인 정보로 좁히고 단지 두 가지 가능한 대답만을 예상한다. 그리고 질문을 통제하는 것은 바로 질문하는 사람에게 있게 된다. 폐쇄질문의 한가지 불이익은 반응의 범위를 제한하기 때문에 피상적인 대답이나 불충분한 정보만 얻게된다는 것이다 예를 들어, 지난 주일은 좋았습니까?" 그리고 "직장에 다니고 있습니까?". 연이어서 폐쇄질문을 많이 하는 것은 상담하기 위해 "기관총" 을 발사하는 것과 같다.

폐쇄질문의 이점은 지나치게 말이 많은 클라이언트를 천천히 가게 할 수 있다는 데 있다. 그리고 상담의 강도를 조절한다. 즉 신뢰와 라포가 형성되기 전인 초기 단계에서 클라이언트가 너무 많이 자신을 노출하는 것을 막는다. 상담을 위한 시간이 한정적일 때도 유리하다. 폐쇄질문은 본질적인 자료를 빨리 획득하게 해 준다.

대조적으로 개방질문은 반응의 수준을 클라이언트가 선택하도록 도와준다. 이러한 질문들은 주로 "무엇을(what)" "어떻게(how)" "누가(who)" "언제(when)" "왜(why)" 그리고 "어디에서(where)" 와 같은 단어로 시작한다. 개방질문은 상담에 대한 약간의 통제를 그들에게 제공함으로써 클라이언트가 자발적으로 정보를 줄 수 있도록 초대한다. 이런 질문은 클라이언트가 대답할 수 있는 능력이 있다는 메시지를 전달하게 된다.

"왜" 질문은 클라이언트의 인지밖에 있을 수 있고 클라이언트를 지성화

(intellecturalization)하도록 만들 수도 있다는 이유에서 거의 사용하지 않는다. 또한 정당화하고, 설명하며, 합리적 사유 등을 제공하도록 요구함으로써 클라이언트가 방어적이게 하여 불허하고 불신하거나 혹은 의혹을 갖고 있다는 의미로 해석되어지기도 한다.

가족사회복지사는 폐쇄질문보다 개방질문을 사용하여 아동들에게 더 많은 정보를 얻어낼 수 있을 것이다. 클라이언트의 사회적 관계를 사회복지사가 알기를 원한다고 가정해보자. 이 경우 “친구가 있습니까?” 라고 폐쇄질문을 하기보다는 “여가시간에 어떤 것을 하시는 것을 좋아하십니까?” 라고 질문함으로써 더 많은 정보를 끌어 낼 수 있다. 이런 유형의 질문은, 사회복지사가 친구에 관한 것 뿐 아니라 클라이언트의 흥미, 취미 그리고 다른 활동(혹은 활동의 부족)들에 대해서도 알게 한다.

(2) 간접질문

간접질문은 질문에서 얻을 수 있는 효과를 갖게 되는 진술(statement)이다. 간접질문의 두 가지 예로는, “나는 당신이 무엇을....... 생각하는가에 대해 알고 싶습니다” 그리고, “문제가 해결될 조짐이 보이는 지 궁금하군요.” 라고 질문하는 것이다(Bandler, Grinder & Satir, 1976). 이와 같은 질문은 대답을 강요하지 않지만 듣는 사람이 관심을 갖는 문제를 제시해 준다. 만약 가족들이 침묵으로 반응한다면, 사회복지사는 의도적으로 가족 중 한 명을 지명하여 대답을 요구할 수도 있다.

(3) 우선적, 부수적 질문

부수질문이 더 많은 정보를 끌어내게 해 주는 반면, 우선적 질문은 새로운 토픽과 새로운 영역을 소개하고 그것이 맥락 속에서 이해가 되게 해 준다. 부수

질문은 클라이언트가 반응하지 않거나 반응이 불완전하고, 피상적이거나 부적절할 때 유용하다. 클라이언트의 대답이 피상적일 때 사회복지사는 "............에 대해 좀 더 얘기해 주시겠어요?" "그것은 무슨 뜻인가요?" 라고 말할 수 있다.

부수적인 질문을 사용하는 것은 미숙련 상담자를 숙련가와 구별해 낸다. 미숙련 상담자는 어떤 토픽에 대해서도 깊이 탐색하지 못하고 한 가지 토픽에서 다른 토픽으로 옮겨간다. 대조적으로 숙련된 상담자는 처음에 각 반응에 대해 그 반응이 적절한지를 주의 깊게 살피고 난 다음 그것에 대한 논리적 결론 영역으로 옮겨간다. 부수 질문은 그 토픽에 대해서 상담이 계속되도록 돕는다

(4) 질문을 분명히 하는 것

질문을 분명히 하는 것은, 예를 들어달라고 요청하거나 클라이언트가 말한 것의 의미를 분명히 하도록 시도하여 더 많은 정보를 요청함으로써 의사소통을 강화시킨다. 이런 질문들은 초기에 가정방문을 하거나 다른 해석의 가능성이 있는 상황을 클라이언트가 제시할 때 특히 적절하다.

질문을 분명히 해야 는 경우는, 특히 클라이언트가 뜻이 모호하거나 또는 뜻이 한 가지 이상인 단어를 사용할 때이다. 예를 들어, 사회복지사가 자녀와 어머니가 함께 하는 활동에 대해 논의할 때, 만약 어머니가 "그건 엉망이에요" 라고 한다면 사회복지사는 "그것" 혹은 "엉망이다" 라는 말이 무슨 의미인지를 알 필요가 있다. 그럴 때 "무엇이 엉망인지를 얘기해 줄 수 있을까요?" 라고 질문하면서 시작할 수 있다. 사회복지사가 클라이언트가 걱정하는 부분에 대한 아이디어가 생기고 나면 "엉망이다" 라는 것이 클라이언트에게는 무엇을 의미하는지를 분명히 하기를 원할 것이다. 분명하게 하기 위한 질문은, 사회복지사가 그 의미에 대해 너무 빨리 결론짓는 것을 방지한다. 사회복지사는 그 어머니에게 장남감이 널려있는 것이 혼돈스러운 것인지, 유아원까지의 교통편을 걱정하고 있는 것인지를 알 수 있게 해 줄 것이다. 설명은 어머니의 삶에서 주 된 사건은 무엇인지를 알게 해준다.

❖ 질문하는 것

세 집단으로 나누어 관찰자, 상담자 그리고 클라이언트로 순서를 바꾼다. 관찰자는 상담할 시간을 재고 그 시간동안 어떤 일이 생기는지 기록한다. 역할극의 과업은 질문하는 기술을 효과적으로 사용하는 연습을 하는 것이다. 만약 비디오 카메라가 사용 가능하면 관찰자는 그 역할극을 비디오 테이프에 담는다.

처음 5분 동안 상담자는 의도적으로 폐쇄질문, "왜" 질문 그리고 토픽을 옮겨 다니는 적절치 못한 질문을 한다. 이에 더하여 상담자는 클라이언트에게 반응하거나 최상의 대답을 만들어낼 수 있는 충분한 시간을 허락하지 않아야 한다. 역할극을 마친 후, 집단은 클라이언트와 상담할 때 이와 같이 부적절하게 질문을 사용한 것과 그에 대한 영향에 대해 5분간 논의한다.

다음 질문자는 질문을 적절하게 한다. 상담자와 클라이언트 모두는 그들이 필요한 만큼의 시간을 갖는다(힌트: 계속해서 두 가지 질문을 하지말고, 그 진술에 대해 반영한다). 클라이언트가 질문에 대해 반응하면, 상담자는 15초 후에 다음 질문을 한다.

상담에 대해 논의할 때 적절하고, 적절치 못한 질문하기의 차이점에 대해 논의한다. 이렇게 비교하고 논의하는 것을 통해 당신은 무엇을 배웠나? 의도적으로 질문하는 것이 얼마나 어려운가?

(5) 단선적, 순환적, 전략적 그리고 반향적 질문

Tomm(1987a, 1987b, 1988)은 4가지 유형의 적절한 가족상담에 대해 기술했다. Tomm에 따르면, 질문은 치료적이고 사정을 목적으로 사용될 수 있다. 시험할 영역을 선택하는 것은 조심스럽게 이루어져야 하고 "모든 질문과 코멘트는 클라이언트나 가족의 한 가지 혹은 더 이상의 행동양상에 대해 존경심을 기반으로 클라이언트가 허락하던지 도전하기 위한 것으로 그들에게 평가되어져야 한다"(Tomm, 1987a p.4). 예를 들어, "오늘 어떤 문제를 논의하고 싶으십니까?" 라는 질문으로 상담을 시작하는 것은 "지난 주간동안 어떤 긍정적인 일이 있었나요?" 라고 질문할 때와는 다른 반응을 가져올 것이다. 가족사회복지사는 제기된 질문에 대한 클라이언트의 반응에 주의를 기울여야 할 것이다.

단선적인 질문은 정보를 요청하고 기본적인 원인-결과를 예측한다. 그리고 문제를 정의하고 그것에 대한 설명을 찾는다. 단선적인 질문의 예는 다음과 같다.

- 오늘 무슨 일로 오셨습니까?
- 이 같은 문제를 얼마동안이나 경험하고 계신가요?
- 무엇이 당신을 우울하게 만들고 있습니까?

순환적인 질문은 순환적 원인과 가족원이 말한 내용 외의 의미에 기초하고 있다. 순환적인 질문은 사회복지사가 일상적인 가족 상호작용 패턴 그리고 가족원의 행동이 다른 가족원에게 미치는 영향을 알 수 있도록 해준다. 순환적인 질문은 문제가 가족원 한 사람에게 있는 것이 아니라, "증상"이 있거나 없거나 상관없이 "그 문제"는 모든 사람과 연결되어 있다는 것을 보여준다.

순환적 질문은 단선적 질문이 의도적으로 정보를 끌어내려고 하는 대신 변화를 만들어 내려고 노력한다(Wright & Leached, 1994). 순환적 질문은 문제에 대한 설명을 전개하고 개인, 생각, 신조 그리고 사건간 관계성을 확인하는 것에 목표를 둔다. 가족기능의 인지, 감정, 행동 영역을 변화시키기 위해 사용되어질 수 있다. 순환적 질문은 제시된 문제와 관련된 가족의 역할을 사정하는데 유용하다. 각 사람들에게 무엇이 누구에게 말해졌는지를 포함하여 문제의 정의와 관련된 질문이 주어진다.

순환적 질문의 예는 아래와 같은 질문을 포함한다:

- Melisa가 당신에게 화가 났다고 말했을 때 당신은 어떻게 반응하셨나요?
- 아이들에게 남편이 고함을 지르면 당신은 어떤 기분이 드시나요?

전략적인 질문은 사회복지사의 상황에 대한 사정에 기초한 변화에 방향지어져 있다. 전략적 질문을 하는 의도는 행동을 바로잡는 것이다. 이 같은 질문은 가족내 패턴에 도전하거나 대면한다. 전략적 질문의 예는 다음과 같다.

- 당신이 그 사람 방식으로 노력해보실 수 있습니까?
- 당신의 생각을 언제 그 사람에게 얘기하시려고 합니까?

반향적 질문은 클라이언트가 자기-관찰자가 되도록 질문한다. 반향적 질문은 사회복지사가 아닌 클라이언트의 노력에 따라 변화한다는 신념에 기초하고 있다. 반향적 질문의 예는 아래다.

- 새로운 직업을 얻기 위한 당신의 계획은 무엇입니까?
- 학교 성적을 올리기 위해 당신이 할 수 있는 것은 무엇이라고 생각하십니까?

(6) 초점질문

상담하는 동안 가족사회복지사는 종종 클라이언트가 구체적인 토픽에 초점을 맞추도록 도와 줄 필요가 있다. 그들은 너무나 많은 문제에 압도되어 무엇이 그들을 어렵게 하는지 분간조차 못할 수가 있다. 자신의 문제를 확인하기 위해 모호한 언어를 사용한다던가 그 구체적 상황에서 무엇이 그들을 어렵게 만드는지를 설명하지 못할 수도 있다. 따라서 초점질문은 문제를 확인하고, 우선 순위를 정하며 목표를 설정하도록 클라이언트를 돕는다.

우선순위를 정하지 않고 문제를 확인하는 한 가지 예로, 초년생 어머니가 "아무 것도 제대로 되는 것이 없어요. 아기는 울고, 한 밤중에 깨어서 나는 몹시 지쳤어요. 직장도 못나갔어요." 라고 말한다. 이 어머니에게 초점을 맞추도록 돕기 위해서 사회복지사는 그녀가 문제에 우선순위를 두도록 고안된 질문을 해야한다. 예를 들어, 사회복지사는 "당신을 괴롭히는 것이 여러 가지가 있으시군요. 그 중에서 가장 먼저 얘기하고 싶은 것은 어느 것인가요?" 라고 말할 수 있다. 클라이언트가 어디서부터 시작해야 할지 모르는 것같이 보이면 "아기가 우는 것에 관해 전에도 몇 번 말씀하셨습니다. 지금 그것에 대해 얘기하고 싶은가요?" 라고 물을 수 있다.

다른 예로는, 한 소년의 아버지가 사회복지사에게 "내 아들이 하는 일은 모두 틀렸어요. 한 가지도 제대로 하는 것이 없어요. 시키는 대로 하지 않아요. 화를 나게 만들어요" 라고 말한다. 이 상황에서 초점질문을 함으로서, 구체적인 걱정을 분리시켜 내도록 돕는 한 가지 방법으로 아버지가 힘들어하는 구체적인 시간과 상황 혹은 행동을 분명히 하도록 도울 수 있다. "당신을 화나게 하는 행동에 대해 구체적으로 한 가지만 예로 들어주시겠습니까?" 와 같은 질문은 아버지와 사회복지사 모두에게 문제의 구체적인 영역을 확인할 수 있도록 도울 수 있다. 이와 같은 영역이 확인되면 두 사람은 그 상황이 얼마나 심각하며 그것을 해결하기 위해 어떤 행동을 취해야 하는지 결정할 수 있게 된다.

다음은, 가족과 함께 구체적인 토픽에 대해 초점을 맞출 것을 결정할 때 기준이 될 수 있는 내용이다.

① 심각성 혹은 응급성

이 주제는 그것이 일으키는 곤란함 그리고/혹은 그 빈도 때문에 즉각적으로 관심을 가질 필요가 있나?

② 중요성

이 문제는 클라이언트와 논의하여 행동을 취해야 할 정도로 중요한가?

③ 시간성

현재 사용 가능한 자원으로 조절될 수 있는 문제인가?

④ 복잡성

이 어려움을 더 작고 혹은 복합적인 문제를 관리할 수 있는 작은 조각으로 나눌 수 있는가? 관리가 가능한 부분으로 나눌 수 있는가?

⑤ 성공에 대한 희망

이 문제가 초점을 가지면 성공적으로 관리될 수 있을까? 그렇지 않다면 이 시점이 시작해야 할 바른 시점인가?

⑥ 일반화 효과

만약 이 문제를 해결한다면 가족생활의 또 다른 부분에도 이후 영향을 미칠 수 있는 가?

⑦ 통제

이 문제의 해결방법이 가족 스스로의 통제 아래 있는가? 더 효과적으로 통제하기 위해 가족은 어떤 노력을 해야 하거나 다른 사람에게 영향을 미치기 위하여 행동을 취해야 하는가?

⑧ 기꺼움

가족은 이 주제에 대해 기꺼이(willingness) 논의하려 하는가?

특히 클라이언트가 혼돈 되거나 압도당했다고 느끼는 것 같으면 사회복지사와 가족 편에서 초점을 맞추는 노력을 해야한다. 토론이 중심 토픽에서 벗어나면 사회복지사는 토론과정에서 자신이 관찰한 점을 제시할 수 있다: "당신은 자신의 어릴 적 얘기를 하고 싶지 않으신 것 같군요. 이 토픽이 왜 당신에게는 논의하기 어려운지를 탐색해 볼 수 있겠습니까?"

3) 조사하기와 자극하기

조사하는 것은 부가적인 정보를 얻는데 유용하다. 특히 사회복지사가 가족원의 걱정과 기분을 이해하는데 있어서 정보가 불충분할 경우 더욱 필요하다. 조사하는 것은 클라이언트가 스트레스를 받고 있을 때 이용 가능한 자원을 확인할 수 있도록 돕는다. 예를 들어, 장애아동의 부모는 지지와 안도를 위해 오직 서로만 의지하고 있을 수 있다. 조사 질문은 지지를 위해 대가족, 친구, 이웃 그리고 유예적 보호기관(respite care agency)과 같은 대안적인 자원을 알 수 있게 해 줄 수도 있다. 사회복지사는 "당신 가족 중 당신을 도와주실 분이 계신가요?" 라고 묻거나 "전에 당신이 어머니께서 주말에는 가끔씩 도와주실 수 있다고 얘기했었습니다." 라고 언급한다. 조사 질문은 클라이언트가 지나치게 빨리 버렸거나 전혀 고려하지 않았던 대안들을 살펴 볼 수 있도록 돕는다.

자극을 주고, 계속 행동하도록 격려하고, 새로운 행동을 가르치거나, 마지못해 하는 행동도 노력하도록 클라이언트를 격려한다. 예를 들어, 가족사회복지사는 어머니가 제 위치에서 일할 수 있도록 계획했으나 그 계획을 시작하기 위해서는 격려의 내용이 들어있는 집단활동을 수행하도록 제안할 수 있다. 클라이언트가 새로운 어떤 것을 해보도록 자극하는 것은, 그의 능력에 대한 신뢰를 전달하고 새로운 행동을 위해 기꺼이 노력할 것인지를 사회복지사가 사정할 수 있도록 돕는다.

5. 부모기술 사정하기

사회복지사는 특히, 아동이 위험에 처해 있을 때 부모기술을 사정하기 위해 필요하다. 다음 기준이 부모기술을 사정할 때 사용할 수 있는 것들이다 (Steinhauer, 1991).

① 애착정도

애착은 신뢰, 자존감, 미래의 친밀한 관계를 발전시킬 수 있는 능력형성을 위해서 필요하다. 아동은 부모와 기본적으로 애착관계를 가져야 한다. 부모는 아동의 욕구를 잘 인지하고 적절히 반응해야 한다. 미성숙과 자기-열중(self-absorption)같은 개인적인 문제를 가진 부모는 자녀의 욕구를 정확하게 이해할 수 없게 된다. 부가적으로 부모-자녀관계는 밀착되어서도 소원해서도 안 된다.

② 가치의 전달

부모는 자녀에게 옳고 그른 것을 가르칠 책임이 있다. 가르침과 모델을 통해 자녀는 타인의 권리와 그들의 충동을 통제하는 것을 배운다. 도덕성은 다른 문화에 대한 존경심을 유지하면서 더 큰 문화에 합치할 수 있어야 한다.

③ 거부의 부재, 명백하거나 은밀함

은밀한 거부는 확인이 어렵지만 방치와 학대는 거부의 명백한 예다. 은밀한 거부는 포착하기 힘들거나 눈에 보이는 정서적 학대를 포함한다.

④ 보호의 연속성

부모-자녀 사이의 계속적인 관계유지는 필수적이고 보호도 아동의 발달 욕구와 일치해야 한다.

간혹 법정 혹은 양육권을 맡은 변호사가 사회복지사에게 부모들의 아동양육능력을 사정해 줄 것을 요청한다. 또 다른 경우에는 아동이 가족 내에 머무르는 것이 안전한지 혹은 일시적으로라도 아동을 위탁부모에게로 옮겨야 하는지를 결정해야 한다. 이와 같은 결정을 내린다는 것은 엄청나게 어려운 일이다.

부모의 능력을 사정함에 있어 가족사회복지사는 부모-자녀관계의 역사적 배경 뿐 아니라 아동발달도 살펴 볼 필요가 있다. 때로 사회복지사는 아동발달 전문가 혹은 부모와 아동의 정신과적 능력에 대한 진단을 전문가에게 자문해야 할 필요가 있다. 그러나 사정을 위한 출발점은 시간을 통해 생겨난 부모-자녀간 관계의 질에 대한 결정을 내리는 것이다.

1) 아동발달의 사정

인지, 정서, 신체 그리고 사회 능력을 포함한 아동발달에 대한 정보가 사정에 포함되어야 한다. 사회복지사는 그들 관찰을 보조할 수 있도록 정상적인 아동발달에 대해 지식을 갖고 있어야 한다. Steinhauer(1991)에 따르면 아동사정은 아래와 같은 토픽에 대한 정보를 포함한다.

- 인지, 행동, 정서 혹은 학술적 기능 영역에서의 행동
- 아동에 대한 부모태도
- 분리와 부모학대 배경을 포함하여 부모-자녀관계에 속하는 애착문제
- 물질장애 혹은 반사회적/범죄 행동과 관련된 증거를 포함한 정신적, 사회적 무능력 관련 배경
- 사회복지 체계와 기관과의 연루를 포함한 역사적 배경
- 학대 혹은 방치 영역에서 아동의 안전(정서적, 신체적 혹은 성적)에 대한 위험사정
- 발달단계 달성
- 의료적/신체적 과거력
- 아동에 대한 부모의 태도와 현재 혹은 과거 부모거부 혹은 적개심의 흔적;
- 위에서 언급한 것과 관련된 외부자원으로부터의 확실한 증거
- 학교와 친구관계에 대한 과거력

❖ 아동사정

자신이 알고있는 한 아동을 택하여 그 아동에 대해 사정한다.

2) 부모-자녀관계

가족사회복지사는 부모-자녀 상호작용에 대해 세부적으로 관찰할 필요가 있

다. 관찰은 반복적이어야 하며 긴 시간을 요한다. 정상적이고 나이-적절한 자료인가를 의식하면서 부모-자녀가 서로 어떻게 관계하는지를 관찰해야 한다. 또한 부모의 훈육방식과 경계-설정방식도 관찰하여야 한다. 아동은 어쩌면 그들 의견을 놀이를 통해 간접적으로 표현할 수도 있다. 관계에 대한 문제에 덧붙여 예를 들어, 아동은 적절한 영양, 의복, 주거 및 지도감독의 욕구가 충족되고 있는지 그리고 적절한 사회적, 지적 자극을 받고 있는지를 사정해야 한다. 더 나아가서 사회복지사는 필요시 아동과 부모의 심리적인 면 혹은 입원사정과 같은 것을 위해 이들을 다른 전문가들에게 의뢰할 수도 있다.

경험을 통해 사회복지사는 부모능력에는 3가지 수준이 있다는 것을 발견했다(Steinheuer, 1991). 기능을 잘하는 최상의 수준의 부모의 경우, 자녀들은 정상적으로 발달하고 도움이 필요할 경우 부모 스스로의 요청하여 이루어진다. 오래 지속되거나 만성적인 문제이기보다는 일시적인 결과로 아동발달에 손상을 입은 경우가 두 번째 수준이다. 이 수준에 있는 부모들은 만성적으로 정서적, 사회적으로 무능력하지 않으며 보조가 주어졌을 때 협조적이다. 이 유형의 부모는 문제가 발생한 것에 대해 자신의 책임을 수용하고, 그 문제를 다루어 나가는 일을 기꺼이 한다. 세 번째 수준의 집단은 아동발달에 있어 심각한 손상을 보인다. 가족문제는 만성적이고 부모-능력의 부족이 오랫동안 지속되어진 것같이 보인다. 아동은 생활 중 한 가지 혹은 다양한 영역에서 심각한 장애를 보인다. 부모도 사회적으로 혹은 정서적으로 장애가 있고 사회복지기관에서 도움을 받은 역사적 배경을 갖고 있다. 부모들은 비협조적이고 문제와 관련한 그들 역할에 대한 책임을 수용하지 않는다.

6. 목표를 설정하는 것

주된 문제가 확인되면 다음 단계는 목표를 설정하는 것이다. 가족의 믿음과 관심과 일치하면서 분명하고, 구체적이며, 확실하고 측정 가능한 목표가 계약서 상에 항목으로 명시되어야 한다. 목표는 가족에게 의미심장해야 하며, 가족의 다짐(commitment)과 자원에 따라 달성가능하고 현실적인 것으로 결정해야 한다. 목표를 달성할 적절한 시간이 주어지고 평가할 날짜가 정해져야 한다. 사용하게 될 접근방법에 대해 분명하게 이해하는 것과 가족 그리고 사회복지사의 책임에 대해서도 그 계약에 포함되어야 한다. 이 때 사회복지사는 어떤 가족원은 개입에 지속적으로 저항할 수도 있으므로 가족세션에 정규적으로 출석하는 것이 중요하다는 것을 강조해야 한다(Nichols & Schwartz, 1998).

가족사회복지의 기본은 자기결정 즉, 그들이 무엇을 할 것인가를 결정할 권리와 책임을 가족들이 갖는다는 원칙이다. 목표로 정한 것을 달성하기 위해서 사회복지사와 가족사이에 바람직한 최종상태 즉, 가족들이 서로 어떻게 어울릴 것인가에 대한 설명이 있어야 한다(Bandler, Grinder, & Satir, 1976). 바람직한 상태에 도달하기 위해서는 계획된 상태에 도달하기 위한 자원 뿐 아니라 현 상태에 대해서 모두가 이해하고 있어야 한다. 가족은 그들이 중요하지 않다고 생각하는 목표를 수용하도록 조작하거나 강요되어서는 안 된다.

가족이 목표를 설정하도록 돕기 위해서 사회복지사는 아래의 과업을 달성할 필요가 있다:

1. 가족원은 위기상황에서 더 변화하기 쉽다는 것을 인식해야 한다.
2. 전체적이고 추상적인 목표로부터 구체적이고 실질적인 것으로 옮겨야 한다.
3. 분명하고, 구체적이며 측정 가능한 목표를 정한다.
4. 가족들이 우선적으로 달성하고 싶은 목표를 확인하도록 돕는다.
5. 행동변화에 관해 가족이 서로 협상할 수 있도록 돕는다.
6. 가족의 기술과 강점을 확인한다.
7. 가족으로부터 다짐을 받는다.

목표가 설정되면 작업은 초점과 목표로 진행된다. 사회복지사의 목표는 그 목표가 달성되었을 때 어떤 변화가 생겨날 것인지에 대해 분명하고 구체적인 용어로 진술하는 것이다. 다시 말해 목표는 가족이 달성하기를 원하는 것을 확인하는 것이다. 목표설정은 진행되고 계속적인 것이지만 목표설정을 위해 가장 좋은 시간은 문제가 확인되고 탐색된 직후이다. 사회복지사와 가족이 그 상황에 대해 충분하게 이해하기 전 까지는 목표를 설정하는 것은 시기상조다.

7. 계약하는 것

첫 만남부터 사회복지사와 가족은 그들이 무엇을 그리고 목표가 어떻게 달성되기를 원하는가에 대한 기대를 갖는다. 계약은 단기로 혹은 장기적으로 할 수 있다. 예를 들어, 장기적 계약은 학교 성적을 올리는 것과 같은 오랜 기간을 통해 생겨날 수 있는 결과에 초점을 맞추면서 단기적인 언어 및 서면계약은 가족이 위기를 극복할 수 있도록 도울 수 있다(Kinney, Haapa;a, & Booth, 1991). 계약은 성취하기를 희망하는 개입과 수단에 대한 목표를 구체화하는 세부 동의서이다. 계약은 구체적인 문제와 목표 그리고 그것을 제거할 전략에 대해 진술하고 참여자의 역할과 과업을 기술해야 한다.

계약서는 "목표로 삼은 문제, 목표와 개입전략, 참여자의 역할과 과업" 에 관한 분명한 동의이다(Maluccio & Marlow, 1975). 계약서는 문제를 해결하기 위해 어떤 것이 되어져야 하는지에 대해서 사회복지사가 가족에게 건의하면서 시작할 수 있다(Nichols & Schwartz, 1998). 급하게 만들어져서는 안되고, 최소한 상황을 사정하고 가족과 유대관계를 확립할 수 있을 정도로 여러 번의 상담을 거친 후 만들어야 한다.

계약하는 것은 언제, 어디서 만날 것이며, 얼마나 오랫동안 만날 것이며, 어떤 기록을 보관하고, 비밀보장과 관련된 규칙은 무엇이며, 상담에는 누가 참여할 것인가와 같은 절차상 중요한 세부사항을 포함해야 한다.

계약의 핵심은 가족과 사회복지사간의 지속적인 책임소재를 분명히 하는 것이다. 가족원은 서비스를 위한 수동적인 수혜자가 아니라 전 과정을 통해 능동적으로 역할하는 참여자라야 한다. Egan(1994)은 가족계약서의 4가지 기본내용에 대한 윤곽을 제시하고 있다.

1. 계약은 참여한 사람들 즉, 원조자와 가족에 의해 선포되는 것이 아니라 협상되는 것이다.
2. 계약은 참여한 모든 사람들에게 이해되어야 한다.
3. 계약에 대한 구두 혹은 서면상의 약속이 확보되어야 한다.
4. 계약은 작업의 과정으로 간주되어야 한다. 따라서 필요시 계약은 개정 되어야 한다.

가족사회복지사는 계약하는 것에 대한 논의를 시작하고 구조화하는 것에 대한 책임이 있다. 최초의 단계는 가족의 욕구와 제공될 수 있는 서비스간에 공통적인 부분을 분명히 하는 것이다. 시간에 대한 긴장은 가족과 사회복지사가 일할 수 있는 가용성을 제한시키기 때문에 반드시 고려되어야 한다. 첨가하여, 기관의 명령도 클라이언트 가족과 계약을 맺는데 또 다른 긴장이 될 수가 있다. 따라서 사회복지사는 자신의 능력과 기관의 능력과 자원을 능가하는 서비스를 제공하겠다는 계약을 해서는 안 된다.

이미 언급했듯이 계약은 가족사회사업의 역동적인 성격을 반영하면서 작업이 진전되어감에 따라 변화될 수 있다. 근본적으로 가족과 사회복지사는 매번 활동에 동의하고 그것에 대해 계약을 체결해야 한다. 작업이 진전될수록 계약은 점차로 복잡해 질 것이며 후에는 사회복지사와 가족의 관계문제가 제기된다.

계약은 클라이언트와 사회복지사가 서로에게 책임감을 갖도록 해 준다. 계약함으로서, 각자는 동의한 과업을 성취하기 위해서 적극적인 역할과 책임감을 갖고 협상한 목표를 향해 노력한다. 계약하는 것은 상호 호혜적인 의무이며 변화를 평가하기 위한 방법이다.

8. 요약

말하고 듣는 기본적인 대인관계기술은 가족사회복지실천을 포함한 인간 상호작용의 모든 면에서 초석이 된다. 효과적으로 말하고 듣기 위해서 사회복지사는 언어, 억양 그리고 신체언어를 기술적으로 사용해야 한다. 적극적인 경청은 사회복지사가 이해하려고 노력한다는 것을 보여줌으로써 존경심을 전달한다.

가족사회복지사는 건설적으로 각 세션을 수행하기 위해서 본 장에서 제시된 기본 원조기술(관찰, 경청, 질문하는 것, 조사하는 것과 자극하는 것)을 반드시 숙달해야 한다. 가족과의 상호작용은 단순한 일반적인 사회적인 교환을 넘어서야 하며 사회복지사는 임상적으로 언어적, 비언어적 의사소통에 익숙해야 한다.

관계형성은 가족사회사업의 목표를 달성하기 위해 확립되어야 한다. 목표를 확립하는 것은 그 목표를 개발하고 유지하는 작업을 하도록 해준다. 목표는, 사용할 방법과 마찬가지로 가족사회사업을 통해 가족이 달성하기를 희망하는 것들로 구체화되어야 한다. 평가는 다음과 같은 기준을 충족시켜야 한다. 측정가능하고, 적절한 시간 내에 이루어지고, 클라이언트의 가치와 능력과 일치하고 클라이언트 통제 아래 있어야 한다. 목표를 확립하기 위한 전략은, 의도를 분명히 하고, 구체적인 목표를 정하며, 적절한 기간 내에 달성할 수 있는 목표를 세우는 것이다.

계약하는 것은 사정단계 마지막에 이루어진다. 계약은 사회복지사와 가족 사이에 이러한 목표를 달성하기 위해 사용되어져야 할 관계와 수단에 대한 윤곽을 잡는 동의다. 계약은 구두로 혹은 서면으로 할 수 있으며, 작업 초기에 협상되어야 하지만, 달성해야 할 작업에 대한 이해 없이 진행되기 때문에 때로는 혼돈을 준다,

계약은 시간 제약과 기관의 강제 명령으로 제한적일 수 있다. 효과적인 계약은, 무엇을 달성해야 하고, 사회복지사와 클라이언트의 역할은 어떤 것이며, 언제, 어디서 만남이 이루어져야 하는 지와 같은 절차상 세부적인 것을 구체화할 수 있도록 해준다.

제 8 장

개입단계

사회복지사는 가족을 만나서, 그들의 욕구를 사정한 후에 개입을 시작한다. 가족사회사업은 합의된 목표를 달성하기 위해 가족사회복지사와 가족이 함께 해 나가는 협력관계이다. 가족사회복지의 역할은 가족을 지지하고, 교육하고, 구체적인 도움을 제공하는 것이다. 돕는 방법에는 가족들의 일상생활을 재구조화하도록 돕거나, 가족원들에게 좀 더 직접적이고 효과적으로 의사소통하는 방법에 대해 가르치거나, 클라이언트가 새로운 행동을 연습하도록 피드백을 주거나 격려하는 것을 포함한다.

1. 효과적인 개입을 위한 지침

변화는 항상 안정적인 과정이 아니다. 가족사회복지사가 가족에게 개입할 때 여러 가지로 방해를 받을 수 있다. 만약 가족사회복지사가 다음의 사항을 염두해 둔다면 개입은 좀 더 효과적이 될 것이다.

1. 가족의 욕구에 초점을 둔다.
2. 클라이언트의 자율성을 존중한다.
3. 의존을 조성하게 되는 것을 피한다.
4. 클라이언트의 저항을 재사정한다.
5. 전문적인 거리를 유지한다.
6. 적당한 기대를 갖도록 한다.

1) 가족의 욕구에 초점을 둔다

때때로 가족사회복지사에게 가족의 욕구에 초점을 둔다는 것이 어려울 수도 있다. 특히 보다 실제적으로 가족사회복지사의 일정이 그 가족의 일정과 맞지 않을 경우는 더욱 그렇다. 예를 들면, 가족사회복지사는 오후 4시에 가정방문하고, 그 일을 마친 후 5시에 퇴근하기를 원할 수도 있다. 하지만 클라이언트 가족은 부모가 하루의 일을 마치고 난 다음 일정한 휴식시간을 갖고, 아이들과 함께 시간을 보내기 위해 저녁 8시에 만나고 싶어할 수도 있다. 또는 가족사회복지사가 클라이언트의 행동이나 선택이 마음에 들지 않아 불편해하거나 그러한 것들이 자신의 믿음과는 위배되는 것일 수도 있다. 예를 들면, 어떤 클라이언트는 어머니와 함께 보다 안전한 장소에서 생활하는 것보다 실직상태에 있는 남자친구와 함께 우범지대에서 사는 것을 고집한다. 가족사회복지사는 그 클라이언트를 좀 더 안전한 위치에서 만나고 싶을 수도 있지만, 클라이언트의 입장에서는 자신의 어머니보다는 남자친구와 함께 지내는 것을 선호한다는 것을 인식해야 하는 것이다.

2) 클라이언트의 자율성을 존중한다

클라이언트는 자기 스스로 선택할 권리를 갖고 있다. 가족사회복지사의 역할은 클라이언트 스스로 결정을 내리도록 용기를 주고 지지하는 것이다. 가족사회복지사가 클라이언트를 위해 결정을 내리거나 이에 참견하는 것을 피하는 것은 생각보다 어려운 일이다. 특히, 만약 클라이언트의 선택이 위험하고, 학대의 관계를 떠나는 것을 거부하는 것과 같이 자신에 대해 파괴적이라면 더욱 그럴 것이다. 스스로 선택할 수 있도록 용기를 주어야 하는 이유는, 사람은 경험에서 배울 수 있고 자신의 삶을 통제하는 능력을 키우게 되기 때문이다. 한 가족사회복지사는 “우리가 지역사회의 자원을 활용할 수 있도록 클라이언트를 지지하고, 그들의 기술을 향상할 수 있도록 도울 때, 클라이언트는 점점 더 적절한 결정을 내릴 수 있게 되고 파괴적인 생활패턴에서 벗어나게 된다”고 말했다.

자기 스스로 결정을 하는 클라이언트의 권리를 인정하는데 있어서, 가족사회복지사는 클라이언트가 자신의 삶을 통제할 권리가 있는 독립된 개인이라는 것을 항상 기억해야만 한다. 가족사회복지사는 클라이언트의 행동을 책임질 수 없다. 또한 가족사회복지사는 자신의 개인 가치와 인생의 목표가 클라이언트와 다르다는 것을 구별해야 하며, 궁극의 목적은 클라이언트가 기술을 배울 수 있도록 돕는 것이라는 점을 항상 기억해야만 한다. 사실상, 효과적인 전문직은 클라이언트가 자기탐색과 자기지시를 할 수 있도록 돕는 것이다. 만약 가족사회복지사가 자신의 개인 욕구에서 클라이언트의 욕구를 분리하는데 문제가 생긴다면, 슈퍼바이저는 가족사회복지사가 자기탐색과정을 가질 수 있도록 도와야 할 것이다.

❖ 클라이언트에게 초점 맞추기

당신이 대하는데 어려움을 겪었던 특정한 사람에 대해 생각해 보시오(반드시 사회사업의 상황이 아닐 수도 있다). 이러한 사람과 라포를 형성하기 위해 당신이 할 수 있었던 일들을 적어보시오. 다음에, 당신이 자신보다 그 사람에게 초점을 맞출 수 있는 방법을 적어보시오.

3) 의존을 조성하게 하는 것을 피한다

가족사회복지사가 고려해야 하는 세 번째는 클라이언트의 독립심을 고취하는 것이다. 때때로 클라이언트는 사회복지사에게 의존해야만 하지만, 과도한 의존은 바람직하지 못하다. 스트레스와 위기기간 동안에, 클라이언트가 결정을 하고 행동하는데 있어서 가족사회복지사에게 의존하게 될 수도 있다. 예를 들면, 한 가족사회복지사는 우울한 클라이언트가 전문적인 상담을 받도록 도와주었다. 클라이언트는 적절한 치료자를 찾고 시간약속을 하는데 도움이 필요했다. 일반적으로 사회복지사는 정보를 제공하고, 클라이언트가 접촉을 시도하도록 돕는 것이지만, 이 경우에 있어서 사회복지사는 클라이언트의 요구에 따라 전화하고, 첫 번째 약속을 잡는 것까지 도와주었다.

일시적으로 의존하는 것은 있을 수 있지만, 가족사회복지사는 클라이언트가 필요치 않은 의존심이 생기는 것은 피해야 한다. 클라이언트의 독립심을 조장하는 것은 현존하는 능력을 강화하고 다른 능력을 발전시키도록 돕는 것이다. 클라이언트가 의존하도록 허용하는 가족사회복지사는, 클라이언트를 돕는 것보다 더 해를 끼치게 된다. 가족파티가 끝난 후에 클라이언트는 차량을 제공해 줄 것을 사회복지사에게 요청했다. 이런 경우 이는 위기상황은 아니며, 사회복지사는 자신의 전문적인 역할에 대해 적절하게 제한해야 한다. 이 때는 자신이 타고 갈 교통수단을 찾도록 돕고, 독립적인 대처기술을 발전시키도록 하는 것이 이 클라이언트를 위해서 더욱 가치 있는 일이 될 것이다. 가족사회복지사가 가족과 관계를 맺으면서 일하는 동안 의존의 양과 형태는 다양하다. 가족사회사업의 목적은 클라이언트가 자기 스스로를 믿을 수 있도록 하는 것이다. 마음속에 이 목표를 염두에 둔다면, 사회복지사는 어떤 정도의 의존이 적절하고 적절하지 않은 지 판단할 수 있을 것이다.

4) 클라이언트의 저항을 재사정한다

가족사회복지사를 위해 네 번째로 고려해야 할 사항은 가족사회사업의 과정에 클라이언트의 동기를 포함하는 것이다. 어떤 클라이언트는 프로그램에서 기대하는 것에 동기가 없어 보이기도 하고, 또는 중요한 또 다른 생의 목표에 대해서 열심히 노력하기도 한다. 때때로 사회복지사는 이런 행동을 저항이라고 이름 붙이기도 하지만 이것은 수행해야 하는 목표에 대해 가족사회복지사와 클라이언트간의 갈등 때문에 생겨나기도 한다. 클라이언트의 낮은 동기로 좌절감을 느낀 가족사회복지사는 종종 "이것이 클라이언트의 목표인가, 나의 목표인가, 기관의 목표인가"를 묻게된다. 아마도 이런 목적들은 문화적으로 받아들여지지 않는 것이거나 개인적으로 클라이언트에게 의미 있는 것일 것이다. 만약 그렇다면, 그리고 선택한 목적이 클라이언트에게 도움이 된다면, 가족사회복지사는 클라이언트에게 받아들여지는 현재의 방식대로 하려고 노력해야 할 것이다. 만약 이런 목적이 클라이언트에게 도움이 되지 않는다고 보이면, 그 기대는 버려야만 할 것이다.

저항은 클라이언트에게 가족사회복지사가 그 관계의 경계선 내에 과도하게 끼어들었다는 것을 의미하는 것일 수도 있다. 또한 저항은 현재 논의하고 있는 이슈가 클라이언트에게 중심적인 부분이라는 것을 의미할 수도 있다. 만약 가족이 목표를 세우는 과정에 어려움을 보인다면, 가족사회복지사는 장애가 되는 요인이 무엇인지 알아보는 노력을 해야 할 것이다. 목표를 세우는 데에 어려움이 따르는 것에는 아마도 두 가지 요인, 즉 자원과 기술이 부족 할 수 있다. 이런 문제를 극복하거나 벗어나도록 돕는다면 가족은 목적에 한 발 더 다가가게 될 것이다.

만약 가족이 아동학대로 인해 법원 명령에 따라 비자발적으로 프로그램에 참여하여 주어진 목표에 따르지 않는다면, 프로그램 정책과 법적 절차를 따라야 할 것이다. 그렇지 않고 만약 자발적으로 프로그램에 참여한 클라이언트가 부모모임에 참석하지 않으려고 한다면, 가족사회복지사는 이 가족에 대한 기대를 바꾸어야 할 것이다. 대신 가족사회복지사는 가족이 관심을 가질 만한 프로그램의 다른 측면에 초점을 두면서 클라이언트가 모임에 참여하도록 촉진할 수 있을 것이다.

5) 전문적인 거리를 유지한다

가족사회복지사가 다섯 번째로 고려해야 할 점은, 가족과 사회복지사간의 관계의 본질이다. 시간이 지나면서 관계는 변하게 될 것이다. 예를 들면, 가족사회복지사와 가족 간에 긍정적인 감정이 커가고, 경계선은 희미해지며, 관계가 개인적인 우정같이 되어가기 시작해서 가족사회복지사는 진심으로 가족에게 빠지고 돕는 것에 헌신하게 된다. 클라이언트에 대한 긍정적인 감정을 고려한다 해도, 우정과 혼돈해서는 안 된다. 가족사회복지사는 적절한 감정적인 거리를 유지해야 한다. 이렇게 거리를 유지하는 것은 여러 가지 이유에서 중요하다.

가족사회복지사는 가족이 독립적이고 효과적이 되도록 돕는데 객관적이고 목표 중심적이 될 필요가 있다. 가족원과 사회복지사간의 적절한 거리를 유지함으로써 가족은 사회복지사를 역할 모델로 삼고 행동의 변화를 추구할 수 있게 된다. 다른 수준에서, 가족과 전문적인 관계를 유지한다는 것은 가족사회복지사를 위한 자아보호의 형태이기도 하다. 가족의 삶은 감정적으로 너무 개입되어 있거나 가족의 문제를 해결하는데 개인적인 책임을 갖고 있는 가족사회복지사를 당황하게 만든다. 가족 간의 관계에서 명확한 경계선을 확립하는데 실패함으로써 사회복지사는 가족의 상황에 대해 고민하게 되고 감정적인 짐을 지게 된다. 가족이 어떻게 느끼는지 이해하는데 초점을 맞추는 것은, 가족사회복지사가 전문적이고 효과적으로 기능할 수 있도록 돕는다.

6) 적당한 기대를 갖도록 한다

가족사회복지사가 여섯 번째로 고려해야 할 점은, 가족이 스스로에 대해 능력이 있다고 느끼도록 돕는 것이다. 가족들은 프로그램의 목표와는 상관없이 더 나은 장소로 이사하는 문제에 대해 사회복지사와 상의하고 싶어할지도 모른다. 더욱이 가족은 더 이상 사회복지사를 만날 수 없다는 것에 공포감을 갖고 당황하게 될지도 모른다. 가족사회복지사는 가족의 강점을 긍정적으로 강화하고 격려하는데 초점을 두어야 한다. 그리고 가족과의 관계에서 명확한 한계가 있다는 것을 가족들이 인식할 수 있도록 도와야 한다. 가족사회복지사는 언제나 클라이언트에 대해 부정확한 감정이 생기는 것을 피해야 한다.

2. 개입기술

가족사회복지사는 클라이언트 가족이 새로운 인식을 갖고 궁극적으로는 새로운 행동을 연습하는 데에 도움이 될 수 있도록 다양한 기술을 사용한다. 이런 기술에는 예를 사용하기, 직면, 재구조화, 시연, 은유 사용하기, 계약하기 등이 있다.

1) 예를 사용하기

예들은 가족사회복지사가 가족에게 설명하고, 기술하고, 개념을 가르치는데 도움이 된다. 일반적으로, 예들은 가족의 삶의 경험에 맞는 것이어야 한다. 예들은 여러 가지 다른 목적으로 사용될 수 있다. 이렇게 예를 사용하는 것은, 가족들에게 어떤 확신을 갖게 하는데, 즉 자신의 가족뿐만 아니라 다른 사람들도 역시 같은 것을 시도했다는 것을 알게 됨으로써 안심하게 된다. 가족사회복지사는 자녀가 유치원에 다니기 시작하는 것에 대해 걱정하는 부모에게 이렇게 말할 수 있다. "많은 부모들이 이런 고민을 합니다. 다섯 명의 자녀를 둔 어떤 엄마는, 아이들이 유치원에 가기 시작할 때마다 다섯 아이 각기 다른 걱정을 하게 되었다고 얘기했습니다." 예들은 어려운 상황을 다루는 대안을 설명해 줄 수도 있다. 가족사회복지사는 부모에게 이렇게 말할 수 있다. "제가 다른 엄마와 비슷한 상황에 대해서 이야기를 나눈 것이 있었는데, 그 때 그 엄마는 아이가 오후에 낮잠을 잘 수 있도록 노력했다고 합니다. 당신의 상황이 그 때 그 엄마의 상황과 비슷하군요. 그 엄마의 결정이 당신에게도 도움이 될 것 같은데요?"

이렇게 예를 들어 설명하는 것은, 클라이언트에게 편치 않은 어떤 부분에 대해 보다 쉽게 느끼도록 도와줄 수도 있다. 가족사회복지사는 "아이를 배변훈련하기 이전에 화장실을 사용하는 방법에 대해 세 가지 다른 방법을 사용했던 한 엄마가 기억이 납니다. 그 엄마처럼, 당신도 두 번째나 세 번째 방법을 사용하게 될지도 모릅니다." 흥미 있는 예들은 문장의 형태보다 일반적으로 기억에 오래 남기 때문에 교육에 도움된다.

❖ 예를 사용하기

클라이언트에게 개념이나 연습을 설명하는 데에 도움이 될 수 있는 세 가지 예를 만들어 보시오. 파트너와 함께 클라이언트에게 이런 개념(예를 들면 타임아웃 사용하기)중 하나를 설명하는데 예의 사용을 연습해 보시오.

2) 직면

직면은 가족사회복지사에게 유용한 기술이다. 이는 클라이언트에게는 도움이 되기도 하지만 해가 되기도 해서 그 효과성은 현재까지도 꾸준히 논의되고 있다. 직면은 때때로 적대적이거나, 불쾌하거나, 품위를 떨어뜨리거나, 불안을 일으키는 것처럼 보인다(Brock & Barnard, 1992). 가족사회복지사는 잠재적으로 해가 될 수 있는 결과 때문에 직면 사용을 꺼려할 수도 있지만, 직면은 어떤 상황에서는 도움이 될 수도 있다. 직면의 수준은 주의 깊게 선택해야 한다. 이것은 언어적으로 사람을 치는 것이 아니라 클라이언트에게 변화를 가져올 수 있도록 해야 한다.

직면의 목적은 정보를 보여주어 클라이언트가 실패한 부분에 대해 확인함으로써 인식할 수 있게 하는 것이다. 이 때 사회복지사는 새로운 정보를 직면하게 되는 클라이언트가 불쾌하지 않게, 그리고 수용할 수 있도록 적절한 방법을 찾아야 한다. 직면을 사용하는 것에 대해 양가감정을 가진 가족사회복지사에게는 완전히 파악하여 사용하기 어려운 기술일 수 있지만, 클라이언트에게는 빠른 변화를 가져오게 하는 방법이다.

클라이언트에게 직면의 방법을 사용할 것인지, 않은지 결정하기에 앞서 직면의 목적을 우선 분명하게 하는 것이 필요하다. 직면을 사용하려는 것이, 사실은 가족사회복지사가 클라이언트의 속도에 맞추어 진행하는 것을 원하지 않기 때문에 참을성이 없어서 계획한 것인가? 아니면, 가족사회복지사가 직면을 즐기거나 또는 클라이언트에게 자기 개인의 가치를 부여하려는 것인가? 반대로, 가족사회복지사는 클라이언트의 감정에 맞추거나 변화를 창조하기 원하기 때문에 직면을 사용하는 것인가? 종종 직면은 다른 기술들이 실패한 다음에서야 사용하게 되기도 한다.

직면을 통해, 표현되지 않은 감정이나 생각들, 그리고 이슈들을 들어내놓게 하기 위해 사회복지사는 강인함이 요구된다. 가족사회복지사가 클라이언트에게 이러한 직면을 사용하지 않는다면, 가족원들은 계속해서 자기 파괴적이거나 다른 사람에게 해를 주는 행동을 하게 될 것이다. 적절하고, 적당한 방법으로 직면을 사용할 때 클라이언트는 도움을 받는다. Brock과 Barnard(1992)는 사회복지사의 목소리만으로도 잘된 직면인지 아니면 잘못된 직면인지 인식할 수 있다고 했다.

직면은 다른 노력을 통해서 변화되지 않는 클라이언트의 반복적인 문제행동에 적절하다. 예를 들면, 클라이언트가 가족 내에서 역기능을 일으키는 기본적인 이슈에 대해서 회피하려고 할 때 사회복지사는 가족원들의 자기 파괴적이거나 자기 패배적인 행동을 인식하도록 직면을 사용한다. 더 나아가 직면은 상담관계의 질에 영향을 줄 수 있다. 직면의 내용에는 상담하는 동안 조화롭지 않은 행동에 관한 내용도 포함한다. 즉, 자신의 책임을 인식하는데 실패하거나, 눈에 띄게 사고와 감정이 일치하지 않는 것, 그리고 말과 행동의 불일치, 현실에 대한 비현실적이고 왜곡된 인식 등이 그것이다.

직면은 클라이언트의 언어적이고 비언어적인 행동에서 일치하지 않는 부분을 지적해서 의식적으로 인지할 수 있도록 하는 것이다. 직면의 이런 기본적인 기능은, 해가 되는 행동을 발전시키는 평형상태를 깨뜨리게 된다. 직면이 실제적인 문제를 해결할 수는 없지만, 클라이언트는 직면을 통해 문제에 대해 무언가 작업을 할 수 있는 준비를 하게 되는 것이다.

직면은 클라이언트와 가족사회복지사 관계가 강하게 확립되어 있을 때, 가장 효과적이다. 일반적으로 관계가 강하면 강할수록, 직면은 더욱 효과적이라고 지적한다. 효과적인 직면의 긍정적인 결과는 클라이언트와 사회복지사간의 관계를 더욱 깊이 있게 한다. 가족사회복지사가 직면에 대한 클라이언트의 반응에 주의 깊은 경청과 감정이입의 기술을 사용한다면, 클라이언트는 자신에 대해 더 많은 통찰력을 갖게 되고, 결과적으로 변화를 위한 동기를 가질 수 있도록 돕게 될 것이다. 직면을 사용하는데 있어서 유의하여야 할 점은, 직면의 기술이 높은 감정적인 강도를 가지고 있기 때문에, 세션의 마지막에 사용해서는 안 된다는 것이다.

직면은 클라이언트가 현재 진행중인 이슈를 다루는 데 있어서 개인적이거나 사회적인 자원을 가지고 있는지 없는지에 따라 다양한 효과를 가진다. 잘 발달된 자아방어기제를 가진 클라이언트는 직면의 영향에 맞설 것이고, 가족사회복지사는 이런 자아방어기제를 인식해야 하고 그것을 논의해야 한다.

성공적인 직면은, 직면할 주제를 결정하는 것, 그리고 클라이언트가 그에 대해 반응하는 것의 두 단계로 나누어진다. 사회복지사는 퇴행이나, 가족사회복지사의 관찰에 대한 방어, 부정, 피드백에 대한 불신, 논쟁 또는 공모하려는 사람을 찾는 것과 같은 클라이언트가 사용할 수 있는 가능한 모든 반응에 대해 준비해두어야 한다.

다음 문장은 직면의 주제를 형성하는데 도움이 될 것이다.

"한편으로, 당신은—라고 말했고, 다른 한편으로는—라고 말했어요."

"저는 당신이 이렇게 한 것에 대해 놀랐어요(혼란스럽군요). 제가 이해할 수 있도록 도와줄 수 있나요?"

효과적인 직면은 사회복지사가 클라이언트의 말과 행동사이의 모순이나 불일치를 지적하는 것이다. 이런 모순을 나타내는데 있어서, 가족사회복지사는 판단을 하거나 평가하는 듯한 결론을 내리는 것은 피해야 한다. 직면을 한 후에 나타나는 감정 반응은 변화를 위한 동기로서 직면의 효과성을 증대시키게 될 것이다.

① 직면의 단계

• **1단계**: 클라이언트에게 넘기는 것

이 단계에서 가족사회복지사는 문제 행동을 무시해서도 안되며, 또한 약한 강도로 직면을 시도해서 초기에 클라이언트가 저항을 표시한다고 해서 물러나서도 안 된다. 가족사회복지사는 클라이언트가 싫어한다거나 공격받는다거나 하는 감정을 깊이 고려해야 한다. 동시에 사회복지사는 클라이언트에게 너무 깊이 관여하지 않도록 해야 할 것이다.

• **2단계**: 꾸짖음

사회복지사는 클라이언트가 부끄러워하거나 죄의식을 갖게 하여 행동을 변화하도록 유도한다. 가족사회복지사는 클라이언트가 자아통제감을 잃을 수도 있다는 위험을 감수해야 하며 적절한 행동에 대해서 클라이언트에게 알려줄 수도 있다.

• **3단계**: 비효과적인 행동을 설명

사회복지사는 클라이언트나 다른 사람에게 해가 되는 행동을 설명하고 이런 행동을 하는 이유를 확인한다. 가족사회복지사는 그것을 직면하는 것과 행동에 대해 자신이 책임을 진다는 것이 얼마나 힘든 것인지에 대한 메시지를 전달함으로서 감정이입하려고 노력해야 할 것이다. 그런데 여기서 이런 메시지는 직선적이어야 하며 훈계하는 것이 아니어야 한다.

• **4단계**: 행동에 대한 부정적인 결과를 확인

사회복지사는 클라이언트의 비효과적인 행동의 유형을 확인하고 감정을 확인한다. 또한 가족사회복지사는 계속되는 행동의 부정적인 결과로 일어날 수 있는 일에 대해 알 수 있게 도와주어야 한다 .

• **5단계**: 3단계와 4단계의 변화에 헌신하도록 권유

이 단계는 3단계와 4단계의 요소들을 합치는 것뿐만 아니라 클라이언트가 문제에 대한 책임을 수용하고 변화를 일으키도록 시도하는 것도 포함한다. 만약 클라이언트가 정직하게 사회복지사에게 동의한다면 변화는 일어날 것이다.

❖ 직면을 사용하기

직면이 유용한 개입이 될 수 있는 세가지 상황을 적어보시오. 파트너와 함께, 클라이언트에게 직면을 사용하는 것을 역할극으로 해보시오.

3) 재구조화

재구조화는 과거의 관계상황(일련의 규칙들)과 장소에서 새로운 관계상황(일련의 규칙)으로 어떤 상황을 옮기는 것이다(Becvar & Becvar, 1996). 재구조화에서, 긍정적인 해석은 문제행동과 반응에 따라 달라지게 된다(Satir & Baldwin, 1983). 만약 가족사회복지사가 재구조화가 이전의 해석보다 그럴만하고 더욱 정확하다고 가족에게 설득할 수 있다면, 이것은 성공한 것이다(Brock & Barnard, 1992). 문제를 더 긍정적으로 이해할 때, 새로운 반응이 일어난다.

사회복지사는 재구조화를 선별적으로 사용해야 한다. 모든 이슈가 재구조화되는 것은 아니다. 예를 들면, 성 학대의 경우 가해자의 감정을 보여주는 노력으로 결코 재구조화해서는 안 되는 것이다.

① 재구조화의 예

과잉행동 아동은 도전적이고, 적극적인 아동으로 재구조화 될 수 있다. 약에 의존하는 것 대신 부모는 과도한 에너지를 소진시킬수 있는 신체적인 활동을 계획해 보도록 하게 할 수 있다.

4) 시연

시연은 가족의 갈등을 외부에서가 아니라 지금-여기(here-and-now)로 가져오는 것이다. 시연은 가족사회복지사가 없는 동안 심각한 가족사건이 일어났을 때 사용할 수 있어서 유용하다. 그러므로 문제의 시나리오는 상담 과정을 거치면서 재창조된다. 시연하면서 가족원들은 가족사회복지사가 관찰하고 가족관계를 사정함에 있어서 어떻게 가족원이 자신의 이슈를 다루었는지를 보여준다.

5) 문제를 외면화하기

외면화는 사람에서 문제를 분리하는 것이다. 이러한 과정에서, 문제는 객관화한다. 그리고 클라이언트가 아니라 가족에게 문제를 극복할 좋은 기회를 주는 것이다 (White, 1986). 가족사회복지사는 문제를 겪으면서 어떤 영향을 받았는지, 그 문제가 각자에게 어떤 영향을 끼쳤는지 물어보는 것에서부터 개입을 시작한다. 가족원들이 문제를 외면화하여 보게 되었을 때, 관점은 보다 확대되고 해결방법에 더욱 다가가게 될 것이다 (Brock & Barnard, 1992).

① 문제를 외면화하는 것의 예

Brock과 Barbard(1992)는 문제의 외면화는 중독문제를 갖고 있는 가족의 경우에 더욱 효과적인 방법임을 제안했다. 여기에서 '알코올' 은 가족원이 함께 물리쳐야 하는 "적" 인 것이다.

6) 은유를 사용하기

은유는 "어떤 개체나 개념이 문자 그대로 나타내어 의미하는 것을 그것들 간에 비슷한 것이나 닮은 것으로 표현하는 것이다" (Satir & Baladwin, 1983, p244). 은유를 사용하게 되면 클라이언트가 추상적인 개념을 이해하는 데에 도움이 된다. 또한 보다 수용할 수 있는 방법으로 정보를 제공할 수 있으며, 가족들은 위협적인 상황에서 좀 더 거리를 둘 수 있게 된다.

① 은유를 사용하는 예

사회복지사는 모빌이 균형을 잡는 모습에 비교하면서, 어떻게 위기가 가족체계 내에서 안정화되는지를 이해시킬 수 있다.

7) 계약

앞 장에서 언급되었던 계약은 가족 구성원간의 계약을 포함할 수 있다. 계약에서 가장 잘 사용되는 두 가지 형태는 보상과 성실성이다(Jackson, 1972). 보상계약은, 가족원들이 서로 바람직하다고 생각하는 행동을 교환하는 데 동의하는 것이다. 예를 들면, 딸이 엄마가 얘기하지도 않았는데 설거지를 한다면, 이에 대해 딸은 운전과 친구에게 편지 쓰는 것을 할 수 있게 되는 것이다. 반대로 성실성계약은 다른 가족원의 행동에 따라 진행되는 것은 아니다. 계약조건을 만족하면 보상을 받는다. 예를 들어, 만약 아동이 주말동안 자신의 숙제를 다 해 놓으면, 주말저녁에 친구를 초대해서 놀 수 있게 된다. 두 가지 형태의 계약 모두에 있어서, 가족사회복지사는 가족원들이 가능한 한 명확하고 구체적인 계약 조건을 만들 수 있도록 도와야 한다.

3. 생태학적 개입

생태학적 개입의 형태는 가족 구성원들과 그 환경과의 관계를 생태도를 그리면서 사정하는 것에서 시작된다. 생태도는 계획된 변화를 위한 청사진이고, 행동을 결정하는데 있어서의 첫 번째 단계이다(Hartman & Laird, 1983). 생태도는 정보를 시각적으로 조직화할 뿐만 아니라, 변화하기 위한 가족의 주제와 목표의 윤곽을 그릴수도 있다. 가족은 생태도를 작성하는데 참여해야 한다. 가족사회복지사는 가족원들에게 "당신이 원하는 생태도는 어떤 것인가"라고 물을 수 있다. 생태체계에 기초하는 것은 문제를 개인적인 비난의 수준에서 벗어나게 할 수 있다. 즉, 생태학적 개입의 목표는, 가족사회복지사가 가족 클라이언트를 위해 어떻게 하는 것이 아니라, 가족원들 스스로 자신의 문제를 풀 수 있도록 가르치는 것이다(Kinney, Haapala, & Booth, 1991).

전통적으로, 사회복지사는 먼저 환경의 문제에 초점을 맞추어 왔다(Kaplan, 1986). 이것은 가족에게 있어서 덜 위협적인 이슈를 다루도록 하는데 도움이 된다. 생태학적 접근의 형태는 문제의 종류나 클라이언트의 기술 그리고 활용 가능한 자원에 따라 달라지게 된다. 예를 들면, 어떤 가족사회복지사는 정신건강 치료, 주택, 낮병원, 단순직의 직업, 교통, 법적인 서비스, 그리고 종교 프로그램 등은 클라이언트가 활용하는 데에 한계가 있으며 배치하는 데에도 어려움이 있다고 보고한바 있다(Goldstein, 1981). 다양한 프로그램에 속해 있는 사회복지사는 위기쉼터, 가정봉사 서비스, 그룹홈, 알코올 · 마약 치료 등 다양한 자원들을 적절하게 찾아 배치하는 데에는 어려움이 있다(Kohlert & Pecora, 1991). 따라서 사회복지사는 가족들이 공식적이거나 비공식적인 자원들을 동원할 수 있도록 도와야 한다. 때때로 가족들은 어디에 자원이 있는지 잘 알지 못할 수도 있다. 또 어떤 경우에는 가족원들이 자원이 어디에 있는지 정보를 알고 있기는 하지만 그것에 접근하는 기술이 부족한 경우도 있다. 이런 경우에 가족사회복지사는 가족이 자원을 얻을 수 있도록 도와주어야 한다(Helton & Jackson, 1997). 여기서 궁극적인 목적은, 클라이언트가 자신의 욕구를 어떻게 스스로 충족하는지 배우도록 돕는 데 있다.

Hepworth와 Larsen (1993)은 가족사회복지사가 가족을 위해 수행하는 생태학적 개입의 목록을 다음과 같이 정리하였다.

- 가정환경에 있어서 보충적인 자원
- 지지체계를 발전시키고 강화하기
- 클라이언트를 새로운 환경으로 옮기는 것
- 개인의 욕구에 따라 기관이 보다 반응할 수 있게 하는 것
- 기관과 제도 사이의 관계를 강화
- 제도적인 환경 향상
- 기관의 환경 강화
- 새로운 자원 개발

4. 위기 개입

가족사회복지사는 가족과 일을 할 때 많은 종류의 위기를 경험하게 된다. 때때로 위기는 가족에게 득이 되기도 한다. 때때로 가족사회복지사는 위기를 창조할 필요가 있기도 하고 어떤 때는 이것을 분산시키기도 한다(Brock & Barnard, 1992). 위기를 분산시키는데는 두 가지 방법이 있는데, 하나는 관계를 다각화하는 것이고 또 다른 하나는 과거의 비슷한 사건을 떠올려서 현재의 위기에 대처하도록 돕는 것이다. 관계를 다각화하는 방법은 가족사회복지사에게 주의를 기울이도록 감정이입의 진술문을 사용하는 것이다. 또한 가족사회복지사는 과거에 이런 위기를 극복하는데 사용했었던 기술을 이용해 대처할 수 있도록 도울 수 있다.

어떠한 상황에 불구하고, 사회복지사가 상담기간동안 침착함을 유지하는 것은 매우 중요하다. 위기상황에 처해있는 클라이언트에게는 직접적으로 접근하는 방법이 가장 좋다.

Gilland 와 James(1993)는 위기 개입을 위해 다음의 모델들을 소개했다.

1. 문제 확인
2. 클라이언트의 안전 고려
3. 지지 제공(때때로 지지는 다른 도움기관에 의뢰하는 형태일 수도 있음)
4. 대안 탐색(대안은 클라이언트의 강점에 기반해야 함)
5. 계획 세우기
6. 대안을 수행하는데 있어서 확신 갖기

가족사회사업의 목표가 항상 위기를 피하는 것은 아니다. 때때로 사회복지사는 만약 가족원들에게 부족한 면이 있거나 변화에 대한 동기가 결여되었다면, 특정한 상황에서 가족을 동요하게 하기 위해 위기를 야기하는 것이 필요할 수도 있다. 이렇게 하는 데에는 아동을 집에서 분리시키 등 여러 방법을 사용할 수 있다. 위기를 야기하는 다른 한 가지 방법은 가족 내에서 문제를 상세히 하는 것이다(Brock & Barnard, 1992; Minuchin, 1974). 가족사회복지사는 상담을 하면서 가족의 상호작용을 끌어내어 그 의미를 확대해야 한다. 다른 한편으로 사회복지사는 "가족 구성원의 감정은 특정한 사건에 연관되어 있고, 감정의 변화는 행동의 변화를 촉진시킨다"는 것을 믿고 변화를 위해 애쓸 필요가 있다(Brock & Barnard, 1992, p84).

5. 체계적 개입

체계적 개입은 개인보다는 가족을 하나의 단위로 보고 가족에 초점을 두는 것이다. 체계적 개입의 한 형태는 타협을 통해 자신들의 문제를 해결하도록 가족 구성원들을 가르치는 것이다. 사회복지사가 문제를 해결하기 위해 클라이언트를 가르치는 것은 촉진자로서 기능하는 것이다. 촉진자로서 그리고 자문가로서, 가족사회복지사는 가족원들이 외부의 도움에 의존하기보다 스스로 문제를 해결하는 방법을 발전시키도록 돕는다.

1) 어떻게 문제해결 기술을 가르치나

비조직적이고 기술이 부족한 가족은 적절하게 문제를 풀 수 있는 기술이 부족하다. 가족들은 가족사회복지사가 더 이상 개입하지 않게 되었을 때, 어떻게 예상치 않게 발생하는 문제를 다루고 그에 필요한 기술을 발전시키는지 배워야 할 것이다. 문제해결 과정은 다음의 7단계를 포함한다.

2) 문제해결기술의 단계

① 문제 정의

자연스럽게 해결되지 않을 때 문제는 발생한다. 문제를 정의하는 것은 어떻게 각 가족원들이 문제에 개입되어 있는지 분명히 하는 것을 포함한다.

② 목표 선택

목표를 선택하는 것은 각 가족원들이 무엇을 원하는 지 그 내용에 기초해야 한다.

③ 가능한 해결 만들기

브레인스토밍은 특정한 문제를 해결하는데 도움이 되는 여러 가지 방안에 대해 고려할 수 있도록 한다.

④ 가능한 결과의 긍정적이고 부정적인 측면을 고려

결과는 시간, 돈, 사람, 감정 그리고 사회적인 요소와 연관될 수 있다.

⑤ 행동 결정

결정은 제안한 해결을 기초로 한다. 그리고 당시에 가족을 위한 최선이 무엇인지를 결정하는 것이다. 가족의 우선순위와 가치는 우선 고려되어야 한다.

⑥ 계획 세우기

제안된 해결방법에 따라 행동으로 실행한다.

⑦ 평가

결과를 검토하고 어떤 목표가 충족되었는지 확인한다. 만약 해결전략에 문제가 있었다면, 3단계로 돌아가야 한다 .

문제해결기술을 가르치는 것은 가족이 자신의 즉각적인 문제를 푸는데 도움이 될 뿐만 아니라 미래의 관심을 다루는데 있어서도 도움이 된다. 문제해결기술을 가진 가족은 독립적이 되어가고 자신감을 갖게 된다.

클라이언트가 문제해결 과정을 배우는데 있어서 사회복지사는 전문가라기보다는 촉진자로서 기능하게 된다. 가족의 문제를 정의하고 해결을 제공하는 것보다, 가족사회복지사는 가족원들이 자신의 욕구와 목표를 확인하도록 돕는 것이 중요하다. 가족이 문제해결기술을 적용하는데 어려움을 느낄 때, 가족사회복지사는 과정을 단순화한다. 만약 가족이 어려운 상황을 모호하게 정의하였다면, 가족사회복지사는 문제를 확인하는데 있어서 더 적극적인 역할을 하게 될 수 있고, 점점 더 가족이 개입하도록 하게 할 수 있다. 궁극적인 목적은 가족이 책임감을 갖고 스스로 자신의 역량을 강화할 수 있도록 돕는 것이다.

문제를 풀어나감에 있어서, 가족사회복지사는 종종 그 문제에 대해서 가족보다는 더 많은 지식을 갖고 있을 수 있다. 이러한 측면에서 가족을 도울 수 있는 것이다. 다양한 정보를 가족들에게 제공하는 것이 촉진자로서의 철학에 위배되는 것은 아니다. 그리고 어떤 것을 결정함에 있어서 가족사회복지사는 가족들에게 때때로 무엇을 해야 할지 요청하거나 자신의 의견을 얘기하게 되기도 한다. 그러나 일반적으로 가족사회복지사의 역할은 가족이 결정하도록 격려하는 것이다. 클라이언트는 문제에 대처하고 결정하는 기술을 발전시키면서 더욱 독립적이 된다.

문제해결의 초기단계에서, 가족사회복지사가 가족을 더 많이 이끌어주는 것이 필요할 수도 있다. 그러나 과정을 진행하면서 가족사회복지사는 클라이언트에 대해 점점 덜 개입하게 된다. 한 기관은 가족이 변화하는 과정을 처음에는 "위해서 하는 것", 그리고 나서는 "함께 하는 것", 그리고 마지막으로는 "격려하는 것"이라고 표현했다.

3) 어떻게 의사소통기술을 가르치나

의사소통기술을 가르치는 것은 가족의 역기능적인 의사소통 때문에 문제를 효과적으로 해결하는 데에 방해가 되기 때문에 중요하다(Kaplan, 1986). 효과적인 문제해결과정에서의 가족원들간의 의사소통은 협동적이고, 직선적이고,

정직하며, 명확하다(Satir, 1967). 의사소통 유형을 살펴봄으로써 가족사회복지사는 어떻게 가족원들이 다른 사람들과 관계하는지, 어떻게 친근감을 표현하는지, 그리고 어떻게 정보를 전달하는지 알 수 있게 된다(Satir & Baldwin, 1983). 가족 내에서 의사소통을 향상시키는 것은 새로운 기술을 가르치는 것이다. 이런 기술들은 강의나 시연을 통해서 배우게 된다(Bodin, 1981).

역기능적인 의사소통 유형을 변화하기 위해서는 다음의 세 단계를 거치게 되는데, 먼저 가족원은 의사소통에 대해 논의해야 한다. 그 다음에 가족원들의 행동과 감정의 반응을 분석하고, 마지막으로 가족 상호작용과 이것이 가족관계에 미치는 영향을 살펴보아야 한다(Watzlawick, Beavin & Jackson, 1967).

메타의사소통은 "의사소통에 대한 의사소통" 이거나 "메시지에 대한 메시지" 라고 한다 (Satir, 1967). 메타의사소통은 특히 가족원들이 다른 사람이 얘기하는 것의 의미를 점검해 볼 수 있도록 하기 때문에 가족에게 적용하는데 유용하다. 가족들이 의사소통을 하면서, 다른 사람에게 주는 이면의 메시지를 발견하는데 시간을 할애하는 것은 쉽지 않다(Hepword & Larsen, 1993). 가족원간의 상호작용이 모두에게 아직 생생하게 남아있을 때 바로 그 시점에서(now-and-here) 의사소통에 대해 논의한다면 보다 효과적일 것이다. 메타의사소통은 가족사회복지사가 현재 진행되고 있는 가족의 상호작용에 주의를 기울이다가, 어느 순간에 의사소통 과정을 중지하고, 일어난 사건에 대해서 가족들의 논의를 이끌어야 한다. 목표는 가족이 역기능적인 형태에서 벗어나 더욱 건강한 형태의 의사소통을 하게 하는 것이다.

체계적 개입은 또한 가족 상호작용, 특히 의사소통의 강점과 약점에 초점을 둔다. 가족의 의사소통기술을 향상하기 위한 훈련은 적극적인 경청, 감정이입, 나 표현법 등이 있다.

① 경청과 감정이입

가족원들은 적극적인 경청이나 바꾸어 말하기, 그리고 말하는 사람이 말하고자 하는 메시지의 신호가 무엇인지 알도록 하기 위해 어떤 것을 배울 수 있다. 예를 들면, 아내는 남편에게 "늦게 들어오면서 전화 한 통 하지 않았기 때문에

난 지금 매우 화나 있어요" 라고 말할 수 있다. 적극적인 경청을 사용하는 남편은 "내가 늦을 거라고 미리 전화하지 않아서 당신은 매우 화가 났군" 이라고 말할 수 있다. 이야기한 사람(부인-발신자)과 논쟁을 하는 대신, 그 말을 들은 사람(남편-수신자)은 화가 났다는 메시지를 다시 부인에게 말하거나 또는 부인이 얘기한 것에 대해서 의사소통 할 수 있다. 만약에 이 때 남편이 부인이 한 이야기를 다시 이야기하는 데 정확하지 않은 점이 있다면, 남편은 부인의 메시지에 대해 피드백을 주거나 다시 명확하게 자신의 의사를 전달 할 수 있도록 기회를 주게된다. 이러한 경청은 얘기한 사람에 대한 감정이입 없이는 불가능하다. 이러한 측면에서 이를 감정이입의 의사소통이라고 한다.

② 나 표현법 사용

메시지를 의사소통하기 위해 나 표현법을 사용하는 것은 특히 가족갈등을 줄이는 데 효과적이다. 앞서 예시한 화가 난 부인은 "당신은 생각이 없는 바보로군요. 항상 귀가하는 시간이 늦고, 절대 전화를 하지 않는다구요!" 라고 말할 수 있다. 그러나 여기서 그녀는 이렇게 말하는 대신 나 표현법을 사용해서 남편의 행동에 대한 자신의 감정을 표현할 수도 있다. "나는 당신이 늦는다고 전화하지 않을 때, 당신의 안전이 염려되기 때문에 항상 화를 내게 되요" 라고 말할 수도 있다. 나 표현법을 사용하는데 있어서 일반적인 형태는 "나는~라고 느낀다(말하는 사람의 감정), 당신이~할 때 (가족원의 행동), 왜냐하면 (설명)" 으로 이루어진다.

가족중심, 가정중심의 개입 모델에서는 나 표현법을 사용하는데 다음과 같은 지침을 사용할 수 있다(Kinneym Haapala, & Boothm, 1991).

- 사람이 아니라, 행동을 기술하기
- 인과관계가 아니라, 관찰을 사용하기
- 판단이 아니라, 행동적인 기술을 사용하기
- '전혀' 나 '항상' 처럼 일반화하는 사용을 피하기
- 순간을 얘기하기

• 충고하는 것이 아니라 아이디어를 공유하기

위 예에서 만약 이야기를 듣는 사람(남편)이 감정이입을 하기 위해 적극적인 경청을 사용한다면, 말하는 사람(부인)은 "한 시간 이내로 늦는다면 나는 걱정하지 않을 거예요. 그런데 만약 한 시간 이상 늦는다면 내게 전화를 해 주었으면 해요"와 같이 해결방법을 제시할 수도 있게 된다. 듣는 사람은 상호간에 서로 동의할 수 있는 해결을 찾을 때가지 해결방법을 수정하거나 대안을 제시하게 된다. 가족사회복지사는 모델이 되거나 역할극을 통해 가족들에게 피드백을 주면서 가족들이 적극적인 경청과 나 표현방법을 배울 수 있게 한다.

가족사회복지사는 상호작용에서 의사소통을 할 때 부족한 것을 잘 관찰해야 한다. 예를 들면, 가족원은 너무 크게, 또는 조용하게, 빠르거나 느리게 말할 수도 있고, 단조로운 목소리로 얘기하거나 적대적으로 얘기할 수도 있다. 또한 가족사회복지사는 가족원들이 그들의 비언어적 의사소통을 발전시킬 수 있도록 관찰하게 된다. 예를 들면, 가족사회복지사는 가족 구원들이 편안한 자세로, 따뜻하게 미소짓는 얼굴 표정으로, 적절한 눈맞춤을 하면서 의사소통하는 것을 연습하도록 도울 수 있다.

❖ 의사소통 기술훈련

Caitlyn은 학교에서 문제가 있는 15세 소녀이다. 그녀의 오빠와 언니는 고등학교를 마치기 전에 집을 나갔다. 그녀의 오빠는 법적인 문제가 있었고, 그녀의 언니는 17세에 임신을 하고, 남자친구의 가족에게로 갔다. Caitlyn의 부모인 Bob과 Kerrie는 Caitlyn도 학교를 중도에 그만 두게되고, 가출하게 될 것을 염려했다. Caitlyn은 부모가 학교에서 잘 지내야 한다는 자신에게 압력을 준다고 느꼈다. 또한 Caitlyn은 수업에 낙제할까봐 고심했다. Caitlyn에게 몇 가지의 나 표현문을 작성하게 하여 부모와 자신의 느낌에 대해 의사소통하게 한다. 다른 세 명의 학생과 함께, Caitlyn의 부모와 역할극을 세션을 가져보자.

6. 밀착되거나 분리된 가족과 함께 일하기

Satir와 Baldwin(1983)은 클라이언트 가족에게 자신들의 관계에 대해 보다 구체적이고 시각적으로 알 수 있도록 "로프"라는 연습을 제안했다. 가족원 각자의 허리에는 짧은 끈을 매도록 하고 가족원들 간에는 좀 더 긴 끈으로 연결한다. 이 연습을 통해 가족들은 가족관계의 복잡성을 보다 쉽게 인식할 수 있게 된다. 이것은 가족이 관계와 경계선을 논의하는 시초가 될 수 있다.

1) 경계선을 확립하기

밀착된 가족을 다루는데 있어, 가족사회복지사는 가족원들간의 경계선을 강화하고 개인의 자율성을 증가시키도록 노력해야 한다(Nichols & Schwartz, 1998). 사회복지사는 가족원들 스스로 얘기할 수 있도록 격려한다. 한 사람이 얘기할 때, 가족사회복지사는 가족원 중 다른 사람이 끼어들지 못하도록 해야 한다.

같은 방법으로, 가족사회복지사는 가족들이 형제간에 또는 부모 하위체계간의 경계선을 명확히 하도록 도울 수 있다. 예를 들면, 성(性)이나 돈과 같은 주제는 아이들에게는 금기시하는 것처럼 되어있다. 이에 대해 이야기를 나누어야 한다면, 자녀들은 부모의 방해 없이 놀 수 있는 시간과 공간을 가질 수 있어야 한다.

분리된 가족은 상호작용을 회피한다. 그러므로 가족사회복지사는 갈등을 회피하려는 그들의 노력에 도전해야만 한다. 심지어 이런 접촉이 처음에는 갈등을 일으킨다 할지라도 가족원들은 서로간에 상호작용하는 것을 시작해야한다.

2) 역기능적인 가족동맹 다루기

역기능적인 가족동맹은 분리된 결혼관계, 밀착된 관계, 삼각구도 관계(종종 아동이 결혼관계의 삼각구도에 놓이게 된다)이거나 가족 외의 사람과의 부적절한 관계를 맺는 것을 의미한다(Hepworth & Larson, 1993). 개입은 문제의 관계를 개선하고, 미숙한 관계를 강화하고, 관계의 기능을 보강하거나, 밀착된 관계를 완화시킨다. 이런 목적을 수행하기 이전에, 가족은 먼저 이런 관계에 대해 기술하고, 이러한 관계가 가족에게 미치는 영향을 이해하고, 그것을 어떻게 변화시킬 것인지 결정할 수 있어야 한다. 이 때 가족원은 이런 문제를 드러내는 방법에 대해 논의하도록 격려 받아야 한다. 가족조각(2장에서 언급된)은 가족관계의 구조를 나타내는 다른 방법이다. 가족원들이 어떻게 그들의 관계가 구조화되었는지 인식한 후에, 그들은 그들이 무엇을 변화해야 하는지, 어떻게 변화해야 하는지, 변화가 만들어 내는 결과가 어떤 것인지에 대해 논의할 준비가 되어 있어야 한다.

부모동맹을 강화하는 것은 가족복지를 위해서 필요하고, 사회복지사는 부모역할에 동의하는 것을 협상함으로써 부모동맹을 강화하도록 노력해야 한다(Brock & Barnard, 1992). 가족사회복지사는 부모 각자에게 자녀와 관련된 특정한 문제를 어떻게 다룰지, 그 계획에 대해 물어볼 수 있다. 이러한 논의는 자녀가 없는 곳에서 이루어져야 하며, 일단 부모가 결론을 내리게 되면 자녀와 함께 그 결론을 행동화해야 한다.

3) 가족규칙과 함께 일하기

모든 가족은 행동을 통제하는 규칙을 가지고 있다. 어떤 가족은 규칙을 말하지 않기도 하지만 어떤 가족은 이를 명확하게 한다. 이 규칙에 대해 공개적으로 논의함으로써 그것을 바꿀 수 있게 된다. Satir는 가족규칙에 대해 다음과 같이 몇 가지 질문을 하였다. 현재의 규칙을 따를 수 있는가? 가족규칙은 현재의 상황에 맞는 것이며 앞으로 변화하는 상황에도 근접하는가? 규칙에서 남성과 여성의 역할은 무엇인가? 어떤 규칙이 정보를 공유하는 데에 장애가 되는가? 가족원들 각자가 자신이 느끼고, 보고, 듣고 하는 것에 대해 이야기하는 것과 관련된 규칙은 무엇인가?(Satir & Baldwin, 1983)

가족과 규칙을 논의하는데 있어서, 사회복지사는 가족이 그들의 규칙을 평가하도록 도와야 한다. 규칙이 명확하지 않을 때, 그들은 그것을 공개적으로 다룰 필요가 있다. 규칙이 시대에 뒤떨어지거나 공정하지 않다면, 사회복지사는 가족이 규칙을 유지할 것인지에 대한 결정을 내리도록 도와주어야 한다. 가족규칙의 한 예는, 가족원들 모두가 함께 저녁식사를 해야 한다는 것이다. 가족원들은 우선 이 규칙이 의미하는 것이 무엇인지 알아야 하고, 그런 이 후에 가족사회복지사와 그 규칙에 대해 논의하기 시작할 수 있게 된다. 사회복지사는 가족규칙이 포함하는 논의의 범위가 어디까지인지 생각해 보아야 한다.

7. 성인지적 개입

성인지적 개입은 문제해결과정에서 지시하는 것뿐만 아니라 지지와 교육하는 것도 포함한다. 이러한 접근방법은 다음의 사항에서 가족들을 도울수 있다.

- 고정화된 역할과 기대의 부정적인 결과의 인식과 변화
- 여성과 아동의 의존과 복종을 강화하는 요인을 피하기
- 여성이 긍정적인 자아 존중감을 세우도록 격려하고, 남성이 양육과 가사일에 적극적으로 참여하도록 격려하기

성인지적 시각의 개입은 전통적인 가족치료에서처럼 가족사회복지사의 중립성을 옹호하는 것은 아니다. 성인지적 가족사회사업은 가족사회복지사와 가족이 평등한 선에 있다고 보는 것이다. 가족원들은 스스로의 기술과 능력을 인식함으로 역량을 강화하게 된다. 이것은 가족사회복지에서 가족원들을 지지하는

것을 강조하는 것과 같은 맥락이다. 문제해결과 계약처럼 지지와 교육은 성에 민감한 실천에 있어서 중요 요소이다.

성인지적 접근을 사용할 때, 이런 지지적인 접근방법을 적용하는 것은 1990년대의 성 이슈에 대해 인식하도록 돕는다. 어린 소녀들이 성장하면서 자신의 가치, 역할 그리고 삶의 기대에 대해 받는 메시지는 소년들과는 다르다. 전통적인 치료는 이런 사회적인 맥락에서 여성권리의 문제를 다루는 것에 실패했다. 예를 들면, 전통적인 치료자는 여성의 우울증과 학대관계의 반응으로서 일어나는 분노에 대해 다룰 때 여성 자신의 상황을 변화하기보다는 상황에 적응하도록 지지한다. 가족사회복지사는 가족에 대해 이해해야 할 필요가 있는데, 특히 여성의 경우, 전통적인 정신분석모델에서 보다 현대사회의 맥락에 따라 이해해야 할 것이다. 가족사회복지사는 여성 자신의 문제와 다른 사람의 문제 사이의 차이에 대해 배울 수도 있다.

가족사회사업은 가족 내에서 가족이 정형화된 역할과 기대를 하는 것에 대한 부정적인 결과를 인식하고 변하게 하도록 돕는 것이다. 전통적인 치료자는 여성의 정신건강과 남성을 따로 사정했다. 건강한 여성은 좀 더 복종적이며, 덜 독립적이고, 쉽게 영향 받으며, 덜 경쟁적이고, 더 감정적이고, 외모에 더 신경을 쓸 것으로 생각한다. 상담에 있어서 방해요인은 무엇이 건강하고 정상인지에 대한 전통적인 지침이 남성의 기준이 되어왔다는 것이다.

성인지적 가족사회복지사는 여성과 아동이 의존적이고 복종적인 것을 장려하는 것을 피하고자 한다. 여성은 종종 자신의 욕구를 인식하려 하기보다는 양육하고 다른 사람을 지지해 주는 역할이라고 느낀다.

학대받아 왔던 여성을 위해서, 치료는 살아남기 위한 그들의 의지를 인식하는 것으로부터 시작한다. 사회적인 맥락에서 자신들의 문제를 비추어 보는 것은 여성의 자아존중감에 도움이 된다. 효과적인 가족사회사업은 여성이 자아존중감을 확립하고, 자기 스스로 자립하고, 그들의 삶에 대한 통제를 관리할 수 있게 되는 것이다. 클라이언트의 장점과 능력은 강조되어야 한다. 사실, 여성과 가족을 돕는 요소는 약점을 보는 것보다는 강점을 보는데 초점을 두는 것이다. 가족이나 부부개입에 있어서, 이것은 여자와 남자의 기술, 소망, 경험 등을 고려하는데 있어서 평등해야 한다는 것을 의미한다.

결혼관계에서 문제를 경험한 부부를 다루는데 있어서 성인지적인 가족사회복지사는 성공적인 결혼을 위한 두 가지 요소를 설명한다.

1. 좋은 결혼은 서로간의 헌신과 돌봄을 포함하는 지지적이고, 양육하는 관계를 요구한다. 이것은 결혼만족도를 위해 배우자가 친근감을 발전시키는 간접적인 방법이다.
2. 만족한 결혼은 또한 가사일을 하는데 있어서 도구적인 과업을 공평하게 나누는 것을 포함한다. 아동이 있을 때, 아동의 숙제나 치과약속, 아동과 놀아주는 것 등의 아동을 돌보는 행동에 있어서 부모과업을 동등하게 공유해야 한다. 양쪽 부모 모두 아동을 돌보는데 시간과 에너지를 들여야 한다는 것을 이해해야 한다.

1) 성인지적 개입에 있어서 문제해결

문제해결 접근은 성인지적 관점과 상호보완작용을 한다. 성인지적이라고 하는 것은 가족원들의 평등을 가정하고, 문제해결은 모든 성원들이 공통적인 가족문제에 참여하도록 격려한다. 무엇이 한 성원이 다른 사람에게 영향을 끼치도록 하는가. 상호 문제해결은 모든 가족원들이 받아들일 수 있는 해결방법을 타협할 수 있게 돕는다.

문제해결에 관하여 가족을 가르치는데 있어서, 가족사회복지사는 가족이 고려해야 할 점과 목표, 우선순위 정하기와 문제를 해결하는 계획을 발전시킨다. 문제해결은 클라이언트의 자아 존중감과 복지감을 증진시키기 위한 것이고, 이 모델을 사용하는 것은 자신의 욕구에 맞게 가족의 능력을 강화하려고 하는 것이다.

❖ 문제해결 접근

이전 연습에서 Johns가족의 기술을 염두해 두면서, 이런 가족을 위한 문제해결과정을 생각해 보시오.

8. 요약

가족사회사업의 개입기간동안, 가족사회복지사는 지지, 교육, 구체적인 도움을 제공한다. 효과적인 개입은 사회복지사가 가족의 욕구에 초점을 맞추고, 클라이언트의 위엄을 존중하고, 의존을 조장하는 것을 피하고, 클라이언트의 저항을 재사정하고, 전문적 거리를 유지하고, 적절한 기대를 갖도록 하는 것이 요구된다.

예를 사용하기, 직면, 재구조화, 시연, 은유사용하기, 계약과 같은 기술들이 특정한 개입 기술로 사회복지사에게 유용하다. 개입기술은 가족의 욕구에 맞게 선택되어야 한다.

가족사회복지사는 생태학적 개입이 필요할 때, 생태도를 사용하고, 재사정하는 단계를 필요로 하게 된다.

가족사회복지사는 위기를 경험하는 가족을 종종 만나게 된다. 가족사회복지사가 안정을 유지하고 진정되도록 도와야 한다.

체계적 개입은 가족사회복지사와 가족이 가족은 전체라는 것에 대해 생각하도록 도와준다. 체계적 개입은 특히 문제해결이나 의사소통 기술을 가족에게 가르칠 때 도움이 된다.

가족성원들은 밀착되거나 분리된 관계에서의 균형을 찾도록 해야 한다. 가족사회복지사는 이런 균형을 유지할 수 있는 규칙을 만드는 것을 도와줄 수 있다.

가족사회복지사는 가족에 대해 지지적이고 교육적인 역할에 있어서 성인지적이어야 할 필요가 있다. 성인지적 문제해결 중심적인 접근은 가족에게 효과적인 개입을 위해 동시에 이루어질 수 있다.

제 9 장

행동변화 촉진하기

가족사회복지사는 가족원 각자의 욕구를 사정하고 그것에 기반하여 목표를 설정하고 개입방법을 선택해야한다. 대부분의 가족에게 가장 유용한 개입 중 하나는 자녀의 문제행동을 수정하는 법을 부모에게 가르치는 것이다. 때로는 행동을 바꾸는 것이 행동의 근본적인 원인을 탐색하는 것 보다 더 중요하다. 처음에 문제가 어떻게 발생했는지는 이제 더 이상 중요하지 않기 때문이다(Kaplan, 1986). 또한, 가족은 일상사건의 스트레스와 위기에 대처하는 방법을 배우기 위해서 가족사회복지사의 도움이 필요하다.

1. 행동에 초점을 맞추는 것의 이점

행동개입은 가족발달단계에 대한 사정을 통해 이루어진다. 가족발달단계 마다 요구되는 상이한 문제들은 가족원이 이에 변화하고 적응하도록 한다. 행동개입은 지속적으로 재교육하는 것이며 자녀가 어릴 때 가장 효과적으로 실시할 수 있다(Tompson & Rudolph, 1992). 하지만, 개입의 기본전제는 가족생애주기의 후기단계에도 유용하게 적용된다. 재교육은 부모와 자녀의 긍정적인 관계를 발달시키고 사춘기와 같은 도전적인 발달단계를 잘 지낼 수 있도록 함으로서 가족의 관계를 더욱 강화한다.

행동에 초점을 맞춘 가족사회사업은 전통적인 가족치료에 비해서 몇 가지 이점을 갖고 있다. 가족사회사업의 행동개입은 부모에게 자녀와 함께 사용할 수 있는 실제적인 전략과 구조를 제공한다(Kilpatrick & Holland, 1995). 대조적으로 가족치료에서 상담시간에 배운 기법은 가족의 일상경험과는 무관한 것으로 보일지도 모른다(Gordon & Davidson, 1981).

행동개입에서는 행동이 사람들간의 상호작용에 의해 형성되고 유지된다는 것을 전제로 한다. 행동은 행동을 유지하는 반응을 바꿈으로써 변화될 수 있다. 왜냐하면, 부모는 아동을 둘러싼 환경의 많은 부분을 통제할 수 있고, 특히 아동이 어린 경우에 부모는 아동의 행동변화를 일으킬 수 있는 유리한 위치에 있다. 행동변화는 먼저 부모에게 일어나고 나중에 아동이 변화한다. 부모는 아동의 "치료자"가 되도록 훈련받는다. 행동에 개입할 때 가족사회복지사는 부모가 자녀의 행동에 직접적으로 또 즉각적으로 개입하도록 가르친다. 아동과 함께 살고 있는 부모는 안정적이고 지속적인 치료자원이다. 부모가 아동에게 일관성 있게 대하는 법을 배운다면 가족사회복지사가 없더라도 행동변화는 강화될 수 있다. 다양한 수준의 양육기술을 갖고 있는 부모는 기본적인 행동수정 원칙과 사회학습이론을 어떻게 사용하는 지 배울 수 있다.

2. 행동 기법의 적용

아동은 장소에 따라 다르게 행동한다. 이는 곧 성인의 행동에 따라, 즉 성인이 그 행동을 허용하는지 혹은 통제하는 지에 따라 아동이 다르게 행동함을 의미한다. 하지만, 공격성은 예외이다. 집에서 공격적인 아동은 또래에게도 공격적이기 쉽다. 이들은 습관적으로 문제행동유형을 발달시킬 위험을 갖고 있다.

아동의 주요한 문제행동, 즉 분노발작, 과다행동, 숙제기피, 야뇨증, 불복종, 비행, 공격성과 같은 문제에 행동기법은 매우 유용하다(Alexander & Parsons, 1973; Baum & Forehand, 1981; Foster, Prinz, & O' leary, 1983; Webster-Stratton & Hammond, 1990). 사회복지사는 아동을 신체적으로 학대하는 부모에게 부모역할기술과 자녀관리기술(Sandler, VanDercar & Milhoan, 1978, Wolfe, Sandler & Kafuler, 1981)을 가르쳐야 한다. 이 때, 행동치료는 매우 효과적이다(Denicola & Sandler, 1980; Issacs, 1982).

일반적으로 행동에 문제를 보이는 아동의 부모는 그렇지 않은 아동의 부모보다 부모역할기술의 수준이 낮다(Patterswon, DeBaryshe & Ramsay, 1989). 가족사회복지사가 부모를 도와 결핍된 기술을 극복할 수 있다고 보는 것은 매우 긍정적인 접근이다.

아동의 행동문제에 대한 개입은 주의 깊은 사정과 명확한 기법이 요구된다. 가족사회복지사는 자녀를 어떻게 이해해야하는 지, 어떻게 자녀에게 지속적으로 행동기술을 적용하는 지 등을 부모에게 가르친다.

새로운 기술을 가르치기 전에 가족사회복지사는 가족이 살고 있는 환경을 이해해야 한다. 환경은 부모가 새로운 기술은 배우고 그것을 유지하는데에 영향을 미친다. 특히, 빈곤가족은 다른 가족보다 많은 스트레스를 경험하는 데, 저소득가족은 지역사회자원, 경제자원, 인적 자원에 대한 접근성이 부족하다. 따라서, 이들은 사회의 주류에서 유리되어있다고 느끼며 공식적으로 도움을 제공하는 사람을 신뢰하기 어려워한다(Kaplan, 1986). 이들이 지역사회기관으로부터 도움을 받을 때 더욱 부정적인 경험을 하기 쉽다. 지지망과 물질적 자원이 부족하면 위기를 관리하는 데 필요한 자원이 부족하기 때문에 문제는 점점 커진다.

정보, 구체적인 자원, 정서적 지지가 모두 없는 경우도 있다. 아주 심각한 위험상황에 처해있는 가족들 중 많은 경우는 가족 외의 다른 사람들과의 접촉이 매우 제한적인 경향이 있다. 실직과 같은 힘든 사건은 가족이 일상적인 가족생활을 효과적으로 다루는 것을 어렵게 만듦으로써 이 가족의 일상생활을 지배하게 된다. 가족의 환경적인 결함을 다루기 전까지는 부모역할훈련은 효과적이지 않을 수도 있다.

가족에게 행동개입을 하는 것은 행동개입을 통해 가족의 어떤 행동을 유지할 수도 또는 소거할 수도 있다는 데 기반 한다. 보상은 자극과 그에 대한 반응을 강화한다. 이는 부정적 인 행동이 아닌 긍정적인 행동을 강화해야 함을 의미한다. 물질 강화물(장난감, 토큰)이나 사회적인 강화물(칭찬, 관심)이 사용된다.

잘 기능하지 못하는 가족에서도 긍정적, 부정적 강화기제가 사용되지만 이러한 강화기제가 잘못된 행동을 강화하기도 한다. 예를 들어, 공격적인 아동의 부모는 싸움하는 것을 그대로 내버려둔다(Patterson & Fleischman, 1979). 학대부모는 체벌과 같은 혐오스러운 행동통제방법에 지나치게 의존하는 경향이 있으며 일관되고 긍정적인 아동관리기술을 사용하지 못한다(Denicola & Sandler, 1980). 가족사회복지사가 부모와 자녀간의 상호작용을 매분마다 상세히 분석관찰하는 것은 행동수정과 아동학대의 위험성을 감소시키는 방법이 된다.

오레곤 사회학습센터에서 행동주의 가족치료에 관해 연구가 이루어졌다. 가족내 상호작용을 상세하게 분석관찰하고, 이에 기반하여 연구자는 반응이 상호작용을 가져오는 방법에 주목하였다. 사회학습이론은 순환적 인과관계와 유사하지만 선행사건과 그 결과를 더욱 분명하게 구분한다. 사회학습모델은 지금, 여기에 초점을 맞추며 과거에 대해서는 최소한만 고려한다.

반사회적 행동을 하는 아동의 가족에는 가족규칙이 거의 없다. 부모가 보이는 허용의 태도는 바로 아동의 공격적인 행동을 유발한다. 때리기나 고함지르기 같은 혐오스러운 부모의 행동반응은 아동의 순응적 행동을 감소시키고, 칭얼거림이나 분노발작 같은 행동을 증진시킨다. 반사회적 아동의 부모는 위압적인 아동행동에 대해 혐오스러운 반응을 보이기 쉽다. 따라서, 학대받은 아동은 그렇지 않은 아동에 비해서 더 많은 위압적인 행동을 보인다. 부정적 강화는 높은 강도의 부정적 반응을 가져온다. 예를 들어, 아동이 식료품가게에서 무언가를 요구하면서 분노발작을 일으키면 부모는 그것을 들어줌으로서 아동의 행동을 통제하게 되고, 아동은 그 이후로 자신이 원하는 것을 얻을 때까지 계속 소리를 지르게 되는 것이다.

3. 행동개입의 기본전제

행동개입에서는 개별 가족원의 심리내적인 면보다는 가족관계와 상호작용 유형에 초점을 맞춘다. 그렇지만 가족과 가족사회복지사의 관계는 매우 중요하다. 가족사회복지사는 적절한 사회적 행동의 모델이 되고, 긍정적 의사소통 기술을 가족원에게 가르쳐주고, 가족 상호작용형태로 지속적으로 사용되어 온 일련의 행동조건을 배우도록 한다(Kilpatrick & Holland, 1995). 아동에게 부모가 가장 좋은 치료자라는 전제는 부모의 행동이 계획적으로 변화하면 아동의 행동도 반드시 변화할 수 있기 때문이다.

행동문제는 계속되는 강화로 고정되고 점차 심해진다. 가족 안에서 발생하는 많은 강화는 의도한 것이 아니며, 가족원들은 본인들의 행동이 어떤 행동을 강화하고 유지하게 되는 지에 대해 알아차리지 못한다. 부모가 자신에 대해 인식하면서 아동의 행동에 관심을 갖고 주시하는 것은 어려운 일이다. 자기인식이 없으면 결과는 의도하지 않은 효과를 가져온다. 예를 들어, 어떤 상황에서는 야단맞는 것이 부모의 관심을 받는 것이 되기 때문에 야단을 맞음으로써 아동의 행동은 강화된다. 또, 어떤 경우에 부모는 바람직하지 못한 행동을 무시하거나 강화하여 아동의 행동을 소거하는 것이 어렵게 된다. 때로는 긍정적인 행동도 무시되거나 강화되지 않는 경우도 있다.

많은 부모들이 자녀에 대해서 부정적으로 대할 때 아동도 역시 부정적으로 행동하기 쉽다. 어떤 가족에게는 부정적인 행동이 순응적인 행동보다 더 많은 관심을 받고 긍정적인 행동은 적절한 관심을 받지 못한다. 행동개입은 순응적인 행동을 보상하는 법, 문제행동을 완전히 없애는 법을 부모에게 가르친다. 이상적으로, 부모나 아동의 긍정적인 행동변화는 나선형의 순환처럼 긍정적인 가족상호작용을 야기한다. 각 가족의 특정환경에 따라 적합하게 개입을 해야 한다. 개입목표는 긍정적인 행동변화를 통하여 보상적인 부모-자녀관계의 상호작용을 발달시키고, 강요와 혐오스러운 통제에 의지하는 것을 감소시키고, 효과적인 의사소통과 문제해결기술을 가르치는 것이다.

4. 행동변화의 원칙

행동을 변화시키는 기술은 가족사회복지사에게 필수적인 기술이다. 이 기술은 행동을 증진하는 법, 감소시키는 법, 유지하는 법, 새로운 행동을 가르치는 법에 대해 설명하는 행동수정과 사회학습이론의 원칙에 근거한다. 사회학습 접근방법은 가족에게 일련의 가족문제를 다루는 구조화된 방법을 제공한다. 가족사회복지사가 행동 접근에 숙련되어있다면 부모에게 많은 도움을 줄 수 있다.

행동수정의 기본원칙은 행동의 선행사건과 결과에 미치는 영향을 강조하는 것이다. 대체로 우리가 관심을 갖는 것은 행동의 결과, 특히 긍정적인 결과나 강화이지만, 가족을 둘러싼 환경의 영향에도 관심을 기울여야한다. 환경에 초점을 두는 것은 가정을 안전한 곳으로 만들면서도 어린 아동에게는 하나의 자극이 될 수 있도록 하는 것이다. 가족사회복지사는 부모나 형제들과 대화하는 동안 아동이 지루해 하지 않도록 하기 위해 장난감을 주거나 다른 활동을 하게 함으로써 아동의 환경을 긍정적으로 변화시킨다. 혼란스럽고 모순된 방향을 제시하는 부모보다 모호하지 않고 분명한 방향을 제시하는 부모에게 자녀는 협조한다.

행동은 결과에 따라 강화, 또는 소거된다. 긍정적으로 강화된 행동은 특정 행동이 반복되어 나타날 가능성을 증가시킨다. 아동이 숙제를 다 해왔을 때 칭찬이나 물질 등으로 보상하여 그 행동을 강화하면 다음에도 계속 숙제를 하려고 한다. 또, 행동을 처벌하는 것은 행동의 재발가능성을 줄여준다. 예를 들어, 장난감을 어질러놓아 부모에게 야단맞은 아동은 장난감을 정리할 수 도 있다. 그러나, 부모와 사회복지사는 긍정적인 영향력이 처벌보다 더 효과적이라는 것을 기억할 필요가 있다. "할 수 있을 때마다 긍적적인 강화를 사용하라" 는 법칙이다. 부정적인 강화는 혐오스러운 사건을 피하거나 탈출하는 수단으로 행동이 나타날 때 발생한다. 예를 들어, 아동은 부모가 싸우는 소리를 피해 가출하기도 한다.

부모가 긍정적인 영향을 주는 상황은 말하기나 걷기를 배우는 아동을 칭찬하거나 격려하는 것이다. 하지만, 아동의 행동이 점점 복잡해지고 문제가 됨에 따라 부모는 우호적인 관심이 필요한 행동과 무시해야하거나 처벌이 필요한 행동이 무엇인지 알아야 하며 이를 위해 도움이 필요하다. 부모는 기술이 부족하거나 좌절하여, 의도하지는 않지만 아동과 부정적인 상호작용을 하기도 하므로 불유쾌한 상호작용을 긍정적이고 즐거운 것으로 바꾸기 위해 도움이 필요한 것이다.

행동개입은 가족생활의 발달적, 체계적 관점에서 이루어진다. 강화를 효과적으로 사용하도록 부모를 가르치는 것에는 아동의 어떤 행동이 적절한가를 판단하는 법을 배우는 것을 포함한다. 가족사회복지사는 아동의 욕구 뿐 만 아니라 부모의 욕구에도 민감해야한다. 예를 들어, 가족사회복지사는 부모의 욕구와 부모의 양육능력을 방해하는 문제가 있음을 발견하기도 한다. 가족사회복지사는 함께 살고 있거나 부모역할을 하는 홀로 된 조모와 같은 가족의 하위체계에서 아동의 행동에 영향을 줄 수 있는 가능성에 대해 주의를 기울여야한다.

예를 들어, (간섭이 심한 할머니 같은) 물리적 환경 때문에 아동은 부모의 요구에 제대로 응하지 못하는 것은 아닌가?

행동개입을 효과적으로 하기 위해서 가족사회복지사는 행동관리 원칙을 이해해야한다. 본 장에서는 가족사회복지사가 행동관리 원칙을 완벽히 소화하고 이것을 새롭게 발전시키는 것과 이용 가능한 자원에 대해 잘 알 수 있도록 할 것이다. 예를 들어, 몇몇 뛰어난 부모역할프로그램은 부모가 아동의 문제를 잘 다룰 수 있도록 도와준다. 특히, 이런 프로그램은 장애아동의 부모나 아동학대, 방임의 사실이 있는 부모에게 더욱 중요하다.

5. 개입기법으로서 가르치기

가장 유용한 개입중의 하나는 가족에게 구체적인 기술을 가르치는 것이다. 한 연구에서 어떤 부모는 "행동을 다루는 법에 대한 여러 가지 방법을 배울 기회가 되었다"고 고마워했고 또 다른 부모는 "여러 가지 훈육방법을 시도해보면서 아동에게 어떻게 개입해야하는지 배웠다"(Coleman & Collins, 1997)고 한다.

가르치는 것은 반드시 가족사정에 근거해야 한다. 가르침의 단계는 다음과 같다.

- 클라이언트에게 기술습득의 정당성을 알려준다.
- 기술을 설명한다.
- 클라이언트가 기술을 연습해보도록 한다.
- 피드백을 준다(Brock & Barnard, 1992).

새로운 기술을 학습할 기회는 문제를 극복하는 방식으로 제공될 수 있다. 이전에 상담한 경험이 있는 클라이언트는 과거를 분석했던 것과 달리 현재를 중심으로 한 이러한 접근방식이 전혀 새로울 것이다(Kinney, Haapala & Booth,

1991).

부모역할기술을 가르치는 몇 가지 방법이 있다. 가족사회복지사는 클라이언트와 "정보를 공유"하며, 구체적인 행동의 "모델이 되고", "조건부관리(contingency management)"를 사용한다. 이것은 주로 긍정적인 행동은 보상하고, 단념시키고자 하는 행동은 무시하거나 처벌하는 방법을 부모에게 가르쳐주는 것이다(Kinney, Haapala & Booth, 1991).

새로운 기술을 배운 후 부모는 기술을 적용해볼 필요가 있다. 기술이 긍정적인 결과를 가져오므로 부모는 기술을 실천하기가 더욱 쉬워질 것이다. 부모는 기술사용에 대한 정당성, 특히 기술이 자신에게 어떤 이득이 되는 지를 알기 바란다. 가족이 기술을 배우고자 하는 동기를 갖게 되면, 가족사회복지사가 모델링이 되어서 기술을 연습하는 과정에서 그들이 무엇을 관찰했는 지 설명해보라고 한다. 기술은 일련의 복잡한 행동이기 때문에 가족사회복지사는 그 가족이 기술을 배울 수 있는 만큼씩 여러 번에 걸쳐, 그리고 한 번에 한가지씩 기술을 가르친다. 기술을 가르치고 설명할 기회는 가족이 생활하는 "어느 한 순간"에 나타난다. 가족사회복지사는 "가르칠만한 순간"을 포착할 수 있고 가르칠 순간을 도입하기 위해 위기나 다른 적절한 순간을 이용한다. 가르침의 마지막 단계는 가족이나 개인이 기술을 연습해보고 피드백을 받는 것이다. 이 단계에서 가족사회복지사는 조정이 필요한 부분에 대해 제안할 뿐만 아니라 긍정적인 코멘트도 주어야한다.

1) 정보 공유하기

부모를 가르치는 한 가지 방법은 정보를 공유하는 것이다. 예를 들어, 부모가 된지 얼마 되지 않은 사람을 위해 가족사회복지사는 부모가 양육을 순조롭게 수행할 수 있도록 돕기 위해 다음의 정보를 제공한다.

1. 부모는 자녀의 욕구와 리듬을 예견하고 적응하는 것을 배워야한다. 예를

들어, 잠자기 직전에 아동을 자극하는 것은 잠들기 어렵게 할 것이다. 마찬가지로 일반적으로 낮잠 자는 시간에 아기사진을 찍으려는 것은 바람직하지 않다.

2. 부모역할을 하는 것은 새로운 수준의 자기희생을 요구한다. 부모는 이전 생활방식은 아기가 태어나는 순간부터 영원히 바뀐다는 것을 인식해야한다. 각각의 아동발달단계에 따라 부모의 생활스타일은 변화된다.

3. 자녀를 양육하는 것은 관계에서 새로운 스트레스를 야기한다. 아이와의 관계가 밀접해짐에 따라 부부는 서로를 사랑하지 않고, 원하지 않고, 고립되고, 거부된다고 느낀다. 부부는 양육이 자신의 에너지와 성생활에 미치는 영향에 대해 서로 얘기하는 것을 배워야 한다. 그들은 좋은 부모가 되는 것에 대한 걱정거리를 자유롭게 얘기해야 할 것이다. 이 때 경제적인 어려움 또한 무시해서는 안 된다.

4. 새롭게 부모가 되는 어려움 중에서 어떤 문제는 금방 해결될 수 없는 것도 있다. 아기에게 우유를 먹이기 위해 하루 밤에 4번 깨는 것은 부모의 성적 욕구를 감소시킨다. 아기가 밤새도록 잘 잘 때까지 수면부족은 계속된다. 부모가 이러한 상황을 변화시킬 수는 없지만, 이렇게 힘든 상황에 대해 서로 이야기 나누는 것은 긴장을 감소시키는 데 도움이 된다.

5. 스트레스, 경제적 어려움, 수면부족은 갈등과 짜증스러움을 야기 시킨다. 자녀를 때리고싶은 생각도 들고 배우자를 남겨놓고 떠나고 싶은 생각이 난다. 부모가 되어 이러한 생각을 할 수도 있지만 생각을 행동으로 옮긴다면 문제가 될 것이다.

6. 부모는 자녀를 사랑하는 법을 배워야한다. 부모-자녀간의 결속은 저절로 생기는 것이 아니라 시간이 걸리고 의도적으로 만들어지는 것이다.

부모-자녀관계에서 중요한 것은 서로의 기질을 맞추는 것이다. 예를 들어, 조용하고 매사에 천천히 움직이는 부모는 활동적인 아이를 힘들어한다. 사랑은 기질의 차이에도 불구하고 생겨나지만 부모는 더 인내심을 가져야 한다.

7. 부모는 자녀와 즐겁게 보낼 시간을 따로 떼어놓아야 한다. 양육의 일상적 스트레스에 파묻혀서 자녀가 줄 수 있는 즐거움을 놓칠 수 있다. 즉, 부모는 아동양육의 스트레스에서 이완될 기회를 갖고, 자녀와 즐기는 시간과 자녀양육 시간사이에 균형을 맞추어야 한다.

8. 해결되지 않은 개인의 문제는 부모에게 부가적인 스트레스를 가져올 것이다. 계속되는 개인의 문제와 부부문제를 구분하는 것은 중요하다. 다른 문제에는 다르게 개입하는 것은 당연하다. 예를 들어, 아동기에 성적으로 학대받은 여성은 딸이 태어나거나 딸이 특정 나이가 될 때 갑작스럽게 과거 기억이 되살아날 수 도 있고 일시적으로 불안감을 갖게 될 수 있다. 이런 유형의 스트레스는 정신과의사의 도움이 필요하다.

9. 부모는 자녀에게 다양하고 자극이 되는 경험을 하도록 한다. 경험은 나이에 적합한 것이어야 하고 큰소리로 책을 읽거나 게임을 하거나 스케이트를 타는 것과 같은 부모-자녀간의 활동을 말한다.

10. 부모는 독립적으로 되고자하는 아동의 행동을 강화하여 아동의 긍정적인 주체성 발달을 도와야 한다. 아동기의 주요 발달 과업은 부모로부터 분리하는 것과 성숙을 향해 나아가는 것이다. 부모는 아동의 안전을 걱정하므로 독립을 향한 아동기의 투쟁을 다루기 어려워한다. 어떤 부모는 독립에 대한 시도를 거절의 표시로 간주하기도 한다. 또, 어떤 연구에서는 여자아이보다 남자아이에게 더 많은 자유를 허용한다고 하였다.

11. 초기 가족발달단계 동안에는 부모에 대한 요구는 감소하기보다 증가한다. 예를 들어, 둘째 아이를 갖는 것은 하나를 키우는 데 필요한 노력의 단지 2배가 아니라 부모의 책임감이 기하급수적으로 증가하는 것처럼 보인다.

12. 아동은 독립적이면서 동시에 의존적이다. 이것이 부모와 자녀 모두에게 혼란을 가져오는데, 혼란을 줄이기 위해 가족사회복지사는 상이한 단계에서 나타나는 의존욕구와 같은 아동발달에 대해 가족과 정보를 나누어야 한다.

13. 만약 부모가 모두 일을 하고 있다면 일과 가족의 요구사이에서 갈등을 겪을 지도 모른다. 예를 들어, 일하는 엄마는 남편, 확대가족, 이웃에게서 가족을 위해 일을 희생하라는 압력을 받을 수 있다. 하지만, 남성의 경우 이런 종류의 압력은 거의 받지 않는다.

2) 모델링

모델링은 가족원에게 구체적인 행동을 보여주기 위해 사용된다. 이 기법은 특히 가족원이 특정한 어떤 행동을 수행하는 것을 상상하지 못하고 그래서 시작하는 것을 어려워할 때 유용하다. 또, 모델링은 가족원이 행동을 취하는 데 필요한 기술이 부족할 때, 새로운 행동을 시도하는 것을 주저할 때 유용하다. 모델링에 적절한 상황으로는, 자녀를 돌보는데 배우자의 도움을 요청하는 것, 우는 아이를 편안하게 하는 법을 보여주는 것 등이다.

가족사회복지사는 부모를 위해 효과적인 행동모델이 될 수 있다. 다른 방법으로는, 비슷한 문제를 경험하거나 그러한 문제를 다루는 기술이 있는 또래와의 만날 수 있는 기회를 갖게 하거나 비디오테이프를 통해 모델을 제공하기도 한다. 5장에서 사회복지사가 가족과 함께 사용할 수 있는 의사소통기술에 대해 토론하였다. 모델링을 통하여 가족은 사회복지사의 의사소통스타일을 모방하고 가족내에서 실천해본다.

가족사회복지사는 클라이언트가 행동을 모델링 한 후에 모델링한 것을 이해하고 이를 실천하도록 클라이언트를 격려해야한다. 또, 필요하면 그것을 교정할 수 있도록 피드백을 제공할 수 있다. 이는 클라이언트의 행동을 강화하고 격려할 뿐만 아니라 클라이언트가 실수할 경우에도 교정할 기회를 제공한다.

❖ 모델링

모델링이 유용한 기법으로 사용될 수 있는 세 가지 상황을 만들어 보자. 이 중 한 가지를 선택하여 파트너와 연습해본다.

3) 조건부관리

행동주의 가족사회사업은 환경이나 강화를 바꾸면 행동도 변화한다는 것을 전제한다. 먼저 가족사회복지사는 자세하고 주의 깊게 문제를 사정하고, 변화가 일어나기 전에 얼마나 자주 문제행동이 발생하는 지 알아야한다. 또, 문제행동의 선행사건과 결과에 대해 정보를 수집한다. 문제는 구체적이고 관찰가능하고 측정할 수 있는 방식으로 규명되어야하고, 행동의 선행조건이나 결과를 바꾸기 위해 전략을 세워야한다. 변화정도를 알아보기 위해서 가족사회복지사는 개입전과 개입후의 문제행동 빈도를 측정해야한다. 다음의 내용은 행동변화를 이루기 위한 단계별 절차이다.

① 단계1 : 문제를 명확하게 규정한다

문제의 세 가지 측면에 대해 반드시 알아본다. 첫째, 가족사회복지사와 부모는 선행사건—행동이 발생하기 바로 전에 있었던 사건—을 찾아낸다. 둘째, 행동은 구체적이고 관찰가능하고 측정할 수 있는 용어로 설명되어야한다. 셋째, 가족사회복지사와 부모는 부모의 반응과 같이 행동을 강화하는 영향요인을 밝

혀내어야 한다.

가족원 모두는 행동을 촉진하거나 강화하는 일에 자신이 어떠한 역할을 했는지 이해하기 위하여 문제를 알아내는 데 참여하여야 한다. 첫 상담에서는 부모의 참여가 우선적으로 필요하다. 그러나, 처음에 아동이 함께 하는 것은 결정적인 정보를 알아내는 것을 방해할 수도 있다(Gorden & Davidson, 1981). 부모는 가족상황에 대해 따로 말하고 싶어하기도 한다. 부모가 지적하는 자녀의 행동이 바로 자신들의 모습을 학습한 행동이라고 다시 규명되고 이해될 때까지, 부모는 아동을 "나쁘다"라고 하거나 "문제"라고 말하기도 한다. 이것은 분명히 아동에게 해롭다.

행동을 이해하는 한가지 방법으로는 부모에게 자세하고 구체적으로 하루의 일상생활을 설명해보라고 하는 것이다. 이때 부모는 가족의 행동을 기록하기 위해 체크리스트나 챠트를 사용할 수 있다. 가족사회복지사는 부모-자녀의 상호작용을 관찰하기 위해 두 번째 만남에서는 아동을 참석하라고 할 수 있다. 기관에서 사정할 때, 어떤 기관은 사회복지사가 가족의 상호작용유형을 관찰하고 기록할 수 있도록 양방경(Two-way mirrors)이 있는 관찰실을 갖추고 있다.

부모는 일반적으로 문제행동은 쉽게 찾을 수 있지만 그 행동의 선행사건은 찾는데 어려움을 갖는다. 즉, 부모는 아동을 "나쁘다"고 말하지만, 문제행동이 발생하는 사건에 대해서는 구체적인 예를 제시할 수 없다. 그런 경우에 가족사회복지사는 부모가 구체적인 문제행동을 설명해보도록 돕는다. 예를 들어, 자녀가 분노발작을 일으킨다면 분노발작이 일어나는 동안 구체적으로 어떤 행동을 하는 지(예를 들어, 울거나 소리치거나 때리거나 물건을 던지거나 등), 분노발작이 얼마나 자주 일어나는지 등에 대해 질문한다. 즉, 행동은 빈도, 강도, 지속기간, 결과, 사회 환경 내에서 이해되어야 한다. 부모는 행동의 선행사건과 행동 그 자체와 행동의 결과를 분명히 설명해 주어야한다. 부모-자녀의 상호작용을 녹화하여 보여주는 것은 부모를 가르치는 데 유용하다.

② 단계2 : 행동을 관찰하고 측정한다

변화가 필요한 구체적인 행동목표를 분명하고 구체적으로 정한 후에 가족사회복지사는 행동의 빈도와 기간을 관찰하고 기록하는 방법을 정한다. 개입과정에 참여하는 모든 사람들은 개입전후의 개선정도를 알기 위해서 개입전 행동의 빈도를 알아야한다. 이 단계에서, 가족사회복지사는 행동의 선행사건이나 결과뿐 아니라 실제 발생한 행동을 기록하기 위하여 부모에게 체크리스트와 챠트, 질문지 등을 사용하도록 가르쳐준다. 다음의 그림 〈9-1〉이 한 예이다.

〈그림 9-1〉 행동챠트: 분노발작의 빈도

날짜	오전/오후	지속시간	코멘트

부모는 행동이 언제 발생하고 언제 "발생하지 않는 지"를 인식하기 위해서 훈련이 필요하다. 아동의 행동발생 전후에 부모자신의 행동을 주목해보도록 한다. — 즉 아동에게 긍정적 인 관심을 주었는지, 부정적인 관심을 주었는지 아동을 무시하였는지 등을 살펴보도록 한다. 궁극적으로 가족사회복지사는 아동이 보이는 행동이 부모행동에 대한 적절한 반응인지, 부적절한 반응인지를 확실히 알아야한다. 아동의 행동을 관찰하고 행동에 따르는 부수적인 반응을 주목하게 될 때 부모는 스스로에 대해 "자기인식"을 하게 되고 아동의 잘못된 행동에 대해 자신이 기여한 바를 이해하게 될 것이다.

가족사회복지사는 부모가 자녀의 문제행동을 강화한 방식에 대해 인식할 수 있도록 돕는다. 예를 들어, 부모는 아동의 공격 행동에 대해 아동을 때리기도 하는데, 이는 공격 행동의 모델링이 되기도 하며 아동에게 혼돈을 주기도 한다. 가정 밖에서 발생하는 사건이 아동의 문제행동을 강화시키기도 한다. 예를 들어, 또래친구가 학교를 빼먹자고 부추기기도 한다. 가정 밖에서 발생하는 사건에 대해서는 행동에 대해 일관성 있게 반응하는 것이 중요하므로 관련된 모든 사람들이 모여 회의를 하고 계획을 세운다. 가족개입의 초점은 부모-자녀 상호작용과정에 있다. 가족이 잘못한 것을 비판하기보다는 그 동안 이루어 온 노력을 인식하는 것이 보다 도움이 된다.

요약하면, 부모에게 다음 "3가지 항목"을 측정해보도록 한다(Gorden & Davidson, 1981).

1. 행동의 선행사건을 관찰하고 기술하기. 부모는 1주 동안 관찰하여 기록해야하는 데 정보수집단계동안 가족이 얻는 통찰력은 변화의 기동력이 된다.
2. 구체적이고 측정 가능한 말로 행동을 기술하기.
3. 행동의 결과—행동에 뒤따르는 구체적인 사건—를 명확히 하기.

③ 단계3 : 개입을 설계한다

개입이 바람직한 결과를 가져오는지를 알기 위해서 개입설계를 통해 계속 측정을 하여야 한다. 개입은 가족들이 실행할 수 있는 것이어야 하고 그 가족의 욕구를 충족시켜야한다. 가족사회복지사는 개입방법을 선택할 때 다음의 지침을 따라야 한다.

1. 가족이 가지고 있는 자원에 맞게 개입해야한다. 예를 들어, 물질적인 강화는 가족의 경제적 능력이 부족하면 사용할 수 없다.
2. 부부관계의 질을 사정한다. 부모가 한 팀으로 협력할 수 있는가?
3. 부모의 노력을 방해하는 우울증이나 물질남용과 같은 부모의 문제를 알아낸다.
4. 개입계획에 아동이 얼마나 협조할 수 있는 지 사정한다. 아동은 동기부여

> 가 되어야하고 계획을 이행할 수 있을 만큼 충분한 능력이 있어야 한다. 적절한 강화가 이루어지고 아동이 기대되는 행동을 할 발달적 능력을 가지고 있다면 어린 아동이라도 행동주의 접근으로 도움을 받을 수 있다. 가족사회복지사는 개입을 방해할 수 있는 "환경의 문제"(스트레스나 학습 문제)를 인식하여야 한다.(Gordon & Davidson, 1981)

가족사회복지사는 부모와 함께 증진되어야하는 행동과 감소되어야 하는 행동을 찾는다. 긍정적인 강화는 간헐적으로 발생하는 행동을 촉진시킨다. 아동은 선택된 강화물의 가치를 평가해야한다(어떤 강화물이 사용되어야 하는지를 부모가 알수 있기를 아동이 바란다는 사실을 사회복지사가 알게 될 것이다). 개입과정동안 부모는 아동의 문제행동 양상에 대해 "즉각적"으로 반응(행동이 증가되느냐 감소되느냐에 따라 긍정적인 강화를 주고 처벌을 가하고 무시하는 등등)하는 것을 배워야한다. 문제행동이 있는 아동의 부모는 아동에게 지나친 관심을 갖고있기 때문에 생활이 즐겁지가 않다. 서로에 대한 관심의 부족으로 부부관계는 힘들어진다. 조건부 벌을 주는 것도 행동을 감소시킬 수 있다. 한 예로 타임아웃은 문제행동이 나타날 때 아동을 고립시키는 것이다. 문제행동을 감소시키는 다른 방법으로는 언어로 문제를 부각시키거나 행동을 무시하는 것 등이다. 타임아웃을 긍정적인 강화로 대체할 수도 있는데, 예를 들어 바람직한 행동을 했을 때 토큰을 받거나 점수를 얻는 것이다.

④ 단계 4 : 가족에게 새로운 행동을 지지하는 법을 가르친다

대체로 개입에 대한 평가는 초기단계에서 이루어지지만 개입의 지속성에 대해서는 별로 고려하지 않는다. 많은 치료자는 개입기간동안 이루어진 변화가 치료가 중단된 후에도 계속될 것이라고 생각한다(Stokes & Baer, 1977). 부모가 새로운 기술을 오랫동안 사용한다면 새로운 환경이나 상황에 기술을 적용하는 법을 배워야한다(Foster, Prinz & O'leary, 1983). 또, 환경의 스트레스에 직면했을 때 치료를 통해 얻은 변화를 어떻게 유지해야하는 지 배워야한다(Steffen &

Karoly, 1980). 즉, 가족사회복지사가 더 이상 존재하지 않을 때에도 가족이 계속 변화하고 변화를 유지할 수 있도록 준비시킨다. 이 때 가족사회복지사는 부모에게 그들이 배운 것과 변화를 강화하기 위한 방법을 설명해보라고 질문할 수 있다.

6. 부모를 도와 규칙 만들기

규칙이 필요한 때를 결정하는 법, 아동이 불평하지 않을 때 규칙을 강화하는 법 등 부모는 아동에게 적용할 수 있는 규칙을 설정하는 방법과 규칙을 일관성 있게 시행할 수 있는 일련의 절차를 배워야한다. 그리고 아동이 규칙을 따르지 않았을 때의 결과도 생각해야한다. 규칙설정과 이행방법은 다음의 몇 가지 단계로 설명될 수 있다.

- 먼저 부모는 아동에게 규칙에 대해 구체적으로, 합리적으로 설명 해야한다. 설명은 아동의 인지수준에 맞추어 아동이 이해할 수 있어야 한다.
- 다음으로 부모는 적절한 행동을 선택하도록 한다. 아동이 부적절한 행동을 선택하면 어떤 결과가 나타날 지에 대해 설명해준다.
- 만약 규정한 문제행동이 계속되거나 다시 발생할 때는 특정상황이 발생 하리라는 것을 아동에게 단호한 어조로 말한다.
- 만약 행동이 지속되면 부모는 행동을 중단시키고 "즉시" 행동에 대한 결과를 보여준다. 이러한 과정은 아동이 특정 규칙을 위반했을 때마다 이루어진다. 이때 일관성은 절대적이다. 규칙을 일관성 없게 적용하면 아동의 행동변화를 일으킬 수 없다.

Gurnward & McAbee(1985)는 다음과 같이 일반적이면서 논리적인 결과의 원칙을 제시하였다.

1. 결과는 행동과 직접적으로 관련되어야 한다.
2. 결과는 아동에게 의미 있는 것이어야 한다.
3. 행동의 결과는 행동이 시작되기 전에 먼저 알려주어야 한다.
4. 아동은 적절한 행동과 부정적인 결과를 가져오는 행동을 선택할 수 있음을 인식하여야 한다.
5. 결과는 행동이 발생하자마자 가능한 빨리 나타나야 한다.
6. 결과는 보통 짧게 지속되어야 한다.
7. 결과는 훈계가 아니라 어떤 활동으로 보여지는 것이다.
8. 가능한 많은 가족원이 활동에 동의해야한다.

❖ 가족에 대한 행동개입

슈퍼바이저가 13살된 Christina로 인해 어려움을 겪고있는 Smith가족에 대해 질문한다고 가정해본다. Christina의 문제는 부모에게서 더욱 독립하고자 하는 데서 나타난다. Christina는 토요일에 친구들과 함께 쇼핑센터에 가고 싶어하지만 부모는 허락해주지 않는다. Christina가 생각하기에 어머니는 너무 순종적인 반면 아버지는 지나치게 권위적이고 압도적이다. 수업중간에 학교에서 빠져나와 친구들과 쇼핑센터에 간 것을 안 아버지가 Christina를 때렸다. 14살인 오빠 Thomas는 매주 금요일 밤마다 친구들과 함께 축구경기장에 가는 것을 허락 받았기 때문에 Christina는 자신이 불공평하게 대우받는다고 느꼈다. Smith가족의 문제를 풀어가기 위해 다음단계를 실천하기 위한 계획을 세워라. (1) 문제를 규명하라 (2) 행동을 관찰하라 (3) 개입방안을 설계하라

7. 부가적인 행동 기술

가족사회복지사는 광범위한 행동개입방법을 사용하는데, 개입은 개별가족의 욕구를 반영하여야한다. 다음은 몇 가지 행동개입 유형이다.

1) 소거

소거(Extinction)는 바람직하지 않는 행동을 제거하기 위해 설계된 행동기법이다. 부적절하게 행동할 때 관심을 주지 않도록 하고, 의도하지 않았던 강화가 문제행동을 강화하지 않도록 클라이언트를 가르친다. 소거는 칭얼거림, 우는 것, 분노발작, 수면장애와 같은 문제행동에 유용하다(Thompson & Rudolph, 1992). 소거는 느리게 진행되는 기법으로, 무시하는 행동은 지속적으로 무시해야 한다. 모든 가족원은 소거계획에 협조해야하고 즉각적인 결과가 나타나지 않을 때에도 지속적으로 개입한다(Davis, 1996).

2) 타임아웃

타임아웃(Time-out)은 아동의 문제행동을 약화시키는 데 사용되는 필수적인 양육기술이다. 부모가 실체적인 처벌 대신 타임아웃을 사용하는 것은 바람직하다. 자녀의 행동에 대해 부모가 인내심을 잃게 되면서 행동을 통제하는 것이 더 잘 이루어지지 않는 경향을 발견할 수 있다. 타임아웃은 자극적인 환경에서 아동을 분리하여 자극이 없는 환경에 두는 것을 의미한다. 타임아웃 후, 아동이 진정을 찾는 동안 부모도 평정을 되찾을 기회를 가진다. 일반적으로 아동의 침실은 타임아웃의 장소로 사용되지 않는다. 왜냐하면, 아동은 침실에서 일어난 당황스런 사건을 기억하여 잠자리에 드는 것에 어려움을 가지기 때문이다.

타임아웃은 부모가 설정한 규칙을 아동이 깨뜨릴 때 사용한다. 규칙이 깨어진 직후 부모는 아동을 타임아웃장소에 둔다. 그 장소에 두는 시간의 길이는 아동의 연령에 따라 다르지만 5분에서 15분을 넘지 않아야 한다.

Davis(1996)는 타임아웃을 적용하기 위해 다음의 요령을 제시하였다.

- 타임아웃을 효율적으로 적용할 수 있는 행동을 결정하라. 그 다음에는부모가 무엇을 기대하고 있는 지 아동에게 가능한 분명하게 설명해야 한다. 일반적으로 타임아웃은 분노발작이나 비순응적인 행동을 보일 때 사용한다.

- 타임아웃은 조용한 장소가 가장 적절하다는 것을 미리 염두에 둔다.
- 타임아웃을 사용할 시점을 결정하라.
- 아동에게 어떤 행동이 바람직하고 어떤 행동이 바람직하지 않은 지 미리 알려준다.
- 타임아웃을 적용할 때 아동과 논쟁하지 않는다.
- 성급하게 타임아웃을 적용했을 때에는 아동을 다시 제자리로 돌려보내도록 한다. 아동이 타임아웃 절차에 저항할 때 타임아웃장소에 남겨지면 아동은 좌절감을 느끼고 기진맥진해질 수 있음을 알아야한다. 부모가 일관성 있게 타임아웃을 사용하고 아동이 이에 익숙해지면 아동은 더욱 순응하게 될 것이다.

3) 역할극

역할극은 클라이언트가 실제생활에서 일어날 수 있는 각본에 맞추어 행동해 보고, 이에 필요한 기술들을 개발하는 것이다. 이렇게 해봄으로써 가족원은 자신감을 갖게 된다. 역할극은 클라이언트가 자기 주장하는 행동을 어려워하는 상황에 적절하다. 예를 들어, 담임선생님의 태도에 감정이 상한 부모는 학교에서 아동의 행실에 대해 교사에게 물어보는 것을 주저하게 된다. 역할극 중에 가족사회복지사는 어머니가 교사에게 질문할 때 교사의 역할을 하기도 하고, 어머니가 양쪽 역할을 다 해보기도 한다. 예를 들어, 어머니가 교사에게 적절하게 질문할 수 있게 된 다음에는 교사의 역할도 해본다.

개입기법에 따라 역할극은 몇 가지 이점을 갖는다. 역할극을 통해 클라이언트는 자신의 행동이 타인에게 어떻게 보이는 지 알 수 있다(Tompson & Rudolph, 1992). 역할극은 가족상담에서 몇 가지 방법으로 사용된다. 한가지 방법은 클라이언트가 자기 역할을 하고 가족사회복지사가 상대 역할을 하는 것이다. 또 다른 방법은 두 사람이 서로 역할을 바꾸어 각본에 있는 문제대로 행동해 보는 것이다. 후자의 방법은 상대방에 대해 감정이입하여 서로에 대해 이해할 수 있도록 돕는다. 역할극은 상황에 필요한 기술을 연습해보는 것으로 실제 행동하기 전에 사용된다.

역할극은 행동을 연습해보는 안전한 형태로 결과에 대한 두려움 없이 새로운 행동을 실천해보는 것이다. 행동을 시연하는 동안, 가족사회복지사와 의미 있는 타인은 클라이언트에게 피드백을 준다. 안전한 환경에서 행동을 연습하면 클라이언트는 실생활에서 실제 행동을 해 볼 준비를 하게 될 것이다(Davis, 1996).

❖ 역할극

클라이언트에게 도움되는 역할극 상황 3가지를 만들어 보자. 이 중에 하나를 선택하여 파트너와 연습해 본다.

4) 자기통제훈련

자기통제훈련은 자신의 행동에 대해 어느 정도 책임을 질 수 있는 아동에게 사용할 수 있다(Tompson & Rudolph, 1992). 불안감소, 무단결석, 말더듬, 과잉 행동에 도움이 된다. 자기통제의 단계는 ㉠변화될 행동을 선정하는 것, ㉡행동이 발생하는 시간과 장소, 선행사건과 결과를 기록하는 것, ㉢현실적인 목표를 설정하는 것, ㉣행동과 관련된 선행사건과 구조를 변화시키는 것, ㉤행동강화를 가져오는 행동의 결과를 바꾸는 것 ㉥변화를 기록하는 것, ㉦변화를 지속하기 위한 계획을 세우는 것 등이다.

5) 주장훈련

가족 갈등은 가족원이 서로 다른 의견을 적절하게 표현하지 못하거나 자기주장을 하는 방법을 알지 못할 때 발생하며, 주로 소극적이거나 공격적으로 행동한다. 소극적으로 행동할 때, 타인은 개인의 권리를 쉽게 침범하고, 또 공격적으로 행동하는 사람은 분노를 통해 자신의 욕구를 충족하고자 한다. 주장기술을 배우는 것은 가족원 상호간에 또, 가족 외의 사람들과 문제를 적절히 처리하도록 돕는다.

6) 부모역할훈련

가족복지의 다른 모델과는 달리 부모역할훈련에서는 아동이 문제라고 생각하는 부모의 생각을 수용한다(Becvar & Becvar, 1993). 부모역할훈련에서는 부모가 제기한 문제가 변화목표가 된다. 하지만, 여기에서 변화의 초점은 분명하게 아동에게 두고, 부모는 자녀에게 다르게 반응하도록 한다. 부모역할훈련은 부모가 아동행동의 선행사건과 결과를 인식하고 통제하도록 도우며 집 밖의 집단모임, 집이나 사무실에서 개별가족모임을 통해 이루어진다.

부모역할훈련은 체크리스트, 관찰, 상담을 주로 사용한다. 가족사회복지사는 아동의 문제행동을 알아내기 위해 구체적인 체크리스트를 부모와 함께 만든다. 관찰할 행동은 분노발작, 숙제하기, 집안일 돕기, 밤에 술 마시지 않기 등이다. 대체로 이러한 행동은 집에서, 부모가 있는 데서 발생할 것이다.

부모는 아동행동을 관찰하는 방법과 아동의 행동양상을 어떻게 기록하는 지 배운다

- 특정시간동안 어떤 행동이 얼마나 발생하는 지 세어 본다. 문제에 따라 측정시간을 짧게 할 수 도 길게 할 수 도 있다. 예를 들어, 매일 저녁 7시에서 8시 사이에는 숙제를 해야하는 아동이 방에서 나오거나 침실로 가거나 애완동물과 놀거나 하여 숙제하는 것을 피한다면 한 시간동안 이러한 회피적인 행동을 관찰하고 기록할 수 있다. 만약 부모가 아동의 분노발작을 기록하려고 한다면 아동행동을 관찰하는 데 필요한 시간은 하루나 그 이상이다.

가족사회복지사와 부모는 행동의 빈도를 기록하기 위해 챠트를 만들 수 있다.

- 행동이 얼마나 지속되는 지 기록한다. 지속정도를 측정해야하는 행동도 있다. 예를 들어, 설거지를 하라는 부모의 말을 실행하는 데 얼마나 시간이 걸리는 지 기록한다.
- 행동의 심각 정도를 기록한다. 심각 정도를 관찰하기 위해서 가족사회복지사는 부모가 특정한 행동을 측정하기 위해 척도를 만들도록 한다. 예를 들어, 아동이 얼마나 설거지를 잘 하는 지, 아동의 특권을 인정하지 않는 부모에 대해 아동이 얼마나 칭얼거리는 지를 기록한다.

부모는 아동행동에 대응하는 법뿐만 아니라 표적행동에 선행하는 사건에 대해서도 인식할 필요가 있다. 다음의 예는 3살된 쌍둥이를 둔 젊은 부부인 Harry와 Lisa에게 적용된 부모역할훈련이다.

Harry와 Lisa는 고등학생 때인 16살에 쌍둥이를 낳았다. 사회복지사인 Joyce Perdue는 이들이 부모역할에 대해 전혀 경험이 없음을 알았다. Harry가 식료품가게에서 일하는 낮 시간에는 Lisa가 주로 아이들 돌보아야 했다. Lisa는 쌍둥이를 키우는 데 많은 시간이 필요하다고 했고, 그 시간을 자신은 통제할 수 없다고 하였다. Lisa는 아이들이 낮잠을 자지도 않을 뿐더러 잠을 자더라도 잠투정을 심하게 한다고 했다. 아이들이 깨어있을 때는 서로 싸우거나 둘이 같이 Lisa에게 장난을 친다. 지난주 어느 날 Lisa가 전화하고 있을 때 Tina는 크레용으로 거실 벽에 그림을 그렸고 Tommy는 책상에 올라가 바닥에 책을 던지고 있었다.

Harry는 퇴근하면 Lisa에게 휴식시간을 주려고 자신이 아이들을 돌보려고 했지만 쌍둥이가 말을 듣지 않아 점점 짜증이 났다. Harry는 쌍둥이가 "기본적으로 건강하고 잘 크고 있지만 완전히 통제불능"이라고 했다.

사회복지사는 부모에게 쌍둥이가 말을 잘 들을 때는 보상을 하도록 했다. 예를 들어, 점심 식사 후에 디저트로 아이스크림을 준다거나 공원에 데리고 나가는 것이다. 부모는 쌍둥이가 착한 행동을 할 때 보상을 하면 착한 행동이 증가한다는 것을 알게 되었다. 사회복지사는 또 Harry와 Lisa가 할 수 있을 때마다 소거를 사용하도록 가르쳤고 무시함으로써 부정적인 행동을 단념시키도록 했다. 소거가 적절하지 않은 상황에서는 타임아웃을 사용하도록 했다. 예를 들어, Tina와 Tommy가 서로 싸울 때 각각을 타임아웃 의자에

앉힘으로써 행동을 통제하였다.

Lisa는 이러한 기법을 사용하는 사회복지사를 관찰, 모델링 함으로써 새로운 양육행동을 배웠고 사회복지사의 피드백에 따라 다른 행동을 연습했다. 사회복지사는 부부의 양육기술이 개선되었지만 긍정적인 변화가 나타나기 전에 바람직하지 않은 행동이 증가될 수 도 있음을 경고했다. 이러한 경고는 적중했다. 그러나, Lisa는 계속해서 새로운 기술을 사용했고, 점차 쌍둥이의 행동이 좋아진다는 것을 관찰할 수 있었다. 사회복지사는 쌍둥이에게 매일 적용할 수 있는 몇 개의 간단한 규칙을 만들어 행동을 지도하도록 하였다. 규칙은, 다른 사람 때리지 않기, 다른 사람 물건 망가뜨리지 않기, 8시30분에 잠자기 등이다. 부부는 자신들의 부모역할기술이 개선됨에 따라 조용하고 행복한 가족생활이 되었다고 하였다.

7) 조건부계약

조건부계약(Contingency Contract)은 모든 관련된 사항을 고려하여 이루어지므로 아동에게 유용하게 적용된다. 계약은 개인이 어떤 행동을 수행할 것이고 언제 할 것인가를 결정하는 상호협상을 통해 이루어진다. 계약으로, 누가, 무엇을, 누구를 위해, 어떤 환경에서, 언제, 어디서 하는 지가 구체화된다. 조건부계약에 참여하는 사람들은 계약이 이루어지면 자신이 무엇을 해야하고 무엇을 얻을 수 있을 것인가에 대해 이해해야 한다

조건부계약은 다음의 6단계를 밟는다(Thompson & Rudolph, 1992).

1. 해결될 문제를 구체화한다.
2. 변화될 행동빈도의 기초선을 알아내기 위해 자료를 수집한다.
3. 모든 참가자가 동의할 수 있는 목표를 설정한다.
4. 목표달성을 위한 방법을 선택한다.
5. 관찰가능하고 측정 가능한 변화에 대한 결과를 사정한다.

십대청소년이 있는 가족에게 조건부계약은 유용하다. 계약은 적절한 행동과

상응하는 보상, 결과를 구체화하는 데 사용된다. 십대청소년과 부모가 함께 포함될 행동을 설정하는 데, 이 과정에서 논쟁이 협상으로 바뀌기도 한다. 계약을 할 때는 간단한 이슈가 선택되어야하는 데 그림 〈9-2〉에 이에 대한 좋은 예이다.

〈그림 9-2〉 숙제완성을 위한 계약

	월	화	수	목	금	토	일
학교에서 집으로 책가져오기(1점)							
불평없이 오후 7시에 숙제시작하기(3점)							
숙제하는 동안 TV끄기(2점)							
숙제하기 위해 8시까지 한 방안에 있기(1점)							
전체점수							

나는 위에서 정한 데로 규칙적으로 숙제 할 것을 ___________ . 나는 이 점수에 동의하며 점수 얻는 방법을 이해한다. 내가 ____ 점을 받으면 ____ 원을 받게 될 것이다.

엄마(sign) ________________ 아빠(sign) ________________

아동(Sign) ________________

8) 이완기법

점진적인 이완은 일반화된 불안이나 구체적 상황에 의해 야기되는 불안을 다루는 데 유용하다. 일반화된 불안에 대해서는 이완기술을 가르쳐주고, 구체적인 상황에 의한 불안은 불안을 야기하는 상황을 시각화하면서 이완하도록 가르친다. 근육이완을 할 때는 완전히 이완될 때까지 근육을 이완한다. 보통 발가락

부터 긴장시킴으로서 이완을 시작하고 점차 크고 작은 몸 전체 근육으로 움직여나간다. 근육을 긴장시키는 것은 5초에서 10초 동안 완전히 근육의 긴장을 풀면서 시작된다. 점진적 이완을 가르치는 데 사용하는 테이프나 대본이 있는데, 가족사회복지사는 클라이언트를 위해 오디오테이프로 이완훈련을 녹음해서 사용자가 완전히 훈련지시에 집중할 수 있도록 할 수 있다.

이완기법은 여러 상황에서 유용하다. 예를 들어, 곧 있을 구직상담이나 재판에 대해 불안해하는 부모에게도 사용할 수 있다. 불안은 수면을 방해하고 부모를 안절부절못하게 한다. 또, 아동은 학교에서 받은 스트레스나 가족갈등을 행동으로 표출하기도 하는데, 이 때 이완기법은 클라이언트가 스트레스 상황에 대처할 수 있도록 돕는다.

9) 과제부여

가족상담에서 시작된 변화는 가족사회복지사가 없을 때에도 계속되어야 한다. 지속적으로 변화를 유지하기 위한 한가지 방법은 클라이언트에게 세션 중간에 "과제"를 부여하는 것이다. 여러 가지 형태로 과제를 부여할 수 있는데, 여기에는 공통적으로 다음의 세 가지 목적이 있다.

- 가족원을 다르게 행동하도록 하기 위해
- 상담시간 외의 가족행동에 대한 정보를 수집하기 위해
- 변화에 대한 자기책임감을 강조하기 위해

과제부여는 상담내용에 근거해야하고, 다음 상담까지 연결하는 데 유용해야 한다. 또 과제는 가족의 능력과 동기에 적절한 것이어야 하고 명확해야한다. 가족에게 과제를 부여하는 것은 행동변화에 대한 책임감을 갖도록 하는 것이고 가족사회복지사가 환기시키지 않을 때에도 계속 변화를 위해 노력하도록 돕는다. 과제의 예로는, 가족의 공동과업을 개발하는 것, 행동을 챠트로 그리는 것,

합의된 부모역할기술을 계속 사용하는 것 등이다. 특히, 행동을 챠트화하는 것은 행동이 얼마나 자주 일어나는 지 인식하도록 하고 진전된 사항을 계속해서 살펴 볼 수 있도록 한다.

과제를 부여하는 것은 가족을 사정한 후에 이루어져야한다. 예를 들어, 가족이 사회적으로 고립되어 있다면, 그 가족원을 위해서 지역사회의 자원들을 활용하거나 외부와의 관계를 양성하도록 하는 과제를 부여한다.

과제를 효과적으로 사용하기 위해서 가족사회복지사는 과제를 얼마나 하였는지 검토해가면서 다음 상담을 시작한다. 만약, 과제를 하지 않았다면 왜 하지 않았는 지 이유를 알아보아야 한다. 보통 이유는 공공연한 저항에서부터 과제의 지침을 이해하지 못한 것까지 다양하다. 정기적으로 과제를 부여하면, 가족은 사회복지사가 상담말미에는 과제를 줄 것이라고 기대하게 된다.

8. 행동개입에서 피해야 할 함정

행동개입을 할 때 가족사회복지사는 몇 가지 함정에 주의해야한다. 예를 들어, Johnson(1986)은 문제를 상호작용적인 것으로 정의하는 것이 어떤 클라이언트에게는 전체가족을 비난의 대상으로 느끼게 할 수 있다고 했다. 또한, 어떤 개입은 전체 가족을 동등하게 대하기보다는 한 가족원에게 유리하게 보인다고 했다.

가족상담동안 발생하는 연합과 파워의 불균형에 대해 논의한 연구에서 다음과 같은 내용을 지적하였다. 첫째, 부모는 가족사회복지사가 자신들의 파워를 손상할 가능성에 대하여 우려했고, 둘째, 가족사회복지사와 가족원간의 연합은 때로 문제가 되기도 한다. 예를 들어, 가족사회복지사가 아동과 연합을 형성하면 부모는 이러한 연합을 부모의 권위에 반하는 결탁으로 인식한다. 반대로 또 다른 부모는 아동이 특별한 관심을 받고 있다고 느끼기 때문에 가족사회복지사가 아동과 협력적인 관계를 갖는 것을 좋아한다(Coleman & Collins, 1997). 가족사회복지사는 잠재적으로 발생할 수 있는 문제를 피하기 위해 클라이언트와의 연합이나 파워이슈에 대해 개방적으로 토의할 준비를 해야한다.

다음과 같은 가족사회복지사의 행동은 행동개입의 성공을 방해하므로 피해야한다.

- 어려움에 대해 가족원 중 한 사람이나 전체가족을 비난하는 것
- 가족원 중 한 사람과 편이 되거나 제휴하는 것
- 클라이언트에게 스스로 해결책에 도달하도록 돕지 않고 무엇을 하라고 말하는 것
- 긍정적 강화보다 부정적 결과에 직면하도록 하는 것
- 가족이 이해할 수 없는 용어를 사용하는 것

사람들이 행동을 배우는 방법에 익숙해지고 가족과 개인의 욕구충족에 있어서 균형을 맞추는 기술을 발달시킴으로써, 가족사회복지사는 모든 가족원이 듣고 이해하는 분위기를 형성하고 서로에게 자신의 기대를 직접 표현하고 가족원이 변화과정에 적극적으로 참여하도록 돕는다.

1) 행동변화를 유도하는 요령

- 강화원칙을 포함한 학습이론을 이해한다
- 가족에게 맞는 부모/가족교육모델(예 : 행동모델, 부모효과성 훈련모델)을 정한다
- 부모와 아동의 걱정거리를 물어보고 예견한다
- 변화가 필요한 분명한 정당성을 제공한다
- 재정관리, 아동관리, 소비기술, 의사소통기술 등 기본적인 생활기술을 가르친다
- 기술에 대해 구체적이고 비전문적인 용어를 사용하지 않는다
- 부모에게 적절한 행동과 기술을 모델링한다

- 가족의 동기를 강화하고 긍정적인 변화를 인식한다
- 가족 스스로가 해결책을 만들도록 한다
- 기술이 개발되었음을 인식하고 이를 강화한다

9. 요약

본 장에서는 행동변화에 초점을 맞추어 가족을 돕는 방법에 대해 논의하였다. 행동에 초점을 맞추는 것은 가족, 특히 문제행동을 보이는 아동이 있는 가족에게 실제적인 접근방법을 제공한다.

행동개입은, 행동은 결과에 의해 유지되거나 소거된다는 것을 전제로 한다. 따라서 행동개입은 개별 가족원의 문제보다는 가족의 상호작용 유형에 초점을 둔다.

모든 가족사회복지사는 반드시 행동주의 개입기법에 익숙해야한다. 이러한 기법은 행동을 증진하고 감소하고 유지하는 방법과, 어떤 새로운 행동을 배우는 법을 설명하는 사회학습이론과 행동수정 원칙에 기초한다. 실제로 클라이언트에게 구체적인 기술을 가르치는 것은 가장 유용한 행동개입 중 하나로, 가르치는 방법은 정보공유, 모델링, 조건부관리 등이 있다.

부모를 도와 규칙을 만드는 것은 또 다른 유용한 행동기법이다. 부모는 언제 규칙이 필요하고 어떻게 규칙을 만들고 어떻게 시행하는 지를 알고 싶어한다. 이 장에서 논의된 여러 가지 행동기법은 소거, 타임아웃, 역할극, 자기통제훈련, 주장훈련, 부모역할훈련, 조건부계약, 이완기법, 과제부여 등이다.

제 10 장

종결단계

종결은 원조과정의 마지막 단계이다. 가족사회사업을 종결하는 것은 긍정적인 변화를 지속하게 하는 무대를 건설적으로 마련하는 것인데, 이에 비해 종결이 원조과정의 중요한 부분이라는 점은 종종 간과된다(Kaplan, 1986). 종결의 주요 초점은 가족과 작업하면서 제시되었던 문제를 해결했는지를 평가하는 것이다(Lum, 1992). 종결의 주요 목적은, 진전된 사항들을 유지하는 것이다. 이는 가족사회사업 개입이 종결된 후에 가족원들이 독립적으로 문제를 해결할 수 있는 기술을 발전시킬 때만이 가능하게 된다.

많은 가족이 위기 때에 도움을 구하고, 즉각적으로 문제를 해결하는 데에만 동기가 부여되어 있기 때문에 가족사회사업은 종종 단기로 이루어진다. 종결 또는 의뢰하는 것에 대한 계획은 원조과정 초기에 가족과 함께 협의되어야 한다. 어떤 기관은 가족사회사업의 종결날짜를 분명하고 명확하게 하여 시간적인 제한을 부과한다. 가족사회복지사는 현재까지 진행되어온 진전을 가족과 함께 정기적으로 재검토하면서 계획된 종결 모임 훨씬 이전부터 종결 모임을 향한 카운트다운을 시작해야 한다. 가족은 종결단계에서 많은 중요한 이슈들을 겪게 되는데, 이 때 사회복지사의 도움이 필요하다. 부인(denial), 분노(anger), 슬픔(sadness), "떠나보내기(letting go)" 등이 그것이다. 종결은 다음의 여러 방식으로 이루어질 수 있다.

1. 제시된 문제가 성공적으로 해결되었기 때문에 상호 동의하고 종결
2. 계약상 미리 계획했던 기간이 끝날 즈음 클라이언트가 주도한 종결(특정 기간을 계약하는 것은 개입을 효율적으로 만드는 시간의 틀을 제공한다)
3. 세션에서 더 이상 진전이 보이지 않아 공동으로 동의하고 종결
4. 클라이언트가 적극적인 저항을 보이고 과정과 결과에 대해 의심할 때. 한 사람 혹은 그 이상의 클라이언트가 드러내놓고 비협조적이며 적대시할 때.
5. 반복하여 약속을 취소하거나, 클라이언트가 정식 철회를 하지 않은 채 약속을 지키지 않을 때
6. 클라이언트가 종결하겠다는 결정과 이유를 알리거나 혹 알리지 않으면서 대개 전화통화를 사용하여 직접적으로 철회할 때

이상적으로 가족사회복지사는 작업이 불만족스러워서 종결하는 경우에도, 이미 진행했던 것들을 재검토 해보는 마지막 세션을 수행한 이후에 관계를 끝내야 한다.

가족사회사업을 종결하는 가장 좋은 시기는 제시된 문제가 해결되고 가족과 사회복지사 모두 결과에 만족할 때이다. 그러나 실무에서 종결은 종종 예상치 못한 방법으로 이루어진다. 많은 가족들은 바라던 결과를 달성하기 전에 프로그램에서 탈락하거나 조기에 종결한다.

클라이언트는 종결이 다가올 때 폭넓은 감정을 경험한다. 많은 연구에서 분리와 상실의 느낌을 강조하는데, 이는 종결이 슬픔의 반응을 가져온다는 것을 의미한다. 과장된 진술이라고도 하지만, 사회복지사는 클라이언트가 종결에 저항하는 것을 종종 관찰한다. 그들은 새로운 문제를 꺼내거나 오래된 문제가 악화되었다고 주장한다. 다른 클라이언트, 특히 비자발적인 클라이언트는 관계의 종결을 환영할지도 모른다.

사회복지사도 또한 다양한 방법으로 종결에 반응한다. 어떤 사회복지사는 서비스를 중단하는 것을 주저하기도 한다. 이런 사회복지사의 경우, 클라이언트 삶에 대한 자신의 책임의 한계를 인식하게 되면 좀 더 빨리 종결을 결심할 수 있을 것이다(Gambrill, 1983). 즉, 가족사회복지사는 가족사회사업 종결 이후에 의사결정의 책임은 가족에게 달려있다는 것을 받아들여야 한다.

이 장에서 우리는 종결의 주도권을 누가 가질 것인가(가족, 가족사회복지사, 양 측 모두)에 대한 이슈를 검토할 것이다. 가족사회사업을 종결한다는 것이, 반드시 가족이 모든 기관과의 계약을 그만둔다는 것을 의미하는 것은 아니다. 따라서 의뢰는 종결 과정의 중요한 측면이 될 수 있다. 가족사회사업을 마무리 짓고 결론짓기 위한 구체적인 제안을 이제부터 다루겠다.

❖ 종결 이유

가족에게 가족사회사업을 종결하도록 권하는 몇 가지 이유를 기록하라.

1. 종결 계획하기

성공적으로 종결하기 위해서, 가족사회복지사는 몇 가지 기술이 필요하다. 첫 번째 단계는, 가족사회복지사가 보통 계약이 이루어지는 상담 초반에 가족과 종결에 대해서 나누는 것이다. 사회복지사-클라이언트의 관계가 갑자기 혹은 예상하지 못한 채 끝날 수도 있지만, 이상적으로 종결은 예견되어야 하고 프로그램 개입초기부터 계획되어 있어야 한다. 종결을 다루는 방법은 가족이 원조관계에서 이룬 변화를 얼마나 잘 유지할 것인가에 영향을 줄 수 있다. 만족스러운 종결을 경험한 가족은 필요할 때 이후 다시 도움을 찾을 수 있게 된다.

일반적으로 종결 과정은 각 세션의 마지막 부분과 비슷할 것이다. 예를 들어, 상담이 끝나기 약 10분전에 가족사회복지사는 가족에게 10분이 남았다고 말한 후 미해결 과제(unfinished business)를 처리하고, 그 나머지 시간은 세션을 요약하고 다음 세션을 준비하는데 사용할 수 있다. 매 주 마다 사회복지사와 가족은 함께 가족구성원이 달성한 것과 그러한 향상된 부분을 유지할 방법에 대해 재검토하는 과정을 반복한다(Kinney, Haapala, & Booth, 1991). 전체 작업 관계를 종결한다는 것은, 단지 세션이 더 이상 이어지지 않는다는 것을 제외하고는 이와 비슷한 단계를 갖는다.

2. 종결에서 나타날 수 있는 반응

원조관계를 종결하는 것에 대한 글이 많은데 그 대부분은 부정적인 면에 초점을 두고 있다. 그러나 대다수의 클라이언트와 사회복지사에게 있어서 종결은 달성하는 것에 초점을 두기 때문에 본질적으로 긍정적이다. 긍정적인 반영(positive reflection)은 클라이언트의 자기확신을 증가시키고, 개인의 유능함을 강화한다. 가족은 원조관계에서 배운 새로운 기술들을 시도하기 원할 수 있다. 이와 비슷하게 사회복지사도 클라이언트와 함께 설정한 목표가 달성되는 것을 느낄 때 자존감이 강화되고 이후의 작업에서 자신을 쇄신하게 된다.

종결에 따른 문제는 가족사회복지사가 가족과 명확한 경계를 유지하지 않을 때 발생할 수 있다. 너무 과도하게 가족에게 개입한 가족사회복지사에게 종결은 걱정을 불러일으킬 수 있다. 가족사회복지사는 관계의 상실을 슬퍼하거나 가족의 이후 복지에 대해 걱정할 수 있다. 대부분의 종결은 복합적인 감정을 불러일으키지만 전문적인 객관성을 유지하는 가족사회복지사는 그렇지 않은 사람들보다 더 효과적으로 자신의 감정을 다룰 수 있을 것이다. 사회복지사가 클라이언트와 전문적인 객관성을 넘어서는 개인적인 관계를 맺기 위해 전문적인 관계를 끝낸다면 그것은 물론 부적절하다.

가족사회복지사는 종종 가족과 깊고 의미 있는 관계를 맺고 있어 종결로 이끄는데 주저하게 될 수 있다. 종결은 놓아주고 앞으로 나아가게 하는 것을 의미한다. 가족사회복지사의 느낌은 슬픔부터 기쁨까지 혹은 이들이 혼합된 것일 수 있다. 어떤 가족은 종결하면서 안심할 수 있고 또 어떤 가족은 슬픔과 상실감을 느낄 수 있을 것이다. 경험을 통해 가족사회복지사는 종결할 때 나타나는 느낌을 예상할 수 있다. 가족원의 느낌은 긍지와 만족에서부터 분노, 슬픔, 후회까지 다양하다. 가족사회복지사는 종결의 어려움을 나타내는 신호를 알 수 있다. 예를 들어, 클라이언트는 정해진 날짜가 가까워 올 때 예상대로 약속을 취소할 수 있다. 가족원들이 마지막 모임 이전에 여러 번 취소함으로써 마지막 모임 일정을 잡는 것이 어려울 수 있다. 때로 가족사회복지사는 마지막 약속을 정하기 전에 시간이 얼마 남지 않았음을 가족에게 상기시킬 필요가 있을 것이다.

클라이언트는 다음과 같은 방법으로 종결을 중단하려 할 것이다.

- 사회복지사에게 지나치게 의존하게 된다.
- 이전의 문제가 다시 나타나기 시작했다고 보고한다.
- 새로운 문제를 제시한다.
- 사회복지사를 대체할만한 대안을 찾을 수 있다(Hepworth & Larsen, 1993).

이러한 문제는 대부분 초기의 계약을 통해 그리고 종결이 다가올 때 종결에 대한 가족의 느낌을 탐색함으로써 다루어질 수 있다. 종결을 보다 쉽게 진행하는 방법으로는, 다른 기관에 의뢰하는 것과 비공식적인 지지망을 형성하는 것이다. 가족은 목표가 달성되지 않았을 때 종결을 주저할 수 있다. 특히 단기 프로그램의 경우, 서비스에 대한 가족의 불만족이 높다. 어떤 단기 프로그램에서 부모는 "나는 프로그램이 짧은 게 싫어요. 우리는 매우 역기능적이에요. 습관화되기 위해서는 장기적인 도움이 필요해요"라고 진술했다(Coleman &Collins, 1997).

종결은 또한 축하의 시간이 될 수도 있는데, 특히 구체적이고 긍정적인 변화가 발생했을 때 더욱 그렇다. 가족사회복지사는 가족사회사업의 한계를 인식해야 하고 적절할 때 다른 원조자와 연결할 수 있어야 한다. 종결과 평가에 관계된 의식(ritual)은 이미 이루어 놓은 진전에 대한 만족감을 증진시킬 것이다.

3. 종결을 진행하는 단계

건설적으로 종결하기 위해서는 다음의 5단계가 필요하다: ①리사이틀(recital), ②변화에 대한 자각(awareness)을 유도하기, ③진전(gain)을 견고하게 하기, ④가족사회복지사에게 피드백 제공하기, ⑤종결 이후의 문제를 다룰 수 있도록 가족을 준비시키기

1) 리사이틀

원조과정이 마지막에 가까워올 때, 사회복지사와 각 가족원들은 변화된 것에 대해 토론하면서 가족사회사업의 경험에 대해 평가할 수 있는 기회를 가져야 한다(Bandler, Grinder, & Satir, 1976; Worden, 1994). 이러한 기회를 통해 가족은 무슨 변화가 일어났으며 무엇이 이런 변화를 일으켰는지를 이해하게 된다. Lum(1992)은 이것을 리사이틀이라고 부르는데, 리사이틀은 가족사회사업에서

중요한 사건을 재검토하는 기법이다.

협상된 목표가 달성되지 않았거나 추가의 문제가 나타났다면, 리사이틀을 통해 사회복지사는 다른 기관 혹은 같은 기관 내의 다른 사회복지사에게 의뢰할 필요성을 알게 된다. 어떤 경우든 가족은 새로운 사회복지사가 상황을 이해할 수 있도록 돕기 위해 가족이 지각한 현재까지의 진전을 요약해야 한다. 의뢰할 때에 가족사회복지사는 가족의 허락을 받은 후에 새로운 사회복지사와 얘기를 나눌 것이다.

앞에서 언급한 것처럼, 개입 기간 전반에 걸쳐 이루어지는 가족의 향상된 부분에 대해 정기적이고 지속적인 재검토는 마지막 단계에서의 요약을 더 쉽게 할 것이다(Barker, 1881; Tomm & Wright, 1979). 미리 총 세션 수를 협상하는 것은, 가족이 종결을 의식할 수 있게 도우며 변화를 추적하게 한다. 시간제한이 없는(open-ended) 계약이 더 전형적이지만, 시간 제한적이고 초점이 잘 맞춰진 작업을 제안한다. 세션의 빈도와 기간에 관해서는 융통성을 허용한다. 정기적으로 재검토하는 것은 가족원에게 이미 이룬 향상에 대한 만족이나 불만족을 표현할 기회를 주고, 또한 가족과 사회복지사가 작업을 진행해온 방식에 변화를 가져올 수 있게 한다.

2) 변화에 대한 자각 유도하기

가족구성원은 사회사업 과정에 대한 자신들의 반응을 가족사회복지사와 토론한 이후에 사회복지사의 피드백을 받아들일 수 있다. 사회복지사와 가족원이 진행 과정에 대해 지각하는 바를 서로 비교함으로써, 가족원들은 변화를 유발하는 개념적인 이해와 도구(tool) 모두를 발전시킬 수 있게 된다. 이러한 반영은 가족구성원들의 자존감의 강력한 원천이 될 수 있다.

전문가는 원조가 효과적이기를 바라고, 다수의 사람이 사회사업 과정에 참여하여 가족원들이 각자의 기능을 보다 잘 수행하고, 따라서 건강한 사회를 이루고자 하는 참된 바램을 실현하고자 한다. 이 때문에 변화의 공로는 바로 사회복지사에게 있다는 느낌을 갖게 한다. 실패는 클라이언트 탓이고 성공은 사회복지사 덕이라고 보는 것은 유감스러운 일이다. 변화는 종종 적절한 시간과 적절한 장소에서, 적절한 사람과 적절한 과업을 수행할 때 가능하므로, 변화의 원인을 정확하게 지적하는 것은 어려울 수 있다. 여러 해 동안 연구자들은 변화를 일으키는 요인을 구분해 내려고 애써왔다. 변화가 어디서 비롯되는지에 대해 가족사회복지사가 생각하는 것과는 관계없이, 변화에 대한 가족의 공로를 받아들이는 것은 중요하다(Brock & Barnard, 1992; Wright & Leahey, 1994). 이를 위하여 가족사회복지사는 가족원들에게 자신들이 이룬 변화가 무엇인지 질문할 수 있다(Brock & Barnard, 1992). 사회복지사는 자신의 기여를 논의하는데 겸손해야 한다. 가족구성원은 변화를 일으키는데 자신이 기여한 것을 기억하게 될 때 이후의 도전을 해결할 유능함을 갖추게 되는 것이다.

사회복지사가 칭찬을 받아들이는 것은 자연스러운 것이다.—성공은 전문가 만족의 주요 원천이다. 그럼에도 불구하고 가족사회복지사의 전문적 책임감은 종결이 만족스럽게 수행되기까지는 끝난 것이 아니다. 가족은 고통, 갈등, 문제로 인한 압력과 싸우고 있으며 변화를 이루는데 기여한 공로를 인정받을 만한 사람들이다. 아동에게 변화가 생겼을 때 부모는 자신이 현재와 미래에 아동의 일차적인 양육자라는 것을 인식해야 한다. 향상을 인정해 주는 것은 가족사회복지사의 긍정적인 영향이 지속될 수 있는 가능성을 높인다. 그렇게 하지 않는 것은 가족이 사회복지사 없이는 대처할 수 없다는 메시지를 전달 할 뿐이다.

종결할 때, 가족이 향상된 면이 부족하여 스트레스 상태에 있다면, 사회복지사는 개입의 부정적인 측면과 긍정적인 측면에 대해 균형 있게 토의할 수 있어야 한다. 부정적인 부분은 이 후 작업할 목표로 제시해야 한다. 사회복지사는 또한 세션이 성공적이지 않은 이유에 대해 슈퍼바이저와 함께 탐색할 수도 있다. 목표가 너무 높았거나 비현실적이었을 수 있다. 가족사회복지사가 가족원의 망설임을 이해하지 못하면 변화에 대한 저항은 증가된다. 많은 경우에 사회복지사는 자신이 문제에 어떻게 기여하는지 이해하려고 하기보다는, 가족들이 동기화 되어 있지 않다고 주장하면서 진전되지 않는 이유를 설명한다.

사회복지사는 가족과 함께 일하는데 따르는 어려움을 알아야 한다. 과도한 부담을 안고 있는 가족은 때로 복잡하거나 요란한 개입이 이롭지 않을 것이다. 가족사회복지사는 가족이 거의 변화가 없더라도 힘들게 작업하고 있음을 믿는 것이 중요하다. 또한 사회복지사가 가족의 강점을 강화시켜주는 것도 중요하다. 변화에 대한 공로를 가족에게 돌리도록 격려한다 하더라도, 가족사회복지사는 또한 성공을 기뻐할 수 있다. 가족사회복지사는 가족사회사업의 변화과정에서 가족과 동료가 됨으로써 보상을 받는다.

그림 〈10-1〉은 종결을 위한 체크리스트이다. 사회복지사와 클라이언트 가족은 종결에 관한 이슈가 다루어졌는지 여부를 판단하는 체크리스트를 함께 완성할 수 있다. 체크리스트는 가족사회사업 종결에서 클라이언트가 어느 정도 준비되었는지 평가하기에 유용한 16가지 요인으로 구성되어 있다. 가족원들이 대부분의 질문에서 "예" 라고 대답한다면, 이 때 종결은 적합하고 시기 적절하다.

〈그림 10-1〉 가족사회사업을 종결하기 위한 체크리스트

	예	아니오
· 제시된 문제가 제거되었다.	□	□
· 가족이 다룰 수 있거나 참을 수 있게 되었다.	□	□
· 달성된 변화를 효과적으로 측정할 수 있다.	□	□
· 심리 사회적 기능 수행 면에서 긍정적인 변화가 이루어졌다.	□	□
· 가족원이 더 효과적으로 의사소통하고 있다.	□	□
· 가족원이 학대로부터 안전하다.	□	□
· 공식적인 지지망이 유용하고 가족이 이용방법을 알고 있다.	□	□
· 가족은 필요할 때 전화할 수 있는 적절한 비공식 망을 가지고 있다.	□	□
· 가족 혹은 개인 성원이 지역사회 내 전문 서비스에 의뢰되었다.	□	□
· 가족이 전문 서비스로 의뢰하는데 동의한다.	□	□
· 가족은 매일의 일상생활에서 기능하는 기술을 배웠다.	□	□
· 모든 가족원들의 기본적인 신체적 욕구가 충족되고 있다.	□	□
· 사회복지사와 가족은 가족의 현재까지의 진전을 평가해오고 있다.	□	□

· 가족은 주어진 서비스에 만족한다.	□	□
· 모든 가족원은 개입의 결과로 한층 더 나아졌다.	□	□
· 가족은 그들이 이룬 변화에 대한 리사이틀을 경험할 수 있다.	□	□
· 가족원들은 변화를 이루는데 그들이 기여한 역할을 알고 있다.	□	□

3) 진전을 견고하게 하기

종결의 세 번째 단계는 달성된 목표를 유지하고 확립하는 방법을 강조하기 위해 미래에 대해 이야기하는 것이다. 가족이 미래의 목표를 성취하는 전략을 개발하도록 돕는 것은 이미 획득한 것을 확고하게 하는 탁월한 방법이다. 가족이 다른 지역사회 지지체계로 전환할 수 있도록 가족사회복지사는 적절한 시기에 도움을 줄 수 있다.

가족의 성취도를 재검토하는 것은 또한 가족사회복지사 자가 평가의 중요한 요소이다. 클라이언트의 행동은 성공을 결정하는 중요한 요인이지만, 다른 요인도 또한 중요하다. 가족사회복지사는 가족과 함께 작업하는 동안에 획득하게 된 전문가의 학습내용을 기록할 수 있다. 가족사회복지사가 전문가로 보다 더 성장하는 것은, 사례의 결과가 좋고 나쁜 것과 무관하게 새로운 기술들을 습득하고 기존의 기술들을 개선함으로써 이루어진다. 가족사회복지사는 다양한 방법으로 배운 점을 표현할 수 있다. "나는 인내했다", 나는 자살하려는 사람과 함께 일하는 법을 배웠다", 혹은 "다루기 어려운 아동 행동을 관리하는 방법을 부모에게 가르치는 기술이 더욱 발전하였다".

종결은 끝이 아니라 전환이다. 종결을 이런 방법으로 클라이언트에게 묘사하는 것은 성취한 것을 인식하게 하고, 더하여 이제부터 다시 새롭게 시작한다든 것을 의미한다. 원조관계에 참여하는 것은 자기 자신과 가족, 그리고 원조과정 자체에 대한 믿음이 필요하다. 가족사회복지사가 가족이 변화하도록 혹은 바라던 목표를 달성하도록 돕는다는 명확한 증거를 보여주지 못하더라도 그들의 노력은 클라이언트의 삶에 중요한 차이를 가져올 수 있다. 또한 어떤 개입은 즉각적인 결과로 나타나지 않지만 미래에 그 영향력을 발휘할 수 있다. 가족사회사업은 가족원들이 스스로에 대해 다르게 볼 수 있게 하고, 이후의 도전에 대해 적절하게 대처할 수 있다는 보다 나은 확신을 갖게 하며, 또한 새로운 기술과 지지적인 사회망을 얻을 수 있게 한다. 이러한 부분은 가족에게 매우 유익하다. 가족사회복지사가 자신의 노력이 헛된 것이 아니라고 믿는 것은 가족과의 작업을 종결한 이 후에 느낄 수 있는 후회를 감소시킨다.

4) 가족사회복지사에게 피드백 제공하기

공식적인 종결에서 대면 토론을 하는 것은 중요하다. 마지막 세션에서 성과에 대해 평가할 수 있다. Gurman과 Kniskern(1981)은 문제를 경험하고 있는 하위체계뿐 아니라 전체 가족 단위에서 변화된 향상을 평가하라고 권한다(예를 들면, 부부하위체계와 가족성원 개인의 기능). 첫 번째 단계는 가족이 지각하는 성공을 가족과 함께 평가한다. 가족사회복지사는 가족성원에게 "우리가 함께 작업하는 동안 가장 도움이 되었던 점은 무엇인가요?" 그리고 "변화되지 않은 것 중 변화를 바라는 것은 무엇이 있나요?" 라고 질문할 수 있다. 이러한 질문으로, 가족은 과정 중에서 잘한 점과 부족한 점들에 대해 지적할 수 있는 기회를 갖게 된다. 또한 사회복지사는 가족들이 지적한 사항들을 통해 피드백 받게 된다. 사회복지사는 피드백에 방어적으로 반응하지 않고 감사를 표현하며, 가족원의 기여가 이후의 개입에 도움이 될 것이라는 것을 알린다. 마지막 시간에 평가하는 작업과 더불어 비교자료를 얻기 위해 다른 측정 도구나 사정 도구를 사용할 수 있다.

5) 종결 이후의 문제를 다룰 수 있도록 가족을 준비시키기

종결의 마지막 단계는 가족들이 이 후의 도전들, 즉 변화나 실패를 가져올 수 있는 도전에 대해 예견하게 하는 것이다(Nicholes & Schwartz, 1998). 사회복지사는 가족이 그런 도전을 다루기 위해 계획한 것을 묘사해 보라고 요구해야 한다. 또한 가족사회복지사는 이런 테마를 가족 강점을 강화하고 새로 개발한 기술을 강화하는데 사용할 수 있다. 가족이 미래를 준비하게 하는 또 다른 방법은 모임의 간격을 점점 늘리면서 가족원들이 프로그램에 의존하는 것을 줄여나가도록 격려하는 것이다.

어떤 기관은 사회복지사에게 종결 이후에 클라이언트를 사후 방문하도록 요구한다. 이러한 사후지도는 가족이 재발에 취약할 시기에 "두 번째 예방주사(booster shot)"가 된다. 사후지도 서비스는 과도기에 가족을 도울 수 있다(Lum, 1992). 가족사회복지사는 가족이 취약한 시기에 오래된 패턴에 다시 빠져들지 않도록 예방하기 위해 단기간 가족에게 다시 개입할 수 있다. 가족이 취약할 수 있는 기간은 가족의 특징과 경험해 온 문제의 유형에 따라 다르다.

다음은 가족사회사업에서 성공적으로 종결을 이룬 사례이다.

Lindy Stein과 그녀의 부모인 Mary와 Todd는 가족사회복지사인 Betty Chess와 가족사회사업에 참여하였다. 그 가족이 의뢰된 경위는, 15세 된 Lindy가 가출하여 일주일동안 행방불명되어 가족사회복지기관에 연결되면서 이루어졌다. Lindy는 가출 전에 여러 번 학교에 무단 결석하였고 부모와 교사에게 반항하였다. 성적은 평균 A에서 C, D로 떨어졌고, 미성년자 알코올 소유로 적발되기도 했다.

Mrs. Chess는 사정을 하면서 Lindy의 행동은 부모의 별거와 연이은 이혼에 대한 반응이라고 판단하였다. 이혼은 부부에게도 힘든 것이었다. 부부는 서로 분노하였고 Lindy를 자신들의 싸움 가운데 두고 있었다. Lindy는 좌절감과 부모에게 자신의 요구와 느낌을 적절하게 표현하는 능력이 부족하여 이러한 행동들로 반응한 것이다.

Mrs. Chess는 Lindy가 자신의 느낌에 대해 부모와 의사소통 하는 것을 배우도록 개입하였다. Mary와 Todd는 그들의 갈등이 딸에게 얼마나 영향을 주었으며 학교와 가정문제에 얼마나 영향을 미쳤지를 알게 되었고, 그때에서야 둘의 싸움을 중단해야 할 필요성을 인식하였다. 그 결과 Mary와 Todd는 Lindy에게 효과적으로 공동부모역할을 할 수 있도록 Mrs. Chess가 자신들을 가족상담에 의뢰하는 것에 동의하였다.

Mrs. Chess는 Stein가족이 종결을 준비하도록 하면서 가족사회사업의 경험에 대한 리사이틀을 하게 하고 이후 그녀가 직접 가족이 얻게 된 점에 대해 요약하는 시간을 따로 마련하였다. 종결세션에서 Mrs. Chess는 종결이라는 것을 알리면서 가족에게 피드백을 받았다. 그녀는 가족들에게 가족사회사업에서 가장 도움이 되었던 점과 가장 도움이 되지 않았던 점을 평가하도록 했다. 종결세션 끝에 Mrs. Chess는 가족에게 이후의 문제를 예상해보게 하고 그것을 다루기 위해 어떻게 계획할 것인지를 설명하도록 했다. 개입을 통해 새롭게 배운 기술을 재검토하는 것은 Mrs. Chess가 가족의 의사소통기술 개선을 축하할 수 있는 기회를 제공한다. Mrs. Chess는 Stein이 향상을 확고하게 하고 그들의 상호작용을 지속적으로 개선할 수 있도록 상담으로 의뢰하였다. Chess는 또한 Stein에게 사후지도 서비스가 필요할 때마다 자신과 "두 번째 예방접종 세션(booster session)"을 가질 수 있다는 점을 상기시켰다.

❖ 미래를 위한 제안

당신의 실무 현장에서 다룬 한 가족을 예로 하여 가족이 종결 이후에 향상된 점을 유지할 수 있게 하는 몇 가지 제안들을 기록하라.

이후에 가족에게 다시 개입하게 되었을 때, 가족사회복지사는 사후지도 접촉을 "자문(consultation)" 혹은 "두 번째 예방접종(booster shot)"이라고 부른다. 가족성원들은 자신들이 변화를 책임지고 있고 가족사회복지사는 격려자로서 그리고 정보제공자로서 단기로 개입한다는 것을 느낀다면 문제를 더 빨리 다룰 가능성이 있다. 사회복지사는 자문을 실패의 표시라기보다 건강한 신호로 간주할 수 있게 해야 한다.

4. 종결하기에 적절한 시기

세션의 빈도를 줄이는 가장 좋은 시기는, 향상이 이루어지고 목표가 달성되고 가족이 안정되어 있다는 신호가 보일 때이다. 대부분의 가족은 자신들의 문제해결능력이 향상되었다는 것을 확인할 수 있을 때 종결에 동의한다. 만일 가족이 종결을 받아들이기 힘들어한다면, 가족사회복지사는 "무엇이 당신들을 문제로 되돌아가게 하나요?"와 같은 역설적인 질문으로 가족원들에게 이미 이룬 변화에 대해 자각하게 할 수 있게 한다(Tomm & Wright, 1979).

가족이 사회복지사에게 지나치게 의존할 때에도 세션의 빈도를 감소시킬 필요가 있다. 이 때 준전문가가 그 가족의 주요한 지지체계가 될 수 있는데, 이는 가족들에게는 아직 다른 지지체계가 없고, 때문에 준전문가는 가족원들에게 지지적인 힘이 되어 활동하게 된다. 의존을 피하기 위해서 가족사회복지사는 세션의 빈도를 감소시키면서 동시에 가족을 위한 공식적이고 비공식적인 지지를 동원할 수 있다. 가족이 세션의 빈도를 줄이는 것에 저항한다면 가족사회복지사는 그 문제에 대해 토론하고 모든 가족원의 지지를 이끌어내야 한다 (Tomm & Wright, 1979). 가족성원은 모임이 모두 종결된다면 자신들이 대처할 수 없을 것이라고 걱정할지도 모른다. 가족사회복지사는 "이 모임이 끝난다면 무슨 일이 일어날 것 같습니까?" 를 질문하고, 가족원들의 걱정을 개방적으로 토론함으로써 최악의 시나리오가 발생하는 것을 방지할 수 있다.

1) 조기 종결자와 중도 탈락자

때로 가족은 간접적인 방법으로 종결한다. 어떤 사람은 계획된 모임인데 집에 없을 수 있고 또 어떤 가족원은 마지막 순간에 전화를 해서 취소하기도 한다. 그 외의 약속에서도 가족성원은 가족사회복지사와 미리 정한 모임에 나타나지 않는다(Barker, 1981). 가족이 탈락을 고려한다는 또 다른 힌트는 그들이 가족사회사업에 대해 불만족을 표현하면서, 근무시간에 빠져야 하고 다른 약속을 다시 정해야 한다는 등 가족 세션 참여에 따르는 실질적인 문제에 대해 이야기할 때이다. 패턴이 형성(연이어서 여러 번 약속을 지키지 않으면)되는 것을 발견하게 될 때, 사회복지사는 이를 토론 주제로 다룰 것을 제안한다.

조기에 작업을 중단하는 것과 중도 탈락에는 차이가 있다. 조기 종결의 경우, 가족원들은 사회복지사에게 떠나는 것을 통보하고 이의 이유를 알리려 한다. 가족의 40%가 6세션에서 10세션사이에 작업을 종결(Worden, 1994)하지만 가정기반서비스의 경우에는 이보다 적다는 것을 기억해야 한다. 가족이 종결을 결정했다고 사회복지사에게 알린다면 가족사회복지사는 그 사실을 인지하고 종결 이유에 관해서 정보들을 유도해내야 한다. 작업은 클라이언트 결석, 저항, 가족을 더 이상 받아들일 사회복지사의 능력 부족 혹은 가족성원과 사회복지사 사이의 성격 갈등 때문에 그만두게 될 수 있다. 클라이언트에게서 얻어낸 정보는 가족사회복지사가 시간적으로 적절한 종결과 부적절한 조기 종결 사이를 구분할 수 있게 할 것이다.

조기 종결 유형 중 하나는, 클라이언트가 갑작스럽게 자신이 향상되었다는 것에 대해 과시할 때 발생한다 : 이것은 "건강으로의 질주(flight into health)" (Tomm & Wright, 1979) 혹은 "위조된 행복(faking good)"이라고 부른다. 가족이 변화를 위협으로 볼 때 "위조된 행복"이 될 수 있다. 문제가 해결되었다고 가족사회복지사에게 말하고 지속되던 문제가 단기간동안 일시적으로 중단되기조차 한다. 가족이 작업을 끝내기 원한다고 말하지만 가족사회복지사가 종결이 빠른 것 같다고 판단한다면, 가족사회복지사는 문제를 재검토하는 종결의 리사이틀 단계로 옮겨가야 하고 새로운 계약을 재협상 할 수도 있다. 그러면서 가족사회복지사와 가족은 변화를 요약하고, 계속 남아있는 문제를 규명하고, 달성해야 할 목적을 가려낼 수 있다. 가족의 의사결정 특성을 이끌어내는 것은 도움이 된다. 가족사회복지사는 가족이 그만 두기로 결정하는 때와 그 결정을 부추기는 요인이 무엇인지를 발견할 수 있다.

종결을 피할 수도 있지만 때로 조기 종결은 불가피할 수 있다. 이런 경우, 가족사회복지사는 가족들의 결정과 일치하지 않더라도 부적절하게 압력을 주지 않고 가족들이 결정한 종결을 수용해야 한다(Tomm & Wright, 1979).

조기 종결은 법원 명령으로 상담에 참여한 클라이언트와의 사이에서는 더욱 피하기 어려울 수 있다. 그들은 법원 명령 기한이 끝나는 날 갑자기 저항할 수 있다. 이런 결과를 막는 한 가지 방법은 치료 명령에 대한 가족원들의 반응에 대해 서로 토론하도록 격려하는 것이다. 가족 사회사업에서 중도 탈락하는 법원명령 가족은 그러한 결정이 가져올 결과에 직면할 수 있어야 한다. 조기 종결은 아동복지 당국 혹은 법정에 통보해야 하는 것을 의미한다.

이상적으로 종결은 제시된 문제가 해결된 이후에 이루어진다. 가족이 문제를 피하지 않고 대처하는 능력은 종결 준비의 중요한 지표이다(Freeman, 1981).

종결 활동은 치료의 시작과 중간단계가 성공적으로 마무리되었다면 순조롭게 진행된다. 가족사회사업과정을 효과적으로 진행할 수 있는 가족사회복지사는 종종 작은 목표를 설정하고 계획한 상담기간 내에 목표를 어느 정도 달성했는지 그 향상 정도를 평가할 것을 제안한다. 가족사회복지사가 중요하게 결정해야 할 대부분은 상담을 끝내는 시기에 관련된 것들이다. 이상적으로 종결은 목표가 달성된 이후에 이루어져야 한다.

가족사회복지사는 가족이 도움을 더 필요로 하는지 혹은 스스로 자신의 문제를 해결할 수 있는지를 사정해야 한다. 종결이 어떻게 이루어지든 사회복지사는 가족사회사업동안 이룬 것에 대한 모든 사람의 지각을 정직하게 토론하도록 이끌어야 한다.

2) 종결 시 가족사회복지사의 과업

- 가족사회사업의 기능과 한계를 인식한다
- 가족사회사업과 가족치료의 차이를 인식한다
- 가족이 가족사회사업 종결 이후에 달성해야 할 목표를 규명하도록 돕고, 가족사회복지사의 역할과 다른 원조자의 역할에 대해 비교 설명한다
- 종결 이후에 가족을 지원할 수 있는 지역사회자원을 규명하고, 가족이 이러한 자원과 연결될 수 있도록 돕는다
- 종결과 관련된 느낌을 나누도록 격려한다
- 가족과 그 가족원들의 강점을 규명한다

3) 피해야 할 역기능 행동

- 가족과 종결을 토의하는 것에 대해 주저하는 것
- 종결을 미루는 것이 정당화되지 않았음에도 종결을 연기하는 것

- 작업 중단에 대한 가족성원의 느낌에 대해 토론하기를 피하는 것
- 가족사회사업이 변화를 일으키는데 기여한 역할을 과소 평가하는 것
- 문제해결 노력에 대한 가족의 공로를 인정하기 싫어하는 것

5. 클라이언트를 다른 전문가에게 의뢰하는 방법과 시기

클라이언트를 다른 전문가에게 의뢰하는 것은 여러 가지 이유에서 필요할 수 있다. 가족사회복지사는 가족이 한 전문가에게서 다른 전문가에게로 순조롭게 전환(transition)하도록 도울 수 있는 특정한 기술이 필요하다. 가족을 다른 전문가에게 의뢰하는 주요한 이유는 다음과 같다.

- 가족이 전문가의 도움을 필요로 할 수 있다. 가족사회복지사가 모든 영역에서 전문가라고 기대하는 것은 비현실적이다. 문제가 복합적일 때 다른 전문가의 도움이 필요하다. 의뢰는 자문 혹은 깊이 있는 치료 중 하나일 수 있다. 의뢰 이후 가족사회복지사는 치료 협력자(treatment collaborator)에서 전임 원조자(former helper)에 이르기까지 다양한 역할을 할 수 있다. 예를 들어, 가족 내에 성인이 아동을 성적으로 학대했다면 범죄자 치료 전문가와 의논하는 것은 중요하다. 가족사회복지사는 정신과 의사의 자문을 얻도록 가족을 의뢰할 수 있지만 자문상담이 끝날 때까지 가족과 계속 만나야 한다.
- 가족성원의 문제가 특별한 사정과 치료 자원이 가능한 기관에서 맡아야 하는 경우도 있다.
- 가족이 사회복지사가 담당하고 있는 지역 이외의 지역으로 이사했지만 지속적으로 원조가 필요할 때, 새로운 지역의 사회복지사에게 의뢰해야 한다.
- 가족사회복지사는 가족을 의뢰해야 할 때 자신이 부족하다고 생각해서는 안 된다. 의뢰하는 것은 좋은 상담기술만큼이나 지역사회 내 자원에 대한 광범위한 지식을 필요로 한다.

클라이언트는 의뢰에 앞서 준비되어야 한다. 가족사회복지사는 의뢰하는 이유와 의뢰가 가족에게 얼마나 유익한지를 설명해야 한다. 예를 들어, 가족문제 중 가족성원의 알코올 중독의 문제가 포함되어 있다고 판단했다면, 가족사회복지사는 알코올 중독 문제를 갖고 있는 가족원과 가족들을 중독치료에 의뢰할 수 있다. 의뢰를 용이하게 하기 위해 가족사회복지사는 새로운 원조자에게 그 가족의 사례를 요약해줄 수 있고 가능하다면 복사본을 가족에게 줄 수도 있다. 적절한 의뢰 자원을 선택하는 것은 중요하기 때문에 동료와 슈퍼바이저에게 어떤 기관이 가족의 욕구를 가장 잘 충족시킬 수 있는지 의논할 수 있다.

사회복지사와 이미 라포를 형성한 가족을 다른 원조자에게 의뢰하는 것은 어려울 수 있다. 가족사회사업기관을 좋아하지 않는 이유에 대한 어머니의 비평은 이러한 어려움을 표현한다.

> 우리는 누군가에게 인계되는 것을 원하지 않는다. 우리는 기계가 아니다. 우리는 사람이다. (가족사회복지사와) 우리 가족은 굉장한 라포를 형성했고 신뢰할 수 있었으며 효과적이었다. 그는 할 일을 다했다고 생각했을 때 상의 없이 빠져나갔다. 역동의 가동성(workability)에 대해서는 아무 고려가 없었다. 이것은 아주 깊고 개인적인 문제들이다 … 마음에 들지 않는 한 내 가족에 개입하는 것을 원치 않는다 … 나는 도움을 받기 원하지만 나는 단순히 '사례' 가 아니고 '인간' 이다 … 가족과 잘 작업하는 누군가를 떼어 낸다는 것은 정말로 해로운 일이다 … 만일 (가족사회복지사)가 6개월 동안만 머물렀다면 (아동)은 1년 동안 배치(placement)되어 있지 않았을 것이고 (기관)은 수천 달러를 아낄 수 있었을 것이다(Coleman & Collins, 1997).

이 어머니의 이야기에서 알 수 있듯이 다른 가족사회복지사에게 의뢰하는 것이 어떤 가족에게는 어려울 수 있다. 첫 번째 사회복지사와 정서적으로 결합되었을 수도 있고, 다시 계약하고 신뢰를 구축하는 경험을 원치 않을 수도 있다. 기존의 가족사회복지사가 새로운 사회복지사와 가족이 만나는 첫 모임에 참여한다면 의뢰는 더 효과적일 수 있다. 이것은 의뢰를 인간화하는 것이며, 낯선 사람과 다시 시작하는 데 따르는 가족의 걱정을 완화할 수 있도록 돕고 새로운 사람에게 신뢰하는 방법을 배울 수 있게 한다. 의뢰하기 이전에 가족사회복지사는 가족원들이 자신들의 걱정을 표현하고 의뢰에 대해 질문할 수 있도록 격려해야 한다. 마찬가지로 새로운 원조자는 의뢰 이유를 가족과 함께 명확히 해야 하고 가족이 오해하고 있다면 이것을 풀 수 있도록 해야 한다. 가족과 새로운 원조자에게 의뢰에 대해 충분하게 설명할 때 의뢰는 가장 순조롭게 진행된다.

6. 가족사회사업의 결과 평가하기

가족사회사업에서 긍정적이고 극적인 결과가 나타난다 해도, 이러한 긍정적인 변화가 종결 이후 얼마간 지속되고 유지되는가에 따라 성공 여부를 측정하게 된다. 사회복지사는 가족에게서 종결 이후의 사후 정보를 얻는 것이 바람직하다. 성과에 초점을 두는 것은 가족사회복지사가 변화를 지향하는 개입을 하고, 현실적으로 변화할 수 있는 문제에 초점을 둘 수 있게 하며, 가족들 스스로 자신의 문제에 대해 대처할 수 있는 방법을 생각하도록 돕는다(Haley, 1976). 사후 접촉할 때 가족사회복지사는 이것이 일상의 실무(예를 들면, "우리는 같이 작업했던 가족들이 어떻게 지내고 있는지 알기 위해 항상 연락을 한다")라는 것을 설명해야 한다. 가족사회사업에서 일어난 변화를 강화하는 것과 마찬가지로, 명확하고 특정한 목적을 염두에 두고 사후지도를 하는 것 또한 중요하다. 성과를 강화하기 위해 사후지도 세션을 대면하여 수행할 것을 제안한다.

❖ 평가와 사후지도 절차

당신이 가족과 함께 한 작업의 효과성을 평가하는 절차를 기록하라

가족사회사업에서 달성해야 하는 변화의 정도는 모든 수준에서, 즉 개인, 부모-자녀, 부부, 가족체계에서 사정되어야 한다. Gurman과 Kniskern(1981)은 "높은 수준의 긍정적 변화는 개인적인 수준보다 체계적(전체가족) 혹은 관계성

의(이원적인) 상호작용 수준에서 개선이 이루어질 때 발생한다"(p.765)고 제시하였다. 즉 논리적으로 볼 때 가족 개개인의 변화는 가족체계 변화를 필요로 하지 않지만, 체계의 안정된 변화는 개인의 변화와 각 개인들의 관계성의 변화 모두를 필요로 한다. 또한 관계의 변화는 개인의 변화를 필요로 한다.

결과를 측정하는 또 다른 방법은 사회복지사의 성과를 평가하는 것이다. 가족사회복지사의 유능함은 가족사회사업의 성공에 중요한 요인이다. 가족의 행동을 변화시키기 위해 목표를 설정하는 것 자체가 변화과정을 돕는 것처럼, 전문가의 활동과 관련된 목표를 설정하는 것은 전문기술을 발전시키는 데 도움이 된다. 다음은 사회복지사의 자기평가 양식이다.

〈그림 10-2〉 가족사회복지사의 자기평가 양식

- 나는 이 가족과 작업할 때 다음의 새로운 기술을 발전시켰다:

- 특정 문제영역에서 함께 작업하는 기술:

- 개입의 새로운 기법:

- 강점과 문제영역에 대한 자각:

- 이 가족과 함께 작업했을 때 다음에서 최선의 개입이 이루어졌다:

- 이 가족과 함께 작업했을 때 나는 다음과 같은 사항들을 더 잘할 수 있었을 것이다:

7. 요약

이 장에서는 가족사회복지사와 클라이언트 가족의 관계를 종결하는 과정을 기술하였다. 종결은 가족의 성취를 요약하는 것, 남아있는 문제를 재검토하는 것, 이후의 작업을 결정하는 것, 사후지도, 혹은 의뢰를 포함한다. 종결은 세 가지 이유로 발생할 수 있다. 즉, 종결이 미리 결정되어 있고 시간 제한적일 때, 가족의 목표가 달성되었을 때, 그리고 가족 혹은 가족사회복지사가 중단하기로 결정했을 때이다.

성공적인 종결 단계는 ①클라이언트가족과 함께 하는 가족사회사업의 리사이틀 과정, ②변화에 대한 자각을 유도하는 것, ③사회복지사와 가족이 얻은 점을 확고히 하는 것, ④가족이 가족사회복지사에게 피드백을 제공하는 것, ⑤가족이 종결 이후의 문제를 다룰 수 있도록 준비하게 하는 것을 포함한다. 종결을 종료(ending)보다 전환(transition)으로 묘사하는 것은 가족과 가족사회복지사 모두의 구미에 더 맞을 수 있다.

가족 개입 초기에 세션의 횟수를 계약함으로 시간제한을 갖는 것은 목표 달성을 촉진하도록 한다. 적절한 향상이 이루어졌을 때 종결을 준비하도록 가족을 돕는 방법으로 세션의 빈도를 감소시켜 나갈 수 있다. 다른 전문가에게 의뢰하는 것은 어떤 사례에서는 필수적이다.

긍정적인 변화에 대한 가족의 공로를 인정해 주는 것은 클라이언트의 자존감, 유능함, 독립의 동기를 증가시키는 탁월한 방법이다. 가족이 가족사회사업 동안 거의 향상을 보이지 않을 때에는, 가족 문제 해결을 위한 가족성원들의 긍정적인 노력을 인정해 줄 수 있다. 가족사회복지사는 진전이 부족한 이유를 판단하는데 도움 받기 위해 슈퍼비전이나 자문을 찾을 수 있다. 체계적인 평가와 사후 절차를 실행하는 것은 가족사회복지사가 자신의 활동을 분석하고 개선을 위한 목표를 설정하도록 돕는다.

제 11 장

성인지적 사회복지실천

역사적으로 남자는 여자보다 더 많은 권력을 행사해 왔다. 남자는 법을 제정하고 재산을 관리하고 가정에서 가장으로 인정되어 온 반면, 여자는 가정에서 대부분의 가사노동을 하면서도 그 가치를 거의 인정받지 못했다. 최근 몇 십 년 동안 여성이 사회활동과 정치에 참여하면서 이러한 유형은 변화되어 왔으나, 여전히 남녀간의 권력 불평등은 남아 있다. 역사적으로 성불평등의 양상이 오랫동안 유지되어 왔기 때문에, 가족사회사업 분야에서 일하는 사회복지사들은 억압받고 학대받는 여성문제에 접하게 된다.

가족사회복지사들은 학대받는 여성들이 자신의 환경에 적응하기보다는 오히려 자신의 삶을 스스로 통제할 수 있도록 그들의 권한을 강화하는데 역점을 두고 있다. 사회복지사가 학대받는 여성들에게 권한을 강화하도록 지원하는 것은, 억압적인 부부관계를 변화시키는 방법을 찾고 그들에게 적합한 선택을 할 수 있도록 도와주는 것을 의미한다. 따라서, 성인지적 개입(gender-sensitive interventions)은 가족사회사업에 가장 잘 적용될 수 있는 개입방법이며, 특히 배우자에게 억압받거나 학대받는 여성의 가족에게는 가장 적합한 개입방법이다.

성인지적 가족사회복지사는 전통적인 개입을 하는 가족사회복지사의 관점에 대해 문제제기를 하는데, 특히 순환인과관계를 강조하는 것에 대해 문제를 제기 한다. 성인지적 가족사회복지사는 학대받는 여성도 학대 상황의 유지에 책임이 있다는 전통적 관점에 반대하며, 부부간의 권력 불평등에서 학대가 일어난다고 보고 있다.

성인지적 접근을 수행하기 앞서, 가족사회복지사는 남녀에 대한 자신의 가치관을 다시 한 번 점검해야 한다. 우리들은 성별에 따른 불평등한 개입에 익숙하기 때문이다. 성인지적 사회복지사는 가족 역동에 생태학적 관점을 적용하여, 가족의 내적 기능수행에 영향을 미치는 가족환경과 사회환경에 관심을 기울여야 한다. 따라서 성인지적 사회복지사는 가족 내의 변화는 사회 변화에 영향을 미칠 수 있고, 사회의 변화는 다시 가족의 삶을 개선시키는 데 영향을 미친다는 것을 인식해야 한다.

1. 성인지적 사회복지실천 대 전통적인 가족치료

성인지적 가족사회사업은 가족생활에 대한 페미니스트 관점을 기초로 한다. 가족에 대한 페미니스트 관점은 "임상 모델이나 임상 기술이 아닌 성 역할에 따른 불평등과 그 불평등의 영향에 대한 시각, 태도"(Carter, 1992: 66)로 설명된다. 페미니스트이론은 가족사회복지사가 성인지적 개입을 할 때 철학적 기반이 되는데, 이는 가족내의 엄격하고 전통적인 성역할로 인해 일어나는 여러 가지 문제들에 대해 민감하게 관심을 갖는다. 따라서 페미니스트 사회복지사는 가족관계에서 권력 불평등의 부정적인 영향과 성 역할에 기반을 둔 불평등에 초점을 둔다.

페미니스트들은 가족치료의 발달에서 문화적이며 역사적인 편견이 포함되어 있음을 지적하며, 전통적인 가족치료의 기본적인 가정 중 일부에 대해 문제를 제기한다(Nichols & Schwartz, 1998). 페미니스트들은 가족치료자들이 갖고 있는 성에 대한 편견, 즉 남성은 합리적이며 독립적인 성향을 갖도록 사회화되어 온 반면 여성은 감정적이며 의존적이 성향을 갖도록 사회화되어 왔다고 설명한 것에 대해 비판하였다. 그리고 초기 가족치료자들이 제시한 "정상의 가족구조"에 대해서도 성 불평등에 기반한 것이라고 비판하였다. 페미니스트 사회복지사는 이러한 남성 중심의 세계관이 여성의 행동을 연약함, 수동성, 가학성, 열등성과 연결하여 해석하는 것으로 보고있다.

1980년대 페미니스트들은 가족체계이론을 비판하기 시작했다. 특히 이 이론의 일부 가정, 즉 가족체계 내에 있는 구성원들은 모두 가족문제에 기여한다는 가정에 대해 크게 비판하였다. 페미니스트들은 이 가정은 가족구성원들이 동등한 권력을 지닌 지위를 갖고 있다는 전제에서만 가능한데 실제로는 그렇지 않기 때문에, 그 가정에 기초한 가족체계이론의 주요 개념들, 즉 순환인과관계(circular causality), 중립성(neutrality), 상호보충성(complementarity), 항상성(homeostasis)과 같은 개념에는 문제가 있음을 알아냈다.

순환적 인과관계란 가족 구성원들의 상호관계는 지속적이며 서로 서로 영향을 미친다는 것을 의미하는 것인데, 페미니스트들은 이 개념이 학대상황을 합리화시키는 궤변적인 개념이라고 강조하였다(Goldner, 1985a). 가족폭력 상황에서 순환적 인과관계는 가해자와 희생자가 "문제"를 만들어 내고 유지하는데 동등하게 관련이 있다고 본다. 그러나 페미니스트들은 학대받는 여성들이 가족폭력 상황에 대해 동일한 책임을 갖는 것이 아님을 주장함으로써 가족치료이론에 대해 반기를 들고 있다.

중립성(neutrality)의 개념 또한 체계 내 구성원들이 문제를 일으키고 유지하는데 동등하게 기여한다고 보는 개념으로, 페미니스트들은 이 개념이 가족 구성원 간 권력의 차이를 간과하고 있다고 평가한다. 사회복지사들이 가족문제를 한 명의 가족원에게 전적으로 책임을 부과하지 말아야 한다는 주장에 페미니스트들은 반대하며 전통적인 가족치료자들이 중립성을 유지함으로써 가족 내 문제상황을 지속시켜 왔다고 비판하였다.

그리고 페미니스트들은 상호보충성(complementarity)의 개념에 대해서도 문제를 제기하며, 가족생활에서 성 역할 차이는 적절하다는 견해에 특히 반대한다. 전통적인 사고에 의하면, 남자는 가족의 경제를 책임지고 여자는 가족원을 위한 보호와 가사서비스를 책임지도록 역할이 부과되어 왔다. 즉, 여자의 역할이란 가족생활이 잘 영위되도록 가사를 책임지고 아동양육을 하는 것이다(Eichler, 1997). 페미니스트들은 가사의 역할은 중요한 것으로 인정되고 있지만, 실제로 사회에서 가사노동의 가치는 거의 인정받지 못해왔음을 지적한다(Pogrebin, 1980). 게다가, 여성은 가족의 정서적인 복지에도 책임을 지도록 사회화되어 왔다. Goldner(1985a)는 "우리는 어머니들을 마치 가족생활과 외부세계 사이의 상호작용을 책임지는 문지기로 생각하고 있으며, 또한 가족 내 의사소통의 패턴을 규정하는 교환대(switchboard)로 여기고 있다"(p.39)고 하면서, 이러한 편견에 대해 강력하게 지적하고 있다.

가족사회사업에서 성에 대한 편견 중 하나는 가족원의 문제 또는 가족 전체의 문제에 대해 어머니에게 그 책임이 있다고 보는 일부 전문가들의 경향이다. 그동안 어머니들은 절대적으로 또는 유일하게 자녀를 사회화시키는 존재로 여겨져 왔다(Mackie, 1991). 아동의 문제가 어머니로 인해 일어났다고 보는 접근은 현재에도 보편적이며 이는 문제의 초점을 흐리게 한다(Caplan & Hall-

McCorquodale, 1985). 아동의 애착장애(Bowlby, 1969), 아동 정신분열증(Weakland & Fry, 1974) 뿐 아니라, 최근에는 성 학대 문제(Trepper & Barrett, 1986)에서도 적절하지 못한 '어머니 역할수행(mothering)' 이 첫 번째의 원인으로 꼽히고 있다. 또한 어머니들은 그 자신이 학대받는 상황에서도 비난받아 왔는데, 선행연구에 따르면, 어머니들은 학대자와 과도하게 밀착되어 있거나 관계가 소원하기 때문인 것으로 나타나고 있다. 그들은 너무 무능하거나 너무 유능하며, 너무 냉정하거나 너무 온정적인 문제를 가진 것으로 묘사된다.

아동문제에 대한 생태적 접근에서는, 아동문제의 원인으로 어머니를 강조하고 있으나 이에 반해 아버지의 역할에 대해서는 거의 언급되지 않고 있다. 심지어 어머니들은 성인 아들의 문제에 대해서도 그 문제의 원인이 되고 있다(Caplan & Hall-McCorquodale, 1985).

가족체계이론의 중심적인 내용은 가족을 유기체로 보고, 균형과 항상성을 유지하려는 존재로 강조하는 것이다. 가족기능에 대한 이러한 견해는 가족원 개인의 책임을 감소시키는데, 그것은 가족원의 모든 행동은 항상성을 유지하려는 시도로 이해하기 때문이다. 가족의 항상성을 강조하는 실천방법과 어머니를 문제원인으로 보는 실천방법은 모두 가족체계이론에서 여성에 대한 편견을 지속시키고 있다.

가족사회복지사는 가족문제 중 특히 희생화(vitimaization) 문제에서 항상성이 어떻게 사용되는지에 대해 특별한 관심을 두어야 한다. 예를 들어, 가족체계이론가들은 가족내 성 학대에 대해 아버지가 가해자인 경우에는 '애정표현의 잘못된 시도' 라는 긍정적인 용어로 해석하는 반면, 어머니가 가해자인 경우에는 '통제하지 못한 성적 욕구' 로 해석하고 있다. 또한 학대상황에 대해 아버지의 행동은 긍정적인 의도로 설명되고 있는 반면, 피해자인 어머니에게는 학대상황의 항상성을 유지하는 책임이 있는 것으로 설명된다. Goldner(1985a)의 표현에 따르면, "지금과 같이 모든 책임이 어머니에게 있는 한, 어머니의 과도함 또는 부족함은 실제로 가족생활과 아동의 성장에서 큰 차이를 만들어 낼 것이다" (p.40).

❖ 가족문제에 대한 새로운 시각

당신이 잘 알고 있는 어떤 가족을 생각하시오. 당신은 이 가족의 문제를 어떻게 진단하고 있습니까? 권력과 성 역할을 포함하여 그 문제들을 재정의하십시오.

1) 성인지적 사회복지실천의 생태학적 경향

성인지적 실천을 하는 가족사회복지사는 가족문제를 진단할 때, 그 사회의 성 역할에 대한 태도 및 기대를 규정하는 경제적, 정치적, 사회적 환경의 영향을 고려해야 한다. 성 역할의 사회적인 맥락, 그리고 성 역할과 관련된 관습의 사회적 맥락을 고려함으로써 가족사회복지사는 남자가 배우자를 신체적으로, 정서적으로 학대하는 이유를 좀 더 잘 이해할 수 있다. 또한 여성이 무력감, 무기력감, 통제감 결여 등의 이유로 학대상황에 남아 있게 되는 것도 이해할 수 있다.

전통적인 가족학자들은 가족문제가 사회적으로 규정된 성 역할 및 권력불균형과 연결되어 있다는 것을 인식하지 못하였으며, 따라서 가족관계가 사회제도에 의해 어떻게 영향 받는지에 대해 파악하지 못했다(Goodrich, Rampage, Ellman, & Halstead, 1988: 12). 페미니스트들은 가족학자들이 그동안 생태체계적 사회환경에 대한 분석 없이 가족문제를 진단해왔음을 지적하면서, 이것은 "마치 열쇠구멍을 통해 밖의 퍼레이드를 구경하는 것과 같다"라고 설명했다(Goldner, 1985a: 34).

가족의 역기능 문제는 가족체계 외에 다른 사회체계를 함께 고려할 때 제대로 파악할 수 있다. 페미니스트들은 배우자 학대와 아동학대에서 가족의 기능은 그 사회의 성 역할에 대한 문화적 가치와 신념에 영향을 받고 있다고 설명한다.

2. 가족문제를 지속시키는 사회적 가치

1) 가족 프라이버시

가족 프라이버시에 대한 가치는 친밀한 가족관계에 국가의 방해나 개입이 있어서는 안 된다는 신념에서 생겨났다. Pleck(1987)이 지적한 것처럼, “현대 가족 프라이버시의 옹호자들은 가정이란 개인의 삶에 응집력과 안정성, 그리고 삶의 의미를 제공하며 친밀성이 있는 유일한 공간이라고 주장한다”(p.8).

이와 마찬가지로, 가족원의 행동은 가정 밖의 사람들의 행동과는 다르게 평가되고 있다. “우리는 가정과 그 바깥의 사회를 반대로 생각하는 경향이 있다”(Goldner, 1988: 24). 예를 들어, 가정폭력은 때때로 가족 역동성에 기여한다고 보는 반면, 가정 밖에서의 폭력은 범죄로 보고 있는 것이다.

사회적 고립은 가족 프라이버시의 다른 측면이다. 가족사회복지사는 많은 가족들이 사회적으로 고립되고 사회적인 자원의 혜택을 잘 받지 못하는 것으로 보고 있다. 가족 프라이버시로 인해 가족들은 사회적 지지와 정보에 대한 자원에 잘 접근하지 못하고 있다.

가족사회복지사들은 가족 프라이버시에 대한 개인적 신념이 어떠한지를 먼저 인식해야 한다. 그리고 개인의 신념뿐 아니라 기관정책에 영향을 주는 요인에 대해서도 잘 알아야 한다. 만일 가족 클라이언트가 비자발적일 때, 가족사회복지사는 가족 프라이버시 선을 넘어야 한다. 만일 가족사회복지사가 가족 프라이버시를 어떻게 다뤄야 할지 명확하지 않다면, 예의를 지키기 위해 가족문제를 다루기 어려워진다. 가족사회복지사가 가족에 대해 넘지 못할 선을 그리는 것은 가족사회사업실천에 저해 요인이 된다.

가족 프라이버시를 보호하려는 노력은 사회복지실천에 영향을 미쳤고, 특히 가족학대 상황에 대한 대처에도 영향을 미쳤다.

2) 가족 안정성

가정을 유지시키려는 것은 가족사회복지사의 주요 목표이다. 그러나 가족학대 관련자들을 상담할 때, 가족사회복지사는 두 개의 기본 가치, 가족의 자율성과 아동보호 중에서 하나를 선택해야 한다(Giovanonni, 1982). 이 선택은 사실 어렵다. 그 이유는 가족사회복지사의 성과를 측정하는 지표 중 하나가 그가 개입한 가족들의 가족유지에 있기 때문이다.

전통적으로 가족 안정성을 지속시키는 하나의 방법은, 남자를 "가장"으로 하는 성 역할을 강화시키는 것이었고, 여성의 자립을 지지하는 것은 가족공동체에 대한 위협으로 간주되어 왔다(Cherlin, 1983). Gordon은 "사실상 가족 자율성의 개념은 현대의 정치적 논리에서 만들어진 것으로, 자율적인 시민으로서 여성의 권리에 대한 반대의 개념으로 사용되어 왔다"라고 지적한다(Gordon, 1985: 218). 가족사회복지사가 개입할 때 모든 가족원들의 권한이 강화될 수 있도록 하려면, 성 역할에 대한 자신의 편견을 먼저 검토할 필요가 있다.

전통적으로 성 역할과 관련 있는 가족학대 상황에서도 사회복지사는 가족 안정성을 유지시키려는 노력을 해왔는데, 이는 가부장으로서 남성의 역할을 유지시키려는 것과 같다. 따라서 가족사회복지사는 가족 안정성을 유지하려는 목적이 모든 가족원의 욕구와 일치하는지를 결정해야 하며, 특히 취약한 가족원의 욕구와 맞는지를 살펴보아야 한다. 가족 유지의 실패는 사회복지사의 개입이 실패했음을 의미하는가?

가족 안정성을 유지하는데 중점을 둔 가족사회복지사는 어머니를 개입의 초점대상으로 삼아 왔다. 그것은 전통적으로 어머니가 가족의 복지에 대한 책임을 갖고 있는 것으로 보기 때문이다. 어머니는 자신의 감정을 희생하더라도 가정이 유지되도록 강요받고 있을지도 모른다. Goldner(1985a)가 설명한 바에 따르면, "어머니들은 가정이 제대로 유지되지 않으면, 남편보다 더 많은 위기를 갖게 되고, 더 많은 것을 잃게 될 것이라는 것을 알고 있다…… 전통적인 가정의 붕괴는 남자들에게 새로운 자유를 의미하고 여자들에게는 새로운 종류의 올가미를 의미한다"(p.41).

3) 부부권리와 부모권리

페미니스트 시각에서 볼 때, 결혼은 권력의 불평등한 분배에 기초한 관계로, 대부분 남편들이 우세한 권력을 지닌다. "정말로, 지위는 권력이다"(Munson, 1993: 362). 남편은 보통 1차 생계부양자로, 가장의 지위는 정치 · 사회 · 경제적으로 인정되고 있다. 가장은 대부분 신체적으로도 가장 힘이 강하므로 잠재적인 학대가능성은 다른 가족원들을 위협하기도 한다. 가부장제 사회에서는 전통적으로 여성과 아동을 가장의 소유물로 인정하고 있으며, 이러한 사실로 인해 가정 내에서 가정폭력은 일어날 수밖에 없게 된다(Armstrong, 1987; Nelson, 1987). 따라서 페미니스트 학자들은 전통적인 남편을 결혼관계에서 부인을 희생시키는 사람으로 보고있다.

가족 내에서 권력의 위계는 성 역할과 세대의 영향을 받아왔다. 이 두 요인은 가족의 구조에 영향을 미치고(Goldner, 1988), 가족생활의 근본원리를 제공해 왔다. 가족 내 권력은 사회에서 인정하는 부부권리와 부모권리에서부터 생긴다. 일반사회에서 특권과 권력불평등이 존재하는 것처럼, 가족 내에도 사적인 권력불평등과 특권이 존재한다. 가정에서 여성은 자녀보다 권력이 더 많고, 남편은 부인보다 권력이 더 많다(Mackie, 1991).

❖ 가족사회복지사와 클라이언트에게 미치는 사회적 가치의 영향

다음 세 가지 중요한 사회적 가치는 가족사회복지사의 역할에 영향을 준다 : 가족 프라이버시, 가족안정성, 부부권리과 부모권리. 이 가치의 각각에 대해 당신의 신념을 세 가지 열거해 보시오. 당신이 클라이언트와 일할 때 이 신념들이 미치는 영향에 대해 기술해 보시오.

3. 가족관계에서의 권력불평등

페미니스트들의 가족치료에 대한 강력한 비판 중 하나는 가족치료자들이 가

족 내 권력불평등에 개입하지 않아 결과적으로 권력불평등을 인정하고 있다는 점이다(Dye Holten, 1990). 페미니스트 사회복지실천은 일차적으로 가정 내 권력과 권력분배에 관심을 두기 때문에 페미니스트 이론은 가족관계의 불평등에 초점을 둔다. 페미니즘의 근본적인 목적은 가족관계에서 사용되는 권력은 정당하고 건전해야 한다는 것이다.

가정 내 권력의 두 번째 원천은 사회에서 설정된 성 역할 규범과 관련이 있다. 전통적인 성 역할의 정의가 변화되면서, 성 역할에서의 권력도 변화되고 있다.

가정 내 권력의 세 번째 원천은 정보와 자원의 접근성과 관련이 있다. 사람들은 교육수준을 높임으로써, 그리고 재산, 정보, 사회적 지지와 같은 자원을 좀 더 획득해 가면서, 자신의 권력기반을 마련해 갈 수 있다. 여성들은 대부분 남성보다 경제력이 낮고, 특히 아이를 낳은 후 남편에 대한 경제적 의존이 높아지면서 가정 내 권력이 낮아지게 된다(Mackie, 1991). 여성이 사회적 지위나 경제력이 남편보다 높아지게 되면, 이혼이 더 많아지는 경향도 나타나고 있다.

그리고 가정 내 권력의 네 번째 원천은 성격의 차이로, 성격은 가족생활에서 권력의 배분에 영향을 주기도 한다. 자아존중감이 높은 가족원은 낮은 사람보다, 그리고 외향적이며 자기 주장적인 가족원은 내성적인 사람보다 권력을 더 많이 갖는 경향이 있다.

가정 내 권력의 또 다른 원천은 연령과 생애단계로, 이에 따라 달라지기도 한다. 개인의 권력에 영향을 주는 개인 삶에서의 변화는 때로는 이해하기 어려운데, 그 변화는 대부분 스트레스 사건들이다. 예를 들어, 실직한 남편은 직장을 다닐 때만큼 가정 내에서 지위와 권력을 누리지 못하기도 한다. 개인은 개인적 상황의 변화로 가정 내 권력을 잃게 될 때 슬픔, 분노 등을 느끼기도 한다.

권력의 마지막 원천은 "정서적 요인"으로 가족원들은 사랑과 애정을 베푸는데 능력과 의향의 차이가 있다. 일부 가족원은 사랑, 애정 등의 정서 표현을 억제함으로써 그 동기를 다르게 하기도 한다.

가족 내 권력불평등이 모두 부정적인 것만은 아니다. 예를 들어, 부모는 자녀보다 더 많은 권력을 지니고 있는 것이 당연하다(Brock & Barnard, 1992). 모든 가족들은 가족원의 연령, 성별, 교육수준, 성격, 생애단계에 기초하여 그 가족 나름의 권력역동성을 갖고 있다. 부부는 권력을 행사하는데 이러한 요인들을 예민하게 파악할 필요가 있다.

가정 내 권력은 다른 사람과 나눈다고 해서 없어지거나 잃어버리는 것이 아니다. 사실상, 가정 내에서 권한을 공유할 때 안정감이 높아지고, 가족생활 만족도는 높아지게 된다. 가족회의나 정기적인 부부대화를 통해 가족에게 동일하게 권한을 배분하도록 노력하는 것이 바람직하다. 정서적으로 건강한 가족은 권력을 서로서로 지지하는데 사용하는 반면, 문제 있는 가족은 권력을 통제하거나 지배하는데 사용한다. 가족원들이 모두 권한을 적절하게 사용하게 될 때 가족원의 능력이 개발되고 이익이 증가된다.

성 역할이 가족 내 권력과 관련이 있는 것과 상관없이, 사회복지사는 가정 내 권력의 문제에 대해 민감해질 필요가 있다. 예를 들어, 가족지원 프로그램(family-centered program)에서 어떤 가족원들은 사회복지사의 개입으로 자신이 다른 가족원을 희생시켜 왔다는 것을 비로소 인식하고 후회하였다는 것을 보고하고 있다. 사회복지사가 아동과 동맹하는 것은 종종 부모권위에 대한 반항으로 인식되기도 한다(Coleman & Collins, 1997).

성인지적 가족사회복지사는 가족과 일할 때 평등의 관계를 형성하도록 노력한다. 사회복지사가 권위적인 역할을 갖기보다는 가족원들의 권한을 강화하도록 지원한다. 따라서 성인지적인 가족사회복지사는 권력 공유의 이점을 보여주려는데 노력한다.

4. 사회화와 성 역할

가족은 아동을 사회화하며, 부모는 자녀와 각각 다른 관계를 맺는다. 예를 들어, 어머니는 아동을 직접 양육하며 식사준비와 청소를 하지만, 아버지들은 대부분 아이들과 놀아주는 역할을 한다(Mackie, 1991).

아이들은 성별에 따라 다르게 양육되고 있다. 부모는 여자아이들을 더 많이 안아주고 이야기를 하는 반면, 남자아이들과는 더 많이 놀아준다. 남자아이들은 혼날 때 매맞는 경향이 있으며, 여자아이들은 말로 혼나는 경향이 있다. 부모는 여자아이보다는 남자아이에게 더 많은 기대를 하며, 성 역할에 따라 상벌을 달리 주는 경향이 있다. 예를 들어, 여자아이에게는 독립적인 행동을 비난하는 반면, 남자아이에게는 의존적인 행동을 비난하곤 한다. 부모는 남자아이에게는 문제해결을 스스로 하도록 하게 하는 반면, 여자아이에게는 문제해결을 대신하는 경향이 있다. 그리고 남자아이에게는 슬픔이나 연약함과 같은 감정을 감추거나 부인하도록 강요하는 경향이 있다(Pollack, 1998).

❖ 성역할

당신 가족을 생각해 보시오. 당신 가족은 전통적인 고정화된 성 역할을 어떻게 강화해 나가는가? 당신 가족은 성평등 행동을 어떻게 장려하는가?

대체로, 아버지들은 가정 내에서 성 역할의 사회화에 가장 많이 기여한다. 조사연구에 따르면, 아버지는 어머니보다 아이들에게 고정화된 성 역할 행동을 더 강화하는 것으로 나타난다.

부모의 부부관계는 아이들이 자신의 성 역할을 인식하는데 영향을 준다. 예를 들어, Pogrebin(1980)은 가족이 가사일과 경제활동을 어떻게 분담하는지가 아이들의 유능성, 고정화된 성 역할을 극복해나가는 능력, 그리고 직업선택에 영향을 미친다고 설명한다.

페미니스트들은 많은 가족들이 맞벌이 가족임에도 불구하고, 가족 내 역할 분담은 변화되지 않고 있다고 지적한다. 많은 사람들이 남자도 가사일을 균등하게 분담해야 한다는 것을 알고 있지만, 실제 상황은 다르다. Eichler(1997)의 표현에 따르면, "남자들이 가정에서 담당하는 가사일의 내용이 변화되지 않는 것은 놀랍기만 하다. 가사일의 양이 많던 적던 간에 일정한 일만 하고 있다"(p.60). 따라서 여자는 직업의 유무에 상관없이 가족과 가사일에 대한 책임을 짊어지고 있다.

아이들의 성 역할 사회화에 영향을 주는 것들은 도처에 존재한다. 어떤 것은 잘 드러나지 않지만, 또 어떤 것은 매우 확실하게 드러난다. 가족사회복지사는 아동양육에서의 편견을 조정할 필요가 있으며, 이러한 성 편견이 남자와 여자 모두에게 발달단계에서 문제를 가져온다는 것을 인식해야 한다.

성인지적이라는 것은 아동 성별에 따라 양육행동 및 태도, 사회화 경험이 다르게 적용되고 있다는 것을 인식하는 것이며, 또한 가족내 권력, 지위, 특권이 일반 사회와 마찬가지로 다르게 성에 따라 차이가 나고 있다는 것을 인식하는 것이다. 성인지적 가족사회복지사는 클라이언트가 자신의 권한을 강화할 수 있도록 하고, 성 역할을 넘어서 더 확대된 선택들을 하도록 지원하도록 노력해야 한다.

❖ 성차별 없는 아동양육

남자아이에게 적절하지만 여자아이에게는 부적절하다고 인식되는 행동들을 기술하시오. 또 그 반대로 여자아이에게 적절하지만 남자아이에게는 부적절하다고 인식되는 행동들을 기술하시오. 예를 들어, 어떤 사람은 남자아이가 인형놀이를 하는 것이 부적절하다고 할 것이다. 각 행동들이 부적절한 이유를 기술하시오.

5. 가족의 가사분담

첫 아이가 태어나면 대부분 부부들은 생활의 변화를 갖게된다. 부인들은 그 기간이 짧던 길던 간에 집에서 아기를 돌보는 기간이 있지만 남편들은 직업활동을 계속한다. 남자는 부인이 가정주부의 일을 하는 동안 생계부양자가 된다. 그리고 여성들은 집에서 전적으로 아동양육을 하는 동안 사회적 역할에서 멀어지게 된다.

결혼과 부모가 된다는 것은 남녀에게 다른 영향을 준다. 남편의 사회적 지위와 관계없이, 여자는 가사일의 대부분을 수행한다. 여기에는 가사일, 아동양육, 가족원에 대한 정서적 지원, 가족의 사회적 지위를 유지하도록 지원하는 일 등이 포함된다(Mackie, 1991). 전통적인 규범에서 여성에게 최우선 순위는 가족이다.

가정 내 책임은 가족원에게 균등하게 분배되어 있지 않으며, 이것은 부부간의 권력과 관계가 있다. 가사일과 아동양육으로 인해 부모들은 자신의 경력을 개발하기 위해 사용하는 시간이나 취미생활 시간을 제한하게 된다. 그러나 가사일에서 남자들은 "돕는 정도"이지만, 여자들은 가사일을 완수하는데 일차적인 책임을 갖고 있다. 게다가 남자는 자기 아이들을 잠깐동안 "돌보고" 있을 뿐이다. 남성도 자녀를 양육하고 가족의 일에 책임을 가질 때 그 삶의 영역이 확대되고 풍부해질 수 있다. 그러나 불행하게도 일부 남자들은 이러한 역할변화를 거부하기도 한다. 지난 20년 동안 이혼율이 증가하는 이유 중 하나는 여성들이 전적으로 아동양육과 가사일을 전담하는 것을 거부했기 때문으로 일부 설명되기도 한다. 여성은 이러한 일들을 남편과 공유하기를 원하고 있다. 남성들이 이러한 가사일을 동등하게 책임질 때에 비로소 결혼관계와 부모관계는 평등한 관계로 발전될 수 있게 된다. 부인은 평등한 관계를 기대하는데 남편은 가사일 분담에 대해 동의하면서도 태도와 행동에서 거의 변화가 없을 때, 부인은 불만족할 수밖에 없게 된다. 남자들이 가사일과 부모역할에 참여하는 것은 "골치아프고, 문제를 일으키며, 복잡한 것"으로 묘사되고 있다(Braverman, 1991: 25). 1990년대, 대부분의 부인들은 직장일, 가사일, 아동양육을 포함해 자기 남편보다 하루에 약1.5시간 이상 더 일하는 것으로 보인다. 이것은 일년 동안 24일(근무일수로 한 달)을 더 일하는 양이다. 남편들 중 20%만 가사일과 아동양육에 동일하게 참여하고 있을 뿐이다(Carter, 1992). 결혼생활을 유지하기 위해, 부부는 결혼의 평등주의 신화를 만들어 왔으나, 실제로는 고정적이고 전통적인 성 역할을 수행하고 있다(Carter, 1992). 예를 들어, 가정 내에서 대부분의 부인들은 세탁을 책임지는 반면 남편들은 세차를 책임지는데, 이것은 결코 공평한 분담이 아니다. 세탁은 주당 4시간 정도 소요되지만, 세차는 한 달에 4시간 정도 소요된다. 여성들은 가정 내외에서 자신의 역할을 맹렬하게 변화시켜왔으나, 남성들은 거의 가정 내 역할을 변화시키지 않고 있다.

성인지적 사회복지실천에서는 여성들이 억압적인 상황에 적응하기보다는 자신의 삶을 통제할 수 있도록 권한을 강화시키도록 지원한다. 다음의 예는 가족에 대한 개입으로 성인지적인 접근의 한 예이다.

Marinez 부부는 9세, 7세, 5세, 3세인 4명 자녀를 두고 있다. 이 가족은 부부가 일하러 간 동안 9살짜리 Anabella가 동생들을 돌본다는 이웃의 신고로 가족사회사업기관에 의뢰되었다. 가족사회복지사 John Preston은 이 가족과 상담하면서 Jorge Martinez는 시 공무원이며 Liz Martinez는 법률사무소에서 비서로 일하는데, 부부 모두 근무시간이 길고 일주일에 며칠씩 야근한다는 것을 알게 되었다. Martinez부인은 직장 일로 거의 지쳐있었으며 가사일과 아동양육을 전적으로 책임지고 있었다. 그리고 큰딸인 Anabella에게 도움을 받고 있었다. 반면, Martinez씨는 자신의 어머니가 그랬던 것처럼 부인이 가사일을 전담해야 한다고 믿고 있었고, 자신이 가정에 기여하는 것은 안정적인 직업을 갖고 월급을 가져오는 것, 그리고 정원 가꾸기와 자동차 관리가 전부라고 믿고 있었다. Martinez씨는 자기 어머니는 9명의 자녀를 길렀으나 집에 먼지 하나 없었으며 불평도 전혀 하지 않았다고 주장했다.

가족사회복지사는 Martinez 부부에게 그들이 각각 수행해야 할 일의 목록을 적도록 하고 그 일을 수행하는데 걸리는 시간도 적도록 하였다. Martinez씨는 세탁은 주당 4시간 정도 소요되지만, 세차는 한 달에 4시간 정도 소요된다는 사실을 알고는 크게 놀랐다. 가족사회복지사는 부인이 직장을 갖고 있어 전통적인 가사일을 수행하기에 어려운 상황에서도 Martinez씨가 전통적인 가족생활을 기대하고 있는 것을 알 수 있도록 도와주었다. Martinez씨는 자신이 가정 내의 "여성적인 일"을 하는 것에 대해 여전히 불편하게 느끼지만, 자기 부인이 그 일에 얽매어 있다는 사실을 알기 시작했다. 이 가족은 경제적으로 여유가 없으나, Martinez씨의 16살짜리 조카에게 방과후 이 집에 와서 아이들을 돌보도록 결정하였다.

❖ 성별에 따른 가사분담

당신 가족의 가사일 목록을 만들고, 부모가 각각 얼마나 분담하고 있는지 비율로 표시하시오. 그리고 그 비율로 보아 성별에 따라 분담되었다고 볼 수 있는 가사일에 밑줄로 표시하시오.

가사일	어머니의 수행 비율	아버지의 수행 비율
장보기		
음식 만들기		
아이가 아플 때 돌보기		

아이들의 옷사기		
카펫트 청소하기		
아이가 아플 때 병원가기		
아이의 학교일에 참여하기		
교사와의 상담하기		
아이의 숙제 도와주기		
생활비 관리하기		
설거지하기		
청소하기		
아이 훈육하기		
침대 커버 바꾸기		
애완견 밥 주기		
정원 돌보기		
아이 잠재우기		
기타		

6. 성인지적 사회복지실천을 위한 제언

성인지적 사회복지실천은 남녀평등을 증진하도록 하는 것으로, 가족사회복지사가 가족원들에게 성역할에 대해 검토하도록 하여 유지시켜야 하는 것과 버려야 하는 것을 결정하도록 도와준다. 부부관계에서 성인지적 접근은 가사일과 아동양육에 평등한 참여와 결정을 하도록 한다. 가족사회복지사는 사회적으로 형성된 성 역할과 가족역동성 간의 연관성을 가족원들이 이해하도록 도와준다.

따라서 성인지적 가족사회사업은 단지 성평등 의식만을 의미하는 것이 아니다. 이것은 성인지적 행동으로 바꾸도록 하는 실천방법이다. 성 평등적인 상담원은 성 역할에 대한 고정적인 태도에서 벗어나려는 반면, 행동지향적인 성인지적 가족사회복지사는 클라이언트가 고정화된 성 역할을 내면화함으로써 자신의 사고와 행동에 어떻게 영향을 주고 있는지를 깨닫도록 도와준다. 클라이언트는 사회적인 장벽과 정치적 장벽을 인식하고 극복할 기회를 가질 때 더 많은 도움을 받을 수 있다.

다음은 성인지적 사회복지실천을 하는 가족사회복지사에게 도움이 될 수 있는 지침이다.

- 모자관계에만 초점을 두지 말 것. 아이들의 삶에 부모 모두가 관여하고 있다는 것을 확신하고, 부자관계도 파악할 것.
- 어머니에게만 치료를 집중하지 말 것. 부모역할, 가족력을 조사하며 개인의 행동을 변화시킬 때, 부모 모두를 고려할 것. 아버지도 사정단계와 개입단계에서 클라이언트가 되어야 한다.
- 가족원들과 성 역할과 관련된 문제들에 대해 논의할 것. 가사일과 아동양육에서 가족원들이 어느 정도 참여할 지를 스스로 결정하도록 도울 것(Goldenberg & Goldenberg, 1996). 가족내 권력의 분배를 탐색하고 가정폭력의 증거와 같은 권력남용의 표시들에 주의할 것.
- 여성의 병리문제 대신 강점을 살펴볼 것.
- 성별에 따른 사회 정치적 지위를 고려하여 가족사회사업 실천을 수행할 것(Good, Gilbert & Scher, 1990). 가족원들에게 가정 내에서 성 역할에 따라 어떤 일을 해야한다, 또는 어떤 일을 해서는 안 된다는 것을 가정하지 말 것. 남자들도 세탁할 수 있고, 여자들도 집 밖에서 일할 수 있다.
- 개인적인 편견을 잘 살펴볼 것. 이것은 성 역할과 관련하여 미쳐 깨닫지 못했던 것을 인식하고 개인적인 문제를 대면하는 것을 포함한다(Brock & Barnard, 1992). 사회복지사가 온정적이며 개입을 적극적으로 구조화할 때 가족들의 문제는 더 잘 개선된다(Green & Herget, 1991).
- 가족유형은 여러 가지이며 어떤 가족유형도 다른 유형들보다 더 우수하지 않다는 것을 인식할 것. 가족구조와 가족구성은 성 역할로 평가되는 것이 아니라 가족원들에 의해 평가되어야 한다.
- 한 명의 가족원이 권력과 특권을 포기할 때 형평성이 증대된다는 것을 인식할 것. 그러나 불평등한 상황에서 많은 혜택을 누려온 가족원은 권력 포

기에 대해 저항할 수 있다.
- 어떤 가족들은 전통적인 성 역할을 선호할 수 있다. 이 경우에도 가족사회복지사는 다른 신념을 제공해서는 안 된다. 가족사회복지사는 가정 내에서 역할분담을 할 때 전 가족원이 만족한다는 것을 강조해야 한다.
- 가족원들이 가족생활에 기여하는 것을 자랑스러워하도록 격려할 것. 여성의 일은 남성의 일만큼 중요하다.

7. 요약

성인지적 접근은 가족문제에 대한 전통적인 성 역할의 영향을 분석한다. 전통적인 가족치료사는 가족원이 가족문제에 대해 동등한 책임을 갖고 있다는 가족기능에 대한 체계론적 관점에서 접근하지만, 성인지적 가족사회복지사는 가족 내에 불평등한 권한배분을 인식하여 불공평한 권한에 의해 희생된 여성과 아이들의 권한을 강화하도록 지원한다.

성인지적 가족사회복지사는 그 가족이 처해있는 경제적, 정치적, 사회적 맥락에서 성 역할을 이해하고자 한다. 성인지적 가족사회복지사는 가족 내에 불평등한 여성과 아이들을 위한 정치적, 경제적, 사회적 정의를 위해 노력한다.

페미니스트 이론은 대부분 불평등한 부부관계에 초점을 둔다. 가정 내에서 권력의 근원은 법률제도, 사회규범, 교육수준, 경제력, 개인성향, 개인환경(연령, 지역, 생애단계 등), 정서적 요인 등이다.

성인지적 가족사회복지사는 가족들에게 가능한 선택을 할 수 있도록 가족의 역량을 강화한다. 부모들에게는 아동양육과 가사일 분담을 균등하게 하도록 지지하며, 개인의 능력에 따라 가족생활에 기여를 하는 성차별 없는 분위기에서 아동양육을 하도록 지원한다.

제 12 장

문화인지적 실천

가족사회복지사는 다양한 인종적 및 문화적 배경을 가진 클라이언트를 도와줄 수 있어야 한다. 문화와 인종은 개념상 관계가 있으나, 서로 바꿔 쓸 수 있는 개념은 아니다.

즉 "문화는 일반적으로 가정이나 지역사회 상황에서 학습한 가치, 신념, 관습, 그리고 규범들의 정점(culmination)을 의미하고, 인종은 인종집단에 대한 자신의 정체성, 의무, 그리고 충성심과 관계가 있다"(Jordan & Franklin, 1995, p.169). 여러 인종집단들의 역사적 배경에 대한 인식은 그들이 공유하는 관습과 신념을 이해하는 것과 같이 중요하다. 다음은 4개의 다른 인구집단 즉 아프리칸 미국인, 히스패닉 미국인, 아시안 미국인, 그리고 미국 원주민의 가족을 사정하고 개입할 때 지침이 될 수 있는 내용들에 대해 토론한 것이다. 마지막으로 소수민족 집단의 아동을 도와 주는데 있어서 논의해야 할 문제들에 대해 다루면서 이 장을 마치고자 한다.

1. 유색인종의 공통 특징

가족사회복지사는 동일한 인종적, 문화적 배경을 가진 사람들도 각 개인마다 차이가 존재하므로 이들에 대한 고정관념을 갖지 않도록 주의해야 한다. 이러한 차이점은 개인들의 문화변용(accultutation)의 수준에 따라 차이가 있다. 아직도 어떤 특징들은 소수민족 문화와 미국과 캐나다 내의 다수의 백인 중산층의 지배적 문화간에 뚜렷하게 구별된다.

Ho(1987)는 이에 대해 6가지 특징으로 요약하였다. 즉 소수민족의 현실성, 소수문화에 영향을 주는 외부 체계들, 문화병용주의(bicultualism), 소수민족의 신분에 대한 인종차별, 인종과 언어, 그리고 인종과 사회적 계층이다.

① 소수민족의 현실성

소수민족집단의 구성원들은 빈곤, 인종차별, 그리고 정신건강서비스 이용에 있어서의 어려움을 경험한다.

② 소수문화에 영향을 주는 외부체계들

소수민족의 가치관은 주류 문화권의 사람들과 다음과 같은 문제에서 갈등을 겪는다. 즉, 환경과 조화를 이루려는 삶 대(對) 환경을 통제하려는 삶, 시간(과거, 현재, 미래)에 대한 오리엔테이션에 있어서 차이, 행위(doing) 대 본질(being)에 대한 오리엔테이션, 개인의 자율성 중시 대 집합주의, 그리고 핵가족의 중요성 대 확대가족 관계의 중요성 등에 나타나고 있다.

③ 문화병용주의

소수민족 사람들은 2개의 문화 속에 살고 있다. 이들의 지배 문화에 대한 문화변용의 수준을 이해하는 것은 정신건강서비스가 필요한 가족을 사정할 때 중요하다.

④ 소수민족의 신분에 대한 인종차별

소수민족의 사회적 지위에 차이가 있으며, 어떤 인종집단은 더욱 차별을 받는다. 예로 난민들이 노예의 후예보다는 나은 대접을 받으며, 피부색은 신분을 결정하는 요인이 된다. 따라서 검은 피부색의 인종은 보다 심한 사회 차별을 경험하게 된다.

⑤ 인종과 언어

2개 국어를 할 줄 모르는 원조자에게 정신건강서비스를 받는 소수민족 사람들은 오해받을 수 있거나, 오진의 위험에까지 처하게 된다. 통역자를 활용해도 문제가 있을 수 있다. 예를 들어, 가족사회복지사가 2개 국어를 할 수 있는 자녀에게 통역을 요청할 때, 이는 그 자녀를 가족 중 힘있는 위치에 두게 됨으로써 가족의 위계 구조를 혼란시킬 수 있다.

⑥ 인종과 사회 계층

사회계급(교육수준, 수입, 지역사회 내의 명성)을 평가하는 것은 중요한 요소이며, 일반적으로 신분이 높다는 것은 높은 수준에서 가족의 안녕을 유지하고 자원에 보다 접근할 가능성이 높다는 것을 의미한다. 그러나 어떤 경우에는 높은 사회적 계급을 가졌음에도 불구하고 지배 문화에 의해 차별 받을 수 있다. 동시에 주류 문화에 대한 높은 수준의 문화변용은 인종집단에게서 배척 당할 수도 있다(Ho, 1987: 14-18).

이러한 6가지 요소들에 대해서는 아프리칸, 히스패닉, 아시안, 그리고 미국 원주민들의 역사와 가족유형을 탐색할 때 더 논의할 것이다.

2. 아프리칸 미국인

Ho(1987)는 아프리칸 미국인 가족들의 가치관에서는 "집합주의, 공유의식, 연대의식, 권위에 대한 차별성, 영성, 노인에 대한 공경심"을 중시한다고 하였다(p.188).

1) 역사

아프리칸 미국인(African Americans)은 고향인 아프리카에서 추방되어 미국에 강제로 오게 된 것이 특징이며, 다른 인종집단 보다 더 사회적 차별을 경험하였다. Hill(Jordan, Lewellen, & Vandiver, 1994)은 아프리칸 미국인들이 적대적인 사회에서 살아 남기 위하여 이용했던 6가지 기술들을 확인하였다. ①강한 친족유대감, ②강한 교육열과 직업교육, ③융통성 있는 가족역할, ④종교적 가치관과 책임감 있는 교회출석, ⑤인본주의적 오리엔테이션, ⑥고통의 극복 등이다.

2) 가족에 대한 신념

Ho(Jordan, Lewellen, & Vandiver, 1994)는 아프리칸 미국인 가족들 중에서 여성이 가구주 인 가정의 비율이 높다는 것에 관심을 가졌다. 여성 가구주가 많은 이유 중 하나는, 남성의 높은 사망률 때문일 수 있다. 그 결과 가족이 역할을 공유함에 있어서 평등주의의 경향이 있다. 어머니는 한 집안을 부양하는 경제적 부담과 동시에 아동양육의 책임도 진다. 교회가 "가족"과 같이 확대가족 연계망은 가족을 지원하는데 관여될 수 있다.

아동은 평등하게 대우받고, 연령에 따른 책임을 갖게 되며, 손위 형제는 남동생과 여동생을 돌보는 책임을 갖는다.

3. 히스패닉 미국인

히스패닉 인종집단(Hispanic Americans)에는 라틴 아메리카인, 멕시코인, 히스패닉 집단들, 스패인어를 사용하는 미국인, 스패니쉬 미국인, 그리고 스패니쉬 성이 붙은(Spanish-surnamed) 미국인들로서, 가난하고 직업이 없는 사람들의 비율이 다른 어떤 인종집단의 비율보다 높다(Ho, 1987).

1) 역사

Ho(1987)는 히스패닉 하위집단들이 공통적으로 갖고 있는 5가지의 가치관을 아래와 같이 논의하였다. 그러나 히스패닉 미국인의 여러 하위집단들은 자신들의 히스패닉 문화를 인디언들의 다양한 토착문화와 병합함으로 인해 서로의 문화간에 뚜렷한 차이를 갖고 있다는 것이다.

1. 가족주의 : 가족에 대한 의무감과 자긍심.

2. 개성주의(personalism) : 개인의 고유성과 개인의 선한 내적 자질에 가치를 둔다(이와 관련된 개념으로, 스페인어로 남자다움(Machismo)이란 남성의 자기확신감이나 담대함을 말한다) .
3. 계급조직 : 가부장 구조를 포함하여, 사회적인 계급신분을 중시한다.
4. 심령론(spiritualism) : 인간의 삶 속에 개입하는 선과 악령에 대한 믿음을 갖고 있다.
5. 운명론(fatalism) : 인간은 세상을 정복할 수 없고, 자신의 운명을 피할 수 없다는 신념을 갖고 있다.

2) 가족에 대한 신념

히스패닉 미국인 가족구조 안에 하위집단 문화간에 나타나는 동질성을 찾아볼 수 있다. 예로 개인의 욕구는 가족의 욕구에 비해 이차적이다(Jordan, Lewellen, & Vandiver, 1994). 가족체계는 가부장적이고 위계적이다. 즉 아버지는 가정의 가장이고, 부모는 자녀에 대해 권위를 갖는다. 선과 악의 개입에 대한 신념은, 정신병을 악령에 의한 것으로 믿고 가족들이 민속치료사나 성직자의 치료에 의존하게 만든다.

4. 아시안 미국인

아시안 미국인(Asian Americans) 가족들은 아프리칸 미국인 같이 다양한 배경, 신념, 그리고 가치관으로 다양한 하위문화를 갖고 있다. 여기에서 Ho(1987)가 정리한 집단들 간에 나타나는 동일성에 대해 살펴볼 것이다.

1) 역사

아시안 미국인들은 유교와 불교의 철학과 윤리를 공유한다. 그들은 자연과 조화를 이루는 삶과 대인관계를 소중히 하는 것에 가치를 둔다. 불교는 무아(selflessness)와 동정, 생명 경외, 중용, 자기단련, 인내, 겸손, 그리고 친절을 통한 조화로운 삶을 장려한다(Ho, 1987: 25). 유교의 철학과 윤리는 특히 부모에 대한 의무, 존경, 순종을 요구하는 가족의 위계를 명확히 한다. 시간 오리엔테이션은 과거와 현재보다는 보다 미래를 향해있다. 조상은, 가족원이 삶의 어려움을 극복하면서 가족의 명예를 영속화하기 위해 노력하면서 살아가는데 있어서 중요한 의미를 갖는다.

2) 가족에 대한 신념

아시안 미국인의 가족구조는 가부장적이며 위계적이다. 부모는 자녀의 배우자 선택에 영향을 미친다. 자녀는 부모에 대해 존경심을 갖고 순종하며, 아내는 남편에 대해 존경심을 갖고 순종한다. 아내는 가정에서 낮은 위치에 있으나, 교육수준에 따라 위치는 향상될 수 있다. 가족은 책임감으로 유지된다. 따라서 가족구성원 중 가족의 기대를 충족하지 못하는 가족원은 창피를 당하거나 면목이 없어진다. 형제들은 출생순위에 따라 역할과 책임이 정해진다. 맏아들은 홀어머니를 위해 가정을 책임져야 하며, 형제들 중 가장 큰 역할을 담당한다. 막내딸은 노부모를 돌 볼 책임이 있다. 맏아들과 막내딸의 역할을 해야 하는 자녀들은 다른 자녀 보다 가족 의무와 관련된 긴장으로 인해 스트레스와 관련된 질병에 걸릴 확률이 높다.

5. 미국 원주민

미국 원주민(Native Americans)의 문화변용의 수준은 종족 집단원 간에 다양하게 나타난다. 어떤 종족은 인디언을 위해 지정된 농촌 지역에서 고립되어 살고 있다. 이들은 거의 영어를 쓰지 않는다. 반면, 어떤 종족은 도시지역에서 살면서, 인디언 유산과는 동떨어져서 완전히 주류문화로 문화변용 하였다. 이들 중에는 조상이 물려 준 유산과 사회의 지배 문화를 조화시키면서 사는 사람들도 있다(Ho, 1987). 가족사회복지사는 미국 원주민들의 고유한 역사적 배경을 이해하면서 각 가족의 문화변용의 수준을 인지해야 한다.

1) 역사

미국 원주민의 여러 종족들 간에는 서로 다른 신념을 지킨다. 그러나 미국 원주민들은 다른 문화의 구성원들과 구별되는 어떤 통일된 관념이 있다(Ho, 1987). 자연은 미국 원주민들에게 중요하며, 자신들이 우주의 일부분임을 믿고, 다른 생물과 조화를 유지하면서, 감사하려고 노력한다. 영적으로 모든 살아있는 생물과 동물은 존중해야 할 정신 혹은 영혼을 가졌다고 믿는다. 이들이 자연에게 갖는 존경심은 자연적인 주기 혹은 계절의 관점에서 시간을 조망하게 한다.

미국 원주민들은 다른 사람과의 상호관계에서 경쟁보다는 협동 정신을 지향한다. 이러한 협동성의 개념에는 인간, 동물, 생물, 그리고 자연계 안의 모든 물체는 우주 전체의 조화된 창조과정에서 각자의 위치가 있다는 우주에 대한 통합된 관점을 내포한다(Ho, 1987).

이들의 전통적 관례의 하나는 자신의 혹은 죽은 친지의 명예를 위해서 자신이 소유하고 있는 것을 다른 사람에게 "증여(giveaway)" 하는 것이다. 아동들에게 다른 사람들의 권리를 존중하고, 간섭하지 않아야 한다고 가르친다. 이들은 선이 악을 승리한다고 믿는다. 따라서 인간은 우선 선하게 여긴다. 종교적 신념은 종족간에 다양하나, 의식과 행사를 중시한다. 부족의 의술사는 신체적, 정신적 문제를 치료하는 데 있어서 의사나 다른 건강전문가 보다 더 영향력이 있다.

2) 가족에 대한 신념

이들에게 확대 가족망은 중요하다. 여기에는 비-친족 동명인(non-kin namesakes)을 포함한다. 확대가족원들이 한 가정에서 동거 혹은 별거할 수 있으며, 확대가족 집단의 지원을 받을 수 있다. 지원은 부부 혹은 부모역할의 모델링 형태가 될 수 있다. 전통적으로 결혼은 남편이 아내의 가족에 합류하나, 남편 가문의 권위는 유지하면서 두 가족 간에 이루어진다. 배우자간의 상호관계는 긴밀하지 않고, 아내는 남편보다 낮은 위치에 있으며, 남편에게 지지적이며 순종적이다. 오늘날 문화변용의 수준이 결혼관계에 영향을 주었다. 주류문화로의 문화변용의 수준이 높은 사람들은 배우자와의 관계가 매우 평등하다. 근친결혼은 다른 종족의 미국 원주민간에 혹은 다른 인종 집단원 간에 흔히 있는 일이다. 이혼과 재혼은 이 사회에서 용납되는 관습이다. 어떤 종족들은 일부다처 관계를 용납한다.

아동은 종족의 삶의 부흥에 있어 중요하게 여겼으며, 역사적으로 가족 안에서 높은 위치를 차지했다. 확대가족의 가족원들은 아동을 평등주의에 따라 훈련하고 가르쳤다. 신체적인 처벌은 사용하지 않았고, 오히려 아동양육의 주요한 기법으로 관찰과 참여를 선호한다. 확대가족 환경에서 아동은 많은 형제와 사촌들에 둘러 싸여 있으며, 연장자인 아동이 어린 아동들을 돌보고 가르쳤다.

❖ 윤리적 배경

당신 자신의 윤리적 배경은 무엇인가? 당신의 윤리적 배경에 영향을 준 5가지 신념을 나열해 보자.

6. 소수민족 가족을 사정하기 위한 지침서

가계도, 생태도, 그리고 생애 곡선(time line)과 같은 기법은 특히 확대가족을 사정하는 데에 도움이 된다. 가족사회복지사가 가정을 방문하는 방법으로도 가족의 관계를 관찰할 수 있다.

1) 아프리칸 미국인 가족에 대한 사정의 문제

사회경제적 지위, 교육수준, 문화적 정체성, 가족구조, 그리고 인종적 차별에 대한 반응은 아프리칸 미국인 가족을 사정하는데 중요한 변인이 된다(Sue & Sue in Jordan, Lewellen, & Vandiver, 1994). 생태도는 가족의 강점과 지역사회 자원, 가족원간의 관계의 질, 그리고 가족원과 이웃 간의 관계에 대한 중요한 정보를 수집하는데 활용된다(Ho, 1987).

2) 히스패닉 미국인 가족에 대한 사정의 문제

히스패닉 미국인 가족은 차별 대우, 불완전 고용, 그리고 주택부족, 혹은 자원부족을 경험하고 있다. 사정할 때 이러한 문제들을 반드시 고려해야 한다(Jordan, Lewellen, & Vandiver, 1994). 문화변용의 수준 혹은 지배문화의 관습에 대한 동화는 히스패닉 미국인 가족의 중요한 문제이다. 히스패닉 미국인 가족에서 문화변용의 3가지 수준을 발견할 수 있다.

즉, 이주한 지 얼마 안된 이민 가족, 이민 세대 미국인(immigrant-American) 가족, 이민 2세(immigrant-descent) 가족(Padella et al. and Casas & Keefe in Jordan, Lewellen, & Vandiver, 1994)이 바로 그것이다.

첫 번째 집단은 새로 이민 온 가족으로, 새로운 나라의 가치관과 관습을 아직 수용하지 못한 채 문화변용되어야 하는 세대이다. 가족원들은 영어를 조금 할 줄 알거나 혹은 전혀 하지 못한다.

두 번째 이민세대 가족은 부모는 본국에서, 자녀는 미국에서 태어난 가족으로 구성된다. 자녀는 급속히 새로운 나라로 문화변용 될 때 기성세대와 젊은 세대간에 충돌이 생긴다.

세 번째 집단인 이민 2세 가족은 모든 세대가 미국에서 태어났고, 미국문화로 완전한 문화변용이 가능하다.

3) 아시안 미국인 가족에 대한 사정 문제

아시안 미국인 가족을 사정할 때 지배 사회로의 문화변용에 관심을 두어야 한다. 서비스를 제공할 때 장애가 되는 것은, 새로운 나라인 미국의 보건복지제도(health care system)를 잘 모르는 것, 영어사용의 어려움, 그리고 지배 문화의 가치관들과 갈등을 갖는 문화적인 전통과 가치관이다(Jordan, Lewellen, & Vandiver, 1994). 월남과 라오스 가족들은 재정착 캠프에서 난민으로 지냈었고, 이로 인한 심리적 상처를 갖고 있다. 가족사회복지사는 이러한 문제가 발생할 것을 인지하고, 스트레스로 인한 질병에 대한 적절한 서비스를 찾으려는 가족의 욕구를 사정 할 수 있어야 한다.

4) 미국 원주민 가족에 대한 사정의 문제

Red Horse(1980)는 서로 다른 종류의 도움이 필요한 3가지 유형의 미국 원주민 가족에 대해 언급하였다. 첫 번째 유형은 종족의 관습과 신념 안에 사는 전통적인 가족이다. 연령이 높은 가족원들은 모국어로 말하고 확대가족망의 영향력에 있다. 두 번째 유형은 비전통적 혹은 두 가지 문화권 내에 있는 문화병용 가족이다. 이들 역시 확대가족망은 중요하다. 기성세대는 모국어로 말할지라도 가족들이 주로 사용하는 언어는 영어이다. 가족원들은 지배문화의 구성원과 자유롭고 편안하게 상호관계 한다.

세 번째 유형은 범전통적(pan-traditional) 가족이다. 이 가족은 자신의 문화를 전승하고 재 연결할 것을 모색한다. 문화병용에 처해있는 가족이 가장 많이 정신건강 전문가를 찾는 경향이 있다. 전통적 혹은 범전통의 가족은 도움을 요청할 때 부족의 지역사회 원조자 혹은 종교적 지도자와 상담하려 한다.

가족사회복지사는 미국 원주민 가족을 사정할 때 가족유형을 고려하는 것에 더하여 차별대우의 희생자로서 그들 역사에 대해 인식해야 한다. 역사적으로 이들은 자신의 땅과 삶의 방식을 빼앗는 불리한 조약에 서명할 것을 강요당했다. 자녀와 부모는 생이별해야 하는 경우도 있었다. 결과적으로 이들은 빈곤, 실직, 알코올중독, 가족붕괴, 그리고 차별대우로 인한 문제들을 경험했었다.

7. 소수민족 가족에 개입할 때의 지침들

국제 사회심리재활서비스협회(International Association of Psychosocial Rehabilitation Services)는 문화적 다양성에 대처할 수 있는 능력을 개발하는 서비스 제공을 목적으로 설립되었다. 문화적 유능성(cultural competence)이란 다른 문화에 대한 민감성과 반응성을 의미한다. 인종과 문화의 차이를 인식하는 것은 그 가족의 문화와 민족성과 지역사회의 상황에 적합하도록 치료대책을 개조하려는 노력을 포함한다. 가족사회복지사가 서비스 대책에서 문화적 인지능력을 활용하기 위해 IAPRS (1997)는 다음과 같이 권고하고 있다.

1. 조직의 사명, 정책, 규정, 그리고 실천에 문화적인 인지능력의 개념들을 포함한다.
2. 조직의 조사연구와 평가프로그램에 문화적 능력의 기준과 지표를 포함한다.
3. 조직의 운영에 문화적 인지능력 훈련프로그램을 포함한다.
4. 대표성 없는 소수집단에 속한 직원에게 양적, 질적 지원을 제공한다.

5. 인종적, 문화적 표적집단을 위해 두 개의 언어를 사용할 수 있고 문화병용 상황에 있는 직원을 증원한다.
6. 인종적, 문화적 표적집단의 자원봉사자, 이사진과 직원의 수를 증원한다.
7. 지부 및 직원의 수, 그리고 복합문화 활동, 회의, 그리고 세미나에 참석할 수 있는 직원을 증원한다.
8. 인종적, 문화적 표적집단에서 서비스를 받을 클라이언트의 수를 늘린다.
9. 인종적, 문화적 표적집단에서 개인, 가족, 지역사회의 의뢰를 늘린다.
10. 인종적, 문화적 표적집단의 기관탈락, 응급처치, 재입원의 발생률을 감소시킨다.
11. 문화, 성, 인종, 그리고 장애에 대한 차별에 대응하는 옹호활동들에 대한 증거자료를 증가한다.
12. 기관의 대표자들과 문화적 및 인종적 지역 대표자들이 회의할 수 있는 기회를 늘린다.
13. 재활 과정에 가족의 관여를 증가하되, 특히 문화적 혹은 인종집단이 정의한 확대가족을 포함한다.
14. 서비스를 이용할 수 있도록 그들에게 적합한 언어로 기관 안내서를 만든다.
15. 기관의 환경은 도움을 받는 문화적, 인종적 표적집단을 고려한다.
16. 기관 내에 복합문화 활동의 수와 종류를 늘린다.
17. 문화적으로 적합한 양식, 대안 방법, 그리고 혁신적인 방법들의 수와 유형을 늘린다.

가족사회복지사가 소수민족에게 사용하는 가족치료 기법들은 사회복지사와 가족 간의 유대를 증진하기 위한 것들이다. 사회복지사는 가족에 관여하기 위해 가족의 언어적, 비언어적 의사소통의 유형과 그들이 사용하는 은유들을 알아야 한다. 다양한 가족체계 기법으로 사회기술훈련과 같은 행동주의 접근방법을 사용하기도 한다. 예로, 전문화된 치료절차(treatment packages)가 가족의 의사소통 증진, 문제해결, 혹은 분노조절 기법을 가르치는 데 사용된다 (Franklin & Jordan, 1998).

1) 아프리칸 미국인 가족에 대한 개입

Lewellen & Jordan(1994)은 가족의 역량을 강화하는 것과 서비스에 대한 만족감이 성공적인 가족개입과 관계가 있음을 발견하였다. 또한 진실성과 의사소통 방식은 중요한 변인이었다. 아프리칸 미국인은 다른 인종집단에 비해 가족사회복지사의 문화적 인지능력에 대해 보다 민감하게 느끼는 것으로 보고되었다. 이 집단 구성원들은 정신건강서비스 제공자와 관계를 수립하는 데에 있어서 신뢰감이 부족한 것으로 보고되었다. 가족사회복지사에 대한 신뢰감의 부족은 경계적인 의사소통과 방어적인 상호작용을 하게 한다.

다음은 아프리칸 미국인 가족과 일하는데 있어서 특별히 알아두어야 할 사항이다(Jordan, Lewellen, & Vandiver, 1994).

1. 확대가족망 혹은 서로 지원하는 가족집단에게 서비스를 제공한다.
2. 독신여성 가구주가 갖고 있는 교통의 문제, 작업일정의 조절, 탁아에 대한 욕구들을 고려한다.
3. 상담시간은 확대가족원이 참여할 수 있도록 융통성 있게 한다. 또한 확대가족의 교통, 숙박의 욕구에 대해 고려한다.
4. 정신건강서비스를 신뢰하지 않는 가족의 참여를 격려하기 위해 서비스는 간결하고, 시간-제한적이어야 한다.
5. 심리교육적(psychoeducational)이고 사회기술 방법을 강조한 치료를 활용하고, 치료적인 문제에 대해 가족과 직접 의사소통 하도록 한다.
6. 가족사회복지사는 아프리칸 미국인 가족원들의 자기노출을 방해하는 인종차별과 문제들을 인식할 수 있어야 하고 이를 위해 노력해야 한다.
7. 가족원은 상호성과 평등주의에 가치를 둔다. 가족사회복지사는 클라이언트 가족을 존중하고, 의사결정 과정에 가족을 포함하는 서비스를 제공해야 한다

2) 히스패닉 미국인 가족에 대한 개입

히스패닉 미국인 가족에 대한 개입 이슈들은 그들의 문화변용 수준에 따라 가족을 검토함으로 확인할 수 있다.

새로 이민 온 가족은 언어교육, 정보제공, 의뢰 그리고 옹호 등의 구체적인 서비스가 필요하다. 언어 및 문화적인 어려움에 의해 서비스에 접근하지 못할 때 이런 가족들에게 가까이 가려는 노력이 필요하다.

이민세대 미국인 가족은 세대간 갈등이 심하기 때문에, 갈등해결, 문제해결 혹은 분노조절훈련이 필요하다. 이민 2세 가족은 전통적인 정신건강서비스를 찾는 것을 보다 편안해 한다. 그들은 스페인 말과 영어를 편안히 말할 수 있고, 지배문화에 변용되어 있다(Padella et al. and Casas & Keefe in Jordan, Lewellen, & Vandiver, 1994: 13).

가족사회복지사는 히스패닉 미국인 가족들이 가족의 문화변용 수준에 따라 치료자, 성직자 혹은 의사와 동등하게 생각한다. 사실 이들은 기관을 찾아오기 전에 먼저 성직자 혹은 민속치료사에게 상담한다.

Jordan, Lewellen, & Vandiver(1994: 14)는 히스패닉 미국인 가족과 일하는데 있어서 다음과 같은 충고를 하였다.

1. 가족의 중요성과 고유성을 고려하여 시간-제한적 치료에서 가족과 확대가족을 포함한다.
2. 가족의 문화변용의 수준, 신앙, 위계, 그리고 전통을 민감하게 인지한다.
3. 새로 이민 온 가족이 경험하는 역할혼동과 갈등을 민감하게 인지한다. 의사소통 기술, 타협훈련, 그리고 역할명료화 등의 기법을 활용한다.
4. 교육, 정보제공, 그리고 의뢰서비스에 대한 가족의 욕구에 민감해야 한다.
5. 민속치료사, 성직자 혹은 가족 외 도움을 제공할 수 있는 사람들을 포함한다.

3) 아시안 미국인 가족에대한 개입

Jordan, Lewellen, & Vandiver(1994)는 아시안 미국인 가족들에 대한 서비스 제공을 강화하기 위한 기법을 제시하였다. 아시안 미국인 가족들에게는 위계질서가 중요하기 때문에 치료계획은 가족 혹은 지역사회에서 높은 지위에 있는 가족원들을 포함해야 한다. 가족사회복지사는 권위적인 인물로 보여질 수도 있다. 이러한 것은 가족변화를 긍정적으로 유도하는데 활용할 수 있다. 가족사회복지사는 가족원에게 존경심을 확실히 보여 주어야 한다. 클라이언트 가족의 이웃이 이미 서비스를 제공받고 있다면, 가족은 심뢰감을 갖게 되며 보다 치료에 잘 참여할 수 있게 된다.

가족사회복지사와 가족 간의 명확한 의사소통은 기본이다. 사회복지사는 속어, 은어 혹은 종교적 표현은 피해야 한다. 만일 통역자를 이용하는 경우엔 보다 가족 문화와 사회적 계층에 민감해야 한다. 치료에 있어서 정신교육적인 기법들을 포함하며, 가족 전체를 포함시키고, 노인은 따로 구별하여 도와줘야 한다. 지역사회내 센터, 교회, 혹은 사원에 속한 가족들이 급성 및 만성적인 정신질환자들의 문제 치료를 위해 지지/사교적 집단으로 활용될 수 있다.

4) 미국 원주민 가족에대한 개입

Ho(1987)는 미국 원주민 가족들을 민감한 태도로 다루기 위해 다음과 같이 충고하였다.

1. 음식, 주택, 다른 생필품의 부족으로 인해 곤란을 당하는 미국 원주민 가족에게 구체적 서비스가 필요하다. 생필품을 제공하는 것은 사회복지사가 가족원과 관계를 맺는데 도움이 된다.
2. 가족사회복지사와 미국 원주민과의 의사소통은 꾸밈없고, 섬세하고, 여유있는 그리고 침착한 태도로 개방적이고, 관심을 가지고, 서로 합동해야 한

다.

3. 가족사회복지사는 가족을 이해하기 위해 그들의 의사소통 방법과 유형을 관찰하고, 확대가족원이 다른 가족원들과 어떻게 상호작용 하는지를 기록한다. 사회복지사는 관심을 기울이고, 이야기는 적게 하고, 주로 관찰하면서, 적극적으로 경청한다(Ho, 1987: 95).
4. 도표화(mapping) 기법은 확대가족에 대해 알려고 할 때 사용된다.
5. 미국 원주민의 가족 공동체에 대한 가치관은 치료목적을 수립할 때 가족 상호간의 의논이 필요하다.
6. 문제해결을 촉진하는 것은 ⓐ사회적, 도덕적, 그리고 유기체적인 재구성/재명명, ⓑ확대가족망의 확대와 재구성, ⓒ가족재구성 기법으로 상호의존성 증진, ⓓ역할모델, 교육자 역할, 그리고 옹호역할 활용, ⓔ문제해결에 대한 타부(taboos)를 재구성하는 것, ⓕ의료직, 준전문직, 치료사와의 협동적인 일을 통해 이루어진다(Ho, 1987: 99).

❖ 배경의 차이

당신과 다른 인종 및 문화권의 사람과 이야기해 보시오. 가치관이나 신념의 유사점과 차이점을 찾아보시오. 친구와 같은 동질의 집단에서 온 클라이언트와 일할 때 예상될 수 있는 문제를 자신의 가치관과 신념을 비교해 생각해 보시오.

8. 소수민족 아동과 일하는데 있어서의 문제들

Gib, Huang과 그의 동료들(Jordan & Franklin, 1995)은 유색인 아동들을 사정하고 도와줄 때 특별히 관련되는 중요한 5가지 문제에 대해 논의하였다. 심리사회 적응, 가족원과의 관계, 학교적응과 학업성적, 친구관계, 그리고 지역사회 적응이 그것이다.

1) 심리사회 적응

가족사회복지사는 소수민족 가족의 아동의 심리사회 부분을 사정할 때 인종적, 문화적 요소에 민감해야 한다. 사회복지사는 아동들이 어떤 인종집단에 속하는지 인지하고, 그 아이들의 신앙, 관습, 그리고 가치관에 대해 알아야 한다. 그러나 가족사회복지사는 인종집단 간에도 많은 차이가 있으므로 가능한 각 가족의 신앙, 관습, 상호작용 유형에 대해 배우는 것이 중요하다. 심리사회 사정에서 다루어야 할 영역은 아래와 같다.

① 신체

소수민족 아동은 저소득에 따른 영양결핍, 정규적인 진단과 예방주사 등 적절한 의료보호가 결핍되어 신체적인 문제를 갖고 있다. 시력, 치과 등의 신체적인 검사가 필요하다.

② 정서

자기 존중심, 능력, 그리고 아동의 감정에 영향을 주는 측면들은 주로 아동의 인종적 배경에 의해 야기된다. 가족사회복지사는 문화 규범을 알아보기 위해서 그들의 생각이나 태도를 확인해야 한다

③ 행동

공격적 행동이나 업적이 되는 행동들이 문화적으로 결정되며, 이는 지배문화와 차이가 있다. 예를 들어, 스포츠 혹은 음악을 통한 성공이 학문적 성공 보다 높이 평가된다. 가족은 공격성을 조절하기 위해 죄책감 혹은 수치심을 사용한다.

④ 적응과 방어기제

아동은 불안이나 공포에 적응하기 위한 기제와 방어기제를 행동화하도록 배운다. 예를 들어, 싸우거나 말대꾸하는 식의 행동으로 대처한다.

2) 가족원과의 관계

아동의 적절한 행동에 대한 가족의 관점은 사정에서 중요한 요소이다. 여기에 포함되어야 할 영역은 아래와 같다.

① 부모—자녀관계
소수민족 가족은 부모와 자녀와의 관계가 지배문화 가족과는 다르다. 아시안 미국인 가족에서 보는 바와 같이 위계질서 및 가부장 관계에서 미국 원주민 가족의 평등한 부모-자녀관계 까지 다양하다.

② 출생순위
가족은 서열구조에 따라 아동의 역할을 엄격하게 규정한다. 예를 들어, 아시안 미국인 가족에서는 막내딸은 노부모를 돌보는 책임을 맡는다.

③ 연령
형제관계는 연령에 따라 규정된다. 예를 들어, 미국 원주민 가족에서 장남, 장녀는 동생이나 사촌을 가르치고 역할모델이 된다.

④ 성별
가족원 중 남성과 여성은 각각 다른 역할을 수행할 것으로 기대되고, 가족 내에서 높고 낮은 위치를 차지한다.

⑤ 가족의 기대
가족원에 대한 기대가 각기 다르다. 즉 자녀가 결혼하도록 지시하거나, 자녀 혹은 노인을 돌보게 한다.

3) 학교적응과 학업성적

아동이 가족 외의 다른 사람과 가장 많이 상호작용 관계를 하는 곳이 바로 학교이다. 학교에서의 성취와 관련된 요인들은 안녕의 중요한 지표가 되지만, 사정할 때에는 인종에 대한 관심을 포함해야 한다. 학교적응과 학업성취의 중요한 4가지 지표는 심리적 적응, 행동적 적응, 학업성적, 친구관계이다.

① 심리적 적응

소수민족 부모와 자녀는 학교를 무서워한다. 또는 지배문화의 가치가 자신들의 가족 가치관과 차익 클 때 학교를 부정적으로 볼 수 있다.

② 행동적 적응

소수민족 가족은 자녀들이 문제에 적응하거나 해결하는 행동을 가르친다. 그러나 싸우거나 소란을 피우는 행동은 학교에서 문제를 일으키게 된다. 가족사회복지사는 이러한 행동의 문제가 주의집중 장애, 알코올중독에 의해 태아에게 나타나는 증상, 혹은 시력장애와 같은 중요한 건강상의 문제로 나타날 수 있음을 인식하는 것이 중요하다.

③ 학업성적

학교에서 소수민족 아동의 성적이 평균이하라면, 아동은 자신의 문화와 맞지 않는 책이나 시험에 적응하는 것이 어렵기 때문일 수 있다. 학교제도에 익숙하지 않은 부모는 적절한 지원 혹은 효율적인 학습방법의 모델링을 제공하지 못할 것이다.

④ 친구관계

아동은 자신들의 모습이 친구와 다른 것을 두려워하고, 친구집단의 활동에서 배제(스스로 제외시키거나)될 수 있다. 또한 자신의 인종집단 아동들의 또래지원도 이용할 수 없다.

다음은 소수민족의 아동들이 당면한 문제에 대해 예를 들어 설명한 것이다.

2학년으로 7살인 Sally Redmond는 학교생활의 문제로 부모와 함께 가족사회복지기관에 왔다. Sally는 가족사회복지사에게 학교는 싫고, 학교엔 다시 가지 않게 되어도 괜찮다고 말했다. Sally의 담임 선생님이 보고하기를, Sally는 학교에서 조용하고, 위축되어 있었고, 친구도 없고, 어떤 활동에도 참여하지 않았다고 했다.

Sally의 부모인 Lou와 Darlene은 2살 때 그녀를 입양했다. Sally의 친부모는 한국인이며, 태어나서 고아원에서 자랐다. 까망머리, 까만 눈, 노란 피부를 가진 Sally는 흰 피부, 노랑머리의 양부모와 같지 않았다.

가족사회복지사는 Sally가 학교운동장에서 쉬는 시간에 하는 행동을 관찰할 기회가 있었다. 다른 아이들은 대부분 Sally를 의식하지 않았으나, Sally가 축구하는데 끼어 들었을 때 어떤 소년이 Sally를 "바보"라고 불렀다. 이 후에 Sally에게 그 소년에 대해 물었더니 항상 그 아이들은 그렇게 말했고, 가끔 Sally의 생김새에 대해 놀렸다고 했다. Sally는 아프리칸 미국인 아이들과 놀 때 가장 기분이 좋았는데, 왜냐하면 자기와 같이 피부색이 다르기 때문이라고 말했다. Sally는 가족사회복지사에게 자기도 양엄마와 같게 생겼으면 한다고 하며, 그렇다면 친구를 더 많이 가졌을 것이라고 말했다.

Sally의 선생은 가족사회복지사에게 Sally가 학교에서 잘 적응하지 못하며 이야기할 때 시선 접촉을 피한다고 말했다.

4) 친구관계

가족사회복지사가 소수민족 아동의 친구관계를 사정하는 것은 아동들의 다수민족 문화에 대한 문화변용 수준을 알 수 있는 중요한 지표가 된다.

① 친구간의 상호관계

친구관계는 안녕의 중요한 지표가 된다. 다른 사람과 잘 어울리고, 동료 지지집단을 갖는 것은 아동의 자기존중감과 소속감에 중요한 부분이다. 이것을 확인할 수 있는 지표는 우정에 대한 아동의 기록, 집단활동의 참여 등이 있다.

② 참여 정도

가족사회복지사는 아동의 취미나 그 밖의 활동들에 대해 질문함으로써 참여수준을 평가할 수 있다. 예를 들어, 스포츠 혹은 팀의 일원인지, 걸스카웃 혹은 보이스카웃인지, 클럽 활동은 하고 있는지, 학급에서 친한 친구가 있는지 등에서 확인된다.

③ 이성관계

사춘기 때는 이성관계에 대해 생각하기 시작하며, 파트너의 가능성에 대해 신중하게 평가하기 시작한다. 예를 들어, 소수민족의 사춘기 아동들은 학교 댄싱파티나 남녀 데이트에서 다른 애들에게 수용되는 걸 느낀다.

5) 지역사회 적응

지역사회 참여의 지표는 소수민족 아동이 보다 넓은 사회환경에도 잘 적응하고 있는지를 평가하는데 중요하다. 가족사회복지사는 아동의 집단활동과 직업에의 참여, 그리고 가족의 지역사회 활동에 대한 반응을 평가할 수 있다

① 집단 참여

가족사회복지사는 아동이 참여하는 교회, 레크리에이션 센터, 클럽과 같은 집단을 평가할 필요가 있다. 또한 참여수준은 아동의 성공적 참여의 지표로 중요하다. 예를 들어, 교회참여의 빈도는, 친구가 있는 가, 어떤 교회-후원활동에 참여하는 가는 중요한 지표가 된다.

② 직업에의 참여

사춘기의 자녀는 지역사회에서 일을 하면서, 자신들의 직업의 적절성을 평가해야 한다. 따라서 직업을 갖기 원하며, 적절한 일자리를 찾기 위해서는 도움이 필요하다

③ 아동의 지역사회 참여에 대한 가족의 반응

가족의 문화변용 수준이 아동의 집단 혹은 직업활동에 대한 반응에 영향을 준다. 가족사회복지사는 가족 이외의 상호관계를 도와 주어야 하며, 혹은 아동이 지역사회에서 자유롭게 새로운 관계를 모색할 수 있도록 도와 주어야 한다.

④ 아동의 특별한 흥미와 능력

아동의 특별한 관심, 특히 특별한 능력을 확인하는 것은 성공적으로 개입 계획을 발전시키는 데에 중요하다. 가족사회복지사는 아동의 강점을 살려 다른 문화에서 보다 잘 적응할 수 있도록 돕는다. 예를 들어, 어떤 아동은 공부보다 스포츠 혹은 음악에서 탁월할 수 있다. 이런 분야에서 성공적인 수행은 부족한 학교성적을 완화할 수 있으며 아동의 자존심을 증진한다.

❖ 가치관과 신념

당신의 가치관 및 신념과 부모의 가치관 및 신념을 비교해 보시오. 어떤 유사점과 차이점이 있는지 찾아보시오.

9. 요약

이 장에서는 유색인종인 아프리칸, 히스패닉, 아시안, 미국 원주민 가족의 고유한 역사와 신념들을 밝히는 데에 초점을 두고 논의하였다. 가족을 사정할 때 가족사회복지사는 각 집단의 특별한 주제와 문제들을 고려해야 한다.

아프리칸 미국인을 대할 때 인종차별은 중요한 이슈이다. 이들에게 있어 주요한 주제는, 강한 친족 유대감, 높은 교육열, 성공적인 직업교육, 융통성 있는 가족역할, 종교적 가치에 대한 의무, 교회 참여, 인본주의적 교육, 그리고 고통의 극복 등이다.

히스패닉 가족은 지배문화에 대한 문화변용 수준에 따라 다양하다. 이들에게 있어 주제는 가족주의, 개성주의(machismo를 포함하여), 위계질서, 심령론, 운명론 등 5가지이다.

아시안 가족은 자연과 타인과의 조화로운 삶에 가치를 둔다. 충성, 위계 중시, 그리고 복종이 지배적인 주제이다.

미국 원주민 가족은 자연세계와의 조화로운 삶을 믿는다. 주제는 협동적 우주관, 명예, 타인에 대한 존중이다.

소수민족 가족을 위한 치료에 있어서 가족원들과 관계를 맺기 위한 기법과 그들이 사용하는 의사소통 유형과 은유에 대한 민감성, 그리고 사회기술훈련과 같은 행동주의 접근방법 등을 사용할 것을 권고한다. 그리고 여러 인종집단들의 고유성에 따라 포함해야 할 치료적 주제들을 살펴보았다. 소수민족 가족의 아동들을 도와줄 때 특별히 고려해야 할 이슈들은 심리사회 적응, 가족과의 관계, 학교적응과 개인적 성취감의 획득, 동료관계, 그리고 지역사회에서의 적응이다.

다양한 문화적, 인종적 배경을 이해할 수 있는 가족사회복지사는 배려와 민감성을 지닌 사회복지사로서의 자신의 능력을 증진시켜 나갈 것이다. 문화인지적 가족복지사는 고정관념을 가지고 클라이언트를 대하지 않으며, 그들의 고유한 배경에 대해 알려는 열성적인 관심을 보일 것이다.

제 13 장

아동에 대한 가족사회사업

가족사회복지사는 종종 아동학대와 방임, 성 학대, 부모-아동 갈등 상황에 개입한다. 이 장에서는 이러한 문제 각각에 대한 정보와 개입 방법을 제시하고자 한다. 이 문제들은 분리되거나 혹은 함께 나타나기도 하는데, 이 경우 가족사회복지사는 특수 분야의 전문가에게 가족을 의뢰해야만 한다. 또한 이 문제 중 몇몇은 14장에서 제시되는 문제와 함께 나타날 수 있다. 가족을 전문가에게 의뢰한 후에도, 일반적으로 가족사회복지사는 가족과 지속적으로 함께 일한다. 따라서 서비스 조정과 전문가와 함께 하는 개입 강화가 중요하게 된다.

가족중심프로그램(family-centered program)에 참여한 대부분의 클라이언트는 단기적, 문제중심 가족사회복지사에게 도움을 받을 수 있다. 그러나 한편으로 많은 문제들을 경험하는 가족들도 있다. 일반적으로 이러한 가족들은 압도적인 스트레스를 경험하고, 심리적, 신체적으로 건강하지 못하고, 빈약한 대처기술과 사회의 지지가 부적절하거나 아예 존재하지 않으며, 혹은 환경 자원이 부족하다. 이와 같은 다문제 가족은 전문적이고 집중적인 개입이 요구되므로 가족사회복지사는 전문 지식과 기술이 필요하다.

가족사회복지사는 스트레스가 많거나 일상적이지 않은 상황에 개입하게 될 때, 더 많은 도전을 받는다. 가족과 일하는 동안 기대하지 않았던 문제가 표면화될 수도 있으며, 그 문제는 일반적으로 가족구성원 모두에게 심각한 영향을 준다. 약물남용이나 성 학대와 같은 문제는 표면적으로는 한 개인만 관련된 것 같지만, 사실 모든 가족구성원들에게 다양한 정도의 심각성으로 영향을 미친다. 가족사회복지사는 이러한 문제와 관련된 신호나 행동들을 인지하여, 가장 중요하고 위급한 이슈가 무엇인지를 결정해야만 하며, 이에 따라 적절하게 반응해야 한다. 마지막으로 다른 자원의 필요 여부를 검토해 보고 각각의 자원과 협력체계를 구축해야만 한다. 이 때, 특히 중요한 것은 지역사회 내의 지지체계를 인식하는 것이다.

가족사회복지사는 문제의 존재 자체가 가족이 이를 인정하고 수용하거나 그 문제에 대해 얘기할 준비가 되어 있는 것을 의미하는 것은 아니다는 점에 주의해야 한다. 초기과업에서 가족의 저항을 해결하는 것은 종종 어려운 일이다. 가족사회복지사는 가족들이 모든 문제에 대해 즉각적으로 얘기해 줄 것이라고 기대해서는 안되며, 작은 변화에도 가족은 진전될 수 있다는 점을 인식하고 있어야 한다.

가족사회복지사는 어느 시점에서 하나의 문제보다는 많은 문제를 가진 가족을 만날 수도 있다. 이 장에서 제시하는 문제들은 전체 가족단위에 영향을 미치는 유형들로, 이 때 클라이언트는 가족구성원 개인보다는 오히려 가족 전체라는 점을 기억해야 한다. 대부분 가족에 대한 개입의 궁극적인 목적이 가족전체에 대한 지지와 강화이지만, 가족구성원 개개인의 복지에 관한 관심을 간과해서는 안 된다. 어떤 문제들은 가족구성원이 함께 있음으로서 오히려 개선되지 않을 수도 있다. 왜냐하면 가족을 유지하는 것 자체(family integrity)가 가족구성원을 지속적인 위험에 있게 할 수 있기 때문이다. 가족폭력이 그 대표적인 문제 중 하나이다.

1. 신체학대와 방임

북미에서 아동은 때리는 것이 법적으로 허용되는 유일한 사람이다(Zigler & Hall, 1991).

많은 북미가족에서 폭력(Gelles & Straus, 1988)과 신체적인 훈육(discipline)은 문화적으로 광범위하게 수용된다. 아동학대에 대한 대중적 논쟁의 핵심은 부모가 주정부의 간섭 없이 아동을 신체적으로 훈육할 수 있어야 한다는 것이다. 이와 유사하게 많은 부모들은 '매를 아끼면 자식을 망친다'는 속담을 믿고 있다. 실제로, 이 성경적인 금언은 매를 때리는데 사용하는 막대기가 아니라 양치기가 양을 안내할 때 사용하는 막대기(rod)를 말한다. 그러나 대부분의 미국인들은 좋은 양육은 신체적 처벌을 일부 허용하는 것이라고 믿고 있다(Gelles & Straus, 1988). 가족사회복지사는 이러한 논쟁에서 벗어나 부모가 신체적으로 힘을 사용하지 않고도 더 효율적으로 양육할 수 있는 기술을 습득할 수 있도록 도와야만 한다.

부모-가해자, 아동-피해자라는 시나리오 이외에도, 형제들이 가해자가 되고, 부모가 피해자가 될 수도 있다. 그러나 본 장에서는 특히 아동에 대한 부모학대에 대해 언급하고자 한다. 대부분의 아동학대에 대한 정의는 몇 가지 형태의 신체적 폭행 혹은 성 학대를 포함한다. 여기에 신체적, 성적 학대는 거의 항상 정서적인 학대를 수반한다. 또한 아동학대에는 부모가 부정적이고 부적절하게 아동을 통제하는 것도 포함할 수 있다(Wolfe, 1987). 따라서 학대라는 용어는 아동의 신체적 학대와 방임 모두를 포괄한다. 이것은 종종 같은 한 가족 내에서 동시에 발견되기도 한다(Garbarino & Gilliam, 1987).

방임은 학대보다 정의하기가 더 어렵다. 특히 가치체계의 범위와 양육방식이 다양하기 때문에 방임에 대한 정의를 구체화하는데 어려움이 있다. 여기에서 방임은, 빈약한 관심과 보호(caring & protection)로부터 야기되는 심한 정서적 박탈뿐만 아니라 기본 욕구(의식주, 의료, 교육 등)의 박탈로 정의한다. 사회복지사는 자녀에게 생필품을 '제공할 수 없는' 부모와 '제공하지 않는' 부모를 구별해야만 한다. 많은 경우 방임은 신체학대보다 아동의 생명에 더 위협적이므로 가족사회복지사는 이에 대해 깊이 숙고해야만 한다.

학대의 마지막 형태가 정서적 학대이다. 그러나 가족사회복지사가 정서적 학대를 목격한다해도 그것은 정의하기가 어려울 뿐만 아니라 가치나 양육방식이 다양하기 때문에 가장 해석하기 어려운 주제이다.

가족사회복지사는 아동학대 혹은 방임이 일어나는 신호에 주의해야 한다. 신호에는 심한 매질, 골절, 화상, 타박상, 비일상적인 '사고' 의 횟수 등을 포함한다. 아동은 겁이 많아지거나, 놀라거나 혹은 반대로 공격적이 될 수도 있다. 가족사회복지사는 클라이언트의 집에 자주 방문하기 때문에 사무실에 있는 전문가보다 아동학대와 방임의 신호를 더 잘 주시할 수 있을 것이다. 사실, 이러한 점검기능 때문에 아동은 재가서비스를 받는 동안 위탁 혹은 시설보호로의 연결이 더 가능해진다. 아동학대가 명확할 때, 가족사회복지사는 피해자 보호를 어떻게 할 것인지에 대한 복잡한 선택뿐만 아니라 가족을 유지해야 할 것인지에 대해 고려해야 한다. 가족사회복지사는 때로 가족을 유지하는 것이 '성공' 이라고 정의하기도 하지만, 그러나 학대받는 아동을 가족 내에 남아있도록 하는 것이 항상 보호는 아니다는 것을 기억해야 한다. 아동의 안전이 우선이다. 학대가족과 일할 때, 가족사회복지사는 아동의 안전에 대한 불안을 경험할 수 있다. 특히 가족사회복지사가 가정에 없을 경우에는 더더욱 그렇다. 이러한 불안은 일반적으로 위험이 있다는 빨간 신호로, 가족사회복지사는 이에 대해 슈퍼바이저에게 알려야만 한다.

다음의 예는 아동학대와 방임에 기여하는 요인을 설명하고 있다.

초등학교 교사가 아동 중 한 명이 타박상을 입었다고 보고하여 가족사회복지사인 Jim Lloyd는 Lile가족에게 관심을 갖게 되었다. Lile가족은 최근 Lile씨가 회사에서 승진하면서 다른 주에서 이 지역으로 이사하였다.

Sam과 Teresa Lile은 결혼한 지 1년 된 부부이다. 그들이 만났을 때, Teresa는 전 남편과의 관계에서 얻은 두 딸을 양육하고 있었다. 아이들의 친아버지는 Teresa가 두 번째 아이를 임신했을 때 떠났다.

가족사회복지사가 처음 방문했을 당시, 아이들은 8세, 6세의 소녀였다. 가족사회복지사는 큰딸인 Jessie가 3세에 ADHD로 진단을 받아서 Ritalin에서 거주했었다는 점을 알아내었다. 주말저녁에 Jessie는 과잉행동을 했으며 이는 잘 조절되지 않았다.

Sam은 아이들과 사는 것이 익숙하지 않았지만, 소녀들에게 아버지가 되기를 원해서, 아이들을 호적에 올릴 계획을 가지고 있다. Sam은 Jessie의 행동문제가 Teresa의 관대한 양육방식 때문인 것으로 믿었다. 그는 엄격하게 훈육하기로 하고, 아이들이 '선에서 벗어 날 때(out of line)' 에는 벨트를 사용했다. 한편, Teresa는 가까이에 가족과 친구가 없어서 외롭다고 느꼈다. 그녀는 새로운 남편에게 부모의 책임감을 대부분 일임하였다. Sam은 Teresa가 새로운 직업을 갖기 원했지만, 그녀는 일을 찾기가 어려웠다.

이 사례에서 가족사회복지사인 Lloyd씨는 다음의 이슈들을 구체화할 수 있었다.

1. 양육 및 훈육기술에 대한 지식 부족
2. 사회적 지지체계의 부족과 고립
3. Teresa에 대한 직업 상담
4. Sam에게 ADHD에 대한 정보제공

1) 아동학대 및 방임에 기여하는 요인

아동학대의 원인은 명확하지 않다. 이는 학대의 원인이 애매하고 상호 관련되어 있기 때문이다. 따라서 여기에서는 학대에 수반되는 몇 가지 요인에 대해 기술하고자 한다.

아동학대 관련 요인은 아래에서 제시하는 조건이 중복될 수 있지만, 반드시 제시된 조건에 국한되는 것은 아니다.

① 가족과 친구로부터 고립

Garbarino와 Crouter(1978)는 학대를 부적절한 지지체계와 자원의 문제로 본다. 피드백은 사회적 지지 중 하나로서 기능하는데, 학대 부모는 종종 양육에 관한 올바른 정보를 수용하려 하지 않는다. 자녀를 학대하는 부모들은 대부분 안정되고 건강한 사회적 관계를 형성하기가 어렵다. 또한 계속 치료를 유지하기도 어렵다. 이 때 가족사회복지사는 사회적 고립을 깨뜨릴 수 있도록 도와야 한다. 지지가 필요하지만 찾지 않는 가족의 경우, 가정을 기반으로 한 재가서비스는 사무실을 기반으로 한 기관서비스 보다 유용하다. 재가서비스는 기관에까지 오는 번거로움을 없애주기 때문이다. 가족과 일하는 과정에서, 가족사회복지사는 가족과 지속적으로 접촉하면서 가족이 공식적, 비공식적으로 지지망을 확립하고 만들어 나갈 수 있도록 돕는다. 이는 클라이언트가 점차 고립으로부터 벗어날 수 있도록 해준다. 또한 학대를 감소시키기도 하는데, 이는 부모가 사회적으로 접촉이 제한적이고 부정적이거나 싫을 때 아동을 더욱 학대할 수 있기 때문이다(Wahler, 1980). 또한 가족사회복지사는 부모가 사회기술을 개발하도록 도울 필요가 있다. 강한 가족은 독립적이고 자기의존(Self-reliant)적일 것이다라는 생각과는 반대로, 오히려 사회적 지지자원과 밀접하게 연결되어 있다(Garbarino & Gillian, 1987).

② 가족내의 부정적인 상호작용

학대가족의 부모는 감정이입이 부족하고, 학대하지 않는 부모보다 더 처벌적이다(Kavanaugh, Youngblade, Reid, & Fagot, 1988). 학대부모는 종종 자녀의 행동에 대해 적절히 보상하는 방법을 모른다. 사실, 학대행동의 결정인자는 부모와 자녀사이의 일상적인 사건에서 발견된다(Burgess & Youngblade, 1988). 학대부모는 자녀의 행동을 주의깊게 관찰하지 못한다. 그래서 자녀의 '나쁜(bad)' 행동에 대해 적절히 반응하지 못하며 부모의 지시를 자녀가 잘 따르게 하는데도 실패하게 된다. 또한 자녀와의 의사소통은 부정적이며, 신체적으로 애정을 표현하는 것에 서툴다. 아동은 부자연스럽게 행동하는데, 이는 부모의 보상이 변덕스럽기 때문이다. 결국 부모는 아동행동에 거의 영향을 주지 못하게 되어서, 결과적으로 더 혹독한 훈육으로 이어지게 된다. 이 경우 가족사회복지사는 부모와 자녀간에 지속되어온 비기능적인 패턴들을 인식하고, 학대를 유발하는 것 같은 아동을 비난하지 않는 것이 중요하다.

③ 아동에 대한 부적절한 기대

학대부모는 아동발달에 관한 지식이 부족하다. 아동학대는 종종 보호제공자로서의 역할을 잘 할 수 없는데서 비롯된다(Garbarino & Gillian, 1987). 양육기술에 대해 무지하거나 부족한 부모는 자녀에게 해를 미칠 수 있다. 가족사회복지사는 발달론적 관점에서, 부모에게 아동의 발달 주기적인 능력과 욕구에 대해 교육해야 한다. 그리고 자녀에 대한 부모의 비현실적인 기대를 변화시켜 자녀가 무엇을 할 수 있는지에 대해 더욱 잘 알 수 있도록 한다(Garbarino & Gillian, 1987).

④ 높은 스트레스

아동학대는 사회적 고립과 삶의 위기가 증가함에 따라 수반되는 극도의 스트레스와 관련되어 있다. 학대부모는 일반적으로 도움이 필요할 때 요청할 수 있는 지지적인 이웃, 친구, 친척들이 상대적으로 부족하다. 강하고 지지적인 사회망은 부정적인 스트레스의 영향을 상쇄시킨다. 또한 낮은 수입은 학대를 촉진시키는 잠재 인자이다(Garbarino & Crouter, 1978; Gil, 1970; Webster-Stratton, 1985). 스트레스를 유발하는 요인들(stressor)로는, 빈곤, 실업, 낮은 교육정도, 약물남용, 우울, 불안 및 아동의 기질 등을 포함할 수 있다. 지나치게 활동적이고, 화를 잘 내거나 혹은 고집이 센 아동은 학대를 유발할 수 있다. 또한 학대 어머니는 임상적으로 우울할 수도 있으며(Webster-Stratton, 1991), 부모의 스트레스는 만성 혹은 급성일 수 있다(Patterson & Dishion, 1988). 스트레스는 또한 평균 이상으로 가족의 규모가 클 때, 한쪽 부모 혹은 부모 모두와 관련될 수 있다(Burgess & Youngblade, 1988).

⑤ 부족한 양육기술

자녀를 학대하는 부모는 아동을 돌보고 통제하는 기법과 기술에 대한 지식이 매우 제한적이다. 그리고 대부분은 아동행동에 대한 적절한 보상에 어려움이 있다. 학대부모는 강압적이고 아동이 싫어하는 통제방법에 지나치게 의존하며, 일관성 있고 긍정적인 아동관리 기법이 부족하다(Denicola & Sandler, 1980). 효과적인 양육기술의 부족은 사회기술 결핍의 일부분이다(Patterson & Dishion, 1988). 양육기술의 부족은 또한 스트레스, 개인적, 사회적 자원의 부족과 관련된다(Garbarino & Gilliam, 1987).

❖ 아동학대 혹은 방임 인정하기

가족사회복지사는 아동학대 및 방임 가능성에 관해 단서가 되는 신호 목록이 있다. 어떠한 환경 안에서 가족사회복지사는 이러한 행동을 관계당국(authorities)에 보고해야만 하는가?

2) 학대 혹은 방임 아동 가족에 대한 개입

아마 가족사회복지사가 직면하는 가장 어려운 상황은 아동이 상해를 입을 수 있는 경우이다. 자녀를 학대하는 부모는 이 문제에 개입하려 하는 전문가에게 분노의 감정을 가질 수 있다. 가족사회복지사는 스스로 질문해야 한다. '내가 아동을 상해하는 부모에게 특히 이러한 행동이 내가 몹시 싫어하는 행동일 때, 과연 도울 수 있을까?' 여기에서 제안하고 싶은 것은, 가족사회복지사는 부모의 감정과 그들의 행동을 분리하여 고려해야 한다는 것이다. 비록 학대부모의 행동이 수용할 수 없는 것이라 할지라도, 이러한 행동을 유발하게 한 좌절, 피로, 혹은 무력감의 감정들은 가족사회복지사가 감정이입해야 할 정당한 감정들이다.

아동을 가족에서 분리하지 않고도 아동의 안전을 보장할 수 있다면, 가족사회복지사는 가족 자체를 클라이언트로 고려해야만 한다. 그러나 이러한 결정은 대부분 공공 아동복지기관에서 하게 되며, 가족사회복지사는 위탁보호 여부를 결정하는 데에 단지 참여할 수 있을 뿐이다. 가족을 클라이언트로 결정하면, 부모와 아동은 함께 도움을 받게 된다. 이런 경우, 부모와 아동이 한 가족 안에 남아 있을 가능성은 높아진다.

불행하게도, 부모의 감정 수용 및 욕구 인정이 부모와 가족사회복지사가 자연스럽게 상호작용하고 의사소통 할 수 있도록 하는 것으로 귀결되지는 않는다. 부모는 가족사회복지사를 신뢰하지 않을 수도 있으며, 특히 부모가 아동기에 학대받은 경우에는 더욱 그렇다. 따라서 가족사회복지사는 학대부모와 일할 때, 슈퍼바이저와 동료들에게 상당한 도움과 지지를 받아야 한다.

아동복지기관에 의뢰되면 그 때부터 가족은 가족사회복지사의 관심 대상이 된다. 사회복지사의 적극적인 가족에 대한 개입은 다른 개입과 비교할 때 더 좋은 결과를 기대할 수 있다(Cohn, 1979). 그러나 학대가족은 종종 참여 자체가 어렵고, 혹은 치료를 중단할 수도 있다. 만약 프로그램이 집중적으로 주어질 수 있다면, 더 좋은 결과를 얻을 수 있다. 프로그램을 집중적으로 준다는 것은, 사회복지사가 한 번에 몇 시간 혹은 며칠을 할애하여 프로그램을 진행한다는 것을 의미한다. 이러한 프로그램은 전통적으로 기관에서 주당 50분 정도가 일반적이다. 한편, 가족은 법정 명령을 받고 치료를 받으러 올 수도 있다. 결과적으로 가족사회복지사는 다른 개입을 하기 이전에 가족의 저항을 감소하고 보다 집중적으로 개입할 수 있도록 노력해야 한다. 동시에 특별한 어떤 조치를 마련하여 아동의 안전을 보장할 수 있어야 한다.

가족사회복지사는 부모가 방어적이고 위협적이라고 느껴지더라도 그들의 관심이 무엇인지에 대해 이야기해야 한다. 일단 사회복지사가 부모와 충분하게 라포를 형성하고 상호작용에 대한 신뢰를 확립했다면, 부모는 발생한 사건에 대한 속임과 위장을 줄일 것이다. 아동학대에 관해 논의할 때에는 특히 상호관계를 악화시키지 않으면서 진행해야 한다. 한가지 원칙은, 판단하기보다는 오히려 진정한 관심의 태도를 갖고 학대를 탐색하는 것이다. 가족사회복지사는 아동보호뿐만 아니라 부모를 돕고자 한다는 것을 전달해야만 한다. 대부분의 부모는 자녀가 해를 입는 것을 원하지 않는다. 만약 학대부모가 이러한 도움이 자신들을 비난하는 것이 아니라는 것을 느낀다면, 대부분은 그것을 받아들일 것이다. 그러나 부모는 사회복지사가 학대가 의심될 경우, 이를 보고할 법적인 의무가 있다는 점을 알아야만 한다. 또한 가족사회복지사는 가족과의 관계 때문에 부모의 행동을 간과할 것이라고 믿지 않도록 주의해야 한다.

한편, 학대부모센터의 치료가 필요할 수 있다. 여기에서는 학대부모들이 강압적인 방법과 충동적으로 반응하는 것을 줄이기 위한 효율적인 아동관리 기술과 기법을 개발시킬 수 있도록 돕는다(Coleman & Collins, 1997). 센터의 한 프로그램에 참가한 부모는 "나는 아동의 행동을 다루는 다른 방법을 학습할 수 있어서 좋았다. 예를 들어, 아이에게 선택할 수 있도록 함으로써 아이와 나 사이의 권력 투쟁(power struggles) 관계를 변화할 수 있었다." 또 다른 부모는 다양한 훈육 기법을 배울 수 있었다는 점에 대해 감사했다. 이처럼 부모-아동 상호작용 방식을 수정하는 것은 아동학대의 위험을 감소시킨다.

가족사회복지사가 가정을 방문하는 동안, 부모는 학대를 자극하는 아동과의 일상적인 상호작용에 대해 사회복지사의 즉각적인 피드백을 대부분 받을 수 있다. 가정에서 아동을 격리하는 것은 아동과 부모사이의 학대를 유발하게 하는 상호작용 패턴을 일시적으로 변하게 한다. 아동학대와 방임을 중단하고자 하는 개입에서 교육적인 접근방법은 가장 효율적이다. 가족사회복지사는 부모의 적응기능을 지지하고, 문제해결을 원조하고, 행동의 변화를 촉진함으로써 가족의 기능을 수정할 수 있다. 가족사회복지사는 부모에게 자녀들이 경험하는 발달단계에 대해 가르칠 수도 있다. 사회복지사는 또한 부모들에게 긍정적인 양육기법, 예를 들어 '생각하기' (time-out)의 활용, 계약하기, 아동의 행동을 수정하는 보상 등을 가르칠 수 있다.

2. 아동 성 학대

가족내의 성 학대는 수년동안 인정되지 않아 왔다. 오늘날에 와서야 성 학대는 주목을 받게 되었고, 어떤 개입이 최선의 것인지에 대한 다양한 의견들이 논의되고 있다. 성 학대는 가족역동, 개인의 정신병리, 혹은 두 가지 요소의 결합 여부에 대한 가족력을 조사해야 한다(Coleman & Collins, 1990). 가족내의 아동 성 학대는 복잡한 문제이다. 여기에는 많은 가능한 원인과 치료 대안이 있다. 성 학대 가족과 일할 때 성인지(gender sensitivity)는 특히 중요한데, 이는 대부분의 성 학대자가 종종 남성이고 피해자가 여성이기 때문이다. 어떤 경우에는 학대자를 가족에서 격리시키는 것이 안전한 대안이 될 수도 있지만, 아동복지기관은 이러한 이슈에 관한 다른 지침들을 갖고 있다. 학대자를 격리하는 것이 불가능하거나 피해자의 안전을 보장할 수 없을 때, 그 다음 제안할 수 있는 대안은 피해자를 그 집에서 격리하는 것이다.

학대자는 부모 혹은 형제일 수 있으며, 일반적으로 아동에게 친근한 사람이다. 아동 성 학대는 범죄자와 아동사이의 관계로 분류할 수 있다. 범죄자는 아동의 아버지, 어머니, 양부모, 부모의 배우자, 형제, 확대가족원(조부모, 삼촌, 고모, 사촌 등), 친구, 아는 사람, 베이비씨터, 교사, 혹은 낯선 사람 등일 수 있다. 학대자는 희생자와 동년배 혹은 더 나이가 많을 수도 있고, 남성 혹은 여성일 수도 있으며, 혼자서 혹은 집단의 일부가 되어 학대를 저지를 수도 있다. 학대자는 그 가족과 함께 거하는 사람이던가 혹은 가족의 친구로 지내왔던 사람으로, 대부분의 시간을 그 가족과 함께 지낸다.

가족사회복지사는 이러한 가족과 일할 때, 가족구조에 집중적인 관심을 가져야 된다. 종종 부모 중 어느 한편이 권력을 독점하고 있을 수 있다. 어머니는 우울증이나 만성 질환으로 인해 무능력하게 되었을지도 모른다. 반면, 아버지는 가족 구성원에게 엄격한 통제를 가할 수 있다. 이런 경우 아동학대뿐만 아니라 아내 학대도 발견될 수 있다. 이러한 가족은 종종가족 외부와는 고립되어 있다(Bagley & Ramsey, 1984; Briere, 1992; Browne & Finkelhor, 1986; Courtois, 1979; Everstine & Everstine, 1989; Hall & Lloyd, 1993; Meiselman, 1990).

학대가 반드시 심각한 외상을 입히는 것은 아니다. 그러나 학대는 모든 아동에게 영향을 미친다(Briere, 1992). 학대의 특성에 따라 외상의 정도는 다르다. 다음의 내용은 외상에 영향을 미치는 요인들에 대해 설명한 것이다. 그러나 반드시 이러한 요인들에 의해 외상이 결정되는 것은 아니다(Watchel, 1988).

- 학대의 빈도와 지속기간
- 지시에 순응하도록 하기 위해 사용되는 힘(force)의 양(amount)
- 학대자와 피해자와의 친밀도
- 피해자의 연령
- 피해자가 성 학대를 말했을 경우(disclosure)의 반응 형태
- 피해자가 이용할 수 있는 지지체계의 질(quality)

아동 성 학대의 결과는 이 장 후반에서 설명할 것이다.

1) 성 학대 진술의 확인

성 학대에 대해서 아동이 보고한 사실을 검증할 수 있는 결정적인 방법은 없다. 그리고 신체적으로 학대를 받았다고 명확하게 입증되는 경우도 드물어서, 거짓 진술이 8%~28% 정도에 이른다(Yuille, no date).

2) 성 학대에 기여하는 요인

아동 성 학대의 원인에 관한 몇 가지 이론이 있으며, 각 이론마다 개입방법이 다르다. Finkelhor(1986)은 성 학대의 네 가지 성질(predispositions)에 대해 다음과 같이 제시하고 있다.

- 학대자는 아동을 성적으로 학대하는 동기가 있다
- 학대자는 내적 억압(internal inhibitions)을 극복해야만 한다
- 학대자는 아동저항을 극복해야만 한다
- 학대자는 학대에 관한 환경의 방해물(impediment)를 극복할 수 있어야 한다.

〈표 13-1〉 가족내 성 학대 치료모델

모델	학대원인	법적 개입	가족유지	증거	개입
아동옹호	학대는 가해자의 개인적인 이슈에 기인한 학대자 혼자의 책임이며, 가족이 비기능적일 때 유지된다.	법은 필요하지만, 법정에서 아동이 재피해자화 될 수 있는 것에 주의해야 한다.	아버지(학대자)는 집을 떠나야만 한다.(영원히)	가족구조와 관련된 몇몇 증거. 정상으로부터 벗어난 가해자에 관한 몇몇 증거.	가족구성원에 대한 개별상담 및 전문화된 범죄자 치료.
다모델 (multi-model) 다단계 (multi-step) (Sgroi)	다양한 원인: 개인 및 가족.	법적 개입이 필요하다.	—	성공은 아동이 학대의 위험으로부터 벗어났을 때.	집단치료, 어머니 - 딸 상담
재구조주의적 (reconstructive) (Giarretto)	학대는 개인 및 가족요인 모두에서 비롯된다.	법적 개입이 필요하다.	아버지(학대자)는 집을 떠나야만 한다.(일시적으로)	성공에 대한 가변적인 기준. 프로그램 평가에 따라 성공의 다양한 비율.	개인에서 시작하여 집단, 가족치료로 이동해간다.
가족체계	학대는 가족이 비기능적인 결과이다.	초기 모델들은 법적 개입을 치료에 반하는 것으로 고려했으나, 최근에는 법적 개입에 대해 보다 유연하다.	대부분의 경우 가족은 함께 안전하게 남아 있을 수 있다.	효과에 대한 증거 빈약.	학대 발견 직후부터 가족치료를 시작한다.

출처: Adapted from Coleman, H., & Collins, D.(1990). The treatment trilogy of father-daughter incest. Child and Adolescent Social Work Journal. 7(40), 339-355.

가족기능에 대한 어떤 이론은 아동 성 학대 상황에 적용하는데 문제가 있다. 특히 가족체계이론은 몇 가지 단점이 있다. 가족체계이론가들은 종종 성 학대에서 어머니가 학대를 고무시키고, 공모하며 묵인한다고 주장하면서 어머니를 비난한다. 또한 어머니는 남편의 적절한 성적 파트너로서 실패한 잘못이 있다고 여긴다. 가족체계이론가들은 딸들이 학대 때문에 가족 내에서 특별한 특권을 가질 수 있다고 보기도 한다(Trepper & Barrett, 1986). 이러한 설명은 학대자의 책임을 최소화하고, 동기를 간과하며, 내적 억압을 극복하기 위해서 일어나는 일련의 과정을 간과하는 것이다. 덧붙여, 가족체계이론은 몇몇 범죄자들은 아동에게 성적으로 매력을 느낀다는 사실을 인정하지 못하고 있다.

또 다른 잘못된 신념으로는, 가족내의 성 학대 범죄자는 가족 외부의 아동을 학대하는 범죄자와는 다르다는 것이다. 가족사회복지사는 이러한 차이를 가정해서는 안 되는데, 그것은 많은 범죄자들이 가족 내 · 외 모두에서 아동을 학대하기 때문이다.

가족체계 관점은 아동의 경우, 성 학대시 외상이 최소화될 수 있다는 점과 '성적활동(sexual activity)' 이 가족붕괴보다는 아동에게 외상이 적을 수 있다는 제안에 대해 비난한다(Trepper & Barrett, 1986). 오히려, 아동은 성인이 성폭행을 당한 뒤에 관찰되는 것과 유사한 급성의 심리적인 결과를 경험한다고 본다(Jones & McQuiston, 1986). 다음은 성 학대 아동에게서 발견할 수 있는 반응들이다.

- 우울증은 아동 성 학대와 관련된 일반적인 증상이다(Bagley & McDonald, 1984; Bagley & Ramsay, 1984).
- 공포와 불안이 만연되어 있다(Browne & Finkelhor, 1986). 불안과 관련된 증상은 정신적 흥분(psychomotor agitation), 악몽, 야경증(night terrors), 두려움 및 공포증 등을 포함할 수 있다(Jones & McQuiston, 1986).
- 수면장애, 마음의 혼란(distractibility), 과잉경계(hyperalertness)가 증거일 수 있다.
- 죄의식, 무기력함이 표출될 수 있다(Beitchman, Hood, Zucker, DaCosta, &

Akman, 1991; Jones & McQuiston, 1986; Sgroi, 1983).

- 문제행동으로 거짓말, 도벽, 혹은 공격성, 약물남용, 학교와 관련된 문제, 가출 등을 포함할 수 있다(Beitchman, Hood, Zucker, DaCosta, & Akman, 1991; Jones & McQuiston, 1986).
- 자살에 대해 생각하거나 또는 직접 실행할 수 있다(Beitchman, Hood, Zucker, DaCosta, & Akman, 1991; Brooks, 1985).
- 아동은 빈약한 사회기술과 다른 사람을 신뢰하는데 어려움이 있다(Sgroi, 1983).

청소년기에 있어 단기적 결과(short-term effects)는 우울, 낮은 자존감, 자살에 대한 생각 등을 포함한다Beitchman, Hood, Zucker, DaCosta, & Akman, 1991; Porter, Blick, Sgroi, 1983). 10대들은 외상을 가출을 통해 표출하거나 혹은 '통제할 수 없는(out-of-control)' 행동으로 나타내기도 한다(Jones & McQuiston, 1986). 성 학대 경험이 있는 아동과 청소년은 자살시도, 다른 사람들에 대한 공격성, 자기 상해(self-mutilation), 약물 및 알코올남용을 포함한 자기 파괴적인 행동을 할 가능성이 더욱 높다(Caviola & Schiff, 1989).

청소년들은 때로는 가리지 않고 난잡하게 성행위(promiscuity)를 하는 파괴적인 성 행동을 보여주기도 한다(Beitchman, Hood, Zucker, DaCosta, & Akman, 1991; Jones & McQuiston, 1986). 또한 청소년 성폭행 피해자는 식욕감퇴증(anorexia nervosa)과 같은 섭식장애로 발전될 위험이 있다(Jones & McQuiston, 1986).

가족체계이론에 따르면 가해자가 아버지가 아닌 경우에는 학대를 설명하기가 어렵다—예를 들어 형제사이에서 발생하는 학대가 그것이다(Loredo, 1983). Finkelhor의 틀을 사용하여 보면, 어머니는 학대에서 잠재적인 환경의 방해물로 간주된다. 즉, 어머니는 자녀를 점검할 필요가 있다. 그러나 이러한 주장은 성인지적인 가족사회복지사에게 심각한 딜레마를 갖게 한다. 어머니도 자신의 생활이 있기 때문에, 모든 가족원의 행동을 점검하기 위해 집에만 있을 수는 없다. Florence Rush(1980)가 지적한 것처럼, '왜 어머니가 가족 안에서조차 아동

을 보호해야만 하는가!'

3) 아동 성 학대 가족에 대한 개입

가족사회복지사는 성 학대 가족에게 어떻게 개입할 것인가? 이상적으로, 가족사회복지사는 가족을 성 학대 분야의 전문가에게 의뢰해야만 한다. 학대가 이미 일어난 것이라면, 적절한 아동복지기관에 보고할 필요가 있다. 아동복지 당국은 아마 경찰에 신고할 것이다. 가족사회복지사의 우선적인 책임은 아동의 안전을 보호하는 것이다.

아동의 안전 보장을 위한 최선의 즉각적인 해결은 법적으로 위임받은 기관이 학대자에게서 아동을 분리하는 것이다. 가정에서 가해자를 격리하는 것이 더욱 바람직하지만, 이것이 항상 가능한 것은 아니다. 가족에서 격리된 아동은 친척 혹은 치료시설에 보내질 수 있다. 그러나 가정에서 격리된 아동은 이중의 부담을 갖게 된다. 폭행으로 입은 외상에 더하여 가정, 친구, 이웃, 가족에게서 분리되면서 또 다른 외상을 입게 된다. 가족으로부터 아동 격리는 아동이 학대에 책임이 있거나 처벌받는 경우에 필요하다. 그러나 불행하게도 이러한 분리는 아동의 안전을 보장하는데 불가피할 수도 있다.

❖ 성학대시 가능한 요인들

Finkelhor의 성 학대에 대한 네 가지 요인 모델에 근거해서, 각각의 요인에 적합한 항목의 목록을 만드시오. 또한, 가족사회복지사가 각 요인에서 언급할 수 있는 두 가능한 단계를 목록화하시오.

아동에게서 학대자를 분리하고, 경찰을 부르고, 고소하는 것은 사회를 보호하고 단기적으로는 아동을 보호할 수 있다. 그러나 이러한 조치는 범죄자 자신의 충동으로부터 범죄자를 보호하지는 않는다. 이 경우 학대자가 심리 치료를 받는 것은 유용할 수 있다. 또한 시설 보호는 잠재적인 피해자에게서 학대자를 분리하고, 학대자와 그의 상황에 대해 철저하게 사정할 수 있도록 하며, 가해자의 미래에 대해 사려 깊은 결정을 할 수 있도록 한다. 그리고 이 모든 것은 피해자를 더 효율적으로 보호하도록 돕는다.

가족사회복지사는 개입을 위해서 Finkelhor의 4가지 학대의 성질을 검토하고, 각각에 대한 계획을 개발해야만 한다.

1. 범죄자의 학대동기는 가족사회복지사의 전문성을 넘어서는 개별적인 이슈로서 다루어질 필요가 있다. 범죄자 자신이 과거 학대 피해자였다는 문제에서처럼, 빗나간 성적 각성은 개입의 중요한 초점일 수 있다. 이 경우 전문가에게 의뢰하는 것은 필수적이다.

2. 범죄자가 내적 억압을 극복할 가능성이 있는지 여부를 검토하는 것 역시 관련 전문가가 해야할 역할이다. 특히, 범죄자가 약물남용, 충동 통제(impulse control), 정신병리 등의 문제를 갖고 있을 때는 더더욱 그렇다. 그러나 범죄자의 행동은 수용될 수 없는 것이며, 가족사회복지사의 역할은 아동을 보호하는 것이라는 점을 전달해야만 한다.

3. 아동의 저항은 가족사회복지사의 또 다른 개입의 초점이다. 아동은 성 학대에 길들여질 수 있고, 더 완강하게 자신을 주장하려고 할 수도 있다. 또한 아동은 학대 사실에 관해 어떤 사람에게 말하도록 학습될 수 있다(학대를 하지 않는 부모를 선호할 수 있음). 또한 학대를 하지 않는 부모와 아동과의 관계는 아동과 동맹을 형성하기 위해 강화되어야 한다.

4. 학대에 대한 환경의 방해물은 위의 다른 세 가지 성질에서 거론되는 가족의 필수적인 구조와 기제를 확립함으로써 강화될 수 있다. 이것은 가족원들에게 개인적인 프라이버시와 개별적인 경계를 존중하게 함으로써 가르칠 수 있다. 가족이 사회적으로 고립되어 있는 것 또한 언급되어야 한다. 가족내의 다른 형제들(그들이 이해 할 만큼 충분한 연령일 때)은 학대에

대한 이야기를 들을 수 있어야 한다. 이러한 것은 비밀을 드러내어 그 형제들 역시 학대받았는지 여부를 알아볼 수 있으며, 또한 가족 내의 다른 차원들을 점검하기 위해 필요하다. 가족원들은 건강한 성욕과 성(gender)에 대해 존중하는 것을 배울 수 있다. 학대를 하지 않는 부모의 역량을 강화하는 것 또한 중요하다.

3. 청소년 자살

청소년들 사이의 자살률은 지난 25년 동안 꾸준히 증가하고 있다. 자살은 전체 사망 원인의 10%로 이 중 청소년이 차지하는 비율은 약 30%이다. 이것은 사고와 살인에 의해 사망한 비율을 앞서는 수치이다. 그리고 자살은 나머지 가족구성원을 사회적 스티그마 및 더 깊은 슬픔으로부터 보호하기 위해서 자살로 분류되지 않을 수도 있다. 따라서 자살 혹은 가족구성원이나 친구가 자살을 시도한 것에 영향을 받고 사는 많은 사람들이 있음에도, 이 주제는 광범위하게 논의되지 못하고 있다.

1) 청소년의 자살 위험에 기여하는 요인

자살을 시도하는 청소년은 일반적으로 사망, 이혼, 가족갈등의 가족붕괴와 같은 가정 환경에서 어려움을 경험한다. 자살 위험은 사망, 부모의 이혼, 혹은 양가감정을 가진 불만족스러운 관계에서 애정대상(love object)을 조기에 잃게 되었을 때 높아지는 듯하다(Diekstra & Moritz, 1987; Hawton, 1986). 더군다나 성적으로 또는 신체적으로 학대를 받은 경험이 있는 청소년은 상대적으로 자살행위를 보다 쉽게 시도하는 것 같다(Diekstra & Moritz, 1987).

자살청소년의 가족구성원은 가족자원을 고갈시키는 정신과적인 문제(psychiatric disturbance)를 갖고 있을 수도 있으며, 청소년의 욕구를 충족시킬 수 있는 가족의 에너지가 거의 남아있지 않을 수도 있다(Hawton, 1986). 따라서 이러한 상황에서 청소년은 고립감, 방임, 거절감을 경험할지도 모른다. 더군다나 우울은 가족내에 만연되어 있을 수 있다.

자살위험이 있는 청소년은 가족구성원에게서 고립되었다고 느끼고, 동년배 집단과의 응집력 또한 부족하다(Hawton, 1986). 동년배에게서의 고립과 거절의 경험은, 어린 나이에 가족원 중 한 사람과 이별하였거나 혹은 거절당했거나 방임되었던 감정에 불을 붙인다. 종교조직, 스포츠 팀, 지역사회집단에서 제공되는 것과 같은 응집력 있는 사회구조에서의 멤버쉽은 자살의 위험을 감소시킬 수도 있다.

2) 자살한 청소년 가족에 대한 개입

"자살우려(suicide threat)"라는 용어는 조작과 관련되는 경향이 있기 때문에 피해야만 한다. 대신 여기에서는 "단서(cue)"라는 용어를 사용하고자 한다. 종종 자살청소년에게 친근한 사람들은 단서를 하나의 속임수로 간주한다. 특히 가족 문제와 부모-아동간의 갈등이 존재할 때에는 더욱 그렇다. 가족사회복지사는 가족구성원이 청소년이 느끼는 절망을 이해하고 자살 단서에 민감하게 되도록 도울 수 있다. 단서는 행동적, 정서적인 것일 수도 있고, 드러나거나 혹은 숨겨진 우울, 통제하지 못하고 드러내는 행동들, 자극에대한 감수성(irrita bility), 논쟁적인 태도(argumentativeness), 빈약한 학교수행 등이 될 수 있다(Charles & Coleman, 1990). 따라서 관계자들은 문제행동 뒤에 숨겨있는 슬픔과 무력감, 절망 등의 감정을 살펴 볼 필요가 있다.

사회복지사와 가족구성원들은 청소년이 지닌 자살사고(suicide thought)에 대해 핵심적인 질문을 할 필요가 있다. 이렇게 함으로써 청소년들은 자살을 실천력 있는 대안 혹은 부적응적인 행동을 강화하고, 관심을 집중시키는 정서적 공갈(blackmail)로 결정하지 않을 수 있다(Ross, 1985). 더 중요한 것은 가족구성원들이 자살을 생각하고 있다는 신호를 무시해서는 안 된다는 것이다. 해가 없는 혹은 속임수처럼 보이는 제스츄어는 사실 자살시도를 위한 전조일 수 있다(Charles & Matheson, 1989). 만약 가족이나 사회복지사가 이러한 단서들을 직접적으로 다루지 않는다면, 그 행동은 해결될 때까지 확대될 것이다.

〈그림 13-2〉는 자살지표의 패턴이 어떻게 순환하고 되풀이되는지 보여준다. 이러한 순환의 패턴은 가족과 청소년을 부적응적이고 비기능적으로 만든다. 이 순환의 패턴을 깨뜨리는 것은 중요하다. 가족사회복지사는 이러한 지표에 대한 가족의 반응과 신호들을 조절해야만 한다.

〈표 13-2〉 부모와 자살청소년 상호작용의 부적응적 패턴

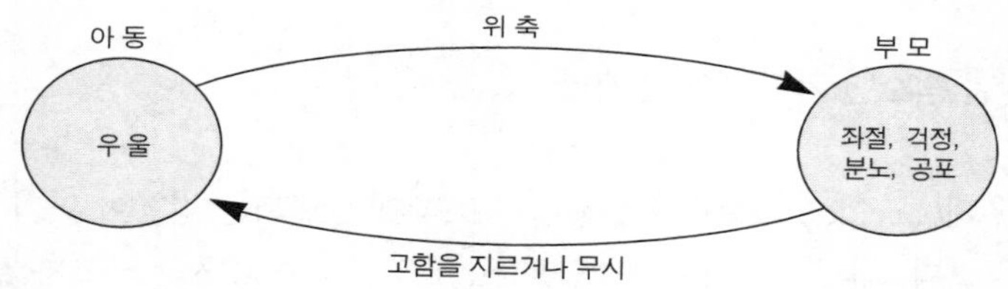

■ 자살위험의 지표

- 절망, 혹은 무력감을 표현하는 말들. 예를 들어 '모든 사람이 내가 죽는다면 더 좋아할 것이다' 라고 얘기하는 것 등
- 소유물들을 다른 사람에게 주는 행위
- 최근의 개인적 상실(personal loss)
- 약물 혹은 알코올남용 경험
- 구체적인 자살계획에 대한 힌트
- 우울
- 우울 뒤의 상승된 기분(이러한 상승된 기분은 자살을 해야겠다는 결정을 수반할 수 있다)

❖ 청소년기 자살위험의 사정

청소년 클라이언트가 자살을 고려할지도 모르는 가능성에 주의하여 몇 가지 신호를 목록화하라. 파트너와 함께, 자살위험이 있는 청소년을 인터뷰하는 역할극을 해본다.

가족사회복지사는 부정적인 순환거래(circular transaction)를 분열시키기 위해 위기개입 방법을 사용해야만 한다. 가족은 자살청소년에게 다가가 그 패턴을 바꾸는 방법을 배울 필요가 있다. 위에서 제시한 순환 패턴을 활용하기 위해서, 가족사회복지사는 다음의 단계를 거치게 된다.

1. 사회복지사는 가능한 자살생각(suicidal ideation)을 확인하기 위해서 사정기술을 활용해야 한다. 가족사회복지사는 사정에 대해 청소년에게 직접 말해야만 한다. 청소년이 자살감정을 부인한다고 할지라도, 사회복지사가 자살에 대한 잠재가능성이 있다고 믿는다면, 개입을 시도하는 것을 포기해서는 안 된다. 가족사회복지사는 다음과 같은 질문들을 청소년에게 해보아야만 한다. '현재 삶은 어떠한가?', '지금 상황이 얼마나 나쁜가?' '자살에 대해 생각해 본 적이 있는가?' '어떻게 할 생각인가?' '미래는 어떻게 보이는가?'

2. 이러한 상황에 대해 청소년의 당면한 환경 안에서 그 청소년에게 의미 있는 중요한 사람과 논의해야만 한다. 이들은 우려(threat)의 심각성을 이해할 필요가 있으며, 또한 순환의 상호작용 패턴을 유지하는데 있어서 자신들의 역할을 이해하는데 도움을 받을 필요가 있다. 일단 가족이 상황의 심각성과 그들이 무엇을 해야하는지를 이해하게 되면, 그들이 무엇을 해야할지, 그리고 문제에 대해 회피하거나 화를 내는 것으로 반응했던 것을 달리 어떻게 대처해야 하는지, 또 청소년의 고립감과 절망감을 줄이는 방법에 대해 배울 수 있게 된다. 가족원들은 보다 새롭고 더 적절한 방법으로 청소년에게 접근하는 방법을 배우고, 청소년에게 관심과 희망을 전달할 수 있게 된다.

3. 청소년에게 접근함에 의해, 가족사회복지사는 청소년이 고립감과 절망의 감정을 깨버리고 가치 있고 보호받고 있다는 느낌을 가질 수 있도록 노력해야만 한다. 더 긍정적으로 상호작용하게 됨에 따라, 청소년은 절망의 감정을 야기시키는 문제들에 대해 말하게 될 것이다.

4. 사회복지사는 자살하려는 사람에 대해 혼자서 그 상황을 다루려고 시도하기보다는 위기 상담가에게 의뢰해야만 한다. 자살하려는 청소년의 행동을 책임지는 것은 일반적으로 가족사회복지사가 견디기에는 너무나 큰 짐이다.

5. 가족사회복지사는 위기상황이 변화될 때까지 자살하려는 청소년의 안전을 보호하기 위해서 그 청소년과 계약을 설정해야 한다.

만약, 모든 예방 조처에도 불구하고, 청소년이 자살했다면, 사회복지사는 생존자가 갖게되는 견디기 힘든 짐을 경험하게 될 것이다. 부모와 형제들은 자살에 대한 죄의식과 책임감으로 고통받을 것이다. 더불어, 가족사회복지사 역시 클라이언트가 자살한 것에 대해 가족과 유사한 감정들을 경험하게 되므로 도움을 받아야 한다. 또한 청소년 자살이 동년배 집단에게 파급 효과가 있다는 것을 인식하고, 학교와 다른 사회망에 개입하게 될 필요가 있을 수 있다.

〈그림 13-3〉 자살하려는 사람과 일하기 위한 지침

- 자살단서를 무시하거나 잊어버리지 않는다. 자살생각에 대해 개방적으로 말하는 것이 단서를 행동화하게 하는 원인은 아니다. 결과적으로 자살하는 대부분의 사람들은 그들의 의도에 대해 사전에 경고한다.

- 개인의 의도에 대해 구체적이고 직접적으로 질문한다. 질문에는 그 사람이 자살에 대해 생각한 적이 있는지, 어떻게 자살을 할 것인지에 관한 내용을 포함한다.

- 치료를 계획할 때 부모 혹은 그 청소년에게 의미 있는 중요한 사람을 포함한다.

- 심각하게 자살을 시도하는 사람을 혼자 있게 하지 않는다. 가족 구성원과 친구들이 그

사람과 함께 있도록 한다.

- 자살 계획에 대해 알기 위해 자살의 힌트를 갖고 있는 청소년에게 질문을 한다.
- 우울이 나아졌기 때문에 자살의 위험은 끝이 났다고 생각하지 않는다. 나아진 기분 뒤의 우울은 자살이라는 결정을 수반할 수 있다.
- 자살생각에 대한 신호들은 우울보다 더 다양한 문제를 보일 수 있다는 것을 인식한다. 자살하려는 사람은 분노나 혹은 행동의 문제를 보일지도 모른다.
- 지역사회의 위기서비스를 찾아 자살하려는 개인과 연결한다.

---

4. 행동문제 그리고 부모-아동간의 갈등

부모-아동의 갈등은 가족사회복지사가 종종 경험하게 되는 사안이다. 아동, 청소년 의뢰 중 30%~50%는 행동문제와 관련이 있다(Kazdin, 1991). 부모-아동 갈등은 행동문제를 가진 아동의 징후이거나 일반적인 가족 디스트레스와 빈약한 양육기술을 암시하는 것일 수 있다.

행동문제는 비순응적인 행동, 분노발작, 공격성, 논쟁적 태도, 범죄행동에 참여하는 것, 야간통행금지에 불복종하는 것, 가출, 알코올 및 그 외 약물남용 등을 포함할 수 있다. 통제할 수 없는 행동을 표출하는 아동의 부모는 종종 혼자라고 느끼고 지쳐있다.

일반적으로, 부모-아동 갈등에 대한 개입은 5단계를 갖는다(Forgatch, 1991).

① 행동규명하기(Tracking behavior)

부모는 아동행동에 대해 집중적으로 관심을 가져야 한다. 특히, 부모는 불평하는 것과 불평하지 않는 아동 행동을 구별할 수 있도록 배워야 한다. 부모는 바람직한 행동으로 적절히 반응하고 문제행동을 강화하는 것을 피해야 한다.

② 긍정적인 강화하기(positive reinforcement)

아동이 수용적으로 행동할 때, 부모는 특권을 주는 등 보상 혹은 칭찬으로 아동에게 반응해야만 한다.

③ 적절한 훈육방법을 가르치기(Teaching appropriate discipline)

아동이 부적절하게 행동한다면, 부모는 아동의 특권을 빼앗거나 혹은 '타임아웃(time-out)' 과 같은 방법을 사용해야 한다.

④ 아동에 대해 모니터하기(monitoring children)

부모는 아동의 소재, 동료, 활동들을 점검하는 것을 배워야 한다.

⑤ 문제해결하기(problem solving)

문제해결전략은 8장에서 논의되었으나, 문제해결기술을 사용하는 것은 부모가 당면한 어려움에 대한 대안을 찾고 이 후에 발생할 수도 있는 문제들을 예방하는데 도움이 된다.

부모- 아동 갈등은 종종 아동행동문제와 관련된다. 갈등 상황에서, 부모는 종종 절망한다. 또한 아동은 화를 내고, 반항하고 슬퍼질 것이다.

Baynard & Baynard(1983)는 부모-아동 갈등을 경험하는 가족을 원조하는 3단계 프로그램을 제시하였다

1. 부모는 갈등의 원인이 되는 아동행동목록을 작성한다. 만약 양부모가 모두 있다면, 부모 각자가 목록을 작성한 후에 두 목록을 합한다.

2. 부모는 그 목록 내용을 다음의 항목에 따라 분류한다. 항목은 아동에 대한 항목, 부모에 관한 항목, 아동과 부모가 중복되는 항목으로 나눌 수 있다. 아동 목록 중 아동에게는 중요하지만, 부모의 미래 삶에 영향을 주지 않는

행동을 옮겨라. 부모의 목록 안에서 부모에게 중요한 행동을 옮겨라. 아동과 관련된 항목에는 지나친 텔레비전 시청, 단정치 못한 옷입기, 형제와의 싸움 등을 포함할 수 있다. 부모의 항목에는 절도, 파괴행위(vandalism), 폭행 등과 같은 범죄 행동들을 포함할 수 있다. 아동과 부모가 중복되는 항목의 내용들을 분류하여, 아동 혹은 부모의 항목으로 각각 옮긴다. 아동의 문제행동을 분류함에 있어서, 부모는 그들이 통제할 수 있는 것과 통제할 수 없는 것을 구분할 필요가 있다.

3. 부모는 아동에 관한 항목에 쓰여진 내용들에 책임질 수 없다는 것을 인식하도록 돕는다. 부모는 아동이 올바른 결정을 할 수 있도록 아동에게 신뢰감을 전달해야 한다.

5. 요약

이 장은 가족사회복지사가 직면할 수 있는 주요 문제에 대해 살펴보았다. 아동학대와 방임, 성 학대, 자살위험 및 부모-아동 갈등이 바로 그것이다. 사회복지사는 동일한 가족 내에 한가지 이상의 문제가 존재할 수 있으며, 개입은 복잡하고 도전적일 수 있다는 것을 인식해야 한다.

신체적 학대와 방임은 잠재적으로 생명을 위협하는 이슈이다. 가족사회복지사는 학대 및 방임의 신호뿐만 아니라 이러한 문제가 일어날 것 같은 가족의 조건에 대해 주의 깊게 살펴볼 필요가 있다. 궁극적으로, 아동의 안전을 보장하는 것은 가족을 유지하는 것보다 더 선행의 요소이다. 가족사회복지사는 부모의 스트레스를 경감시킬 뿐만 아니라 더욱 효율적으로 아동을 관리할 수 있는 기술을 배우도록 도울 수 있다.

아동 성 학대 원인에 대한 많은 이론이 있다. 성 학대 가해자가 일반적으로 아동과 친숙한 사람들이라는 것은 널리 알려진 사실이다. 가족사회복지사는 성적으로 학대받은 아동이 이야기되어야 할 많은 정서적, 행동적인 문제들을 표현하지 않을 수도 있다는 것을 알고 있다. 더군다나 모든 가족 구성원들은 성학대의 중단여부에 대해 이야기하고자 하는 관심과 욕구를 가지고 있다.

자살 제스츄어와 자살시도는 가족에게 엄청난 스트레스를 안겨준다. 10대 사이의 자살률이 증가하고 있고, 가족사회복지사는 해결되지 않은 어려움의 신호들을 인식할 수 있어야 하고, 완벽하게 자살하는 것을 예방할 수 있어야 한다. 특히, 사회복지사는 가족이 청소년의 마음을 사로잡는 방법을 배울 수 있도록, 그리고 청소년이 희망적인 생각을 가질 수 있도록 도와야만 한다.

마지막으로 행동문제와 부모-아동 갈등은 지속적인 가족분열과 모든 사람을 유쾌하지 못하게 만든다. 부모는 적절한 아동관리 기법을 배움으로써 도움을 받을 수 있다. 부모가 이러한 기술을 배울 때, 아동의 연령이 어리면 어릴수록, 그 기법은 더욱 효과적이다.

가족사회복지사는 가족이 직면한 문제에 대해 학습하고, 전문가와의 협의진단 및 주요 이슈의 구체적인 배경에 대해 항상 깊이 고려해야 한다.

제 14 장

가족사회사업의 특수상황

가족이 직면하고 있는 두 가지 주요한 문제는 가정폭력(Domestic Violence)과 약물남용(Substance Abuse)이다. 이 두 가지 문제는 동일 가족내 에서 발생하거나 다른 문제와 관련을 갖게된다. 가족사회복지사는 다른 문제와 관련된 심각성 때문에 필수적으로 이 분야의 전문가에게 의뢰해야 하며, 동시에 전문가와 개입계획을 원조, 조정하며 가정방문 동안 치료계획을 강화할 필요가 있다. 대다수의 경우, 클라이언트는 스스로 도움을 받기로 결정하기보다는 사법권의 요구에 의해 가족사회복지에 개입하게 되므로 개입과정은 더욱 복잡해진다.

1. 학대관계

Straus & Gelles(1988)는 미국의 가정폭력에 관한 연구에서 지난해 여섯 쌍 중 한 쌍이 신체적 폭력을 경험한 것을 발견하였다. 대부분의 사건은 경미한 것이었으나 상당건수는 심각한 폭력으로 나타났다. 최근 조사에 따르면 최소한 미국 여성 중 3%는 심각하게 폭력을 당한 경험이 있다. 심각한 폭력은 주먹으로 때리기, 차기, 물기, 물건으로 치기, 목조르기, 강타 등과 같은 상해를 유발할 가능성이 있는 행동과 칼, 권총 등을 사용하여 협박하는 행동이다(Straus & Gelles, 1988). 남성에 대한 여성의 폭력도 동일한 건수로 보고되나 이는 보복, 자기방어 등의 행위로 보여진다(Gelles & Straus, 1988; Straus, 1993).

어머니가 학대를 받을 때 아동은 단지 방관자가 아니다(Wolfe, Jaffe, Wilson, & Zak, 1988). 아동은 가정에서 폭력을 목격한 것에 대한 반응으로 다양한 문제행동을 보인다. 남아는 즉시 문제를 보이기 쉬운 반면 여아에 대한 영향은 후에 나타난다. 아동에게 나타나는 가정폭력의 부정적 영향은 가족사회복지사들의 주요한 관심사이다.

1) 가정폭력에 영향을 미치는 요인들

가족사회복지사는 가족내의 아동학대를 발견, 의심하는 것과 마찬가지로 가정 내 다른 종류의 폭력을 의심한다. 남성도 배우자 학대의 희생자가 될 수 있으나 남성은 대개 그들의 부모를 더 심하게 상해할 수 있으므로 가정폭력에서는 주로 여성을 주목하게 된다. 남성이 대개 여성보다 신체적으로 우세하기 때문에 배우자 학대는 자주 아내구타로 언급된다. 가정폭력은 사적으로 발생하는 행동이기 때문에 인식되기 어렵고, 소수의 사건만이 경찰에 보고되며, 드러나는 것은 대개 여성 피해자로 가해자에 관해서는 거의 알려 지는 것이 없다(Dutton, 1991).

전통적으로 가정폭력은 가족 체계적 시각에서 분석되었다. 이는 순환적 인과성, 항상성, 관련된 가족역동성 등이 학대 생성에 영향을 미치는 주요 요인으로 널리 인식되고 있음을 의미한다. 학대관계에 대한 가족체계이론에는 몇 가지 문제점이 존재한다(Bograd, 1992; Dell, 1989; Myers-avis, 1992). 예를 들면, 폭력의 전조에 대한 전통적 설명으로, 피해자가 "성가시게" 하거나 폭력을 자극한다는 부분이 있다. 분명히 이런 서술은 성차별주의적이며 정당하지 못하다. 현재 가정폭력이 발생한 후에 부부를 함께 상담하는 치료자는 거의 없으며 적어도 이러한 상담은 피해자의 안전이 보장된 후에 이루어진다.

신체적 학대는 구타자가 개인적인 관계에서 통제를 확립하고 유지하는 하나의 방법이다(Dutton, 1991; Gilliland & James, 1993). 대부분의 가해자는 정신장애인이 아니며 피해자 또한 "피학대적(masochistic)" 성격을 갖고 있지 않다. 개인의 폭력은 명백히 개인의 역동성, 가족역동성, 또래 집단이나 문화적 집단에 의해서 공유되는 신념 등에 영향을 받는다.

Walker(1984)는 구타관계에서의 폭력주기(cycle of violence)를 제시하였다 〈그림 14-1〉참조. 패턴은 예측가능하고 반복적이며 주기가 반복됨 따라 단계는 단축된다. 주기는 시간이 경과할수록 심도가 강화되는 4단계로 구성된다. 구타 발생 직후 즉시, 그리고 타협단계에 들어가기 직전에 사회복지사의 개입이 가장 효과적이다.

〈그림 14-1〉 학대관계의 폭력주기

---

1. 첫 단계는 "허니문 국면"으로 서술되는 고요함이 특징이다.
2. 관계에 긴장이 완만하게 형성되기 시작한다.
3. 구타사건이 발생한다. 대개 가해자는 가정된 죄의식으로 인하여 피해자가 구타에 책임을 느끼도록 만든다.
4. 가해자는 대개 잘못을 느끼고 용서를 구한다. 피해자는 가해자를 용서하며 관계는 다시 고요함으로 접어든다.

학대관계에 머무는 다수의 구타당한 여성들은 생존과 직결된 경제적 능력이 부족하다. 학대 여성들은 도저히 참기 어려운 상황이 되거나 혹은 자녀가 학대와 관련될 때까지 참고 인내하며 강력하게 관계를 지속하는 것을 도모한다. 그러나 여성 스스로 이러한 폭력관계에서 떠날 수 있도록 하는 주요 자원은 여성의 고용 증대에서 찾을 수 있다(Gelles, 1987). 저 학력의 구타피해 여성은 자립에 어려움을 가지며 결국 폭력 남편과 관계를 끊는 대안을 빈곤과 고독으로 인식한다. 어떤 구타피해 여성은 모든 관계가 학대적이라고 확신하기 때문에 학대관계를 유지한다. 또한 과거의 남자친구나 남편인 가해자로부터 보복을 경험했던 피해자는 학대관계 종결에 공포를 가지며 이러한 공포는 실제로 나타난다. 마지막으로 피해여성들은 사회적 관습에서 자신을 가족관계의 안녕을 주로 책임지는 당사자로 인식하고, 따라서 관계의 파괴를 자신의 잘못으로 여기며 이런 죄책감 때문에 관계의 중단이나 원조요청에 어려움을 갖는다.

학대피해 여성이 학대관계에 머무는 다양한 이유는 다음과 같다(Gelles & Straus, 1988).

- 낮은 자아개념
- 가해자가 변화할 것이라는 신념
- 자녀에 대한 염려
- 혼자 대처하는 것에 대한 공포

- 낙인에 대한 공포
- 직장경력의 문제

경제적 의존과 결합된 사회적 고립은 무력감을 형성하고, 이 때문에 구타피해 여성은 폭력적인 환경에서 스스로를 자유롭게 할 수 있는 능력이 자신에게 결여되어 있다고 생각한다. 학대피해 여성은 문화와 종교적 교리에 근거하는 결혼과 헌신에 관한 강한 신념을 갖고 있으며, 결과적으로 혼인관계 종결을 주저한다. 마지막으로 사랑, 의존, 공포, 좌절을 경험하는 여성들은 상황이 변화할 것이라는 희망에 집착한다. Dutton(1991)은 구타여성의 함정을 "자기비난, 의존, 우울, 무력감 등이 경제적 의존, 범죄대응 체제에 대한 냉소, 탈출 불가능에 대한 신념 등과 결합될 때 자기방어나 탈출에 부적합한 심리적 희생자가 양산된다"고 요약하였다.

2) 가정폭력 피해가정에 대한 개입

가족사회복지사는 개입노력 전에 학대상황을 이해하고 가족폭력의 희생자를 보호할 방법을 모색하여야 한다. 분명히 가족사회복지사는 자신의 해결책을 강요할 수 없다. 피해자 자신이 대안을 결정하며 가족사회복지사는 피해자의 계획을 통하여 원조를 제공한다. 불행하게도 원조를 구하는 여성은 소수이며 도움을 구할 때조차도 기관보다는 먼저 친척, 친구, 이웃 등에게 원조를 요청하기 쉽다(Gelles & Straus, 1988). 가족사회복지사는 피해여성에게 폭력에 관한 설명을 해야 하나, 조속한 해결의 강요는 사회복지사-클라이언트의 관계 형성을 위태롭게 할 수 있고, 이후 적기에 해결책을 발견할 수 있는 가능성도 배제된다.

가족사회복지사는 폭력 남성과 함께 사는 여성을 원조하기 위하여 학대의 징후를 인식할 수 있어야 한다. 피해여성은 사회복지사와 지속적인 신뢰관계가 형성되지 않는다면 학대행위를 폭로하지 않을 것이다. 가족사회복지사는 가정폭력을 나타내는 다음의 단서들에 민감해야 한다.

- 멍든 자국, 벤 상처, 화상, 창상, 눈가의 멍든 자국 등 신체적 흔적들
- 피해자의 잦은 신체적 호소나 질병
- 신체적 상해나 질병, 문제 행동, 감정적 동요를 보이는 아동
- 불안, 공포, 걱정, 우울
- 자살기도, 자기반대(Self-deprecation) 등의 자기 파괴적 행동
- 수면장애, 악몽

이상의 징후들이 학대의 절대적인 증거가 되는 것은 아니나, 이러한 징후가 있을 경우 학대가 발생할 가능성이 있으므로 주의하도록 한다. 사회복지사는 학대의 증거를 발견했을 때 조심스럽게 클라이언트와 그 문제를 진행해야할 의무를 갖는다.

가족사회복지사는 피해자가 학대관계를 떠나려 시도한 직후 살인 행위의 가능성을 인식해야한다. 더욱이 이전의 학대행위가 경찰에 보고된 가족에서는 폭력이 더 심각해지므로 살인 발생 빈도가 높게 나타난다. 무엇보다도 여성과 아동의 안전이 사회복지사의 최우선 관심사가 되어야 한다. 경찰은 가정문제에의 개입이 심각한 위험이 될 수 있음을 인지하고 이러한 특별한 상황에 대처하기 위한 특수훈련을 받는다. 가족사회복지사는 가정의 점증적인 폭력에서 자신들을 보호하기 위한 단계를 취하여야 한다. 전문 교육의 일부분으로 가정폭력을 배울 기회를 가졌거나 자신의 생각과 경험을 동료, 슈퍼바이저와 공유할 기회를 가진 가족사회복지사가 학대와 관련된 상황을 보다 적절하게 처리할 수 있다.

피해여성 자신이 구타상황을 시인할 때 가족사회복지사가 해야할 가장 중요한 일은 피해자를 믿고 즉시 개입을 시작하는 것이다(Walker, 1984). 일단 피해자의 안전이 보장된 후 문제의 복잡성이 탐구된다. 안전의 보장은 여성과 아동을 다른 장소로 이동할 때까지 요구된다. 대부분의 지역에는 구타여성과 자녀를 위한 응급쉼터가 있다. 쉼터는 피해여성에게 즉각적인 피난처와 보호를 제

공하나 불행하게도 쉽게 접근하기 어렵다(Gelles & Straus, 1988). 대부분 지역 내에는 위기전화가 있다. 처음 학대관계를 시인할 때 여성들은 자주 전화를 사용한다. 〈그림14-2〉는 가정폭력 희생자와 일하는 가족사회복지를 위한 체크리스트이다.

〈그림 14-2〉 구타여성에 대한 체크리스트

- 피해여성과 아동을 응급쉼터에 연결하여 안전을 보장한다.
- 피해여성의 이야기를 경청하고 지지한다.
- 대부분의 구타피해 여성이 학대관계를 떠나는 일은 어려운 것임을 인식한다.
- 의료처치가 필요한지 결정한다.
- 피해여성의 양가감정을 인정한다.
- 피해여성이 다른 대안들을 찾아볼 수 있도록 원조한다.
- 피해여성이 독립적으로 삶을 영위하기 위해 필요한 적절한 지역사회 자원들에 접근할 수 있도록 원조한다.
- 지역사회 내의 활용 가능한 자원들에 익숙해진다.
- 피해여성이 사회적 고립을 줄이는 적절한 방법을 발견할 수 있도록 원조한다.

학대관계를 떠나도록 결정하는 과정에서 대다수의 피해여성은 머무를 것인가 떠날 것인가 동요한다. 사회복지사는 여성들이 대개 가해자에게 의존적이며 낮은 자아 존중감을 가졌음을 인지하고 피해여성의 양가감정에 인내심을 가져야 한다. 또한 피해여성들은 우울과 애도단계를 거치게 된다.

가족사회복지사는 자신의 개인적인 학대반응을 검토할 필요가 있고 자신의 가족폭력 견해가 원조관계에 영향을 미칠 수 있음을 인식해야 한다. 전문가의 자기사정은 사회복지사가 배우자 학대에 직면했을 때의 반응을 준비시키며 결과적으로 클라이언트에게 효과적인 방법으로 반응을 표현하도록 돕는다.

❖ 구타여성과의 상담

다른 학생과 함께 남편에게 구타당하고 있는 단서를 보이는 여성을 상담하는 사회복지사를 역할극하시오. 역할극에서 역할을 바꾸어 다시 해보도록 한다.

사회복지사는 학대문제를 분명히 언급해야 한다. 가족사회복지사와 클라이언트가 수립하는 신뢰관계의 일부분으로 클라이언트는 가족사회복지가 자신만의 특수한 상황이 아닌 보편적인 인간의 삶에서의 폭력의 잠재성을 인식하고 이를 개방적으로 언급하고 있음을 인지하여야 한다. 이런 접근은 의심이 가는 클라이언트와 직접 대면할 때와는 매우 다른 양상으로 나타난다.

만일 피해여성이 구타당하고 있음을 폭로한다면 사회복지사는 피해자의 폭로를 근거 있는 것으로 반응해야하며 클라이언트가 상황을 말하도록 격려한다. 가족사회복지사는 클라이언트가 학대에 관하여 말한 후에 만일 클라이언트가 용인한다면 피해자의 안전, 피해자에게 활용 가능한 자원들, 대처전략 등을 설명한다. 가정폭력 피해자들은 응급쉼터, 경찰, 가정폭력 피해자 사정 전문기관 등과 같은 활용 가능한 자원들을 알지 못한다.

가족사회복지사는 학대받은 여성을 원조하기 위하여 학대의 유형, 강도, 빈도, 에피소드 등에 관한 정보를 알아둘 필요가 있다. 예를 들면 피해여성이 급박한 상해의 위험에 처해 있는가? 만일 그렇다면 피해여성과 아동의 안전을 위하여 가해자를 분리시켜야 하는가? 만일 폭력이 예상된다면 폭력을 피할 방도는 없는가? 클라이언트에게 원조 가능한 자원은 무엇인가? 활용 가능한 자원으로는 경찰, 쉼터, 법적 조언, 상담, 재정원조 자원 등이 포함된다. 폭력 에피소드가 급박하게 감지되었을 때 폭력을 피하기 위한 클라이언트의 계획은 무엇인가? 일단 폭력이 시작되었다면 피해여성은 이를 어떻게 처리해야 하는가? 이런 모든 사항이 응급상황시 생명을 구할 수 있는 실제적인 수단으로 유용할 것이다. 대개 피해여성들은 신체적, 감정적, 경제적, 사회적으로 고립되어 있으나 증가추세의 가족사회복지사의 존재는 이런 고립을 감소시킨다.

가족사회복지사는 구타피해 여성을 지역사회 기관에 연결시키는 실제적인 원조와 병행하여, 피해여성을 자조집단에 참여시킴으로써 원조할 수 있다. 대다수의 구타피해여성들은 다른 여성들이 유사한 문제를 가졌음을 인식하지 못한다(Bolton & Bolton, 1987; Gelles & Straus, 1988). 다른 사람들도 비슷한 경험을 하였음을 배우는 것은 유사한 감정을 갖게 하며 동일한 문제를 다루는 일은 피해여성의 고립감을 감소시킨다. 피해여성은 다른 여성의 경험을 경청하고 자신의 경험을 공유함으로써 자신의 상황에서 다른 대안을 인식하게된다. 피해여성이 자기 혼자만이 아니라는 사실을 알게되면, 자신에 대한 비평과 스스로 자신은 정신적으로 불안정하다는 생각은 감소된다. 피해여성들은 자신들의 반응이 특수한 상황에서는 "정상적"이었고, 다른 사람 역시 공포, 무력감, 분노, 죄의식, 수치심, 폭력에 대한 책임감 등을 느꼈음을 발견하고 감정적인 위안을 얻는다.

다른 방법은 피해여성이 자신의 입장에서 적극적으로 문제를 해결할 수 있도록 원조하는 것이다. 피해여성 자신이 진실로 원하는 것을 스스로 발견할 수 있도록 원조하고, 스스로 선택하고 자원을 발견할 수 있도록 도우며, 다양한 선택의 결과를 토의하는 것은, 클라이언트 자신이 소유한 강점과 기회를 인식하고 발견하는 데 도움이 된다. 특히 이런 문제-해결 접근은 과도한 스트레스 속에서 염려 때문에 사고하기 어렵고 희망을 잃기 쉬운 구타피해여성들에게 적합하다. 성공적으로 문제를 해결함으로써 피해여성은 자기 통제감을 향상시킨다. 이것이 바로 효과적인 가족사회복지 실천의 분명한 목표이다.

학대피해여성이 수용해야 할 가장 중요한 개념은, 상황에 상관없이 피해자 자신이 학대받아서는 안 되는 가치 있는 존재임을 인식하는 것이다. 피해여성이 폭력으로 인하여 자신을 비난하는 않는 것이 중요하다. 변화하고는 있으나, 여전히 피해여성이 폭력을 유발한다거나 심지어는 폭력을 즐긴다는 통념과 신화가 보편적이다. 여성들 역시 자주 이런 견해에 동의하며 이는 여성들의 죄책감을 증대시키고 원조 요청을 더욱 어렵게 만든다. 가족사회복지사는 이러한 편견의 정정에 영향을 미칠 수 있다.

외부원조에 개방적인 피해여성이 보다 효과적으로 원조에 접근할 수 있으며 가족내의 변화를 가져올 수 있다(Giles-Sims, 1983). 궁극적으로 가족사회복지사는 클라이언트가 학대관계의 파트너를 떠나는데 필요한 지원을 제공한다.

사회복지사가 만일 자신이 처한 학대에 관한 언급을 원치 않는 여성과 일하는 경우에는 개입초기에 관심을 표현해야 하며 피해여성이 준비되었을 때 경청하여야 한다. 가족사회복지사는 이런 메시지를 여러 차례 전달할 필요가 있다. 만일 클라이언트가 이런 접근에 반응하지 않는다면 사회복지사는 학대 주제를 강요하지 말아야 한다. 만약 강요한다면 클라이언트와의 관계는 더욱 소원해 질 것이다. 가족사회복지사는 대부분의 학대피해 여성들이 결국에는 학대사건을 언급하게 된다는 것을 발견할 수 있다.

만일 가족사회복지사가 폭력가정을 방문했을 때 위험에 처하게 되면 신속하게 그 장소를 떠나서 경찰에 알려야 한다. 사회복지사의 개인적 안전이 심각하게 위협받는 다면, 가정방문은 그 위험이 제거될 때까지 제한되어야 한다. 모든 가족사회사업 기관은 위험한 상황을 다루는 규칙과 절차를 제정해야 하며, 이런 규칙과 절차는 사회복지사가 훈련받는 과정에서 다루어져야 한다. 만일 가족사회사업이 중단된다면 기관은 피해여성을 다른 안전한 장소에서 만나거나 전화통화 등으로 피해여성과 지속적인 접촉을 시도한다. 가족사회복지사는 의사소통 라인을 개방해 두고 피해여성에게 계속적인 원조를 제공하는 것이 필수적이다.

피해여성에게 해야할 사항을 말해 주는 것이 가족사회복지사의 역할은 아니다. 피해여성의 선택이 무엇이든(혹은 선택하지 않더라도) 결과를 알게 될 것이다. 직접 충고하는 것을 자제해야 하는 또 다른 이유는 피해여성만이 자신의 감정을 알고 있기 때문이다. 매우 사려 깊게, 그리고 최선을 다해 기술적으로 이해하려고 노력한다 하여도 사회복지사가 클라이언트의 실제 감정을 이해할 수는 없는 것이다. 결국 피해여성을 대신한 의사결정은 클라이언트의 무력감과 자신의 삶에 대한 통제감 상실을 조장하게 된다.

가족사회복지사는 폭력피해 가족과 일할 때 가족의 비현실적 기대의 은폐를 허락해서는 안 된다. 스트레스에 시달리는 다른 클라이언트의 상황에서와 마찬가지로, 사회복지사는 폭력을 경험하는 가정의 지식과 기술의 발전을 장려하여야 하며 가족의 의사결정에 필요한 정보나 감정적 원조에 관하여 슈퍼바이저나 동료들의 자문을 받아야 한다. 나아가서 사회복지사는 폭력문제를 처리할 때, 현존하는 지역사회의 자원과 가족들이 이러한 자원에 접근할 수 있도록 하는 정보에 대해 잘 알고 있어야 한다.

학대관계는 대중의 시야에서 은폐되어 진다. 다음의 사례는 학대관계의 특징을 설명하고 있다.

Lilly는 가족사회복지사에게 자신의 상황을 설명하였다. Lilly는 임신 사실을 알게된 후에 가족사회복지사와 접촉하였다. 신체적으로, 그리고 폭언으로 학대하는 남편인 Phil은 지방 출타 중이었다. Lilly는 만일 남편이 자신이 외부의 도움을 요청한 사실을 안다면 자신은 "어려움에 처할 것" 임을 설명하였다. Lilly는 태아의 안전을 염려하였고 남편이 아이를 해칠 것을 두려워하였다.

Lilly와 남편은 결혼 3년째이며 두 사람 모두 재혼이었다. Lilly는 결혼 전의 남편의 구애는 "완전했다" 고 서술하였다. 남편은 그녀에게 있어서 "번쩍이는 갑옷의 기사" 처럼 보였다. 남편은 Lilly가 일하는 것을 원하지 않았고 직장을 그만두고 집에 있을 것을 격려하였다. 남편은 항상 Lilly를 보호할 것임을 말하였고 "아름다운 공주" 라고 불렀다. 그러나 결혼 한 달 후부터 남편은 Lilly를 소유하고 통제하려고 하였다. Lilly가 행선지를 말하지 않으면 집 밖에 나가는 것을 원치 않았고 질투하기 시작했으며 다른 남자와의 관계를 상상하였다. Lilly 자신은 남편과 동행이 아니면 외출한 적이 거의 없기 때문에 이런 남편의 비난은 어리석은 것임을 언급하였다. 결국 남편은 Lilly의 외출을 금하였고 거의 매일 귀가 길에 근처 술집에서 동료들과 술을 마셨다. Lilly는 남편이 거의 매일 음주 후 귀가하였으며 음주는 남편을 더욱더 가학적으로 만들었음을 언급하였다.

처음 Lilly가 남편의 명령을 어기고 외출하였을 때 남편은 매우 화가 나서 수 차례 Lilly의 눈 주변, 얼굴, 팔, 다리 등을 구타하였다. 결혼 후 6개월 후에 이런 일이 두 차례 발생하였고 남편은 사건 후 매우 미안해하였으나 구타는 시간이 경과함에 따라 증가하였다. 남편은 Lilly를 질투하거나 그녀와 논쟁할 경우 구타하는 것으로 보고되었다. 남편은 직장관계로 출장을 가는 경우 Lilly의 자동차 열쇠, 결혼반지 등 돈이 될만한 것은 모두 가지고 갔다. Lilly는 현금을 지녀본 적이 없으며 남편이 Lilly가 가는 모든 곳에 동행하였고 식료품비 등 구매에 대한 비용을 지불했다. 남편은 점차 Lilly를 가족과 친구들에게서 소원해지도록 하였고 그녀는 고립되었다.

사회복지사는 클라이언트가 사회적 지원이나 재정적 자원이 없음을 인지하였다. 가족사회복지사는 클라이언트가 단지 자신의 태아의 안전을 염려하여 원조를 청하였고 만일 남편이 원조요청을 알게될 경우 분노할 것에 대해 매우 두려워하고 있음을 신뢰하였다. 사회복지사는 즉시 개입하여 전문가가 클라이언트의 이야기를 경청하고 원조를 제공할 수 있는 응급쉼터에 연결하였다. Lilly는 쉼터에서 의료, 재정적 원조, 대안을 검토하기 위한 상담을 제공받았다.

2. 약물남용

약물남용은 가족구성원의 연령, 성별, 문화, 학력, 직위 등을 막론하고 가족 내에 존재한다. 더욱이 일련의 클라이언트 집단에서는 중복 약물남용(한가지 이상의 약물을 사용하는)이 보편적으로 나타난다.

최근까지 중독자의 가족이나 지역사회에 대한 개입은 주목을 받지 못하였다(Nichols & Schwartz, 1998). 다수의 치료자들은 여전히 개인치료를 선호하나 일련의 약물중독 전문가들은 약물중독 치료에 가족 체계적 접근을 활용하기 시작하였다. 가족체계 이론가들은 약물 남용은 가족 역기능과 갈등을 초래하고 성 학대, 가족폭력과 같은 가족문제를 가장하고 있다고 제시한다. 약물남용 가족들에게는 공통적인 특징이 나타나는데, 특히 가족원 중 중독자의 행동을 위주로 기능하는 것이 특징적이다. 가족구성원들이 중독을 가족의 문제로 인정하지 않는 것이 보편적이며 중독에 수치심을 갖는다. 가족원들은 약물남용에 대해 언급하지 않으며 가족 외의 사람들과는 논의하지 않는다. 모든 가족들이 비밀을 갖고 있지만 약물남용 가족은 그 이상을 가진 것처럼 보이며, 이런 비밀은 모든 가족원들의 정서적 고통의 근원이 된다. 더욱이 가족구성원들은 약물의존이 현재의 상태를 유지시키기 때문에 의도하지는 않지만 약물남용이 지속되도록 돕게된다. 가족은 불일치, 불안정하게 살아가는데 익숙하게 되며 일상생활에 대한 염려로 두려움을 느낀다.

불규칙한 식사시간 등으로 가족구성원들은 서로를 신뢰하지 못한다. 가족응집력은 중요한 부분으로, 자녀의 약물 사용을 지연 또는 감소시킬 수 있으나 약물남용 가족의 가족관계는 강력한 결속력을 갖지 못한다. 강력한 가족결속(Family Bond)은 중독의 가능성을 줄일 뿐 아니라, 자녀의 자아 존중감을 증진시키고 긍정적으로 학교 생활을 할 수 있도록 한다.

약물남용가족에게 슬픔, 사랑, 부드러움 등의 개방된 감정 표현은 어렵다. 가족구성원은 서로에 대해 염려하기는 하나 가깝게 느끼지는 않는다. 가족의 취약감을 가장하기 위하여 가족갈등을 활용하는데, 이런 갈등은 부모와 자녀간, 부모간에 발생하며 분노와 혐오가 표면아래 잠재한다. 전형적으로 가족사회복지사는 가족구성원 간에 존재하는 죄책감과 비난을 발견하게 된다. 약물남용 가족에서는 부모간의 의사소통은 적으나 자녀들 간의 의사소통은 증가한다. 또한 약물남용으로 피해를 입는 가정의 경우, 가정의 일상생활을 완수하는 데에는 상당한 시간이 소모된다. 부모는 감정적으로 자녀들과 소원해지며 가족구성원들은 갈등과 직면을 회피한다(Aponte & VanDeusen, 1981).

혼인관계에서 한쪽 배우자가 약물남용자 일 경우 다른 배우자는 그를 비난하고 원망한다. 전체 가족이 치료에 저항하므로 약물남용자의 배우자를 치료에 개입시키는 일은 더욱 어려워진다. 배우자는 약물남용과 관련된 자신의 행동과 태도가 노출되는 것을 꺼려한다. 가족사회복지사는 비난, 회피, 저항 등의 패턴을 인식해야 한다.

약물남용은 가족의 모든 부분에서 삶에 침투한다. 일탈적이고 예측하기 어려운 중독자의 행동은 예상 가능한 가족구성원들의 반응을 초래한다. 약물남용과 관련된 스트레스와 갈등을 피하고 적응하기 위하여, 가족의 구조는 가족구성원들의 행동에서 일련의 과정을 거치면서 진화한다. 결국 가족은 중독자의 항상성을 유지하기 위한 역기능적인 행동에 적응하며 동시에 가족이 중독을 지속시키도록 구조화되어지기 때문에 항상성은 약물남용의 지속가능성을 증대시킨다.

약물의존은 특히 효과적인 부모역할을 취약하게 하며, 가족 내에 폭력을 수반한다. 약물남용이 폭력을 야기한다는 의견도 제시되나 약물남용이 판단, 자기통제를 손상시키고 행동에 대한 변명을 제공한다는 의견이 더 타당하다. 예를 들면, 계부에게 지속적으로 성 학대를 당한 딸을 가진 가족의 사례에서 계부가 자신의 행동에 직면할 때의 방어는 "너무 과음했었다"는 것이었다. 이 때 가족사회복지사는, "당신이 그렇게 말해주니 기쁘군요. 당신은 두 가지, 즉 성 학대와 음주 문제를 갖고 있어요"라고 반응한다. 다른 예에서 클라이언트는 "그는 단지 취했을 때에만 나와 아이를 구타했어요. 음주하지 않을 때에는 좋은 사람이죠" 라고 언급한다. 불행하게도 이런 변명은 잠재 위험을 내포하며 역기능적인 가족스타일을 기능적으로 위장한다.

가족구성원은 다양한 방어기제를 활용하면서 가족과 중독자 모두가 중독 자체를 거부하거나 최소화한다. 거부의 벽은 완강하다. 더욱이 가족원들은 약물남용을 가족의 문제가 아니라 중독자 개인의 책임으로 믿는다. 위 사례의 계부의 말에서, 자신의 성 학대 행위를 인정하기보다는 약물남용의 문제를 시인할 용의가 있음을 알 수 있다. 전형적인 약물남용자는 중독을 거부하고 문제의 위장을 학습하고 있음을 가족사회복지사는 인식할 수 있어야 한다. 그들은 문제를 시인할 때까지 원조를 수용하지 않는다. 사회복지사는 클라이언트가 치료에 참여할 수 있도록 하게 할 뿐 아니라, 너무 이른 시기에 시기상조하게 치료를 중단하지 않도록 적절한 노력을 기울여야 한다(Aponte & VanDeusen, 1981).

만일 클라이언트를 치료에 개입시키려는 노력이 실패하거나 아동이 중독으로 인해 위험에 처할 경우 보다 적극적 개입이 요구된다. 가족사회복지사는 특히 아동이 방임, 학대되었거나 혹은 지도감독의 미비로 위험에 처한 경우 아동복지기관에 알려야할 필요가 있다. 약물남용자의 자녀는 대개 신체적, 감정적 욕구 충족이 결핍되며, 부모역할은 지속적이지 못하다. 더욱이 중독자의 자녀는 비행행동, 우울, 자살가능성이 높다.

1) 약물남용자 자녀에 대한 개입

약물남용자 자녀 또한 약물에 의존할 위험에 직면한다. 그러나 이들 자녀들은 명백한 회복능력을 가지며 약물중독 부모를 가진 사실이 필연적으로 자녀를 중독의 삶으로 인도하지는 않는다. 약물남용자의 자녀 70~92%가 약물의존이 되지 않는 것으로 나타났다(Bernard, 1992). 그러나 불행하게도 약물남용자의 자녀들은 자신들 삶에 초래되는 여러 가지 가능성에 압도된다(Gilliland & James, 1993).

약물남용자의 자녀는 다양한 종류의 고통을 표출한다. 이 후에 논의할 특징적인 역할 이외에도 부모의 중독과 관련된 반응으로 문제행동을 발전시킨다. 서술되는 행동들이 약물의존과 직접적 관계를 가진 것으로 보기는 어려우나 약물남용의 영향을 간과해서는 안 된다. 이런 모든 문제가 가족입장에서 논의되어져야 하며 결과적으로 자녀세대의 삶이 증진되어져야 한다.

다음은 부모의 중독에 영향을 받은 아동의 행동에 관한 것이다.

- 학교지각 혹은 잦은 결석
- 아동의 학교 혹은 다른 활동으로 인한 늦은 귀가시간에 대한 염려
- 부적절한 의복, 불결한 상태, 잦은 질병, 만성 피로
- 이불에 오줌싸기, 손가락 빨기 등 미성숙한 행동
- 논쟁이나 갈등의 회피
- 친구가 자신의 부모를 접촉하는 것을 두려워 함
- 폭발, 공격, 쉽게 동요되는 성향의 기질
- 과장된 성취 염려, 권위자 만족시키기(Northwest Indian Child welfare, 1984)

(1) 약물중독자 자녀가 직면하는 문제

중독자의 자녀가 약물중독이 되지는 않는다 하더라도 부모의 약물남용과 관련된 어려움을 경험한다. 약물중독자 자녀는 아래와 같은 문제에 직면한다(Northwest Indian Child welfare, 1984).

① 태아 성 알코올 증후군

태아 성 알코올 증후군(Fetal Alcohol Syndrome/FAS)은 임신기간 중 어머니가 알코올을 섭취함으로써 발생한다. 신체기형, 정신지체 등의 증상을 포함하며 이런 증후군을 가진 아동은 특수한 의료처치가 필요하다. 태아성 알코올 효과(Fetal Alcohol Effect/FAE)를 보이는 아동은 FAS와 관련된 문제를 갖는다.

② 결속결함

약물남용자의 자녀는 대개 보호자의 신체적, 감정적 무능으로 인하여 보호자

와 건강한 애착형성이 부족하다. 신생아는 생존 불가능으로 진단 받기 쉬우며 좀 더 성장한 아동들은 건전한 사회적 애착형성에 어려움을 겪는다.

③ 건강문제

약물남용자의 자녀는 영양, 청결, 의료처치 등의 결핍으로 다른 아동보다 잦은 질병에 걸리기 쉽다.

④ 교육문제

약물남용자의 자녀는 기본적인 생존에 많은 에너지를 소모하므로 학습에 사용할 에너지가 결핍된다. 결석, 지각, 제시간에 귀가하기 위해서 방과후 활동에 참여하지 못하는 것 등은 아동의 학습을 방해한다. 아동은 선생님이 부모와 만나는 것을 꺼려하며, 약물남용 부모는 학교와 관련된 문제들을 도와주기 어렵다. 이러한 아동들은 인간관계 형성에 어려움을 경험하고, 청결하지 못하거나 부적절한 옷차림 등으로 학교에서 인기가 없고 공격적이거나 화를 잘 내거나 유아적인 행동을 하게 되어 또래들과 소원해진다. 학교에서의 부정적 경험은 아동의 자존감을 손상시키며 약물남용에 대한 취약성을 더욱 증대시킨다.

⑤ 사회적 문제

약물남용자의 자녀는 사회적 기능에서 다양한 문제를 나타낸다. 또래 집단의 거부로 고립되며 다른 아동들과 상호작용 하거나 사회기술을 발달시킬 수 있는 적절한 기회가 부족하다. 약물남용자의 아동은 다른 아동들에 비하여 약물남용자가 되기 쉽다. 약물남용자의 자녀들은 신체적, 성적, 심리적 학대, 학교 중도탈락, 혼전임신, 비행, 정신건강상의 문제, 자살기도 등의 위험에 더 노출되어 있다(Johnson, 1990-1991).

(2) 약물남용자 아동의 역할

약물남용자의 아동은 개인적 문제에 덧붙여 특징적인 역할을 수행한다(Maisto, Galizio, & Connors, 1995). 이러한 역할들에는 다음의 유형들이 포함된다(Bean-Bayog & Stimmel, 1987; Northwest Indian Child Welfare Institute, 1984).

① 책임자(The responsible one 또는 가족 영웅 The family hero)
대개 맏이가 맡게된다. 이런 아동은 성취감은 높으나 부적절한 감정을 갖는다. 아동의 "부모화"는 알코올 중독 부모가 아동의 고도의 숙련된 기술이나 자기통제의 성취를 칭찬함으로서 강화된다. 이런 행동 반응은 약물중독자의 의지력 결핍 문제 처리와 관련이 있다.

② 희생양(The scapegoat 또는 문제아 The acting-out child)
대개 약물중독자에게서 가족들의 관심을 분산시키는 역할로 가족혼돈의 중심부에 위치한다. 아동은 분노하고 반항적으로 행동하나 내면적인 상처를 입는다.

③ 실종자(The lost child 또는 조정자 The adjuster)
개인적 욕구를 단념, 억압함으로서 환경에 순응한다. 아동은 가족체계에 의문을 표시하지는 않지만 대개 고독하거나 조용하다. 주로 중간 출생 순위의 아동들로, 현재는 문제를 드러내지 않아 사회복지사가 간과하기 쉽다.

④ 진정자(The placater 또는 평등하게 하는 자 The leveler)
모든 가족구성원이 보다 낳은 감정을 갖게 하거나, 논쟁을 해결하고, 메시지를 전달하며, 문제에 대해 자신을 비난하는 등의 방법으로 대처하는 민감한 아동이다. 이런 아동은 매우 공손한 태도를 취하는 "회유자(Pleaser)"들이다. 다수의 진정자 유형의 아동들은 전문적 원조자로 성장한다.

⑤ 가족 마스코트(The family mascot 또는 전환자 The distracter)

대개 가족에게 우스꽝스러운 구원을 제공하는 막내 아동이다. 아동은 미성숙하게 행동하며 보호를 필요로 하는 아기 같이 보인다. 이런 아동들은 공포감을 느끼며 불안해하고 지나치게 활동적이다.

이상의 역할들은 물론 약물중독뿐 아닌 다른 문제를 가진 가족에게서도 나타난다. 역할은 "정상"의 아동기 행동을 저해하며 아동기 내내 오랫동안 지속되고 이후의 삶에 어려움을 야기한다.

2) 약물남용 가족에 대한 개입

만일 가족사회복지사가 클라이언트가 약물남용의 문제를 가졌음을 의심한다면 다음의 과업들을 수행해야 한다.

- 문제를 확인하고 사정한다.
- 가족과 중독문제를 개방적으로 논의한다.
- 가족이 변화하는 동안 원조를 제공한다.
- 가족을 전문원조서비스와 연결시킨다.
- 전문치료가 시작된 후에 사례조정과 관리를 제공한다.

약물남용 가족과의 사회복지는 가족 역동성을 변화시켜 가족구성원들이 더 이상 약물남용을 위장하거나 이를 공모하지 않도록 원조한다(Aponte & VanDeusen, 1981). 가족에 대한 개입은 전체 가족원들을 모두 포함하거나, 또는 개인이나 부부 같이 가족 하위체계와의 작업을 목표로 한다(Bowen, 1973). 약물남용 가족에 대한 접근은 가족구조와 역동성을 변화시켜 가족전체를 원조할 때 효과적이다. 가족접근은 가족 내 개인의 행동이 모든 구성원들에게 영향을 미치므로 순환적 인과관계로 나타난다. 사회복지사는 부정적 편견과 태도가 만연되어 있는 알코올 중독의 경우 가족에게 비심판적인 태도를 전달한다. 가족구성원들을 치료기관(Alcoholics Anonymous : AA)에 연결하여 가족들의 비난과 죄책감을 경감시킨다.

가족사회복지사가 가족을 그 가정에서 사정을 할 경우에는, 일상생활을 관찰하여 약물중독이 식사, 학교과제, 취침 등에 미치는 영향을 조사하여 결정한다. 사회복지사는 각 구성원들의 능력, 친지들의 원조와 같은 가족자원을 사정한다. 가족은 약물남용의 영향에 대해 배울 필요가 있으며 그들이 겪고 있는 문제가 중독과 관련된 것임을 인식할 수 있어야 한다.

가족사회복지사는 약물남용 가족과 일할 때 가족과 개인적인 강점을 유용하게 하여 가족이 자신의 문제를 스스로 해결할 수 있도록 이끌어야 한다. 가족에 대해 포괄적으로 사정할 때, 사회복지사는 개별 가족구성원의 중독의 영향을 이해하고 중독을 영속시키는 행동들을 발견하게 된다.

가족과의 관계형성이 모든 다른 개입에 선행되어야 하며, 가족은 변화를 위한 작업으로서 원조를 받아들여야 한다. 사회복지사는 대개 가족의 초기 저항을 극복해야 한다. 효과적인 개입을 방해하는 과거 부정은 가족사회사업의 과업을 저해한다. 직면은 신중하게 활용한다(Gilliland & James, 1993). 가족일상사, 개인적인 차이, 상호작용, 행동, 대처 유형, 체벌절차 등을 분석한다. 가족기능에 대한 포괄적인 상(picture)을 이해하기 위하여 상담시간 외의 다른 시간대에 가족의 상호작용을 관찰하는 것이 필요하다. 갈등과 문제들을 언급한다. 가족에 대해 사정하는 기간 동안 가족이외의 학교, 중독 전문가, 의사, 교회지도자들과도 접촉해야 한다. 그리고 중독된 가족원이 입원치료를 받는 동안 가족 생존에 필요한 충분한 경제적 자원을 보장하는 확실한 원조도 요구된다.

가족들은 대개 가족이 심하게 혼란 되거나 분열될 때에만 문제의 심각성을 인정하므로 사회복지사는 가족들이 자발적으로 자신들의 문제에 대한 정보를 제공할 것이라고 기대하지 말아야 한다. 대신 가족사회복지사는 간접 단서에 의존한다. 알코올 중독이 단계적으로 진행되면서 배우자와 성장한 자녀들은 문제를 인정하기 쉽게되며 문제를 은폐하는 것은 거부하게 된다.

3) 가족사회복지사의 역할

약물중독은 전문적인 치료를 필요로 한다. 그러나 가족사회복지사는 약물남용자 가족을 원조하는 동안 양육자(nurturer), 가르치는 자(teacher), 조정자(coordinator), 대변자(advocate)로서 중요한 역할을 담당한다. 사회복지사는 이러한 역할을 수행함으로써 가족의 역기능을 감소시키고 가족의 의사소통을 증진시킨다.

① 양육자

사회복지사와 가족 간의 강력한 관계는 성공적인 가족사회사업 작업의 기초가 된다. 강하고 빈번한 가족과의 접촉은 원조관계 발전에 도움을 가져온다. 위기상황의 가족은 희망을 갖기 위하여 가족사회사업에 의존하며 이는 가족에게 필연적인 변화를 일으키는 용기를 부여한다. 불행하게도 서비스에 의뢰된 가족들은 대개 관계형성과 발전에 어려움을 가진 사람들이다. 이런 유형의 가족은 부정적인 인생경험 때문에 권위, 제도, 원조기관 등에 대한 불신을 갖고 있다. 가족사회복지사가 가족과 관계를 견고하게 하는 것은 가족들이 적절하게 서비스를 활용할 수 있도록 돕는다.

② 가르치는 자

가족사회복지사는 가족이 가정관리와 일상생활기술, 의사소통과 관계형성기술, 부모역할과 아동관리기술, 자기주장과 변호기술, 문제해결기술, 지역사회자원 활용, 건설적인 대처기술 등 다양한 기술들을 배우도록 원조하는 선생이며 훈련자 이다. 사회복지사는 설명, 모델링, 역할극, 지도, 격려 등을 통하여 기술을 가르치고 가족이 예산 세우기, 집 구하기, 식단 짜기, 가족과업 분담하기 등을 효과적으로 수행하도록 원조한다. 약물남용 가족들은 대개 일상의 과업 수행에 어려움을 겪으므로 이를 위한 실제적인 기술들을 습득할 필요가 있다. 가족의 강점이 무엇인지, 가족이 무엇을 배우기를 원하는 지 발견하는 일은 중요하다. 원조관계는 학습을 촉진하는 도구로 활용된다.

③ 조정자

가족사회사업은 빈번한 가족과의 접촉을 필요로 하며, 욕구와 문제 조정에 대한 인식이 필요하다. 서비스들을 조정하는 목적은 모든 관련된 기관과 팀 구성원의 역할과 기능을 상세히 설명하고 모든 기관의 공통된 목적을 위해 노력하는 것을 보장함으로써 가능한 한 협력적인 치료계획을 발전시키는 데 있다. 활용하는 기술과 방법들이 서로 상충되어 가족구성원들이 혼란되지 않게 해야 한다. 사회복지사는 모든 다른 원조자들이 제공하는 서비스에 대해 모니터 해야 하며 다양한 기관들의 목적이 상충되는 경우를 결정하여야 한다. 서비스가 제공되지 않는 경우 가족의 대변자로 행동해야 하나, 다른 기관의 노력 또한 지원할 필요가 있다. 나아가서 각 서비스 제공자들은 가족과 제공되는 서비스들에 대해 정확한 정보를 알고 있어야 한다.

사회복지사는 치료가 종결된 후에도 가능한 가족 자신이 원조 망을 구축할 수 있도록 지지해야 한다. 대안적 원조의 자원은 가족 구성원의 상황에 따라 달라지나 지역사회 단체, 종교단체, 전통문화 집단이나 활동, 부모역할 수업, 특별한 관심(운동, 문화, 원예 등)을 공유하는 집단 등을 포함한다. 확대가족에게 관여하기 이전에 클라이언트와 확대가족간 갈등관계를 해결하는 것이 필요하다.

❖ 약물중독자에 대한 개입

만일 당신이 클라이언트가 약물남용 문제를 갖고 있음을 발견했으나, 클라이언트가 이를 거부한다면 어떻게 하겠는가? 가족사회복지사의 다양한 역할을 고려하여 클라이언트가 문제를 인정할 수 있는 가족체계 개입의 목록을 작성하시오.

④ 대변자

가족사회복지사는 가족을 위하여 개입하거나 노력한다. 그러나 동시에 가족이 자신을 변호하는 방법을 가르쳐야 한다. 가족에 대한 즉각적인 개입과 가족

구성원들에게 희망을 갖게 하는 노력 등은 사회복지사의 진실성과 보호, 책임감을 보여준다. 그러나 클라이언트를 대변하기 전에 가족사회복지사는 다음 사항에 대해 질문해야 한다. 클라이언트는 사회복지사의 도움이 없다면 과업을 수행할 수 없는가? 클라이언트와 사회복지사가 함께 시도할 수 있는가? 클라이언트는 단순히 시작을 위한 자극만을 필요로 하는가? 클라이언트의 선택과 계획전략들을 평가하기 위한 위원회를 필요로 하는가? 가족사회복지사는 가족이 스스로를 대변하고 변호할 수 있도록 가르침으로써 가족 스스로가 자신을 원조할 수 있도록 가족의 역량을 강화해야 한다.

3. 비자발적인 클라이언트와의 작업

클라이언트는 자주 비자발적으로 가족사회사업과 관련을 맺으며 상당히 저항적인 경우도 있다. 성 학대, 가족폭력, 약물남용 같은 문제를 경험한 클라이언트는 가족사회사업 개입 초기에 강한 저항을 보인다. 가족사회사업을 실행할 때, 많은 사람들은 불안, 놀람, 수치심을 느끼게 되므로 클라이언트의 저항은 특이한 일은 아니다. 특히 문제가 기관의 주목을 받을 때 부모들은 실패감을 경험한다.

가족들은 기관과의 과거의 경험 때문에 특정기관에 대하여 저항할 수 있다. 또한 문제 해결이 진전되지 않은 상태에서 다른 기관과 관계를 지속해온 가족도 있다. 가족들은 비밀이 보장되지 않을 것에 대해 염려하거나 자신들의 상황을 기관이 이해하지 못할 것이라고 생각한다. 결과적으로 가족은 그럭저럭 할 수 있는 정도의 최소한의 순응을 선택한다. 대부분의 비자발적인 클라이언트는 저항적이다. 그러나 저항적인 클라이언트 모두가 비자발적이지는 않다.

전형적으로 비자발적인 클라이언트는 자신이 요구하지 않은 상태에서 기관의 서비스를 받게 되므로 동기화 되어 있지 못하며, 가족사회복지사나 다른 기관이 설정한 목표를 달성하기 위한 작업을 거부한다. 비자발적인 클라이언트는 강제적으로 공공기관의 원조를 받아야 하기 때문에 기관에 찾아온다. 이런 경우, 문제가 위험하거나 불법일 가능성이 있으므로 사정은 신중하게 이루어져야 한다. 가족사회사업의 개입을 수용하려는 의지는 가족마다 다양하게 나타난다. 자발적인 클라이언트들조차도 동기가 약화된다. 동기가 가장 약한 클라이언트는 자신은 문제가 없다고 믿고 있으며, 따라서 강제적으로 서비스를 받는 사람들이다. 자신의 문제를 인식하고 있으나 변화를 위한 치료를 원치 않는 클라이언트는 중간 정도의 동기를 갖는다. 자신의 문제를 인식하고 문제를 소거하기 위해 상황을 변화시키기 원하는 클라이언트가 이상적 클라이언트이다.

가족원들 또한 가족의 문제를 인정하고 변화를 가져오는 필요한 작업에 대하여 다양한 정도의 저항을 보인다. 가족 내에 희생자가 발생하고 가해자가 변화를 원치 않을 때 상황은 복잡해진다.

비자발적인 클라이언트들은 아동복지, 정신건강, 범죄대응 등과 관련된 문제로 인하여 강제적으로 기관의 개입을 받는데 주로 중복되는 문제가 약물남용이다. 이런 모든 문제에서 법적인 조치로 클라이언트는 자신의 의지와는 상반되게 강제적으로 치료에 개입된다. 자신의 의지와 상반되는 치료를 받게될 때 클라이언트는 저항하기 쉽다.

강제적인 법적 조치가 없더라도 클라이언트는 가족이나 친구들의 압력 때문에 치료를 받는다. 예를 들면 약물남용 클라이언트의 배우자는 클라이언트가 치료를 받지 않는다면 떠나겠다고 위협한다. 일반적으로 아동은 자살시도, 가출 등과 같은 행동문제가 심각해져서 간과할 수 없는 경우가 아니면 가족이 치료를 받게 하는 효력을 나타내지는 못한다. 가족구성원들이 치료에 저항할 경우 이들은 다른, 나머지 가족구성원들의 발달을 방해하게 된다.

또 다른 일반적인 경우, 가족원들은 문제가 있음에 동의하나 이를 가족원 중 특정 한 개인만의 문제라고 확신한다. 이런 예는" 문제를 보이는" 사춘기의 자녀를 가진 가족에게서 일반적으로 나타난다. 사회복지사의 도전은 문제가 전개되는 과정 중에 모든 가족구성원들이 자신의 역할을 이해하도록 돕는 것이다.

클라이언트는 사회복지사에게 두 가지 중 하나의 결과를 기대한다. 먼저 클라이언트들은 단지 "양육" 받는 과정에서 문제로 인하여 야기된 고통이 감소되기를 원한다. 이들은 초기의 스트레스가 경감된 것에 만족하나 어렵고 지속적인 변화는 회피한다. 다른 유형의 클라이언트는 확실한 향방으로 자신의 삶이 변화되기를 희망한다. 그들은 기꺼이 삶에서 필요한 변화를 성취하기 위한 어려운 작업을 수행하므로 가족사회복지사에게는 가장 가치 있는 클라이언트이다.

일반적으로 비자발적이거나 저항적인 가족에게는 그들의 행동의 결과를 진술하는 명확한 계약이 도움이 된다. 가족사회사업의 과업은 치료와 관련된 클라이언트의 비자발적인 본질의 유해성, 다른 선택의 가능성, 모든 선택이 가져오게 될 결과 등을 전달하는 것이다. 예를 들면 학대의 이유로 강제로 기관의 서비스를 받아야 하는 클라이언트가 이를 거절할 경우, 가족은 가족사회복지사가 법정에 보낸 편지나 또는 아동을 위탁가정에 위임할 것이라는 통지서를 받게된다. 결국 사회복지사는 가족사회사업과 관련된 클라이언트의 분노와 공포에 감정이입하고 비자발적인 결과가 모두에게 미칠 영향에 대해 논의한다.

가족들은 가족사회사업에 참여하는 것이 자신들의 선택임을 알 필요가 있다. 통제될 필요가 있는 특정 문제가 존재함을 이해할 때 가족의 저항은 감소된다. 가족사회복지사는 법원 명령 조건이나 계약 내용이 수행될 때, 원치 않는 기관의 개입에서 자유로워질 수 있음을 강조하여야 한다. 계약은 클라이언트의 자기결정권리와 가족이 기관과 법적 강제개입에서 자유로워질 수 있는 조건에 관한 서술 등의 내용을 포함한다.

비자발적인 클라이언트와의 작업은 특수하고 분명한 변화에 초점을 두고 시작한다. 클라이언트는 작업이 협상되지 못할 경우의 결과와 종결시 특수한 조건들을 이해하여야만 한다.

가족사회복지사는 불편하지만 클라이언트에게 가족복지와 관련된 비자발적 개입조건들을 명확히 설명하여야 한다. 예를 들면, 가족사회복지사가 법적으로 보고를 해야 할 때 가족은 이를 초기에 알아야 하며 클라이언트는 그들에게 기대되는 것과 협의사항에 대해 알아야한다. 클라이언트가 관여를 원치 않는 경우, 가족사회복지사는 가족은 참여하지 않을 권리가 있으나 불참할 경우 그 결과에 대해서도 지적해야 한다. 요약하면, 가족사회복지사는 문제의 본질, 클라이언트의 역할, 타협 불가능한 요구사항, 강제로 의뢰되는 절차, 협상 가능한 조건, 클라이언트에게 가능한 선택 등에 대해 논의해야 하는 것이다(Hepworth & Larson, 1993).

가족사회복지사는 동기는 저항의 뒷면임을 기억하여야 한다. 동기는 가족이 그들 삶에서 진실로 무엇인가가 변화해야 한다는 열망을 가질 때 나타난다. 분개와 부정이 동기를 약화시킨다. 클라이언트가 사회복지사나 기관이 자신의 문제를 이해나 공감 없이 비난하는 것처럼 느낀다면 가족사회사업의 개입을 위협으로 인식할 것이다. 가족사회복지사는 클라이언트의 적대감과 분노에 직면하고 부정적인 감정에 개방적으로 반응할 준비를 갖추어야 한다. 일반적으로 성과에 대해 논의하지 않는 것은 클라이언트의 적대감을 증대시킨다. 저항은 가족이 가족 외 사람과 관계를 맺는 일반적 유형의 일부분이므로 가족사회복지사의 감정이입적 반응은 가족에게 적절한 반응행동의 사례를 제공한다. 신뢰와 수용이 발전되기 전까지 클라이언트 인지에 대한 직접적 대면은 피하는 것이 좋다. 사정기간 동안, 문제의 책임에 대해 클라이언트를 직접적으로 직면하게 하는 것은 변화를 가져오기보다는 방어를 야기한다(Ivanoff, Blythe, & Tripodi, 1994).

치료초기에 가족사회복지사가 클라이언트 인지에 직접적 대면을 피하는 것이 클라이언트의 역기능의 조장을 의미하지는 않는다. 가족저항에 활용되는 가장 중요한 기술은, 저항이 가족문제에 반대되는 결과를 초래할 때 이를 인식하는 것이다(Brock & Barnard, 1992). 저항하는 클라이언트와 적절하게 작업하는 것은 변화를 유발하는 기회가 된다. 자신이 정의한 문제를 계속 고집하고 강요하는 클라이언트는 치료 계약의 발전에 저해를 가져온다. 사회복지사는 전문가가 정의한 문제와 클라이언트가 생각하고 있는 문제 사이에서 공통된 점을 발견할 수 있어야 한다. 일단 초기의 장벽이 파괴되고 나면 클라이언트는 점차 초기 문제정의에서 보였던 자신의 방어를 줄여 나간다. 사회복지사는 이러한 방어가, 클라이언트가 자신을 보호하기 위한 것이었음을 기억할 필요가 있으며 이러한 태도는 클라이언트가 안전감을 느꼈을 때에 비로소 중단된다는 것을 인지해야 한다. 일반적으로 저항은 가족사회사업 과업을 인식하고 평가할 수 있을 때 극복된다(Lum, 1994).

비자발적인 클라이언트와의 작업은 자발적인 클라이언트와의 작업과 마찬가지로 효과적일 수 있다(Ivanoff, Blythe, & Tripodi, 1994). 가장 긍정적 결과는 사회복지사-클라이언트 상호작용의 질과 관련된다. 현명한 사회복지사는 저항하는 가족과 비효과적 개입 사이의 차이점을 인식할 수 있어야 한다.

4. 요약

가족에게 영향을 미치는 두 가지 중요한 문제는 가정학대와 약물남용이다. 폭력의 순환은 피해여성에게 학대관계의 지속을 조장한다. 학대가정에 머무르는 또 다른 이유는 관계종결에 필요한 재정적, 사회적 자원의 부족이다. 여성은 중요한 삶의 변화 성취에 무력감을 느낀다. 가족사회복지사는 학대의 징후를 인식할 수 있어야 한다. 가족 구성원의 안전은 사회복지사의 주요 관심사이다. 덧붙여 가족사회복지사는 기꺼이 문제를 개방적으로 논의하여야 하며 구타여성과 자녀를 위한 지역사회의 자원을 제안할 수 있어야 한다. 그러나 학대관계에서 취할 수 있는 행동을 결정하는 것은 바로 피해여성 자신이다.

가족사회복지사가 직면하는 또 다른 문제는 약물남용이다. 약물남용은 모든 가족구성원에게 영향을 미친다. 이런 가족들은 일상생활의 혼란, 감정표현의 어려움 등을 경험하며 개인의 기능을 방해하는 경직된 가족역할을 갖고 있다. 대개 자녀들은 삶의 여러 부분에서 문제를 경험한다. 약물남용은 특히 중독자가 문제를 부인하는 경우에 치료가 어려워진다. 가족사회복지사는 가족구성원 간의 개방된 의사소통을 격려해야 하며, 약물남용에 대해 가족원이 갖고 있는 걱정스러움에 대해 서로 논의할 수 있도록 해야한다. 사회복지사는 약물남용이 가족에게 미치는 영향에 관해 토의할 수 있도록 준비해야 한다.

클라이언트가 비자발적인 경우, 가족사회복지는 명확한 요구사항, 기대되어지는 개입의 결과뿐 아니라 클라이언트가 따르지 않을 때 나타날 수 있는 결과까지 클라이언트에게 알려 주어야 한다. 가족사회복지사는 클라이언트의 적대감과 저항을 인식하고 논의할 수 있도록 준비되어 있어야 한다. 클라이언트의 인식에 관한 너무 이른 시기의 직접적인 대면은 효과적이지 못하다. 저항하는 클라이언트는 가족사회복지사와 관계가 형성된 경우에만 방어의 태도를 중단한다. 비자발적인 클라이언트와 작업할 때 중요한 측면은 변화를 초래하는 기회에 기민해지는 것이다.

참고문헌

Alexander, J., Holtzworth-Munroe, A., & Jameson, P. (1994). The process and outcome of marital and family therapy: Research review and evaluation. In A. Bergin & S.Garfield (Eds.), *Handbook of psychotherapy and behavior change* (4th ed.) (pp. 595-630). Toronto: Wiley.

Alexander, J., & Parsons, B. (1973). Short-term behavioral intervention with delinquent families: Impact on family process and recidivism. *Journal of Abnormal Psychology*, 81(3), 219-225.

Alexander, J., & Parsons, B. (1982). *Functional family therapy*. Monterey, CA: Brooks/Cole.

Aponte, H., & VanDeusen, J. (1981). Structural family therapy. In A. S. Gurman & D. P. Kniskern (Eds.), *Handbook of family therapy* New York: Brunner/Mazel.

Armstrong, L. (1987). *Kiss daddy goodnight: Ten years later*. New York: Pocket Books.

Arnold, J., Levine, A., & Patterson, G. (1975). Changes in sibling behavior following family interventio. *Journal of Consulting and Clinical Psychology*, 43(5), 683-688.

Bagley, C., & MacDonald, J. (1984). Adult mental health sequels of child sexual abuse, physical abuse and neglect in maternally separated children. *Canadian Journal of Community Mental Health*, 3, 15-26.

Bagley, C., & Ramsey, R. (1984). Sexual abuse in childhood: Psychosocial outcomes and implications for social work practice. *The Journal of Social Work and Human Sexuality*, 4, 33-47.

Bandler, R., Grinder, J., & Satir, V. (1976). *Changing with families*. Palo Alto, CA: Science and Behavior Books.

Barker, R. (1981). *Basic family therapy*. Baltimore: University Park Press.

Barker, R. (1995). *Ther social worker dictionary* (3rd ed.). Washington, DC: NASW.

Baum, C., & Forehand, R. (1981). Long-term follow-up assessment of parent training by use of multiple outcome measures. *Behavior Therapy, 12*, 643-652.

Baynard, R., & Baynard, J. (1983). *How to deal with your acting-up teenager*. New York: M. Evans & Company.

Bean-Bayog, M., & Stimmel, B. (Eds.). (1987). *Children of alcoholics*. New York: Haworth Press.

Beavers, W. (1981). A systems model of family for family therapists. *Journal of Marriage and Family Therapy*, 7, 299-307.

Becvar, D., & Becvar, R. (1993). *Family therapy: A systemic integration* (2nd ed.). Boston: Allyn & Bacon.

Becvar, D., & Becvar, R. (1996). *Family therapy: A systemic integration* (3rd ed.). Boston: Allyn & Bacon.

Beitchman, J., Hood, J., Zucker, K., daCosta, G., & Akman, D. (1991). *The short and long-term effects of child sexual abuse on the child.* Ottawa: National Clearinghouse on Family Violence.

Bernard, D. (1992). Ther dark side of family preservation. *Affilia*, 7(2), 156-159.

Berry, M. (1997). The family at risk. Columbia, SC: University of South Carolina Press.

Beutler, L., Machado, P., & Allstetter Neufelt, A. (1994). Therapist variables. In A. Bergin & S. Garfield (Eds.), *Handbook of psychotherapy and behavior change* (4th ed.) (pp. 229-269). Toronto: Wiley.

Blum, H., Boyle, M., & Offord, D. (1988). Single-parent families: Child psychiatric disorder and school performance. *Journal of the American Academy of Child and Adolescent Psychiatry*, 27, 214-219.

Bodin, A. (1981). The interactional view: Family therapy approaches of the Mental Research Institute. In A. S. Gurman & D P. Kniskern (Eds.), *Handbook of family therapy* (pp. 267-309). New York: Brunner/Mazel.

Bograd, M. (1992). Changes to family therapists' thinking *Journal of Marital and Family Therapy*, 18, 243-253.

Bolton, F., & Bolton, S. (1987). *Working with violent families: A guide for clinical and legal practitioners.* Beverly Hills, CA: Sage Publications.

Bowen, M. (1973). Alcoholism and the family system. *Family: Journal of the Center of the Family Learning*, pp. 20-25.

Bowlby, J. (1969). *Attachment.* New York: Basic Books.

Braverman, L. (1991). The dilemma of homework: A feminst response to Gottman, Napier, and Pittman. *Journal of Marital and Family Therapy*, 17, 25-28.

Breunlin, D. (1988). Oscillation theory and family development. In C. Falicov(Ed.), *Family transitions: Continuity and change over the life cycle.* New York: Guilford Press.

Briere, J. (1992). Child abuse trauma: *Theory and treatment of the lasting effects.* Newbury Park, CA: Sage Publication.

Brock, G., & Barnard, C. (1992). *Procedures in marriage and family therapy.* Boston: Allyn & Bacon.

Brooks, B. (1985). Sexually abused children and adolescent identity development. *American Journal of Psychotherapy*, 39, 401-410.

Browne, A, & Finkelhor, D. (1986). Impact of child sexual abuse: A review of the research. *Psychological Bulletin*, 99, 66-77.

Burden, D. (1986). Single parents and the work setting: The impact of multiple job and homelife responsibilities. *Family Relations*, 35, 37-43.

Burgess, R., & Youngblade, L. (1988). Social incompetence and the intergenerational transmission of abusive parenting practices. In G. Hotaling, D. Finkelhor, J. Kirkparick, & M. Straus (Eds.), *Family abuse and its consequences*(pp. 38-60). Newbury Park, CA: Sage Publications.

Caplan, P., & Hall-McCorquodale, I. (1985). Mother-blaming in major clinical journals. *American Journal of Orthopsychiatry*, 55, 345-353.

Caplan, P., & Hall-McCorquodale, I. (1991). The scapegoating of mothers: A call for change. In J. Veevers (Ed.), *Continuity and change in marriage and the family* (pp. 295-302). Toronto: Holt, Rinehart & Winston of Canada.

Carter, B. (1992). Stonewalling feminism. *The Family Therapy Network,* 16(1), 64-69.

Carter, B., & McGoldrick, M. (Eds.). (1988). *The changing family life cycle: A framework for family therapy* (2nd ed.). New York: Gardner Press.

Caviola, A., & Schiff, M. (1989). Self-esteem in abused chemically dependent adolescents. *Child Abuse and Neglect*, 13, 327-334.

Charles, G., & Coleman, H, (1990). Child and youth suicide. *Candian Home Economics Journal*, 40(2), 72-75.

Charles, G., & Matheson, J. (1991). Suicide prevention and intervention with young people in forster care in Canada. *Child Welfare*, 70(2), 185.

Cherlin, A. (1983). Family policy: The conservative challenge to the progressive response. *Journal of Family Issues,* 4(3), 417-438.

Cohn, A. (1979). Effective treatment of child abuse and neglect. *Social Casework*, 6(24), 513-519.

Coleman, H. (1995). *A longitudinal study of a family preservation program.* Unpublished doctoral dissertition. Graduate School of Social Work, Salt Lake City, Utah.

Coleman, H., & Collins, D. (1990). The treatment trilogy of father-daughter incest. *Child and Adolescnt Social Work Journal*, 7(40), 339-355.

Coleman, H., & Collins, D. (1997). The voice of parents: A qualitative study of a family-centered, home-based program. T*he Child and Youth Care Forum (Special Edition on Research in the Field of Child and Youth Care)*, 26(4), 261-278.

Collins, D. (1989). Child care workers and family therapists: Getting connected. *Journal of Child and Youth Care*, 4(3), 23-31.

Collins, D., Thomlison, B., & Grinnell, R. (1992). *The social work practicum: An access guide.* Itasca, IL: F. E. Peacock.

Conntz, S. (1996). the way we weren' t: The myth and reality of the "Traditional Family." *National Forum*, 76(4), 45-48.

Courtois, C. A. (1979). the incest experience and its aftermath. *Victimology*, 4, 337-

347.

Crichton, M. (1995). *The lost world.* New York: Ballantine.

Curtner-Smith, M. E. (1995). Assessing children' s visitation needs with divorced noncustodial fathers. *Families in Society*, 76(6), 341-348.

Davis, K. (1996). *families: A handbook of concepts and techniques for the helping professional.* Pacific Grove, CA: Brooks/Cole.

Davis, L, & Proctor, E. (1989). *Race, gender, and class. Englewood Cliffs*, NJ: Prentice Hall.

Dell, P. (1989). Violence and the systemic view: The problem of power. *Family Process*, 23, 1-14.

Denicola, J., & Sandler, J. (1980). Training abusive parents in child management and self-control skills. *Behavior Therapy*, 11, 263-270.

Diekstra, R., & Moritz, B. (1987). Suicidal behavior among adolescents: An overview. In R. Diekstra (Ed.), *Suicide in adolescence* (pp. 7-24). Boston: Martinus Nijhoff Publishers.

Dutto, D. (1991). Interventions into the problem of wife assault: Therapeutic, policy, and research implications. In J. Veevers (Ed.), *Continuity and change in marriage and the family* (pp. 203-215). Toronto: Holt, Rinehart & Winston of Canada.

Duvall, E. (1957). *Family transitions.* Philadelphia: Lippincott.

Dye Holten, J. (1990). When do we stop mother-blaming? *Journal of Feminist Family Therapy*, 2(1), 53-60.

Efron, D., & Rowe, B. (1987). *strategic parenting manual.* London, Ontario: J.S.S.T.

Egan, G. (1994). *The skilled helper:* Pacific Grove, CA: Brooks/Cole.

Eichler, M. (1988). *Nonsexist research mathods*: A pratical guide. Boston: Allen & Unwin.

Eichler, M. (1997). *family shifts: Families, policies, and gender equality.* Toronto: Oxford University Press.

Epstein, N., Baldwin, D., & Bishop, S. (1983). The McMaster family assessment device. *Journal of Marital and Family Therapy*, 9, 171-180.

Epstein, N., Bishop, D., & Levin, S. (1978). The McMaster model of family functioning. *Journal of Marriage and Family Counseling*, 4, 19-31.

Everstine, D., & Everstine, L. (1989). *Sexual trauma in children and adolescents: Dynamics and treatment.* New York: Brunner/Mazel.

Ewing, C. (1978). *Crisis interuention in Psychotherapy.* New York: Oxford University Press.

Finkelhor, D. (1986). Sexual abuse: Beyond the family systems approach. In T. Trepper & M. Barrett (Eds.), *Treating incest: A multiple systems perspective* (pp. 53-66). New York: Haworth Press.

Fischer, J., & Corcoran, J. (1994). *Measures for clinical practice.* New York:Free Press.

Forehand, R., Sturgis E., McMahon, R., Aguar, D., Green, K., Wells, K., & Breiner, J. (1979). Parent behavioral training to modify child noncompliance: Treatment generalization across time and from home to school. *Behavior Modification*, 3(1), 3-25.

Forgatch, M. (1991). The clinical science vortex: A developing theory of antisocial behavior. In D. Pepler & K. Rubin (Eds.), *The development and treatment of child aggression* (pp. 291-315). Hillsdale, NJ: Lawrence Erlbaum Associates.

Foster, S., Prinz, R., & O' Leary, D. (1983). Impact of problem-solving communication training and generalization procedures on family conflict. *Child and Family Behavior Therapy*, 5(1), 1-23.

Franklin, C., & Jordan, C. (1999). *Brief family practice: Innovations and integrations.* Pacific Grove, CA: Brooks/Cole.

Faser, M., Pecora, P., & Haapala, D. (Eds.) (1991). *Families in crisis.* New York: Aldine de Gruyter.

Furstenberg, E. (1980). Reflections on marriage. *Journal of Family Issues*, 1, 443-453.

Gabor, P., & Collins, D. (1985-86). Family work in child care *Journal of Child Care*, 2(5), 15-27.

Gambrill, E. (1983). *Casework: A competency-based approach.* Englewood Cliffs. NJ: Prentice-Hall.

Garbarino, J. (1982). *Children and families in their social environment.* New York: Aldine de Gruter.

Garbarino, J., & Crouter, A. (1978). Defining the community context of parentchild relations: The correlates of child maltreatment. *Child Development*, 49, 604-616.

Garbarino, J., & Gilliam, G. (1987). *Understanding abusive families.* Lexington, MA: Lexington Books.

Gavin, K., & Bramble, B. (1996). *Family communication: Cohesion and change.* New York: HarperCollins.

Geismar, L., & Ayres, B. (1959). A method for evaluating the social functionihg of families under treatment. *Social Work*, 4(1), 102-108.

Geismar, L., & Krisberg, J. (1996). The Family Life Improvement Project: An experiment in preventive intervention. *Social Casework*, 47, 563-570.

Gelles, R. (1987). *Family violence.* Newbury Park, CA: Sage Publications.

Gelles, R. (1989). Child abuse and violence in single-parent families: Parent absence and economic deprivation. *American Journal of Orthopsychiatry*, 59(4), 492-503.

Gelles, R., & Straus, M. (1988). *Intimate violence: The causes and consequences of abuse in the American family.* New York: Simon & Schuster.

Gil, D. (1970). *Violence against children: Physical child abuse in the United States.* Cambridge, MA: Harvard University Press.

Giles-Sims, J. (1983). *Wife-beating: A systems theory approach*. New York: Guilford Press.

Gilliland, B., & James, R. (1993). *Crisis intervention strategies*. Pacific Grove, CA: Brooks/Cole.

Giovanonni, J. (1982). Mistreated children. In S. Yelaja (Ed.), *Ethical issues in social work*. Springfield, IL: Charles C. Thomas.

Gladow, N., & Ray, M. (1986). The impact of informal support systems on the wellbeing of low-income single-parent families. *Family Relations*, 35, 57-62.

Glick, P. (1989). The family life cycle and social change. *Family Relations,* 38, 123-129.

Goldenberg, H., & Goldenberg, I. (1994). *Counseling today's families*. Pacific Grove, CA: Brooks/Cole.

Goldenberg, I., & Goldenberg, H. (1996). *Family therapy: An overview* (4th ed.). Pacific Grove, CA: Brooks/Cole.

Goldner, V. (1985a). Feminsim and family therapy. *Family Process,* 24(1), 31-47.

Goldner, V. (1985b). Warning: Family therapy may be hazardous to your health. *The Family Therapy Networker*, 9(6), 18-23.

Goldner, V. (1988). Generation and hierarchy: Normative and covert hierarchies. *Family Process*, 27(1), 17-31.

Goldstein, H. (1981). Home-based services and the worker. In M. Bryce & J. Lloyd (Eds.), *Treating families in the home: An alternative to placement*. Springfield, IL: Charles C. Thomas.

Good, G., Gilbert, L., & Scher, M. (1990). Gender-aware therapy: A synthesis of feminist therapy and knowledge about gender. *Journal of Counseling and Development*, 68, 227-234.

Goodrich, T., Rampage, C., Ellman, B., & Halstead, K. (1988). *Feminist family therapy: A casebook*. New York: W. W. Norton.

Gordon, L. (1985). Child abuse, gender, and the myth of family independence: A historical critique. *Child Welfare*, 64(3), 213-224.

Gordon, S., & Davidson, N. (1981). Behavioral parent training. In A. S. Gurman & D. P. Kniskern (Eds.), *Handbook of family therapy* (pp. 517-553). New York: Brunner/Mazel.

Green, R., & Herget, M. (1991). Outcomes of systemic/stategic team consultation: III. The importance of therapist warmth and active structuring. *Family Process*, 30, 321-336.

Grunwald, B., & McAbee, H. (1985). *Guiding the family: Practical counseling techinques*. Muncie, IN: Accelerated Development.

Gurman, A. S., & Kniskern, D. P. (1981). Family therapy outcome research: Knowis and unknowns. In A. S. Gurman & D. P. Kniskern (Eds.), *Handbook of family therapy* (pp. 742-776). New York: Brunner/Mazel.

Gurman, A. S., & Kniskern, D. P. (Eds.). (1981). *Handbook of family therapy*. New York: Brunner/Mazel.

Hackney, H., & Cormier, L. (1996). *Ther professional counselor: A process guide to helping* (3rd ed.). Toronto: Allyn & Bacon.

Haley, J. (1976). *Problem-solving therapy*. New York: Harper & Row.

Hall, L., & Lloyd, S (1993). *Surviving child sexual abuse: Handbook for helping women challenge their past* (2nd ed.). Bristol, PA: Palmer Press.

Hanson, S. (1986). Healthy single-parent familles. *Family Relations*, 35, 125-132.

Hartman, A., & Laird, J. (1983). *Family-centered social work practice*. New York: Free Press.

Hawton, K. (1986). *Suicide and attempted suicide among children and adolescents*. London: Sage Publications.

Helton, L., & Jackson, M. (1997). *Social work practice with families: A diversity model*. Boston: Allyn & Bacon.

Hepworth, D., & Larsen, J. (1993). *Direct social work practice: Theory and skills*. Homewood, IL: Dorsey Press.

Hetherington, E., Cox, M., & Cox, R. (1978). Play and social interaction in children following divorce. *Journal of Social Issues*, 35, 26-49.

Hill, R. (1986). Life-cycle stages for types of single-parent families: A family development theory. *Family Relations*, 35, 19-29.

Ho, M. K. (1987). *Family therapy with ethnic minorities*. Newbury Park, CA: Sage Publications.

Holman, A. (1983). *Family assessment: Tools for understanding and intervention*. Newbury Park, CA: Sage Publications.

Horne, A. M., & Passmore, J. L. (1991). *Family counseling and therapy* (2nd ed.). Itasca, IL: F. E. Peacock.

Hudson, W. (1982). *The clinical measurement packape: A field manual*. Chicago: Dorsey Press.

Hunter College Women' s Studies Collective. (1995). *Women' s realities, women' s choices* (2nd ed.). New York: Oxford University Press.

Inernational Association of Psychosocial Rehabilitation Services. (1997). PSR standards and indicators for multicultural psychiatric rehabilitation services. *PSR Connection*, Issue 4, p. 7.

Isaacs, C. (1982). Treatment of child abuse: A review of the behavioral intervention. *Journal of Applied Behavior Andlysis*, 15, 273-294.

Ivonoff, A., Blythe, B., & Tripodi, T. (1994). *Involuntary clients in social work Practice*. New York: Aldine de Gruyter.

Jackson, D. (1972). Family rules: Marital quid pro quo. In G. Erickson & T. Hogan(Eds.), *Family therapy: An introduction to theory and technique* (pp. 76-85). Monterey, CA: Brooks/Cole.

Johnson, D., & Johhson, E (1994). *Joining together* (5th ed.). Boston: Allyn & Bacon.

Johnson, H. (1986). Emerging concerns in family therapy. *Social Work*, 31(4), 299-306.

Johnson, J. (1990-91). Preventive interventions for children at risk: Introduction. *The International Journal of the Addictions*, 25(4A), 429-434.

Jones, D., & McQuiston, M. (1986). *Interviewing the sexually abused child.* Denver: C. Henry Kempe National Center for the Preventio and Treatment of Child Abuse and Neglect.

Jordan, C., & Franklin, C. (1995). *Clinical assessment for social workers: Quantitative and qualitative methods.* Chicago: Lyceum.

Jordan, C., Lewellen, A., & Vandiver, V. (1994). A social work perspective of psychosocial rehapilitation: Psychoeducational models for minority families. *International Journal of Mental Health*, 23(4)27-43.

Kadushin, A., & Kadushin, G. (1997). *The social work interview* (4th ed.). New York: Columbiz University Press.

Kaplan, L. (1986). *Working with the multiproblem family.* Lexington, MA: Lexington Books.

Kaslow, N., & Celano, M. (1995). The family therapies. In A. Gurman & S. Messer (Eds.), *Essential psychotherapies: Theory and practice* (pp. 343-402). New York: Guilford Press.

Kavanaugh, K., Youngblade, L., Reid, J., & Fagot, B. (1988). Interaction between children and abusive versus controlling parents. *Journal of Chinical Child Psychology*, 17(2), 137-142.

Kazdin, A. (1991). Effectiveness of psychotherapy with children and adolescents. *Journal of Consulting and Clinical Psychology*, 59, 785-798.

Kilpatrick, A., & Holland, T. (1995). *Working with families: An integrative model by level of functioning.* Boston: Allyn & Bacon.

Kinney, J., Haapala, D., & Booth, C. (1991). *Keeping families together: The Homebuilders Model.* New York: Aldine de Gruyter.

Klein, N., Alexander, J., & Parsons, B. (1977). Impact of family systems intervention on recidivism and sibling delinquency: A model of primary prevention and program evaluation. *Journal of Consulting and Clinical Psychology*, 45(3), 469-474.

Kohlert, N., & Pecora, P. (1991). Therapist perceptions of organizational support and job satisfaction. In M. Fraser, P. Pecora, & D. Haapala (Eds.), *Families in crisis* (pp. 109-129). New York: Aldine de Gruyter.

Lambert, M., & Bergin, A. (1994). The effectiveness of psychotherapy. In A. Bergin & S. Garfield (Eds.), *Handbook of psychotherapy and behavior change* (4th ed.) (pp. 143-189). Toronto: Wiley.

Langsley, D., Pittman, F., Machotka, P., & Flomenhaft, K. (1968). Family crisis therapy: Results and implications. *Family Process*, 7(2), 145-158.

Ledbetter Hancock, B., & Pelton, L. (1989). Home visits: History and functions. *social Casework*, 70(1), 21.

LeMasters, E. (1957). Parenthood as crisis. *Marriage and Family Living*, 19, 325-355.

Lewellen, A., & Jordan, C. (1994). Family empowerment and service satisfaction: An exploratory study of families who care for a mentally ill member. Unpublished manuscript. The University of Texas at Arlington.

Lewis, J. (1988). The transition to parenthood: 1. The rating of prenatal marital competence. *Family Process*, 27(2), 149-166.

Loredo, C. (1983). Sibling incest. In S. Sgroi (Ed.), *Handbook of clinical intervention in child sexual abuse* (pp. 148-176). Toronto: Lexington Books.

Lum, D. (1992). *Social work practice with people of color: A process-stage approach*. Pacific Grove, CA: Brooks/Cole.

Mackie, M. (1991). *Gender relations in Canada*. Toronto: Harcourt Brace Canada.

Maisto, S., Galizio, M., & Connors, G. (1995). *Drug use and abuse*. Toronto: Harcourt.

Maluccio, A., & Marlow, W. (1975). The case for the contract. In B. Compton and B. Galaway (Eds.), *Social work processes*. Homewood, IL: Dorsey.

Maslow, A. (1967). *Toward a psychology of being*. New York: Van Nostrand Reinhold.

Masson, J. (1994). *Against therapy. Monroe*, ME: Common Courage Press.

McGoldrick, M. (1988). Ethnicity and the family life cycle. In B. Carter & M. McGoldrick(Eds.), *The chahging family life cycle: A framework for family therapy* (pp. 69-90). New York: Gardner Press.

McGoldrick, M., & Gerson, R. (1985). *Genograms in family assessment*. New York: Norton.

McGoldrick, M., & Giordano, J. (1996). Overview: Ethnicity and family therapy. In M. McGoldrick, J. Giordano, & J. Pearce (Eds.), E*thnicity and family therapy* (pp. 1-30). New York: Guilford Press.

McGoldrick, M., Giordano, J.; & Pearce, J. (Eds.). (1996). *Ethnicity and family therapy*. New York: Guilford Press.

McNeece, A., & DiNitto, D. (1994). *Chemical dependency: A systems approach*. Englewood Cliffs, NJ: Prentice-Hall.

Meiselman, K. (1980). *Resolving the trauma of incest: Reintegration therapy with survivors*. San Francisco: Jossey-Bass.

Miller, S., Hubble, S., & Duncan, B. (1995). No more bells and whistles. *The Networker*, 19(2), 53-63.

Minuchin, S. (1974). *Families and family therapy*. Cambridge, MA: Harvard

University Press.

Munson, C. (1993). *Clinical social work supervision*. New York: Haworth Press.

Myers-Avis, J. (1992). Where are all the family therapists? Abuse and violence within families and family therapy' s response. *Journal of Marital and Family Therapy*, 18, 225-232.

Nelson, S. (1987). *Incest: Act and myth*. London, England: Redwood Burn, Ltd.

Nichols, M., & Schwartz, R. (1995). *Family therapy: Concepts and methods* (3rd ed.). Boston: Allyn & Bacon.

Nichols, M., & Schwartz, R. (1998). *Family therapy: Concepts and methods* (4th ed.). Boston: Allyn & Bacon.

Northwest Indian Child Welfare Institute. (1984). *Cross-cultural skills in Indian child welfare*. Portland, OR: Northwest Indian Child Welfare Institute.

Okun, B. (1996). *Understanding diverse families*. New York: Guilford Press.

Olson, D. (1986). Circumplex model VII: Validation studies and *FACES III*. *Family Process*, 26, 337-351.

Patterson, G., DeBaryshe, B., & Ramsey, E. (1989). A developmental perspective on antisocial behavior. *American Psychologist*, 44, 329-335.

Patterson, G., & Dishion, T. (1988). Multilevel family process models: Traits, interaction, and relationships. In R. Hinde & J. Stevenson-Hinde (Eds.), *Relationships within families* (pp. 283-310). Oxford: Clarendon Press.

Patterson, G., & Fleischman, M. (1979). Maintenance of treatment effects: Some consideration concerning family systems and follow-up data. *Behavior Therapy*, 10, 168-185.

Peterson, L. (1989). Latchkey children' s preparation for self-care: Overestimated, underrehearsed, and unsafe. *Journal of Clinical Child Psychology*, 18, 2-7.

Petro, N., & Travis, N. (1985). The adolesent phase of the famil life cycle. In M. Mirkin & S. Koman (Eds.), *Handbook of adolescent and family therapy*. New York: Gardner Press.

Pett, M. (1982). Predictors of satisfactory social adjustment of divorced parents. *Journal of Divorce*, 5(4), 25-39.

Pimento, B. (1985). *Native families in jeopardy: The child welfare system in Canada*. Toronto: Center for Women' s Studies in Education, Occasional Papers, No. 11.

Pleck, E. (1987). *Domestic tyranny: The Making of social policy against family violence from colonial times to the present*. New York: Oxford University Press.

Pogrebin, L. (1980) *Growing up free*. New York: McGraw-Hill.
Pollack, W. (1998). *Real boys: Rescuing our sons from the myths of boyhood*. New York: Random House.
Porter, F., Blick, L., & Sgroi, S. (1983). Treatment of the sexually abused child. In S. Sgroi (Ed.), *Handbook of clinical intervention in child sexual abuse* (pp.109-145). Toronto: Lexington Books.
Powers, G. (1990). Design and procedures for evaluating crisis. In A. Roberts (Ed.), *Crisis intervention handbook: Assessment, treatment, and research* (pp. 303-325). Belmont, CA: Wadsworth.
Red Horse, J. (1980). Family structure and value orientation in American Indians. *Social Casework*, 61, 462-467.
Richmond, M. (1917). *Social diagnosis*. New York: Russell Sage Foundation.
Ross, C. (1985). Teaching the facts of life and death: Suicide pervention in schools. In M. Peck (Ed.), *Youth suicide* (pp. 147-169). New York: Springer.
Rothery, M. (1993). The ecological perspective and work with vulnerable families. In M. Rodway & B. Trute (Eds.), *Ecological family practice: One family, maily resources* (pp. 21-50). Queenston, Ontario: Edwin Mellen.
Rush, F. (1980). *The best-kept secret: Sexual abuse of children*. Englewood Cliffs, NJ: Prentice-Hall.
Sanders, J., & James, J. (1983). The modification of parent behavior: A review of generalization and maintenance. *Behavior Modification*, 7(1), 3-27.
Sandler, J., VanDercar, C., & Milhoan, M. (1978). Training child abusers in the use of positive reinforcement practices. *Behavior Research and Therapy*, 16, 169-175.
Satir, V. (1967). *Conjoint family therapy*. Palo Alto, CA: Science and Behavior Books.
Satir, V., & Baldwin, M. (1983). *Satir step by step: A guide to creating change in families*. Palo Alto, CA: Science and Behavior Books.
Sgroi, S. (Ed.). (1983). *Handbook of clinical intervention in child sexual abuse*. Toronto: Lexington Books.
Sheafor, B., Horejsi, C., & Horejsi, G. (1997). *Techniques and guidelines for social Casework,* 65(6), 337-346.
Spanier, G., Lewis, R. & Cole, E. (1975). Marital adjustment over the family life cycle: The issue of curvilinearity. *Journal of Marriage and the Family*, 37, 263-275.
Steffen, J., & Karoly, P. (1980). Toward a psychology of therapeutic persistence. In

P. Karoly & J. Steffen (Eds.), *Improving the long-term effects of psycho therapy: Moderls of durable of durable outcome* (pp.3-24). New York: Gardner Press.

Steinhauer, P. (1991). Assessing for parenting capacity. In J. Veevers (Ed.), *Continuity and change in marriage and family* (pp. 283-294). Toronto: Holt, Rinehart & Winston.

Stokes, T., & Baer, D. (1977). An implicit technology of generalization. *Journal of Applied Behavior Analysis*, 10(2), 349-367.

Straus, M. (1993). Physical assault by wives. In R. Gelles & D. Loseke (Eds.), *Current controversies on family violence* (pp. 67-87). Newbury Park, CA: Sage Publications.

Straus, M., & Gelles, M. (1988). How violent are American families? Estimates from the National Family Violence Resurvey and other studies. In G. Hotaling, D. Finkelhor, J. Kirkpatrick, & M. Straus (Eds), *Family abuse and its consequences* (pp. 14-37). Newbury Park, CA: Sage Publications.

Sue, D., & Sue, D. (1990). *Counseling the culturally different: Theory and practice*. New York: Wiley.

Sutton, C., & Broken Nose, M. A. (1996). American Indian families: Am overview. In M. McGoldrick, J. Giordano, & J. Pearce (Eds.), *Ethnicity and family therapy* (pp. 31-44). New York: Guilford Press.

Thompson, C., & Rudolph, L. (1992). *Counseling children* (3rd ed.). Pacific Grove, CA: Brooks/Cole.

Tomm, K. (1987a). Interventive interviexing: I. Strategizing as a fourth guideline for the therapist. Family Process, 26, 3-13.

Tomm, K. (1987b). Interventive interviewing: II. Reflexive questioning as a means to enable self-healing. *Family Process*, 26, 167-183.

Tomm, K. (1987c). Interventive interviewing: III. Intending to ask lineal, circular, strategic, or reflexive questions? *Family Process*, 27, 1-15.

Tomm, K., & Wright, L. (1979). Training in family therapy: Perceptual, conceptual, and executive skills. *Family Process*, 18, 227-250.

Trepper, T., & Barrett, M. (Eds.). (1986). *treating incest: A multiple systems perspective*. New York: Haworth Press.

Truax, C., & Carkhoff, R. (1967). *Toward effective counseling and psychotherapy: Training and practice*. New York: Aldine de Gruyter.

Tuzlak, A., & Hillock, D. (1991). Single mothers and their children after divorce: A study of those "Who make it." In J. Veever (Ed.), *Continuity and change in marriage and the family* (pp. 303-313). Toronto: Holt, Rinehart & Winston of Canada.

Visher, W., & Visher, J. (1982). Stepfamilies in the 1980s. In J. Hansen & L. Messinger (Eds.), *Therapy with remarriage families* (pp. 105-119). Rockville, MD: Aspen Systems Corporation.

Wahler, R. (1980). The insular mother: Her problems in parent-child treatment. *Journal of Applied Behavior Analysis,* 13, 207-219.

Walier, L. (1984). *The battered woman syndrome.* New York: springer.

Wallerstein, J. (1983). Children of divorce: The psychological tasks of the child. *American Jornal of Orthopsychiatry,* 53, 230-243.

Wallerstein, J. (1985). The overburdened child: Some long-term consequences of divorce. *Social Work,* 30, 12-22.

Wallerstein, J., & Kelly, J. (1980). *Surviving the breakup: How children and parents cope with divorce.* New York: Basic Books.

Watchel, A. (1988).*The impact of child sexual abuse in developmental perspective: A model and literature review* Ottawa: National Clearinghouse on Family Violence.

Watzlawick, P., Beavin, J., & Jackson, D. (1967). *Pragmatics of human communication.* New York: W. W. Norton.

Watzlawick, P., Weakland, J., & Fisch, R. (1974). *Change: Principles of problem formation and problem resolution.* New York: W. W. Norton.

Weakland, J., & Fry, W. (1974). Letters of mothers of schizophrenics. In D. Jackson (Ed.), *Communication, family, and marriage* (pp. 122-150). Palo Alto, CA: Science and Behavior Books.

Webster-stratton, C. (1985). Comparisons of abusive and nonabusive families with conduct disordered children. *American Journal of Orthopsychiary,* 55(1), 59-69.

Webster-Stratton, C., & Hammond, M. (1990). Predictors of outcome in parent training for families with conduct-problem children. *Behavior Therapy,* 21, 319-337.

Wegscheider, S. (1981). *Another chance: Hope and health for the alcoholic family.* Palo Alto, CA: Science and Behavior Books.

White, M. (1986). Negative explanation, restraint, and double description: A template for family therapy. *Family Process,* 25, 160-184.

White, M. (1989). *the externalizing of the problem and the reauthoring of the lives and relationships.* Adelaide, Australia: Dulwich Centre Publishers.

Wilcoxon, A. (1991). Grandparents and grandchildren: An often-neglected relationship between significant others. In J. Veevers (Ed.), *Continuity and change in marriage and the family* (pp. 342-345). Toronto: Holt, Rinehart & Winston of Canada.

Wilson, G. (1995). Behavior therapy. In R. Corsini & D. Wedding (Eds.), *Current psychotherapies* (pp. 197-228). Itasca, IL: F. E. Peacock.

Wolfe, D. (1987). *Child abuse: Implications for child development and psychopathology*. Newbury Park, CA: Sage Publications.

Wolfe, D., Jaffe, P., Wilson, S., & Zak, L. (1988). A multivariate investigation of children' s adjustment to family violence. In G. Hotaling, D. Finkelhor, J.

Kirkpatrick, & M. Straus (Eds.), *Family abuse and its consequences* (pp. 228-243). Newbury Park, CA: Sage Publications.

Wolfe, D., Sandler, J., & Kaufman, K. (1981). A competency-based parent-training program for child abusers. *Journal of Consulting and Clinical Psychology*, 49(5), 633-640.

Wood, K., & Geismar, L. (1986). *Families at risk: Treating the multiproblem family*. New York: Human Sciences Press.

Worden, M. (1994). *family therapy basics*. Pacific Grove, CA: Brooks/Cole.

Wright, L., & Leahey, M. (1994). *Nurses and families: A guide to family assessment and intervention*. Philadelphia: F. A. Davis.

Yuille, J. (no date). *Training programs and procedures for interviewing and assessing sexually abused children: A review and annotated bibliography*. Ottawa: Health and Welfare Canada.

Zigler, E., & Hall, N. (1991). Child abuse in America: Past, present, and future. In D. Cicchetti & V. Carlson (Eds.), *Child maltreatment: Theory and research on the eauses and consequences of child abuse and neglect* (pp. 38-75). Cambridge, MA: Harvard University Press.

Zurvain, S., & Grief, G. (1989). Normative and child-maltreating AFDC mothers. *Social Casework*, 7(2), 76-84.

찾 아 보 기

자

옮긴이 소개

- 김정자 이화여자대학교 대학원 사회복지학과 박사
  현재 계명대학교 겸임교수
- 권진숙 이화여자대학교 대학원 사회복지학과 박사
  현재 그리스도신학대학교 사회복지학과 교수, 나우리정신건강센터 부소장
- 김만지 이화여자대학교 대학원 사회복지학과 박사
  현재 이화여자대학교 강사
- 김미옥 이화여자대학교 대학원 사회복지학과 박사과정 수료
- 김선희 이화여자대학교 대학원 사회복지학과 박사
  현재 강남대학교 사회복지학부 교수
- 김성경 이화여자대학교 대학원 사회복지학과 박사과정 수료
  현재 한국성서대학교 사회복지학과 교수
- 김정진 이화여자대학교 대학원 사회복지학과 박사
  현재 나사렛대학교 사회복지학부 교수
- 김혜영 이화여자대학교 대학원 사회복지학과 박사
  현재 서울신학대학교 겸임교수, 한국이웃사랑회 아동학대문제연구소연구원
- 김희성 이화여자대학교 대학원 사회복지학과 박사과정 수료
- 이연호 이화여자대학교 대학원 사회복지학과 박사과정 수료
  현재 이화여자대학교 강사
- 이원숙 이화여자대학교 대학원 사회복지학과 박사
  현재 강남대학교 사회복지학부 교수
- 장수미 이화여자대학교 대학원 사회복지학과 박사과정
  현재 평택대학교 강사
- 정선영 이화여자대학교 대학원 사회복지학과 박사과정 수료
  현재 강남대학교 겸임교수, Social Service System(열린세상 & 나눔터) 팀장
- 최정숙 이화여자대학교 대학원 사회복지학과 박사과정
  현재 평택대학교 겸임교수, 이화여자대학교종합사회복지관 가족복지팀 상담실장

가족복지실천론

초판 1쇄 발행 2001년 5월 4일
초판 4쇄 발행 2007년 9월 11일

저 자 / Collins · Jordan · Coleman
옮긴이 / 이화여자대학교 사회복지연구회
펴낸곳 / 사회복지 전문출판 나눔의집
펴낸이 / 박정희

주 소 / 152-790 서울시 구로구 구로3동 182-13
대륭포스트타워 II 1205호
전 화 / 02-2082-0260~2
팩 스 / 02-2082-0263

www.ncbook.co.kr
Nanum@ncbook.co.kr

값 16,000원
ISBN 89-88662-40-7